HNK
한중상용한자능력시험

신나는
한자

3급

(사)한중문자교류협회 연구소 편저

다락원

중국교육부 국가한판

HNK
한중상용한자능력시험
공식교재

사단법인 한중문자교류협회 연구소는
한자와 중국어 교육의 효율성과 실용성을 높이는
교수·학습법 및 평가 방법을 연찬하고 선도합니다.

연구소장 황미라
연구위원 김순금 설양해 진효혜 황덕은

사단법인 한중언어문화원
강창구(세한대) 김경국(전남대) 김계태(군산대)
김은희(제주대) 김훈호(순천대) 정동보(순천대)
정성임(조선대) 진명호(전북대) 최승현(전남대)

신나는 한자 3급

지은이 (사)한중문자교류협회 연구소
펴낸이 정규도
펴낸곳 (주)다락원

초판 1쇄 인쇄 2020년 8월 10일
초판 1쇄 발행 2020년 8월 20일

총괄편집 이후춘
책임편집 윤성미, 권민서

디자인 정현석, 김희정

다락원 경기도 파주시 문발로 211
내용 및 구입문의: (02)736-2031 내선 294
Fax: (02)732-2037
출판등록 1977년 9월 16일 제406-2008-000007호

정가 20,000원

ISBN 978-89-277-7109-8 13720

홈페이지 및 문의처
www.hnktest.com / www.hskhnk.com (02)837-9645

>>> 책을 내면서…

한자는 우리 생활에서 떼려야 뗄 수 없을 정도로 일상 깊숙이 자리하고 있다. 한자 문화권 속에서 형성되어 온 수많은 전통문화 유산부터 21세기를 사는 현대인들의 언어와 문자 영역 안까지 한자는 광범위하게 살아 숨쉬며 우리와 함께 하고 있다.

이와 함께 기업 등에서 인문학 및 한자문화권에 대한 이해 비중을 높이면서 학습자들이 실용적 차원에서 한자 공부에 매진하는 추세로 이어지고 있다. 그런데 여기서 주목할 점은 현재 UN에서 중국어의 한자 표기 방식이 번체자(정자)에서 간체자로 통일되어 있다는 사실이다.

이에 국제화 시대의 변화에 맞춰 우리의 한자 교육 체계를 정자(번체자)뿐 아니라, 간체자까지 동시에 교육하고 학습하는 실용적인 한자 교육 시스템으로 재정립되어야 하는 시점에 이르렀다.

2007년부터 사단법인 한중문자교류협회에서는 간체자 학습을 진작시키고 한자 학습의 효율성을 높이기 위해 중국 교육부 국가한반(HANBAN)의 공인을 받고 한중상용한자능력검정시험을 시행하고 있으며, 韓中 상용한자학습에 가장 적합한 각 급별 수험서(8급~1급)를 새롭게 발간하게 되었다.

본 교재를 통해 기존에 한자(번체자)를 학습한 사람은 번체자를 약자화한 간체자를 쉽게 습득함으로써 높은 수준의 한자 시험에 도전할 수 있다. 한자 초급자들은 번체와 간체를 동시에 학습함으로써 우리말 어휘는 물론 중국어 기본 단어를 자연스럽게 익힐 수 있으므로 향후 중국어를 공부하는 데 상당한 기초를 다질 수 있다. 또한 중국어를 학습하지 않더라도 중국 여행이나 중국 교류 관련 일을 추진하는 데 있어서도 실질적인 도움을 얻을 수 있다. 중국어를 학습한 사람이나 재중동포들은 번체자를 익힘으로써 한국어의 이해 능력이 높아지게 되어 한국어 고급 어휘 습득을 쉽게 할 수 있다.

본 교재 학습과 시험을 통해 한자의 기본 실력도 충실히 닦고 간체자 습득도 병행하면서 미래가치에 투자하는 자격증 획득으로 여러 혜택을 받을 수 있기를 기대해본다.

본 교재가 나오기까지 수고한 분들이 적지 않다. 특히 원고 정리 작업 및 중국 상용한자어 분류 작업에 참여해주신 연구위원들과 韓中 상용한자학습의 필요성을 공감하고 한자문화권의 이해와 실용적인 중국어 교육을 위해 각 대학에서 열정을 다하고 계신 (사)한중언어문화원 교수들께도 감사 드린다.

사단법인 한중문자교류협회 연구소

>>> 이런 내용이 들어있어요!

책을 내면서⋯   3

이렇게 구성되어 있어요   6

HNK 국제공인 한중상용한자능력시험 안내   8

중국어 한자(간체자), 어렵지 않아요!   11

HNK 3급 선정한자

UNIT 01	3급 한자 1~50	33
UNIT 02	3급 한자 51~100	47
UNIT 03	3급 한자 101~150	61
UNIT 04	3급 한자 151~200	75
UNIT 05	3급 한자 201~250	89
UNIT 06	3급 한자 251~300	103
UNIT 07	3급 한자 301~350	117
UNIT 08	3급 한자 351~400	131
UNIT 09	3급 한자 401~450	145
UNIT 10	3급 한자 451~500	159
UNIT 11	3급 한자 501~550	173
UNIT 12	3급 한자 551~600	187
UNIT 13	3급 한자 601~650	201
UNIT 14	3급 한자 651~700	215
UNIT 15	3급 한자 701~750	229
UNIT 16	3급 한자 751~820	243

부록

HNK 3급 배정한자 1870	268
유의자와 반의자	302
유의어와 반의어	310
동음이의어	318
한자성어·관용어	328
한중 상용한자어 비교	334
한중 사자성어 비교	340
국제 시사용어	344
외래어 표기	346

HNK 3급 시험 대비 모의고사

모의고사 1회	349
모의고사 2회	357
모의고사 3회	365
정답	373
OMR카드	377

● 3급 선정한자 820자를
  미리 한눈에 익혀보세요.

● 3급 선정한자의 음, 훈, 총획,
  부수, 활용어, 유의어, 반의어,
  한자성어를 익혀보세요.
● HSK어휘를 통해 중국어에 대한
  이해를 높일 수 있어요.

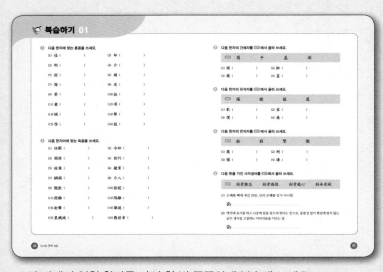

● 각 과에서 익힌 한자를 다시 한 번 꼼꼼하게 복습해 보세요.

- 8급부터 3급까지의 배정한자 1870자 모아보기
- 활용어 낱말사전으로 한자 활용능력 높이기
- 유의어와 반의어로 한자 이해도 높이기
- 한자성어로 한자어 어휘력 확장하기
- 간체자 및 HSK어휘 등으로 중국어 기초 다지기

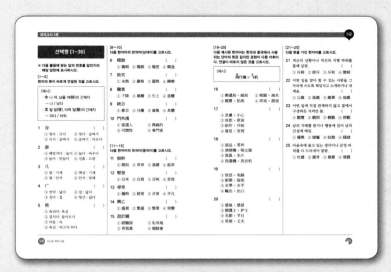

● HNK 3급 시험대비 모의고사를 풀어보고 합격에 도전하세요.

HNK Hànzì nénglì kǎoshì 汉字能力考试이란?

중국교육부 국가한판(国家汉办, HANBAN)에서 공인한 글로벌 한자능력시험입니다.

1. HNK의 특징

한자의 이해와 활용도가 높은 한자시험
- 교과서에 나오는 주요개념과 용어를 정확하게 이해하고 활용하게 합니다.
  따라서 표현력과 사고력, 논리력은 물론 학과 성적도 쑥쑥 올라가게 합니다.

중국어 공부가 훨씬 쉬워지는 한자시험
- 간체자 동시학습으로 중국어 능력을 향상시킵니다.
  중국 상품 설명서나 중국어 어휘와 문장의 뜻을 해독할 수 있는 능력이 길러집니다.

2. HNK의 혜택

성적 우수자 및 지도교사 중국 국비 장학 연수
- 혜택 : 중국內 체류비용 (학비, 기숙사비, 문화탐방비) 지원
- 기간 : 하계/동계 방학 중 1주~2주 이내
- 장소 : 북경어언대학, 하문대학, 남개대학, 귀주대학 外
- 대상 : 초등학생~성인

3. HNK의 활용

한국 소재 대학(원) 및 특목고 입학 자료
중국 정부장학생 선발 기준
공자아카데미 장학생 선발 기준
중국 대학(원) 입학 시 추천 자료
각급 업체 및 기관의 채용 · 승진 평가 자료

4. HNK 자격증 견본

HNK 한중상용한자능력시험 안내

한중상용한자는 간체자를 포함한 한국과 중국에서 일상적으로 사용하는 한자를 뜻하며, 세계 표준 한자의 이해를 지향하는 학습용어입니다.

1. 검정과목

• 8급에서 1급까지 총 11개 급수, 본회 선정 급수별 한중상용한자에 대한 능력검정시험입니다.

2. 배정한자 수 및 응시료

급수	8급	7급	6급	5II급	5급	4II급	4급	3II급	3급	2급	1급
배정한자	50 (2)	100 (6)	200 (30)	300 (57)	450 (105)	650 (197)	850 (272)	1,050 (353)	1,870 (738)	2,670 (1,000)	3,800 (1,428)
응시료	20,000원		22,000원			24,000원			35,000원	45,000원	55,000원

※배정한자의 ( )는 간체자 수를 표기한 것임.
※상위 등급 배정한자는 하위 등급 선정한자를 모두 포함함.

3. 출제문항 수 및 합격기준

급수	8급	7급	6급	5II급	5급	4II급	4급	3II급	3급	2급	1급
출제문항 수	40	50	80	100	100	100	100	100	150	150	180
합격문항 수	28	35	56	70					105		144
시험시간(분)	40(분)		60(분)						90(분)		100(분)

4. 출제유형

급수(문항수) / 출제영역	8급 (40)	7급 (50)	6급 (80)	5II급 (100)	5급 (100)	4II급 (100)	4급 (100)	3II급 (100)	3급 (150)	2급 (150)	1급 (180)
1. 한중상용한자 훈과 음	13	15	20	30	30	30	30	30	30	30	20
2. 한중상용한자어 독음	15	20	20	30	30	30	30	30	35	35	25
3. 한중상용한자(어)의 뜻풀이	5	8	9	9	9	9	9	9	15	15	15
4. 반의자(어)	2	2	3	3	3	3	3	3	5	5	5
5. 유의자(어)			3	3	3	3	3	3	5	5	5
6. 한자성어(고사성어)			3	3	3	3	3	3	5	5	5
7. 훈과 음에 맞는 간체자·번체자			5	5	5	5	5	5			
8. 부수			2	2	2	2	2	2			
9. 번체자를 간체자로 바꿔 쓰기			5	5	5	5	5	5	15	15	20
10. 간체자를 번체자로 바꿔 쓰기			5	5	5	5	5	5	15	15	20
11. 한중상용한자(어) 쓰기			5	5	5	5	5	5	10	10	40
12. 그림보고 한자 유추하기	5	5									
13. 한자어 같은 뜻, 다른 표현 (동음이의어, 이음동의어)									10	10	10
14. 국제시사용어/외래어 표현									5	5	10
15. 한중상용한자어 활용											5

※한중상용한자 쓰기는 급수별 배정한자를 반영, 6급부터 다루고 있습니다.
※4급 배정한자에는 한·중·일 공용한자(808자)가 모두 포함되어 있습니다.
※HNK는 '한자능력시험'이므로 중국어 발음은 출제 범위에 포함되지 않습니다.

5. 응시원서 접수 방법

- **인터넷 접수:** 홈페이지 www.hnktest.com 접속 ➡ 회원가입(로그인) ➡ 회차 선택 ➡ 급수선택
  개인정보 입력 및 사진 업로드 ➡ 고사장 선택 ➡ 응시료 결제 및 수험표 출력
- **방 문 접 수:** 각 지역본부 및 지사, 접수처 (증명사진 2매, 응시생 인적사항, 응시료 준비)
  응시원서는 홈페이지에서 다운로드 가능하며, 접수처에서 배부합니다.

사진규격 및 규정

- 인터넷 접수 시 jpg파일만 가능
  파일 크기– 50KB 이상 100KB 이하(100KB를 초과할 경우 업로드가 안됨)
  jpg파일 사이즈– 3×4cm(177×236픽셀)/스캔해상도 : 150dpi
- 사진은 최근 6개월 이내 촬영한 상반신 정면 컬러사진으로 접수
- 일반 스냅 사진, 핸드폰 및 디지털 카메라로 찍은 셀프사진, 측면 사진, 배경이 있는 사진,
  모자착용 및 규격사이즈 미달 사진은 불가

시험 당일 준비사항

- 수험표, 신분증(주민등록증, 청소년증, 학생증, 여권 중 택1)
- 필기도구 – 검정 펜, 수정 테이프, 2B 연필 등

응시자가 지켜야 할 사항

- 시험시작 10분 전까지 입실해야 합니다.
- 시험 중간 휴식 시간은 없으며, 시험 중 퇴실할 수 없습니다.
  만일 특별한 사유로 중도 퇴실을 원할 경우, 반드시 감독관의 동의를 얻어야 합니다.
- 시험규정과 고사장 수칙을 반드시 준수해야 하며, 위반 시 부정행위처리, 자격제한 등의 처벌
  을 받을 수 있습니다.
- 시험과 무관한 물건은 시험 시 휴대할 수 없습니다. 휴대폰, 전자사전 등은 전원을 끄고 배터
  리를 분리하여 지정된 장소에 옮겨 놓습니다. 만일 시험과 무관한 물품을 소지하여 발각될 경
  우 즉시 부정행위자로 처리됩니다.

합격 조회

- 시험일로부터 1개월 후 www.hnktest.com에서 조회 가능합니다.
- 문의 : (02) 837–9645

>>> 중국어 한자(간체자), 어렵지 않아요!

중국어에 쓰이는 한자 중에는 우리말의 한자와 모양이 같은 것도 있고, 더 간단한 것도 있습니다. 이런 글자를 간략한 모양의 글자라는 뜻에서 간체자라고 합니다.

현대 중국에서는 일상에서 상용하는 한자를 선정하고, 『간화자(简化字) 총표』를 통해 2,235자의 규범 한자를 제시하였습니다. 이는 필획이 복잡한 것보다 훨씬 배우기 쉽기 때문입니다.

한자를 간단하게 만드는데도 일정한 규칙이 있습니다. 다음 그림을 통해 원리를 알아봅시다.

간화원리1 **복잡한 부분을 없애기**

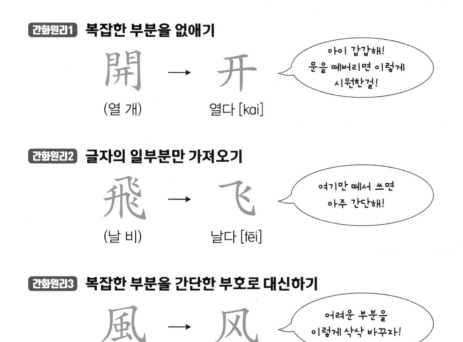

開 → 开

(열 개)　　　열다 [kāi]

아이 갑갑해!
문을 떼버리면 이렇게
시원한걸!

간화원리2 **글자의 일부분만 가져오기**

飛 → 飞

(날 비)　　　날다 [fēi]

여기만 떼서 쓰면
아주 간단해!

간화원리3 **복잡한 부분을 간단한 부호로 대신하기**

風 → 风

(바람 풍)　　　바람 [fēng]

어려운 부분을
이렇게 삭삭 바꾸자!

간화원리4 **옛날에 사용하던 한자로 대신하기**

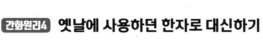

東 → 东

(동녘 동)　　　동쪽 [dōng]

옛 한자가 훨씬
간단하고 쉽잖아?
이걸로 쓰자!

소리가 비슷한 간단한 한자로 대신하기

種 → 种

(씨, 심을 종)

씨 [zhǒng]
심다 [zhòng]

> 여기를 자주 쓰는 한자로
> 바꾸면 읽기도 쉽지!
> 간체자에서 쓴 中은 [zhōng/zhòng]이니까,
> 바뀐 글자가 더 읽기 쉽네!

똑같은 음을 가진 한자로 대신하기

豐 → 丰

(풍년 풍)

풍성하다 [fēng]

> 소리가 같네?
> 요즘엔 이 글자를 잘 안 쓰니까
> 이걸로 대신 쓰자!

뜻 부분을 합해 새로운 글자 만들기

體 → 体

(몸 체)

몸 [tǐ]

> 알아보기 쉬운 뜻한자와
> 뜻한자를 합해서 새로운 한자를 만들자!
> 사람의 근본이 되는 게 '몸'이니까, 'ㅓ(사람 인)'에
> '本(근본 본)'을 붙이면 되지!

아예 새로운 글자 만들기

義 → 义

(뜻 의)

뜻 [yì]

> 너무 복잡해,
> 이렇게 쓰면 간단한걸!

HNK 3급

선정한자 820

HNK 3급 선정한자 820

※ 한국과 중국의 서체 차이로 인한 간체자는 별도로 표시 하지 않았습니다.

〈부수 표기 예〉

	갈 착	풀 초	풀 초	언덕 부/고을 읍
한국	辶(4획)	⧺(4획)	示(5획)	⻏(3획)
중국	辶(3획)	⧺(3획)	礻(4획)	⻏(2획)

번호	한자	간체자	훈음
1	佳		아름다울 가
2	架		시렁 가
3	暇		틈, 겨를 가
4	却		물리칠 각
5	刻		새길 각
6	閣	阁	집 각
7	刊		새길 간
8	肝		간 간
9	姦	奸	간음할 간
10	幹	干	줄기 간
11	懇	恳	간절할 간
12	簡	简	대쪽, 간략할 간
13	鑑	鉴	거울 감
14	剛	刚	굳셀 강
15	綱	纲	벼리 강
16	介		낄 개
17	蓋	盖	덮을 개
18	慨	慨	슬퍼할 개
19	概	概	대개 개
20	拒	拒	막을 거

번호	한자	간체자	훈음
21	距	距	상거할, 떨어질 거
22	據	据	근거, 의거할 거
23	乞		빌 걸
24	傑	杰	뛰어날 걸
25	劍	剑	칼 검
26	隔	隔	사이 뜰 격
27	激		격할 격
28	擊	击	칠 격
29	肩	肩	어깨 견
30	牽	牵	이끌, 끌 견
31	遣	遣	보낼 견
32	絹	绢	비단 견
33	訣	诀	이별할 결
34	缺		이지러질 결
35	兼	兼	겸할 겸
36	謙	谦	겸손할 겸
37	徑	径	지름길 경
38	竟		마침내 경
39	頃	顷	이랑, 잠깐 경
40	卿	卿	벼슬 경

번호	한자	간체자	훈음
41	硬		굳을 경
42	傾	倾	기울 경
43	繫	系	맬 계
44	契		맺을 계 / 부족 이름 글 / 사람 이름 설
45	桂		계수나무 계
46	啓	启	열 계
47	械		기계 계
48	姑		시어미 고
49	枯		마를 고
50	鼓		북 고
51	稿		원고 / 볏짚 고
52	顧	顾	돌아볼 고
53	哭		울 곡
54	孔		구멍 공
55	攻		칠 공
56	供		이바지할 공
57	恭		공손할 공
58	貢	贡	바칠 공
59	恐		두려울 공
60	誇	夸	자랑할 과
61	寡		적을 과
62	郭	郭	둘레 곽
63	冠		갓 관

번호	한자	간체자	훈음
64	貫	贯	꿸 관
65	寬	宽	너그러울 관
66	管		대롱, 주관할 관
67	慣	惯	버릇 관
68	館	馆	집, 객사 관
69	狂		미칠 광
70	鑛	矿	쇳돌 광
71	掛	挂	걸 괘
72	怪		괴이할, 괴상할 괴
73	塊	块	덩어리, 덩이 괴
74	愧	愧	부끄러울 괴
75	壞	坏	무너질 괴
76	巧		공교할 교
77	郊	郊	들(성 밖) 교
78	較	较	견줄 교
79	矯	矫	바로잡을 교
80	丘		언덕 구
81	苟	苟	진실로 구
82	拘		잡을 구
83	狗		개 구
84	俱		함께 구
85	構	构	얽을 구
86	懼	惧	두려워할 구

번호	한자	간체자	훈음
87	驅	驱	몰(몰다) 구
88	龜	龟	거북 귀 / 갈라질 균 / 땅 이름 구
89	菊	菊	국화 국
90	屈		굽힐 굴
91	宮	宫	집 궁
92	券	券	문서 권
93	拳	拳	주먹 권
94	厥		그 궐
95	軌	轨	바퀴자국 궤
96	鬼	鬼	귀신 귀
97	糾	纠	얽힐 규
98	叫		부르짖을 규
99	菌	菌	버섯, 세균 균
100	克		이길 극
101	劇	剧	심할 극
102	斤		도끼, 무게 단위 근
103	筋		힘줄 근
104	僅	仅	겨우 근
105	謹	谨	삼갈 근
106	禽	禽	새 금
107	琴		거문고 금
108	錦	锦	비단 금
109	肯		즐길, 옳게 여길 긍

번호	한자	간체자	훈음
110	企		꾀할 기
111	忌		꺼릴 기
112	奇		기이할 기
113	祈	祈	빌 기
114	紀	纪	벼리 기
115	豈	岂	어찌 기 / 화락할 개(愷)
116	飢	饥	주릴 기
117	寄		부칠 기
118	棄	弃	버릴 기
119	欺		속일 기
120	畿		경기 기
121	機	机	틀, 기계 기
122	騎	骑	말 탈 기
123	緊	紧	긴할 긴
124	那	那	어찌 나
125	諾	诺	대답할, 허락할 낙
126	娘		아가씨 낭
127	奶		젖, 유모 내
128	奈		어찌 내
129	耐		견딜 내
130	寧	宁	편안할, 차라리 녕
131	奴		종 노
132	惱	恼	번뇌할, 괴로워할 뇌

번호	한자	간체자	훈음
133	腦	脑	골, 뇌 뇌
134	泥		진흙 니
135	茶	茶	차 다[차]
136	旦		아침 단
137	檀		박달나무 단
138	淡		맑을 담
139	擔	担	멜 담
140	畓		논 답
141	踏		밟을 답
142	唐		당나라 당
143	糖		엿 당 / 사탕 탕
144	黨	党	무리 당
145	帶	带	띠 대
146	貸	贷	빌릴 대
147	臺	台	대, 돈대 대
148	塗	涂	진흙, 칠할 도
149	挑		돋울 도
150	逃	逃	도망할 도
151	倒		넘어질 도
152	途	途	길 도
153	桃		복숭아 도
154	陶	陶	질그릇 도
155	盜	盗	도둑, 훔칠 도
156	渡		건널 도
157	跳		뛸 도
158	稻		벼 도
159	毒	毒	독 독
160	督		감독할 독
161	篤	笃	도타울 독
162	豚		돼지 돈
163	敦		도타울 돈
164	突		갑자기 돌
165	凍	冻	얼 동
166	銅	铜	구리 동
167	斗		말 두
168	屯		진 칠 둔 / 어려울 준
169	鈍	钝	둔할, 무딜 둔
170	騰	腾	오를 등
171	絡	络	이을, 얽을 락
172	亂	乱	어지러울 란
173	蘭	兰	난초 란
174	欄	栏	난간 란
175	濫	滥	넘칠 람
176	廊	廊	사랑채, 복도 랑
177	掠		노략질할 략
178	梁		들보 량

번호	한자	간체자	훈음
179	諒	谅	살펴 알, 믿을 량
180	糧	粮	양식 량
181	慮	虑	생각할 려
182	勵	励	힘쓸 려
183	麗	丽	고울 려
184	曆	历	책력 력
185	蓮	莲	연꽃 련
186	憐	怜	불쌍히 여길 련
187	聯	联	연이을 련
188	鍊	炼	불릴 련
189	戀	恋	그리워할 련
190	劣		못할 렬
191	裂		찢을 렬
192	廉	廉	청렴할 렴
193	獵	猎	사냥 렵
194	零	零	떨어질 령
195	嶺	岭	고개 령
196	靈	灵	신령 령
197	隸	隶	종 례
198	爐	炉	화로 로
199	鹿		사슴 록
200	祿	禄	녹 록
201	弄		희롱할 롱
202	雷		우레 뢰

번호	한자	간체자	훈음
203	賴	赖	의뢰할 뢰
204	了		마칠 료 / 헤아릴 료
205	龍	龙	용 룡
206	累		여러(묶을), 포갤 루 / 지칠 루
207	淚	泪	눈물 루
208	屢	屡	여러 루
209	漏		샐 루
210	樓	楼	다락 루
211	輪	轮	바퀴 륜
212	栗		밤, 밤나무 률
213	率		거느릴 솔 / 비율 률
214	隆	隆	높을 륭
215	陵	陵	언덕 릉
216	離	离	떠날 리
217	裏	里	속 리
218	梨		배나무 리
219	履		밟을 리
220	吏		벼슬아치, 관리 리
221	隣	邻	이웃 린
222	臨	临	임할 림
223	麻	麻	삼 마
224	磨	磨	갈 마
225	幕	幕	장막 막
226	漠	漠	넓을 막

번호	한자	간체자	훈음
227	慢		거만할, 게으를 만
228	漫		흩어질 만
229	蠻	蛮	오랑캐 만
230	妄		망령될 망
231	罔		없을, 그물 망
232	茫	茫	아득할 망 / 황홀할 황
233	埋		묻을 매
234	梅		매화 매
235	媒		중매 매
236	脈	脉	줄기 맥
237	盲		소경, 눈 멀 맹
238	孟		맏 맹
239	猛		사나울 맹
240	盟		맹세 맹
241	綿	绵	솜, 이어질 면
242	滅	灭	멸할, 꺼질 멸
243	冥		어두울 명
244	銘	铭	새길 명
245	侮		업신여길 모
246	冒		무릅쓸 모
247	某		아무 모
248	募	募	모을 모
249	慕	慕	그리워할, 그릴 모
250	模	模	본뜰, 거푸집(틀), 모

번호	한자	간체자	훈음
251	貌		모양 모
252	謀	谋	꾀 모
253	睦		화목할 목
254	沒	没	빠질 몰
255	夢	梦	꿈 몽
256	蒙	蒙	어두울 몽
257	苗	苗	모 묘
258	墓	墓	무덤 묘
259	廟	庙	사당 묘
260	貿	贸	무역할, 바꿀 무
261	霧	雾	안개 무
262	默		잠잠할 묵
263	紋	纹	무늬 문
264	眉		눈썹 미
265	迷	迷	미혹할 미
266	微		작을 미
267	敏		민첩할 민
268	憫	悯	민망할 민
269	蜜		꿀 밀
270	泊		배 댈, 늪(호수) 박
271	拍		칠 박
272	迫	迫	핍박할, 닥칠 박
273	博		넓을 박
274	薄	薄	엷을 박

번호	한자	간체자	훈음
275	伴	伴	짝 반
276	返	返	돌이킬 반
277	叛	叛	배반할 반
278	般		가지, 일반 반
279	盤	盘	소반 반
280	拔	拔	뽑을 발
281	髮	发	터럭 발
282	芳	芳	꽃다울 방
283	妨		방해할 방
284	邦	邦	나라 방
285	倣	仿	본뜰 방
286	傍		곁 방
287	培		북돋을 배
288	排		밀칠 배
289	輩	辈	무리 배
290	伯		맏 백
291	煩	烦	번거로울, 괴로워할 번
292	繁		번성할(많을), 번
293	飜	翻	번역할 번
294	範	范	법, 본보기 범
295	碧		푸를 벽
296	壁		벽(담) 벽
297	辨		분별할 변
298	邊	边	가 변

번호	한자	간체자	훈음
299	辯	辩	말씀, 말 잘할 변
300	屛	屏	병풍 병
301	竝	并	나란히, 아우를 병
302	普		넓을 보
303	補	补	기울(깁다) 보
304	譜	谱	족보, 악보 보
305	腹		배 복
306	覆	覆	다시, 뒤집힐, 덮을 복[부]
307	複	复	겹칠 복
308	封		봉할 봉
309	俸	俸	녹 봉
310	峯	峰	봉우리 봉
311	蜂		벌 봉
312	鳳	凤	봉새 봉
313	付		줄, 부칠 부
314	府		마을, 관청 부
315	附	附	붙을 부
316	負	负	질(지다) 부
317	赴		다다를 부
318	符		부호 부
319	腐		썩을 부
320	賦	赋	부세(구실) 부
321	簿		문서 부
322	奔		달릴 분

번호	한자	간체자	훈음
323	粉		가루 분
324	紛	纷	어지러울 분
325	憤	愤	분할 분
326	墳	坟	무덤 분
327	奮	奋	떨칠 분
328	拂		털(털다), 떨칠 불
329	崩		무너질 붕
330	妃		왕비 비
331	批		비평할, 칠 비
332	肥		살찔 비
333	卑		낮을 비
334	婢		여자종 비
335	碑		비석 비
336	賓	宾	손(손님) 빈
337	頻	频	자주 빈
338	聘		부를 빙
339	司		맡을, 주관할 사
340	似		닮을 사
341	沙		모래 사
342	邪	邪	간사할 사 / 어조사 야
343	祀	祀	제사 사
344	捨	舍	버릴 사
345	蛇		뱀 사
346	斜		비낄 사

번호	한자	간체자	훈음
347	詐	诈	속일 사
348	詞	词	말(말씀) 사
349	斯		이 사
350	賜	赐	줄(주다) 사
351	辭	辞	말씀 사
352	削	削	깎을 삭
353	朔		초하루 삭
354	森		수풀, 빽빽할 삼
355	桑		뽕나무 상
356	祥	祥	상서로울 상
357	詳	详	자세할 상
358	裳		치마 상
359	嘗	尝	맛볼, 시험할 상
360	像		모양, 닮을 상
361	償	偿	갚을 상
362	雙	双	두(둘) 쌍
363	塞		막힐 색 / 변방 새
364	索		찾을 색 / 동아줄 삭
365	誓		맹세할 서
366	逝	逝	갈(가다) 서
367	恕		용서할 서
368	徐		천천할 서
369	庶		여러 서
370	舒		펼, 편안할 서

번호	한자	간체자	훈음
371	署	署	마을 서
372	緒	绪	실마리 서
373	析		쪼갤 석
374	釋	释	풀(풀다) 석
375	宣		베풀 선
376	旋		돌(돌다) 선
377	禪	禅	봉선, 선(참선), 고요할 선
378	涉		건널 섭
379	攝	摄	다스릴, 당길 섭
380	召		부를 소
381	昭		밝을 소
382	疏		소통할, 트일 소
383	蔬	蔬	나물 소
384	訴	诉	호소할, 하소연할 소
385	燒	烧	불사를 소
386	蘇	苏	되살아날 소
387	騷	骚	떠들 소
388	粟		조 속
389	屬	属	무리(붙을) 속 / 이을 촉
390	訟	讼	송사할 송
391	頌	颂	기릴(칭송할) 송
392	誦	诵	욀(외다) 송
393	刷		인쇄할, 솔질할 쇄
394	鎖	锁	쇠사슬, 자물쇠 쇄

번호	한자	간체자	훈음
395	衰		쇠할 쇠 / 도롱이 사 / 상복 최
396	垂		드리울, 늘어질 수
397	搜		찾을 수
398	囚		가둘 수
399	帥	帅	장수 수 / 거느릴 솔
400	殊		다를 수
401	遂	遂	드디어, 이룰 수
402	睡		졸음 수
403	需		쓰일 수
404	隨	随	따를 수
405	輸	输	보낼, 나를 수
406	獸	兽	짐승 수
407	孰		누구, 어느 숙
408	肅	肃	엄숙할 숙
409	熟		익을 숙
410	旬		열흘 순
411	巡	巡	돌, 순행할 순
412	殉		따라 죽을 순
413	脣	唇	입술 순
414	循		돌(빙빙 돌다) 순
415	瞬		깜작일 순
416	述	述	펼, 지을 술
417	濕	湿	젖을 습
418	襲	袭	엄습할 습

번호	한자	간체자	훈음
419	昇	升	오를 승
420	僧	僧	중 승
421	矢		화살 시
422	侍		모실 시
423	飾	饰	꾸밀 식
424	伸		펼 신
425	晨		새벽 신
426	愼	慎	삼갈 신
427	甚		심할 심
428	尋	寻	찾을 심
429	審	审	살필 심
430	牙		어금니 아
431	芽	芽	싹 아
432	亞	亚	버금 아
433	阿	阿	언덕 아 / 호칭 아
434	雅		맑을 아
435	餓	饿	주릴 아
436	岳		큰 산 악
437	岸		언덕 안
438	雁		기러기 안
439	謁	谒	뵐, 아뢸 알
440	壓	压	누를 압
441	押		누를 압
442	央		가운데 앙

번호	한자	간체자	훈음
443	殃		재앙 앙
444	涯		물가 애
445	厄		액(재앙) 액
446	液		진 액
447	額	额	이마 액
448	耶		어조사 야
449	躍	跃	뛸 약
450	楊	杨	버들 양
451	樣	样	모양 양
452	壤		흙덩이 양
453	御		거느릴 어
454	抑		누를 억
455	彦	彦	선비 언
456	焉		어찌 언
457	予		나 여
458	輿	舆	수레 여
459	役		부릴 역
460	疫		전염병 역
461	譯	译	번역할 역
462	驛	驿	역(역참) 역
463	延		늘일 연
464	沿		물 따라갈 연
465	宴		잔치 연
466	軟	软	연할 연

번호	한자	간체자	훈음
467	鉛	铅	납 연
468	演		펼 연
469	燃		탈 연
470	緣	缘	인연 연
471	燕		제비 연
472	閱	阅	볼 열
473	染		물들 염
474	鹽	盐	소금 염
475	泳		헤엄칠 영
476	映		비칠, 비출 영
477	詠	咏	읊을 영
478	影		그림자 영
479	銳	锐	날카로울 예
480	豫		미리 예
481	譽	誉	기릴 예
482	汚	污	더러울 오
483	娛	娱	즐길 오
484	嗚	呜	슬플 오
485	傲		거만할 오
486	獄	狱	옥(감옥) 옥
487	擁	拥	낄, 안을 옹
488	翁	翁	늙은이 옹
489	緩	缓	느릴 완
490	畏		두려워할 외

번호	한자	간체자	훈음
491	搖	摇	흔들 요
492	遙	遥	멀 요
493	腰		허리 요
494	辱		욕될 욕
495	慾	欲	욕심 욕
496	庸		떳떳할 용
497	羽	羽	깃 우
498	偶		짝 우
499	愚		어리석을 우
500	郵	邮	우편 우
501	優	优	넉넉할 우
502	韻	韵	운 운
503	援		도울 원
504	越		넘을 월
505	委		맡길 위
506	胃		밥통(위장) 위
507	圍	围	에워쌀 위
508	違	违	어긋날 위
509	僞	伪	거짓 위
510	慰		위로할 위
511	緯	纬	씨(씨줄) 위
512	謂	谓	이를 위
513	衛	卫	지킬 위
514	幽		그윽할 유

번호	한자	간체자	훈음
515	悠		멀 유
516	惟		생각할 유
517	裕		넉넉할 유
518	愈		나을(낫다) 유
519	維	维	벼리 유
520	誘	诱	꾈 유
521	閏	闰	윤달 윤
522	潤	润	불을, 젖을 윤
523	隱	隐	숨길 은
524	淫		음란할 음
525	凝		엉길 응
526	矣		어조사 의
527	宜		마땅할 의
528	疑		의심할 의
529	儀	仪	거동 의
530	夷		오랑캐 이
531	翼	翼	날개 익
532	姻		혼인 인
533	逸	逸	편안할, 달아날 일
534	賃	赁	품삯 임
535	刺		찌를 자 / 찌를 척 / 수라 라
536	玆	兹	이 자
537	姿		모양 자
538	恣		방자할 자

번호	한자	간체자	훈음
539	紫		자줏빛 자
540	資	资	재물 자
541	酌		술 부을 작
542	爵	爵	벼슬, 술잔 작
543	殘	残	남을, 잔인할 잔
544	暫	暂	잠깐 잠
545	潛	潜	잠길 잠
546	雜	杂	섞일 잡
547	丈		어른 장
548	莊	庄	씩씩할, 풀 성할 장
549	帳	帐	장막 장
550	張	张	베풀 장
551	掌		손바닥 장
552	葬	葬	장사지낼 장
553	粧	妆	단장할 장
554	裝	装	꾸밀 장
555	奬	奖	장려할 장
556	障	障	막을 장
557	藏	藏	감출 장
558	臟	脏	오장 장
559	墻	墙	담 장
560	宰		재상 재
561	裁		마를(마름질할) 재
562	載	载	실을(싣다) 재

번호	한자	간체자	훈음
563	底	底	밑 저
564	抵	抵	막을 저
565	寂		고요할 적
566	笛		피리 적
567	跡	迹	발자취 적
568	賊	贼	도둑 적
569	滴		물방울 적
570	摘		딸(따다) 적
571	績	绩	길쌈 적
572	蹟	迹	자취 적
573	籍		문서 적
574	殿		전각, 큰 집 전
575	竊	窃	훔칠 절
576	折		꺾을 절
577	占		점칠, 차지할 점
578	漸	渐	점점 점
579	蝶		나비 접
580	廷		조정 정
581	征		칠(치다) 정
582	亭		정자 정
583	訂	订	바로잡을 정
584	程		한도, 길 정
585	整		가지런할 정
586	堤		둑 제

번호	한자	간체자	훈음
587	提		끌(끌다) 제
588	齊	齐	가지런할, 모두 제
589	際	际	즈음, 사이 제
590	濟	济	건널 제
591	弔	吊	조상할 조
592	租		조세, 구실 조
593	條	条	가지 조
594	組	组	짤 조
595	照		비칠 조
596	潮		조수 조
597	燥		마를 조
598	拙		서투를, 옹졸할 졸
599	縱	纵	세로, 늘어질 종
600	佐		도울 좌
601	座		자리 좌
602	奏		아뢸 주
603	珠		구슬 주
604	鑄	铸	불릴 주
605	舟		배 주
606	周		두루 주
607	洲		물가 주
608	柱		기둥 주
609	株		그루 주
610	俊		준걸 준

번호	한자	간체자	훈음
611	遵	遵	좇을 준
612	仲		버금 중
613	汁		즙 즙
614	症		증세 증
615	蒸	蒸	찔(찌다) 증
616	憎	憎	미울 증
617	贈	赠	줄(주다) 증
618	池		못 지
619	誌	志	기록할 지
620	遲	迟	더딜 지
621	織	织	짤(짜다) 직
622	震		우레 진
623	珍		보배 진
624	振		떨칠 진
625	陣	阵	진칠 진
626	陳	陈	베풀, 묵을 진
627	鎭	镇	진압할, 누를 진
628	姪	侄	조카 질
629	疾		병 질
630	秩		차례 질
631	徵	征	부를 징 / 음률 이름 치
632	懲	惩	징계할 징
633	差	差	다를, 어긋날 차
634	捉		잡을 착

번호	한자	간체자	훈음
635	錯	错	어긋날 착
636	贊	赞	도울 찬
637	讚	赞	기릴, 칭찬할 찬
638	慘	惨	참혹할 참
639	慙	惭	부끄러울 참
640	倉	仓	곳집 창
641	蒼	苍	푸를 창
642	暢	畅	화창할, 펼 창
643	彩		채색, 무늬 채
644	債	债	빚 채
645	策		꾀 책
646	斥		물리칠 척
647	拓		넓힐 척 / 박을 탁
648	戚		친척, 겨레 척
649	踐	践	밟을 천
650	賤	贱	천할 천
651	遷	迁	옮길 천
652	薦	荐	천거할 천
653	哲		밝을 철
654	徹	彻	통할 철
655	尖		뾰족할 첨
656	添		더할 첨
657	妾		첩 첩
658	廳	厅	관청 청

번호	한자	간체자	훈음
659	滯	滞	막힐 체
660	逮	逮	잡을 체
661	遞	递	갈릴, 갈마들 체
662	替		바꿀 체
663	肖	肖	닮을 초
664	抄		뽑을 초
665	秒		분초 초
666	超		뛰어넘을 초
667	礎	础	주춧돌 초
668	促		재촉할 촉
669	燭	烛	촛불 촉
670	觸	触	닿을 촉
671	銃	铳	총 총
672	聰	聪	귀 밝을 총
673	催		재촉할 최
674	抽		뽑을 추
675	醜	丑	추할 추
676	畜		짐승, 기를 축
677	祝	祝	빌 축
678	逐	逐	쫓을 축
679	蓄	蓄	모을 축
680	築	筑	쌓을 축
681	縮	缩	줄일 축
682	衝	冲	찌를 충

번호	한자	간체자	훈음
683	臭		냄새 취 / 맡을 후
684	醉		취할 취
685	趣		뜻, 달릴 취
686	側	侧	곁 측
687	測	测	헤아릴 측
688	値	值	값 치
689	恥	耻	부끄러울 치
690	置	置	둘(두다) 치
691	稚		어릴 치
692	漆		옻 칠
693	沈		잠길 침 / 성씨 심
694	枕		베개 침
695	侵		침노할 침
696	浸		담글, 잠길 침
697	寢	寝	잘(잠자다) 침
698	稱	称	일컬을 칭
699	它		그것, 다를 타
700	妥		온당할 타
701	墮	堕	떨어질 타 / 무너질휴
702	托		맡길 탁
703	濁	浊	흐릴 탁
704	濯	濯	씻을 탁
705	誕	诞	낳을, 속일 탄
706	彈	弹	탄알, 튕길 탄

번호	한자	간체자	훈음
707	歎	叹	탄식할 탄
708	奪	夺	빼앗을 탈
709	貪	贪	탐낼 탐
710	塔	塔	탑 탑
711	湯	汤	끓을 탕
712	怠		게으름 태
713	殆		거의, 위태할 태
714	態	态	모습 태
715	澤	泽	못 택
716	擇	择	가릴 택
717	吐		토할 토
718	兔		토끼 토
719	透	透	사무칠, 통할 투
720	鬪	斗	싸움 투
721	派		갈래 파
722	把		잡을 파
723	頗	颇	자못 파
724	罷	罢	마칠 파
725	播		뿌릴 파
726	版		판목, 널(널빤지) 판
727	遍	遍	두루 편
728	編	编	엮을 편
729	偏	偏	치우칠 편
730	評	评	평할 평

번호	한자	간체자	훈음
731	肺		허파 폐
732	廢	废	폐할, 버릴 폐
733	蔽	蔽	덮을 폐
734	弊	弊	폐단, 해질 폐
735	幣	币	화폐 폐
736	胞		세포 포
737	浦		개(물가) 포
738	捕		잡을 포
739	砲	炮	대포 포
740	飽	饱	배부를 포
741	幅		폭 폭 / 두건 복
742	爆		터질 폭
743	漂		떠다닐 표
744	標	标	표할 표
745	被		입을, 이불 피
746	避	避	피할 피
747	畢	毕	마칠 필
748	荷	荷	멜, 연꽃 하
749	鶴	鹤	학 학
750	汗		땀 한
751	旱		가물 한
752	割		벨, 나눌 할
753	含		머금을 함
754	咸		다 함

번호	한자	간체자	훈음
755	陷	陷	빠질 함
756	抗		겨룰 항
757	巷		거리 항
758	航		배 항
759	港		항구 항
760	項	项	목, 항목 항
761	奚		어찌 해
762	該	该	갖출 해
763	核		씨 핵
764	享		누릴 향
765	響	响	울릴 향
766	軒	轩	집 헌
767	憲	宪	법 헌
768	獻	献	드릴 헌
769	險	险	험할 험
770	玄		검을 현
771	絃	弦	줄(악기 줄) 현
772	縣	县	고을 현
773	懸	悬	매달 현
774	顯	显	나타날 현
775	穴		구멍 혈
776	嫌	嫌	싫어할 혐
777	脅	胁	위협할 협
778	衡		저울대 형

번호	한자	간체자	훈음
779	亨		형통할 형
780	螢	萤	반딧불이 형
781	兮		어조사 혜
782	慧		슬기로울 혜
783	互		서로 호
784	胡		오랑캐, 수염 호
785	浩		넓을 호
786	毫		터럭 호
787	豪		호걸 호
788	護	护	도울, 지킬 호
789	或		혹 혹
790	惑		미혹할 혹
791	昏		어두울 혼
792	魂		넋 혼
793	忽		갑자기 홀
794	弘		클, 넓힐 홍
795	洪		넓을, 큰물 홍
796	鴻	鸿	기러기 홍
797	禾		벼 화
798	禍	祸	재앙 화
799	確	确	굳을 확
800	擴	扩	넓힐 확
801	穫	获	거둘 확
802	丸		둥글 환

번호	한자	간체자	훈음
803	換	换	바꿀 환
804	還	还	돌아올 환
805	況	况	상황, 하물며 황
806	荒	荒	거칠 황
807	灰		재 회
808	悔		뉘우칠 회
809	懷	怀	품을 회
810	劃	划	그을(긋다) 획
811	獲	获	얻을 획

번호	한자	간체자	훈음
812	橫	横	가로 횡
813	曉	晓	새벽 효
814	侯		제후 후
815	毁		헐(헐다) 훼
816	揮	挥	휘두를 휘
817	輝	辉	빛날 휘
818	携		이끌 휴
819	稀		드물 희
820	戲	戏	놀이 희

UNIT 01

HNK 3급
- 한자 01~50
- 복습하기

1

佳　佳

아름다울 **가**　jiā

- 부 亻(人)　획 8획
- 자형 亻(人, 사람 인) + 圭(별이름 규, 상서로운 옥) → 佳(아름다울 가)
- 활용어 佳人(가인), 佳客(가객), 佳作(가작), 佳境(가경), 佳約(가약)
- 유의자 美(아름다울 미), 麗(고울 려)
- 성어 百年佳約(백년가약), 絶世佳人(절세가인), 漸入佳境(점입가경)
- HSK어휘 佳肴 jiāyáo * 肴(안주 효)

2

架　架

시렁 **가**　jià

- 부 木　획 9획
- 자형 木(나무 목) + 加(더할 가) → 架(시렁 가)
- 활용어 架空(가공), 架橋(가교), 架設(가설), 書架(서가), 高架(고가)
- 성어 架空人物(가공인물), 十字架(십자가)
- HSK어휘 书架 shūjià, 打架 dǎjià

3

暇　暇

틈, 겨를 **가**　xiá

- 부 日　획 13획
- 자형 日(날 일) + 叚(假, 빌릴 가) → 暇(틈 가)
- 활용어 休暇(휴가), 閑暇(한가), 病暇(병가), 餘暇(여가), 年暇(연가)
- HSK어휘 余暇 yúxiá

4

却　却

물리칠 **각**　què

- 부 卩　획 7획
- 자형 卩(병부 절) + 去(갈 거) → 却(물리칠 각)
- 활용어 退却(퇴각), 棄却(기각), 忘却(망각), 賣却(매각), 冷却(냉각), 却下(각하)
- 유의자 退(물러날 퇴)
- HSK어휘 冷却 lěngquè

5

刻　刻

새길 **각**　kè

- 부 刂(刀)　획 8획
- 자형 刂(刀, 칼 도) + 亥(돼지 해) → 刻(새길 각)
- 활용어 浮刻(부각), 時刻(시각), 深刻(심각), 卽刻(즉각), 刻印(각인), 刻苦(각고), 刻薄(각박)
- 유의자 刊(새길 간)
- 성어 時時刻刻(시시각각), 刻骨難忘(각골난망), 刻舟求劍(각주구검), 一刻如三秋(일각여삼추)
- HSK어휘 深刻 shēnkè, 刻苦 kèkǔ, 立刻 lìkè, 时刻 shíkè, 片刻 piànkè, 刻不容缓 kè bù róng huǎn

6 閣 阁 집 **각**	gé	**부** 門　**획** 14획(간체 9획) **자형** 門(문 문) + 各(각각 각) → 閣(집 각) **활용어** 樓閣(누각), 內閣(내각), 改閣(개각), 入閣(입각), 閣僚(각료) **유의자** 家(집 가), 堂(집 당), 室(집 실), 屋(집 옥), 宅(집 택), 宇(집 우), 宙(집 주) **성 어** 空中樓閣(공중누각), 沙上樓閣(사상누각) **HSK어휘** 阁 gé/gǎo, 殿阁 diàngé

7 刊 刊 새길 **간**	kān	**부** 刂(刀)　**획** 5획 **자형** 刂(刀, 칼 도) + 干(방패 간) → 刊(새길 간) **활용어** 發刊(발간), 出刊(출간), 刊行(간행), 創刊(창간), 休刊(휴간) **유의자** 刻(새길 각) **성 어** 刊經都監(간경도감), 萬世不刊(만세불간) **HSK어휘** 刊登 kāndēng

8 肝 肝 간 **간**	gān	**부** 月(肉)　**획** 7획 **자형** 月(肉, 고기 육) + 干(막을 간) → 肝(간 간) **활용어** 肝腸(간장), 肝膽(간담), 肝炎(간염), 肝癌(간암) **성 어** 九曲肝腸(구곡간장), 肝膽相照(간담상조) **HSK어휘** 肝 gān

9 姦 奸 간음할 **간**	jiān	**부** 女　**획** 9획(간체 6획) **자형** 女(여자 녀) + 女(여자 녀) + 女(여자 녀) → 姦(간음할 간) **활용어** 姦淫(간음), 强姦(강간), 輪姦(윤간), 姦通罪(간통죄) **유의자** 淫(음란할 음) **성 어** 近親相姦(근친상간) **HSK어휘** 强奸 qiángjiān, 奸臣 jiānchén

10 幹 干 줄기 **간**	gàn	**부** 干　**획** 13획(간체 3획) **자형** 木(나무 목) + 倝(햇빛이 빛나는 모양 간) → 榦 → 幹(줄기 간) **활용어** 根幹(근간), 骨幹(골간), 主幹(주간), 幹事(간사), 幹部(간부), 幹線(간선) **유의자** 脈(줄기 맥)　**반대자** 根(뿌리 근), 枝(가지 지) **성 어** 基幹産業(기간산업), 白頭大幹(백두대간) **HSK어휘** 骨干 gǔgàn, 干活(儿) gànhuó(r), 能干 nénggàn, 才干 cáigàn, 干劲(儿) gànjìn(r)

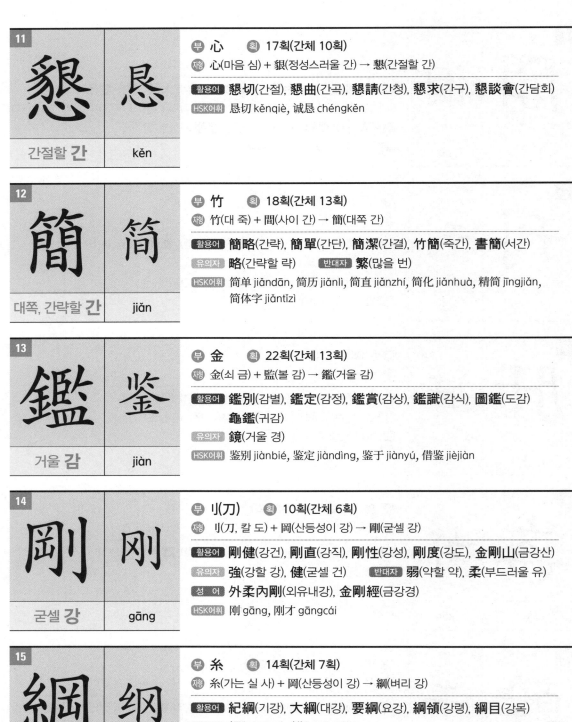

11	懇	恳	간절할 **간** kěn

부 心 　　**획** 17획(간체 10획)

자형 心(마음 심) + 狠(정성스러울 간) → 懇(간절할 간)

활용어 懇切(간절), 懇曲(간곡), 懇請(간청), 懇求(간구), 懇談會(간담회)

HSK어휘 恳切 kěnqiè, 诚恳 chéngkěn

12	簡	简	대쪽, 간략할 **간** jiǎn

부 竹 　　**획** 18획(간체 13획)

자형 竹(대 죽) + 間(사이 간) → 簡(대쪽 간)

활용어 簡略(간략), 簡單(간단), 簡潔(간결), 竹簡(죽간), 書簡(서간)

유의자 略(간략할 략) 　　**반대자** 繁(많을 번)

HSK어휘 简单 jiǎndān, 简历 jiǎnlì, 简直 jiǎnzhí, 简化 jiǎnhuà, 精简 jīngjiǎn, 简体字 jiǎntǐzì

13	鑑	鉴	거울 **감** jiàn

부 金 　　**획** 22획(간체 13획)

자형 金(쇠 금) + 監(볼 감) → 鑑(거울 감)

활용어 鑑別(감별), 鑑定(감정), 鑑賞(감상), 鑑識(감식), 圖鑑(도감), 龜鑑(귀감)

유의자 鏡(거울 경)

HSK어휘 鉴别 jiànbié, 鉴定 jiàndìng, 鉴于 jiànyú, 借鉴 jièjiàn

14	剛	刚	굳셀 **강** gāng

부 刂(刀) 　　**획** 10획(간체 6획)

자형 刂(刀, 칼 도) + 岡(산등성이 강) → 剛(굳셀 강)

활용어 剛健(강건), 剛直(강직), 剛性(강성), 剛度(강도), 金剛山(금강산)

유의자 強(강할 강), 健(굳셀 건) 　　**반대자** 弱(약할 약), 柔(부드러울 유)

성어 外柔內剛(외유내강), 金剛經(금강경)

HSK어휘 刚 gāng, 刚才 gāngcái

15	綱	纲	벼리 **강** gāng

부 糸 　　**획** 14획(간체 7획)

자형 糸(가는 실 사) + 岡(산등성이 강) → 綱(벼리 강)

활용어 紀綱(기강), 大綱(대강), 要綱(요강), 綱領(강령), 綱目(강목)

유의자 紀(벼리 기), 維(벼리 유)

성어 三綱五倫(삼강오륜)

HSK어휘 纲领 gānglǐng

16	介	介	jiè

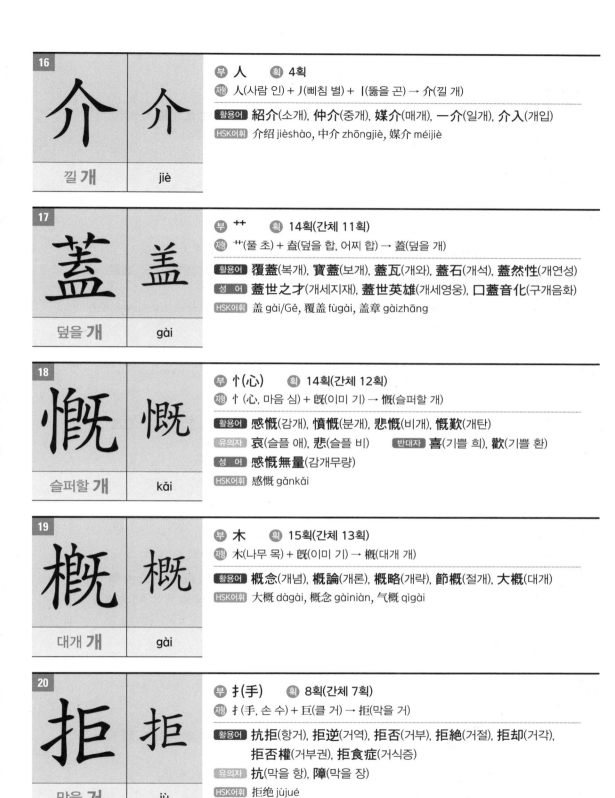

16 介 / 介	**부** 人　　**획** 4획
길 개 / jiè	**자형** 人(사람 인) + ノ(삐침 별) + ㅣ(뚫을 곤) → 介(길 개)
	활용어 紹介(소개), 仲介(중개), 媒介(매개), 一介(일개), 介入(개입)
	HSK어휘 介绍 jièshào, 中介 zhōngjiè, 媒介 méijiè

17 蓋 / 盖	**부** 艹　　**획** 14획(간체 11획)
덮을 개 / gài	**자형** 艹(풀 초) + 盍(덮을 합, 어찌 합) → 蓋(덮을 개)
	활용어 覆蓋(복개), 寶蓋(보개), 蓋瓦(개와), 蓋石(개석), 蓋然性(개연성)
	성 어 蓋世之才(개세지재), 蓋世英雄(개세영웅), 口蓋音化(구개음화)
	HSK어휘 盖 gài/Gě, 覆盖 fùgài, 盖章 gàizhāng

18 慨 / 慨	**부** 忄(心)　　**획** 14획(간체 12획)
슬퍼할 개 / kǎi	**자형** 忄(心, 마음 심) + 旣(이미 기) → 慨(슬퍼할 개)
	활용어 感慨(감개), 憤慨(분개), 悲慨(비개), 慨歎(개탄)
	유의자 哀(슬플 애), 悲(슬플 비)　　**반대자** 喜(기쁠 희), 歡(기쁠 환)
	성 어 感慨無量(감개무량)
	HSK어휘 感慨 gǎnkǎi

19 槪 / 概	**부** 木　　**획** 15획(간체 13획)
대개 개 / gài	**자형** 木(나무 목) + 旣(이미 기) → 槪(대개 개)
	활용어 槪念(개념), 槪論(개론), 槪略(개략), 節槪(절개), 大槪(대개)
	HSK어휘 大概 dàgài, 概念 gàiniàn, 气概 qìgài

20 拒 / 拒	**부** 扌(手)　　**획** 8획(간체 7획)
막을 거 / jù	**자형** 扌(手, 손 수) + 巨(클 거) → 拒(막을 거)
	활용어 抗拒(항거), 拒逆(거역), 拒否(거부), 拒絶(거절), 拒却(거각), 拒否權(거부권), 拒食症(거식증)
	유의자 抗(막을 항), 障(막을 장)
	HSK어휘 拒绝 jùjué

21

距 距

상거할, 떨어질 **거**　jù

부 𧾷(足)　**획** 12획(간체 11획)

자형 𧾷(足, 발 족) + 巨(클 거) → 距(상거할 거)

활용어 相距(상거), 距離(거리), 距躍(거약), 長距離(장거리),
短距離(단거리), 可視距離(가시거리)

유의자 離(떠날 리), 隔(사이 뜰 격)

HSK어휘 距离 jùlí, 差距 chājù

22

據 据

근거, 의거할 **거**　jù

부 扌(手)　**획** 16획(간체 11획)

자형 扌(手, 손 수) + 豦(원숭이 거) → 據(의거할 거)

활용어 根據(근거), 依據(의거), 占據(점거), 證據(증거), 據點(거점)

유의자 依(의지할 의)

HSK어휘 据 jù/jū, 根据 gēnjù, 依据 yījù, 占据 zhànjù, 据说 jùshuō, 数据 shùjù

23

乞 乞

빌 **걸**　qǐ

부 乙　**획** 3획

자형 乙(새 을) + 人(사람 인) → 乞(빌 걸)

활용어 求乞(구걸), 乞人(걸인), 乞神(걸신), 乞食(걸식), 乞士(걸사)

성 어 哀乞伏乞(애걸복걸), 門前乞食(문전걸식)

HSK어휘 乞丐 qǐgài * 丐(빌 개)

24

傑 杰

뛰어날 **걸**　jié

부 亻(人)　**획** 12획(간체 8획)

자형 亻(人, 사람 인) + 桀(홰/하왕 이름 걸) → 傑(뛰어날 걸)

활용어 傑出(걸출), 傑作(걸작), 豪傑(호걸), 俊傑(준걸), 女傑(여걸)

유의자 俊(준걸 준), 秀(빼어날 수)　**반대자** 拙(졸할 졸), 劣(못할 열)

성 어 英雄豪傑(영웅호걸)

HSK어휘 杰出 jiéchū

25

劍 剑

칼 **검**　jiàn

부 刂(刀)　**획** 15획(간체 9획)

자형 刂(刀, 칼 도) + 僉(다 첨) → 劍(칼 검)

활용어 劍道(검도), 劍客(검객), 劍術(검술), 劍舞(검무), 短劍(단검)

유의자 刀(칼 도)

성 어 刻舟求劍(각주구검), 口蜜腹劍(구밀복검)

HSK어휘 劍 jiàn

26 隔	隔	부 阝(阜)　　획 13획(간체 12획)
		자형 阝(阜, 언덕 부) + 鬲(막을 격/솥 력) → 隔(사이 뜰 격)
		활용어 隔離(격리), 隔差(격차), 隔意(격의), 間隔(간격), 遠隔(원격)
		유의자 間(사이 간)　　반대자 接(이을 접)
		성어 隔世之感(격세지감)
사이 뜰 격	gé	HSK어휘 隔离 gélí, 间隔 jiàngé

27 激	激	부 氵(水)　　획 16획
		자형 氵(水, 물 수) + 敫(노래할 교) → 激(물결 부딪쳐 흐를 격)
		활용어 感激(감격), 過激(과격), 激動(격동), 激烈(격렬), 激情(격정), 激勵(격려), 激變(격변), 激突(격돌)
		성어 自激之心(자격지심)
		HSK어휘 感激 gǎnjī, 激动 jīdòng, 激烈 jīliè, 激情 jīqíng, 激励 jīlì, 激发 jīfā, 刺激 cìjī, 冰激凌 bīngjīlíng
격할 격	jī	

28 擊	击	부 手　　획 17획(간체 5획)
		자형 手(손 수) + 毄(毄, 부딪칠 격) → 擊(칠 격)
		활용어 攻擊(공격), 打擊(타격), 射擊(사격), 衝擊(충격), 反擊(반격), 追擊(추격), 擊破(격파), 擊滅(격멸)
		유의자 打(칠 타), 伐(칠 벌), 功(칠 공), 討(칠 토)
		반대자 守(지킬 수), 防(막을 방)
		성어 人身攻擊(인신공격), 鼓腹擊壤(고복격양)
칠 격	jī	HSK어휘 攻击 gōngjī, 打击 dǎjī, 射击 shèjī, 冲击 chōngjī

29 肩	肩	부 月(肉)　　획 8획(간체 8획)
		자형 月(肉, 고기 육) + 戶(집 호) → 肩(어깨 견)
		활용어 比肩(비견), 雙肩(쌍견), 肩章(견장), 肩骨(견골)
		성어 息肩(식견)
어깨 견	jiān	HSK어휘 肩膀(儿) jiānbǎng(r)

30 牽	牵	부 牛　　획 11획(간체 9획)
		자형 玄(검을 현, 끈이나 줄) + 冖(덮을 멱, 쇠코뚜레) + 牛(소 우, 소) → 牽(끌 견)
		활용어 牽制(견제), 牽引(견인), 牽引車(견인차), 牽制球(견제구), 牽牛星(견우성)
		유의자 引(끌 인)　　반대자 推(밀 추)
		성어 牽牛織女(견우직녀), 牽強附會(견강부회)
이끌, 끌 견	qiān	HSK어휘 牵 qiān, 牵制 qiānzhì

| 31 遣 遣 보낼 견 qiǎn | 부 辶(辵)   획 14획(간체 13획)
자형 辶(辵, 쉬엄쉬엄 갈 착) + 𠳋('貴 귀할 귀', '𠂤언덕 부'의 결합) → 遣(보낼 견)

활용어 派遣(파견), 自遣(자견), 先遣(선견), 遣歸(견귀), 遣悶(견민),
       派遣隊(파견대), 遣唐使(견당사)
유의자 送(보낼 송)
HSK어휘 派遣 pàiqiǎn |

| 32 絹 绢 비단 견 juàn | 부 糸   획 13획(간체 10획)
자형 糸(가는 실 사) + 肙(장구벌레 연) → 絹(비단 견)

활용어 絹絲(견사), 生絹(생견), 絹織物(견직물), 人造絹(인조견)
유의자 錦(비단 금)
HSK어휘 绢 juàn |

| 33 訣 诀 이별할 결 jué | 부 言   획 11획(간체 6획)
자형 言(말씀 언) + 夬(깍지 결/터놓을 쾌) → 訣(이별할 결)

활용어 訣別(결별), 永訣(영결), 口訣(구결), 祕訣(비결), 要訣(요결)
유의자 離(떠날 리), 別(다를 별)
성 어 修心訣(수심결), 土亭祕訣(토정비결), 擊蒙要訣(격몽요결)
HSK어휘 诀 jué, 口诀 kǒujué |

| 34 缺 缺 이지러질 결 quē | 부 缶   획 10획
자형 缶(질그릇 부) + 夬(깍지 결/터놓을 쾌) → 缺(이지러질 결)

활용어 缺點(결점), 缺講(결강), 缺陷(결함), 缺航(결항), 缺席(결석),
       缺如(결여), 缺損(결손), 出缺(출결)
유의자 出(날 출)
성 어 不可缺(불가결), 完全無缺(완전무결)
HSK어휘 缺点 quēdiǎn, 缺少 quēshǎo, 缺口 quēkǒu |

| 35 兼 兼 겸할 겸 jiān | 부 八   획 10획(간체10획)
자형 又(또 우, 오른 손) + 秝(성글 력, 많은 벼) → 兼(겸할 겸)

활용어 兼職(겸직), 兼用(겸용), 兼任(겸임), 兼備(겸비), 兼業(겸업)
성 어 兼人之勇(겸인지용), 兼事兼事(겸사겸사), 兼愛思想(겸애사상)
HSK어휘 兼职 jiānzhí |

36		
謙	谦	(부) 言 (획) 17획(간체 12획)
		(자형) 言(말씀 언) + 兼(겸할 겸) → 謙(겸손할 겸)
		(활용어) 謙虛(겸허), 謙遜(겸손), 謙讓(겸양), 謙稱(겸칭), 謙德(겸덕)
		(유의자) 讓(사양할 양) (반대자) 傲(거만할 오), 慢(거만할 만)
		(성 어) 謙讓之德(겸양지덕)
겸손할 **겸**	qiān	(HSK어휘) 谦虚 qiānxū, 谦逊 qiānxùn

37		
徑	径	(부) 彳 (획) 10획(간체 8획)
		(자형) 彳(갈 척) + 巠(물줄기 경, 세로로 곧게 뻗은 줄) → 徑(지름길 경)
		(활용어) 直徑(직경), 半徑(반경), 口徑(구경), 曲徑(곡경)
		(유의자) 道(길 도), 路(길 로)
		(성 어) 行動半徑(행동반경)
지름길 **경**	jìng	(HSK어휘) 直径 zhíjìng, 田径 tiánjìng, 途径 tújìng

38		
竟	竟	(부) 立 (획) 11획
		(자형) 立(설 립, '辛 매울 신'의 생략형) + 兒(얼굴 모) → 竟(마침내 경)
		(활용어) 究竟(구경), 畢竟(필경)
		(유의자) 畢(마칠 필)
		(성 어) 有志竟成(유지경성)
마침내 **경**	jìng	(HSK어휘) 究竟 jiūjìng, 毕竟 bìjìng, 竟然 jìngrán

39		
頃	顷	(부) 頁 (획) 11획(간체 8획)
		(자형) 頁(머리 혈) + 匕(비수 비) → 頃(이랑 경)
		(활용어) 頃刻(경각), 食頃(식경)
		(유의자) 瞬(깜작일 순)
		(성 어) 萬頃蒼波(만경창파), 命在頃刻(명재경각)
이랑, 잠깐 **경**	qǐng	(HSK어휘) 顷 qǐng

40		
卿	卿	(부) 卩 (획) 12획(간체 10획)
		(자형) 皀('食 먹을 식'의 변형) + 卯(토끼 묘, 마주 앉은 두 사람) → 卿(벼슬 경)
		(활용어) 公卿(공경), 卿相(경상), 卿宰(경재), 卿士大夫(경사대부)
		(유의자) 官(벼슬 관), 爵(벼슬 작), 尉(벼슬 위)
		(성 어) 卿懇(경간)
벼슬 **경**	qīng	(HSK어휘) 卿 qīng

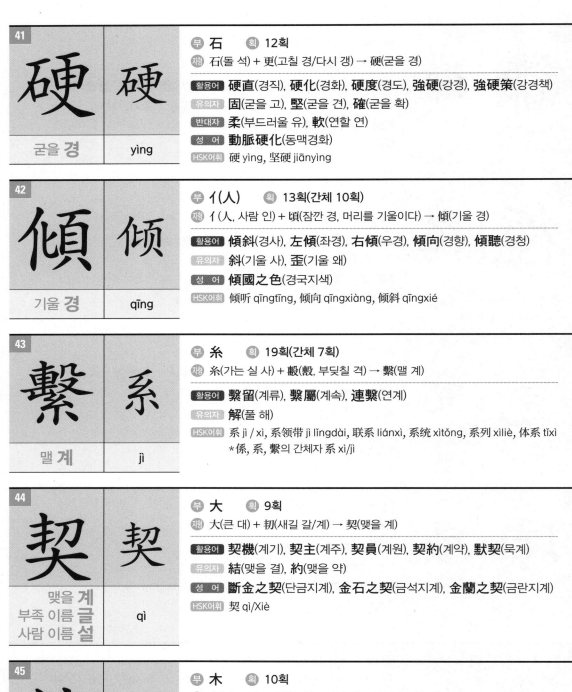

41

硬 硬

굳을 **경**　yìng

- 부 石　획 12획
- 자형 石(돌 석) + 更(고칠 경/다시 갱) → 硬(굳을 경)
- 활용어 **硬直**(경직), **硬化**(경화), **硬度**(경도), **強硬**(강경), **強硬策**(강경책)
- 유의자 **固**(굳을 고), **堅**(굳을 견), **確**(굳을 확)
- 반대자 **柔**(부드러울 유), **軟**(연할 연)
- 성 어 **動脈硬化**(동맥경화)
- HSK어휘 硬 yìng, 坚硬 jiānyìng

42

傾 倾

기울 **경**　qīng

- 부 亻(人)　획 13획(간체 10획)
- 자형 亻(人, 사람 인) + 頃(잠깐 경, 머리를 기울이다) → 傾(기울 경)
- 활용어 **傾斜**(경사), **左傾**(좌경), **右傾**(우경), **傾向**(경향), **傾聽**(경청)
- 유의자 **斜**(기울 사), **歪**(기울 왜)
- 성 어 **傾國之色**(경국지색)
- HSK어휘 倾听 qīngtīng, 倾向 qīngxiàng, 倾斜 qīngxié

43

繫 系

맬 **계**　jì

- 부 糸　획 19획(간체 7획)
- 자형 糸(가는 실 사) + 毄(轂, 부딪칠 격) → 繫(맬 계)
- 활용어 **繫留**(계류), **繫屬**(계속), **連繫**(연계)
- 유의자 **解**(풀 해)
- HSK어휘 系 jì / xì, 系领带 jì lǐngdài, 联系 liánxì, 系统 xìtǒng, 系列 xìliè, 体系 tǐxì
　*係, 系, 繫의 간체자 系 xì/jì

44

契 契

맺을 **계**
부족 이름 **글**
사람 이름 **설**　qì

- 부 大　획 9획
- 자형 大(큰 대) + 韧(새길 갈/계) → 契(맺을 계)
- 활용어 **契機**(계기), **契主**(계주), **契員**(계원), **契約**(계약), **默契**(묵계)
- 유의자 **結**(맺을 결), **約**(맺을 약)
- 성 어 **斷金之契**(단금지계), **金石之契**(금석지계), **金蘭之契**(금란지계)
- HSK어휘 契 qì/Xiè

45

桂 桂

계수나무 **계**　guì

- 부 木　획 10획
- 자형 木(나무 목) + 圭(홀 규) → 桂(계수나무 계)
- 활용어 **桂樹**(계수), **桂皮**(계피), **月桂樹**(월계수), **月桂冠**(월계관)
- 성 어 **桂林一枝**(계림일지)
- HSK어휘 桂 guì

46 啓 启

열 **계** qǐ

- 부 口
- 획 11획(간체 7획)
- 자형 口(입 구) + 戸(집/외짝 문 호) + 攵(칠 복) → 啓(열 계)
- 활용어 啓蒙(계몽), 啓示(계시), 啓發(계발), 啓導(계도), 狀啓(장계)
- HSK어휘 启蒙 qǐméng, 启示 qǐshì, 启发 qǐfā, 启事 qǐshì

47 械 械

기계 **계** xiè

- 부 木
- 획 11획
- 자형 木(나무 목) + 戒(경계할 계) → 械(형틀, 기계 계)
- 활용어 機械(기계), 器械(기계), 農機械(농기계), 機械的(기계적), 器械體操(기계체조)
- 유의자 機(틀, 기계 기)
- HSK어휘 机械 jīxiè

48 姑 姑

시어미 **고** gū

- 부 女
- 획 8획
- 자형 女(여자 녀) + 古(예 고) → 姑(시어미, 잠시 고)
- 활용어 姑母(고모), 姑母夫(고모부), 姑婦(고부), 姑從(고종), 姑息(고식)
- 반대자 夫(지아비 부), 婦(며느리 부)
- 성어 姑息之計(고식지계), 姑息策(고식책)
- HSK어휘 姑姑 gūgu, 姑娘 gūniáng/gūniang, 姑且 gūqiě

49 枯 枯

마를 **고** kū

- 부 木
- 획 9획
- 자형 木(나무 목) + 古(예 고) → 枯(마를 고)
- 활용어 枯木(고목), 枯渴(고갈), 枯葉(고엽), 枯死(고사)
- 유의자 燥(마를 조), 乾(마를 건)   반대자 榮(영화 영)
- 성어 榮枯盛衰(영고성쇠), 枯木生花(고목생화), 枯木發榮(고목발영)
- HSK어휘 枯燥 kūzào

50 鼓 鼓

북 **고** gǔ

- 부 鼓
- 획 13획
- 자형 壴(악기 이름 주, 북의 모양) + 支(지탱할 지, 북채를 잡은 손) → 鼓(북 고)
- 활용어 小鼓(소고), 法鼓(법고), 鼓動(고동), 鼓舞(고무), 鼓吹(고취)
- 성어 申聞鼓(신문고), 勝戰鼓(승전고), 鼓腹擊壤(고복격양), 膠柱鼓瑟(교주고슬)
- HSK어휘 鼓动 gǔdòng, 鼓舞 gǔwǔ, 鼓励 gǔlì, 鼓掌 gǔzhǎng

❶ 다음 한자에 맞는 훈음을 쓰세요.

(1) 佳 (   )   (2) 却 (   )

(3) 剛 (   )   (4) 介 (   )

(5) 拒 (   )   (6) 據 (   )

(7) 傑 (   )   (8) 肩 (   )

(9) 牽 (   )   (10) 訣 (   )

(11) 兼 (   )   (12) 頃 (   )

(13) 傾 (   )   (14) 繫 (   )

(15) 啓 (   )   (16) 鼓 (   )

❷ 다음 한자어에 맞는 독음을 쓰세요.

(1) 休暇 (   )   (2) 冷却 (   )

(3) 閣僚 (   )   (4) 創刊 (   )

(5) 枯葉 (   )   (6) 鑑賞 (   )

(7) 綱領 (   )   (8) 介入 (   )

(9) 慨歎 (   )   (10) 拒絕 (   )

(11) 距離 (   )   (12) 隔離 (   )

(13) 射擊 (   )   (14) 謙遜 (   )

(15) 農機械 (   )   (16) 懇談會 (   )

3 다음 한자의 간체자를 보기 에서 골라 쓰세요.

보기	简	干	盖	阁

(1) 閣 (　　　　)   (2) 幹 (　　　　)

(3) 簡 (　　　　)   (4) 蓋 (　　　　)

4 다음 한자의 유의자를 보기 에서 골라 쓰세요.

보기	謠	健	値	屋

(1) 歌 (　　　　)   (2) 家 (　　　　)

(3) 價 (　　　　)   (4) 康 (　　　　)

5 다음 한자의 반의자를 보기 에서 골라 쓰세요.

보기	拙	弱	繁	傲

(1) 簡 (　　　　)   (2) 剛 (　　　　)

(3) 傑 (　　　　)   (4) 謙 (　　　　)

6 다음 뜻을 가진 사자성어를 보기 에서 골라 쓰세요.

보기	刻骨難忘	刻骨痛恨	刻骨銘心	刻舟求劍

(1) 은혜를 뼈에 새길 만큼, 남의 은혜를 잊지 아니함.

　✎＿＿＿＿＿＿＿＿＿＿＿＿＿＿＿＿＿＿＿＿

(2) 뱃전에 표시를 하고 나중에 칼을 찾으려 한다는 뜻으로, 융통성 없이 현실에 맞지 않는 낡은 생각을 고집하는 어리석음을 이르는 말.

　✎＿＿＿＿＿＿＿＿＿＿＿＿＿＿＿＿＿＿＿＿

UNIT 02

HNK 3급
- 한자 51~100
- 복습하기

51 稿 稿 원고, 볏짚 **고** gǎo	부 禾　획 15획

51

稿　稿

원고, 볏짚 **고**　gǎo

부 禾　획 15획

자형 禾(벼 화) + 高(높을 고) → 稿(볏짚, 원고 고)

활용어 原稿(원고), 草稿(초고), 脫稿(탈고), 遺稿(유고), 寄稿(기고)

HSK어휘 稿件 gǎojiàn

52

顧　顾

돌아볼 **고**　gù

부 頁　획 21획(간체 10획)

자형 頁(머리 혈) + 雇(품살 고) → 顧(돌아볼 고)

활용어 顧客(고객), 顧問(고문), 顧慮(고려), 回顧(회고), 一顧(일고)

성 어 回顧錄(회고록), 三顧草廬(삼고초려), 四顧無親(사고무친),
伯樂一顧(백낙일고)

HSK어휘 顾客 gùkè, 顾问 gùwèn, 回顾 huígù, 顾虑 gùlǜ, 照顾 zhàogù,
不顾 búgù, 后顾之忧 hòu gù zhī yōu

53

哭　哭

울 **곡**　kū

부 口　획 10획

자형 吅(부르짖을 훤) + 犬(개 견) → 哭(울 곡)

활용어 痛哭(통곡), 哭泣(곡읍), 哭聲(곡성)

유의자 泣(울 읍)

성 어 大聲痛哭(대성통곡), 放聲大哭(방성대곡)

HSK어휘 哭 kū, 哭泣 kūqì

54

孔　孔

구멍 **공**　kǒng

부 子　획 4획

자형 子(아들 자, 아기) + ㄴ(새 을, 엄마의 젖가슴을 표현) → 孔(구멍 공)

활용어 氣孔(기공), 毛孔(모공), 鼻孔(비공), 骨多孔症(골다공증),
孔子(공자), 孔孟學(공맹학)

유의자 穴(구멍 혈)

성 어 孔子家語(공자가어)

HSK어휘 孔 kǒng/Kǒng, 鼻孔 bíkǒng

55

攻　攻

칠 **공**　gōng

부 攵(攴)　획 7획

자형 攵(攴, 칠 복) + 工(만들 공) → 攻(칠 공)

활용어 攻擊(공격), 攻略(공략), 專攻(전공), 攻防(공방), 速攻(속공)

유의자 擊(칠 격), 伐(칠 벌), 打(칠 타), 侵(침노할 침)

반대자 防(막을 방), 守(지킬 수)

성 어 特攻隊(특공대), 難攻不落(난공불락), 遠交近攻(원교근공)

HSK어휘 攻击 gōngjī, 进攻 jìngōng, 攻克 gōngkè

56

供 供

이바지할 **공**　gōng

부 亻(人)　획 8획

자형 亻(人, 사람 인) + 共(함께 공) → 供(이바지할 공)

활용어 供給(공급), 提供(제공), 供與(공여), 佛供(불공), 供養(공양)

유의자 需(쓰일 수)

성 어 大衆供養(대중공양)

HSK어휘 提供 tígōng, 供给 gōngjǐ

57

恭 恭

공손할 **공**　gōng

부 忄(心)　획 10획

자형 小(心, 마음 심) + 共(함께 공) → 恭(공손할 공)

활용어 恭敬(공경), 恭順(공순), 恭待(공대), 不恭(불공)

유의자 敬(공경할 경)

성 어 過恭非禮(과공비례), 恭賀新年(공하신년)

HSK어휘 恭敬 gōngjìng, 恭喜 gōngxǐ

58

貢 贡

바칠 **공**　gòng

부 貝　획 10획(간체 7획)

자형 貝(조개 패, 재물) + 工(만들 공) → 貢(바칠 공)

활용어 貢獻(공헌), 貢納(공납), 貢物(공물), 朝貢(조공), 歲貢(세공)

유의자 獻(드릴 헌)

HSK어휘 贡献 gòngxiàn

59

恐 恐

두려울 **공**　kǒng

부 心　획 10획

자형 心(마음 심) + 巩(굳을 공) → 恐(두려울 공)

활용어 恐怖(공포), 恐龍(공룡), 恐妻家(공처가)

유의자 畏(두려워할 외), 怖(두려워할 포)

HSK어휘 恐怖 kǒngbù, 恐怕 kǒngpà *怕(두려워할 파)

60

誇 夸

자랑할 **과**　kuā

부 言　획 13획(간체 6획)

자형 言(말씀 언) + 夸(자랑할 과) → 誇(자랑할 과)

활용어 誇示(과시), 誇大(과대), 誇言(과언), 誇張(과장)

성 어 誇大廣告(과대광고), 誇大妄想(과대망상)

HSK어휘 夸 kuā, 夸张 kuāzhāng

61 寡 寡 적을 **과** guǎ	부 宀 획 14획

61

寡 / 寡

적을 **과** / guǎ

부 宀　획 14획

자형 宀(집 면) + 頁(머리 혈) + 分(나눌 분) → 寡(적을 과)

활용어 寡人(과인), 寡婦(과부), 寡黙(과묵), 寡聞(과문), 獨寡占(독과점)

유의자 少(적을 소)　반대자 多(많을 다), 衆(무리 중)

성어 衆寡不敵(중과부적), 寡頭政治(과두정치)

HSK어휘 寡 guǎ

62

郭 / 郭

둘레 **곽** / guō

부 阝(邑)　획 11획(간체 10획)

자형 阝(邑, 고을 읍) + 享(누릴 향) → 郭(둘레 곽)

활용어 城郭(성곽), 外郭(외곽)

HSK어휘 郭 guō

63

冠 / 冠

갓 **관** / guàn

부 冖　획 9획

자형 冖(덮을 멱) + 元(으뜸 원, 사람의 머리를 뜻함) + 寸(마디 촌) → 冠(갓 관)

활용어 金冠(금관), 衣冠(의관), 桂冠(계관), 王冠(왕관), 冠禮(관례), 冠狀(관상)

성어 弱冠(약관), 冠婚喪祭(관혼상제)

HSK어휘 冠 guàn/guān, 冠军 guànjūn

64

貫 / 贯

꿸 **관** / guàn

부 貝　획 11획(간체 8획)

자형 貝(조개 패) + 毌(꿰뚫을 관) → 貫(꿸 관)

활용어 貫徹(관철), 貫通(관통), 一貫(일관), 本貫(본관), 一貫性(일관성)

유의자 徹(통할 철), 通(통할 통)

성어 初志一貫(초지일관), 一以貫之(일이관지)

HSK어휘 一贯 yíguàn, 贯彻 guànchè, 籍贯 jíguàn

65

寬 / 宽

너그러울 **관** / kuān

부 宀　획 15획(간체 10획)

자형 宀(집 면) + 莧(산양 환) → 寬(너그러울 관)

활용어 寬待(관대), 寬容(관용), 寬恕(관서), 寬免(관면), 寬厚(관후)

반대자 猛(사나울 맹)

HSK어휘 宽 kuān, 宽容 kuānróng

| 66 管 管
대롱, 주관할 **관** | guǎn | 부 ⺮(竹)　획 14획
자형 竹(대 죽) + 官(벼슬 관) → 管(대롱 관)
활용어 **保管**(보관), **主管**(주관), **移管**(이관), **血管**(혈관), **管理**(관리), **管見**(관견), **管樂器**(관악기)
HSK어휘 保管 bǎoguǎn, 不管 bùguǎn, 管子 guǎnzi |

66 管 管
대롱, 주관할 **관**　guǎn

부 ⺮(竹)　획 14획
자형 竹(대 죽) + 官(벼슬 관) → 管(대롱 관)
활용어 **保管**(보관), **主管**(주관), **移管**(이관), **血管**(혈관), **管理**(관리),
管見(관견), **管樂器**(관악기)
HSK어휘 保管 bǎoguǎn, 不管 bùguǎn, 管子 guǎnzi

---

67 慣 惯
버릇 **관**　guàn

부 忄(心)　획 14획(간체 11획)
자형 忄(心, 마음 심) + 貫(꿸 관, 이어지는 것을 표현) → 慣(버릇 관)
활용어 **習慣**(습관), **慣習**(관습), **慣例**(관례), **慣用**(관용), **慣性**(관성),
慣用語(관용어)
유의자 **習**(익힐 습)
HSK어휘 习惯 xíguàn

---

68 館 馆
집, 객사 **관**　guǎn

부 飠(食)　획 16획(간체 11획)
자형 飠(食, 밥 식) + 官(벼슬 관) → 館(객사 관)
활용어 **館舍**(관사), **公館**(공관), **旅館**(여관), **本館**(본관), **別館**(별관),
博物館(박물관), **圖書館**(도서관), **美術館**(미술관),
領事館(영사관), **大使館**(대사관)
유의자 **舍**(집 사), **閣**(집 각)
HSK어휘 博物馆 bówùguǎn, 图书馆 túshūguǎn, 大使馆 dàshǐguǎn,
领事馆 lǐngshìguǎn, 宾馆 bīnguǎn

---

69 狂 狂
미칠 **광**　kuáng

부 犭(犬)　획 7획
자형 犭(犬, 개 견) + 王('빛 무성할 왕'의 생략형) → 狂(미칠 광)
활용어 **狂亂**(광란), **狂奔**(광분), **狂氣**(광기), **熱狂**(열광), **發狂**(발광)
성 어 **狂言妄說**(광언망설)
HSK어휘 狂 kuáng, 疯狂 fēngkuáng *疯(미칠 풍)

---

70 鑛 矿
쇳돌 **광**　kuàng

부 金　획 22획(간체 8획)
자형 金(쇠 금) + 廣(넓을 광) → 鑛(쇳돌 광)
활용어 **鑛産**(광산), **鑛石**(광석), **鑛物**(광물), **鐵鑛**(철광), **炭鑛**(탄광),
金鑛(금광), **廢鑛**(폐광)
성 어 **鎔鑛爐**(용광로)
HSK어휘 矿产 kuàngchǎn, 矿泉水 kuàngquánshuǐ

71	掛	挂	걸 괘	guà

부 扌(手)　획 11획(간체 9획)
자형 扌(手, 손 수) + 卦(점괘 괘) → 掛(걸 괘)

활용어 掛念(괘념), 掛圖(괘도), 掛鐘(괘종), 掛佛(괘불), 掛書(괘서)
유의자 懸(매달 현)
HSK어휘 挂 guà, 挂号 guàhào, 悬挂 xuánguà

72	怪	怪	괴이할, 괴상할 괴	guài

부 忄(心)　획 8획
자형 忄(心, 마음 심) + 圣(힘쓸 골) → 怪(괴이할 괴)

활용어 奇怪(기괴), 怪物(괴물), 怪漢(괴한), 怪狀(괴상), 怪力(괴력),
怪談(괴담), 怪異(괴이)
유의자 奇(기이할 기)
성 어 怪常罔測(괴상망측), 奇巖怪石(기암괴석)
HSK어휘 奇怪 qíguài, 古怪 gǔguài, 怪不得 guàibude

73	塊	块	덩어리, 덩이 괴	kuài

부 土　획 13획(간체 7획)
자형 土(흙 토) + 鬼(귀신 귀) → 塊(덩어리 괴)

활용어 金塊(금괴), 氷塊(빙괴), 塊石(괴석), 雪塊(설괴)
유의자 壤(흙덩이 양)
HSK어휘 块 kuài, 一块儿 yíkuàir

74	愧	愧	부끄러울 괴	kuì

부 忄(心)　획 13획(간체 12획)
자형 忄(心, 마음 심) + 鬼(귀신 귀) → 愧(부끄러울 괴)

활용어 慙愧(참괴), 自愧(자괴), 無愧(무괴)
유의자 恥(부끄러울 치)
성 어 自愧之心(자괴지심)
HSK어휘 惭愧 cánkuì, 不愧 búkuì

75	壞	坏	무너질 괴	huài

부 土　획 19획(간체 7획)
자형 土(흙 토) + 裏(품을 회) → 壞(무너질 괴)

활용어 破壞(파괴), 崩壞(붕괴), 損壞(손괴), 壞滅(괴멸), 壞亂(괴란),
壞死(괴사)
유의자 滅(멸할 멸), 崩(무너질 붕)
성 어 天崩地壞(천붕지괴)
HSK어휘 坏 huài, 破坏 pòhuài, 损坏 sǔnhuài, 败坏 bàihuài

76 巧 巧 공교할 교 qiǎo	부 工 획 5획 자형 工(만들 공) + 丂(교교할 교) → 巧(공교할 교) 활용어 巧妙(교묘), 工巧(공교), 技巧(기교), 精巧(정교), 巧拙(교졸) 반대자 拙(졸할 졸) 성어 巧言令色(교언영색) HSK어휘 巧妙 qiǎomiào, 技巧 jìqiǎo, 巧克力 qiǎokèlì

77 郊 郊 들(성 밖) 교 jiāo	부 阝(邑) 획 9획(간체 8획) 자형 阝(邑, 고을 읍) + 交(사귈 교) → 郊(들 교) 활용어 近郊(근교), 郊外(교외) 유의자 野(들 야) HSK어휘 郊区 jiāoqū

78 較 较 견줄 교 jiào	부 車 획 13획(간체 10획) 자형 車(수레 차) + 交(사귈 교) → 較(견줄 교) 활용어 比較(비교), 較差(교차) 유의자 比(견줄 비) 성어 日較差(일교차) HSK어휘 比较 bǐjiào, 计较 jìjiào, 较量 jiàoliàng

79 矯 矫 바로잡을 교 jiǎo	부 矢 획 17획(간체 11획) 자형 矢(화살 시) + 喬(높을 교) → 矯(바로잡을 교) 활용어 矯正(교정), 矯導所(교도소), 矯導官(교도관) 성어 矯角殺牛(교각살우) HSK어휘 矫形 jiǎoxíng, 矫形外科 jiǎoxíngwàikē

80 丘 丘 언덕 구 qiū	부 一 획 5획 자형 一(한 일) + 斤(도끼 근) → 丘(언덕 구, 작은 산) 활용어 丘陵(구릉), 沙丘(사구), 海丘(해구), 比丘(비구), 比丘尼(비구니) 성어 首丘初心(수구초심), 靑丘永言(청구영언) HSK어휘 丘陵 qiūlíng

81 苟 / 苟 진실로 **구** / gǒu	(부) **艹** (획) 9획(간체 8획) (자형) 艹(쫑긋 세운 귀 모양) + 句('狗 개 구'의 생략형) → 苟(진실로 구) (활용어) **苟且**(구차), **苟免**(구면) (HSK어휘) 一丝不苟 yì sī bù gǒu

82 拘 / 拘 잡을 **구** / jū	(부) **扌(手)** (획) 8획 (자형) 扌(手, 손 수) + 句(글귀 구) → 拘(잡을 구) (활용어) **拘束**(구속), **拘禁**(구금), **拘留**(구류), **拘置所**(구치소), **拘引狀**(구인장) (HSK어휘) 拘束 jūshù

83 狗 / 狗 개 **구** / gǒu	(부) **犭(犬)** (획) 8획 (자형) 犭(犬, 개 견) + 句(글귀 구, 구부러지다) → 狗(개 구) (활용어) **黃狗**(황구), **走狗**(주구), **海狗**(해구), **狗肉**(구육) (유의자) **犬**(개 견) (성 어) **羊頭狗肉**(양두구육), **堂狗風月**(당구풍월), **泥田鬪狗**(이전투구), **鷄鳴狗盜**(계명구도) (HSK어휘) 狗 gǒu

84 俱 / 俱 함께 **구** / jù	(부) **亻(人)** (획) 10획 (자형) 亻(人, 사람 인) + 具(갖출 구) → 俱(함께 구) (활용어) **俱存**(구존), **俱現**(구현), **俱樂部**(구락부) (유의자) **同**(한가지 동), **皆**(다 개), **咸**(다 함) (HSK어휘) 俱乐部 jùlèbù, 与日俱增 yǔ rì jù zēng

85 構 / 构 얽을 **구** / gòu	(부) **木** (획) 14획(간체 8획) (자형) 木(나무 목) + 冓(짤 구) → 構(얽을 구) (활용어) **機構**(기구), **虛構**(허구), **構造**(구조), **構成**(구성), **構想**(구상), **構圖**(구도) (유의자) **造**(지을 조), **築**(쌓을 축) (HSK어휘) 机构 jīgòu

86		
懼	惧	(부) 忄(心) (획) 21획(간체 11획)
		(자형) 忄(心, 마음 심) + 瞿(놀라서 볼 구) → 懼(두려워할 구)
		(활용어) **恐懼**(공구), **疑懼**(의구), **畏懼**(외구), **疑懼心**(의구심)
		(유의자) **恐**(두려울 공), **怖**(두려울 포)
		(성 어) **三懼**(삼구)
두려워할 **구**	jù	(HSK어휘) 恐惧 kǒngjù

87		
驅	驱	(부) 馬 (획) 21획(간체 7획)
		(자형) 馬(말 마) + 區(나눌 구) → 驅(몰 구)
		(활용어) **驅逐**(구축), **驅使**(구사), **驅蟲**(구충), **驅迫**(구박), **驅步**(구보), **先驅者**(선구자)
		(성 어) **乘勝長驅**(승승장구)
몰(몰다) **구**	qū	(HSK어휘) 驱逐 qūzhú

88		
龜	龟	(부) 龜 (획) 18획(간체 7획)
		(자형) 상형. 거북의 모습을 본뜬 글자.
		(활용어) **龜鑑**(귀감), **龜甲**(귀갑), **龜卜**(귀복), **龜裂**(균열), **龜旨歌**(귀지가, 구지가)
		(성 어) **龜毛兔角**(귀모토각), **盲龜浮木**(맹귀부목)
거북 **귀** 갈라질 **균** 땅 이름 **구**	guī	(HSK어휘) 龟 guī/jūn/qiū, 龟甲 guījiǎ

89		
菊	菊	(부) 艹 (획) 12획(간체 11획)
		(자형) 艹(풀 초) + 匊(움켜 뜰 국) → 菊(국화 국)
		(활용어) **菊花**(국화), **水菊**(수국), **黃菊**(황국), **小菊**(소국), **甘菊**(감국)
		(성 어) **梅蘭菊竹**(매란국죽)
국화 **국**	jú	(HSK어휘) 菊 jú

90		
屈	屈	(부) 尸 (획) 8획
		(자형) 尸(주검 시) + 出(날 출) → 屈(굽힐 굴)
		(활용어) **屈服**(屈伏 굴복), **屈辱**(굴욕), **屈指**(굴지), **屈折**(굴절), **屈曲**(굴곡), **卑屈**(비굴)
		(유의자) **曲**(굽을 곡), **折**(꺾을 절)　　(반대자) **直**(곧을 직)
		(성 어) **百折不屈**(백절불굴)
굽힐 **굴**	qū	(HSK어휘) 屈服 qūfú

91	宮 宫	부 宀 획 10획(간체 9획)

91 宮 宫

- 부 宀　획 10획(간체 9획)
- 자형 宀(집 면) + 呂(등뼈 려, 건물이 늘어선 모양) → 宮(집 궁)
- 활용어 宮殿(궁전), 皇宮(황궁), 王宮(왕궁), 古宮(고궁), 龍宮(용궁), 子宮(자궁), 宮刑(궁형), 宮合(궁합)
- 유의자 堂(집 당), 宇(집 우), 宅(집 택), 室(집 실), 家(집 가), 屋(집 옥), 院(집 원), 戶(집 호), 殿(전각 전), 舍(집 사), 軒(집 헌), 閣(집 각), 闕(대궐 궐), 館(집 관)
- HSK어휘 宮殿 gōngdiàn

집 궁 / gōng

92 券 券

- 부 刀　획 8획
- 자형 刀(칼 도) + 釆(분별할 변) + 廾(받들 공) → 券(문서 권)
- 활용어 債券(채권), 旅券(여권), 福券(복권), 證券(증권), 馬券(마권), 商品券(상품권), 入場券(입장권)
- 유의자 簿(문서 부), 籍(문서 적)
- HSK어휘 债券 zhàiquàn

문서 권 / quàn

93 拳 拳

- 부 手　획 10획
- 자형 手(손 수) + 龹(움큼 권, 오그려 쥔 손) → 拳(주먹 권)
- 활용어 拳鬪(권투), 拳法(권법), 鐵拳(철권), 拳銃(권총)
- 성어 赤手空拳(적수공권)
- HSK어휘 拳头 quántóu, 太极拳 tàijíquán

주먹 권 / quán

94 厥 厥

- 부 厂　획 12획
- 자형 厂(언덕 엄) + 欮(상기 궐, 걸려 넘어지다) → 厥(그 궐)
- 활용어 突厥(돌궐)
- 유의자 其(그 기)
- HSK어휘 厥 jué

그 궐 / jué

95 軌 轨

- 부 車　획 9획(간체 6획)
- 자형 車(수레 차) + 九(아홉 구) → 軌(바퀴자국 궤)
- 활용어 軌道(궤도), 軌跡(궤적), 軌範(궤범), 常軌(상궤), 同軌(동궤)
- HSK어휘 轨道 guǐdào

바퀴자국 궤 / guǐ

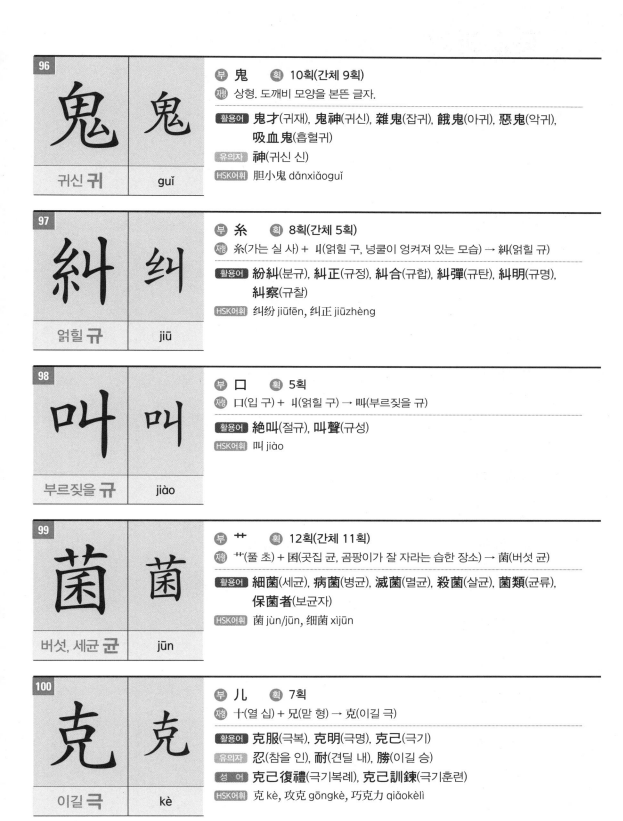

96 鬼 鬼 귀신 귀 guǐ

부 鬼　획 10획(간체 9획)

자형 상형. 도깨비 모양을 본뜬 글자.

활용어 **鬼才**(귀재), **鬼神**(귀신), **雜鬼**(잡귀), **餓鬼**(아귀), **惡鬼**(악귀), **吸血鬼**(흡혈귀)

유의자 **神**(귀신 신)

HSK어휘 胆小鬼 dǎnxiǎoguǐ

97 糾 纠 얽힐 규 jiū

부 糸　획 8획(간체 5획)

자형 糸(가는 실 사) + 丩(얽힐 구, 넝쿨이 엉켜져 있는 모습) → 糾(얽힐 규)

활용어 **紛糾**(분규), **糾正**(규정), **糾合**(규합), **糾彈**(규탄), **糾明**(규명), **糾察**(규찰)

HSK어휘 纠纷 jiūfēn, 纠正 jiūzhèng

98 叫 叫 부르짖을 규 jiào

부 口　획 5획

자형 口(입 구) + 丩(얽힐 구) → 叫(부르짖을 규)

활용어 **絶叫**(절규), **叫聲**(규성)

HSK어휘 叫 jiào

99 菌 菌 버섯, 세균 균 jūn

부 艹　획 12획(간체 11획)

자형 艹(풀 초) + 囷(곳집 균, 곰팡이가 잘 자라는 습한 장소) → 菌(버섯 균)

활용어 **細菌**(세균), **病菌**(병균), **滅菌**(멸균), **殺菌**(살균), **菌類**(균류), **保菌者**(보균자)

HSK어휘 菌 jùn/jūn, 细菌 xìjūn

100 克 克 이길 극 kè

부 儿　획 7획

자형 十(열 십) + 兄(맏 형) → 克(이길 극)

활용어 **克服**(극복), **克明**(극명), **克己**(극기)

유의자 **忍**(참을 인), **耐**(견딜 내), **勝**(이길 승)

성어 **克己復禮**(극기복례), **克己訓鍊**(극기훈련)

HSK어휘 克 kè, 攻克 gōngkè, 巧克力 qiǎokèlì

❶ 다음 한자에 맞는 훈음을 쓰세요.

(1) 貢 (   )   (2) 貫 (   )

(3) 管 (   )   (4) 館 (   )

(5) 掛 (   )   (6) 塊 (   )

(7) 愧 (   )   (8) 郊 (   )

(9) 苟 (   )   (10) 俱 (   )

(11) 軌 (   )   (12) 鬼 (   )

(13) 糾 (   )   (14) 叫 (   )

(15) 菌 (   )   (16) 克 (   )

❷ 다음 한자어에 맞는 독음을 쓰세요.

(1) 草稿 (   )   (2) 恭敬 (   )

(3) 恐怖 (   )   (4) 拳銃 (   )

(5) 王冠 (   )   (6) 寬容 (   )

(7) 쬘慣 (   )   (8) 熱狂 (   )

(9) 技巧 (   )   (10) 比較 (   )

(11) 證券 (   )   (12) 構想 (   )

(13) 驅蟲 (   )   (14) 宮殿 (   )

(15) 拘置所 (   )   (16) 獨寡占 (   )

③ 다음 한자의 간체자를 보기 에서 골라 쓰세요.

보기	夸	顾	龟	矿

(1) 顧 (   )   (2) 誇 (   )

(3) 鑛 (   )   (4) 龜 (   )

④ 다음 한자의 유의자를 보기 에서 골라 쓰세요.

보기	泣	曲	獻	奇

(1) 哭 (   )   (2) 貢 (   )

(3) 怪 (   )   (4) 屈 (   )

⑤ 다음 한자의 반의자를 보기 에서 골라 쓰세요.

보기	多	需	猛	防

(1) 攻 (   )   (2) 供 (   )

(3) 寡 (   )   (4) 寬 (   )

⑥ 다음 뜻을 가진 사자성어를 보기 에서 골라 쓰세요.

보기	矯角殺牛	巧言令色	經國濟世	孤立無援

(1) 나라를 잘 다스려 세상을 구제함.

✎ _____

(2) 소의 뿔을 바로잡으려다가 소를 죽인다는 뜻으로, 잘못된 점을 고치려다가 그 방법이나 정도가 지나쳐 오히려 일을 그르침을 이르는 말.

✎ _____

UNIT 03

HNK 3급
- 한자 101~150
- 복습하기

101 劇 剧 심할 극 jù	부 刂(刀) 획 15획(간체 10획)

101 劇 / 剧 / 심할 극 / jù

- 부 刂(刀)   획 15획(간체 10획)
- 자형 刂(刀, 칼 도) + 豦(원숭이 거) → 劇(심할 극)
- 활용어 劇性(극성), 劇本(극본), 演劇(연극), 喜劇(희극), 悲劇(비극), 慘劇(참극), 戲劇(희극)
- 유의자 甚(심할 심)
- HSK어휘 急剧 jíjù, 加剧 jiājù, 剧烈 jùliè, 戏剧 xìjù, 剧本 jùběn, 京剧 jīngjù

102 斤 / 斤 / 도끼, 무게 단위 근 / jīn

- 부 斤   획 4획
- 자형 상형. 나무를 깎거나 다듬는데 사용하던 '자귀' 모양.
- 활용어 斤量(근량), 半斤(반근)
- 성 어 千斤萬斤(천근만근)
- HSK어휘 斤 jīn, 公斤 gōngjīn

103 筋 / 筋 / 힘줄 근 / jīn

- 부 竹   획 12획
- 자형 竹(대 죽) + 月(肉, 고기 육) + 力(힘 력) → 筋(힘줄 근)
- 활용어 筋力(근력), 筋肉(근육), 筋骨(근골), 心筋(심근), 鐵筋(철근), 筋肉質(근육질)
- HSK어휘 伤脑筋 shāngnǎojīn

104 僅 / 仅 / 겨우 근 / jǐn

- 부 亻(人)   획 13획(간체 4획)
- 자형 亻(人, 사람 인) + 堇(진흙 근) → 僅(겨우 근)
- 활용어 僅少(근소), 僅僅(근근)
- 성 어 僅僅得生(근근득생), 僅僅圖生(근근도생)
- HSK어휘 仅 jǐn/jìn, 不仅 bùjǐn

105 謹 / 谨 / 삼갈 근 / jǐn

- 부 言   획 18획(간체 13획)
- 자형 言(말씀 언) + 堇(진흙 근) → 謹(삼갈 근)
- 활용어 謹愼(근신), 謹嚴(근엄), 謹弔(근조), 謹身(근신), 敬謹(경근)
- 유의자 愼(삼갈 신)
- 성 어 謹賀新年(근하신년)
- HSK어휘 谨慎 jǐnshèn

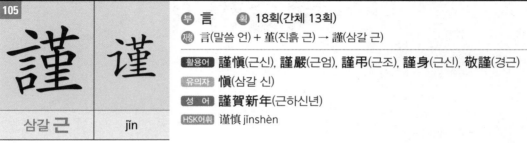

106 禽	禽	
새 **금**	qín	

ⓑ 內　ⓗ 13획(간체 12획)
ⓐ 內(발자국 유) + 凶(흉할 흉) + 今(이제 금) → 禽(새 금)

활용어 禽獸(금수), 家禽(가금), 猛禽(맹금)
유의자 鳥(새 조)
성 어 禽困覆車(금곤복거)
HSK어휘 飞禽走兽 fēiqín zǒushòu

107 琴	琴	
거문고 **금**	qín	

ⓑ 王(玉)　ⓗ 12획
ⓐ 珏(거문고 줄을 본뜸) + 今(이제 금) → 琴(거문고 금)

활용어 風琴(풍금), 木琴(목금), 彈琴(탄금), 心琴(심금), 琴瑟(금슬)
성 어 琴瑟之樂(금슬지락)
HSK어휘 弹钢琴 tán gāngqín

108 錦	锦	
비단 **금**	jǐn	

ⓑ 金　ⓗ 16획(간체 13획)
ⓐ 金(쇠 금) + 帛(비단 백) → 錦(비단 금)

활용어 錦衣(금의), 錦地(금지)
유의자 絹(비단 견)
성 어 錦衣還鄉(금의환향), 錦衣夜行(금의야행), 錦上添花(금상첨화)
HSK어휘 锦上添花 jǐn shàng tiān huā

109 肯	肯	
즐길, 옳게 여길 **긍**	kěn	

ⓑ 月(肉)　ⓗ 8획
ⓐ 止(그칠 지) + 月(肉, 고기 육) → 肯(즐길 긍)

활용어 首肯(수긍), 肯定(긍정)
HSK어휘 肯定 kěndìng, 宁肯 nìngkěn

110 企	企	
꾀할 **기**	qǐ	

ⓑ 人　ⓗ 6획
ⓐ 人(사람 인) + 止(발 지) → 企(꾀할 기)

활용어 企業(기업), 企劃(기획), 企圖(기도), 企待(기대)
유의자 圖(꾀할 도)
HSK어휘 企业 qǐyè

111 忌 忌 꺼릴 **기** jì	부 **心** 획 7획 자형 心(마음 심) + 己(몸 기) → 忌(꺼릴 기)

부 心　**획 7획**
자형 心(마음 심) + 己(몸 기) → 忌(꺼릴 기)

활용어 **禁忌**(금기), **忌避**(기피), **忌祭祀**(기제사), **兵役忌避**(병역기피)
유의자 **避**(피할 피)
HSK어휘 忌讳 jìhuì * 讳(꺼릴 휘)

111
忌　忌
꺼릴 **기**　jì

부 大　**획 8획**
자형 大(큰 대) + 可(옳을 가) → 奇(기이할 기)

활용어 **奇怪**(기괴), **奇妙**(기묘), **奇蹟**(기적), **奇特**(기특), **奇異**(기이),
奇拔(기발), **神奇**(신기), **好奇心**(호기심)
유의자 **怪**(기이할 괴)
성 어 **奇想天外**(기상천외), **奇巖怪石**(기암괴석)
HSK어휘 奇 qí/jī, 奇怪 qíguài, 奇妙 qímiào, 奇迹 qíjī, 神奇 shénqí, 好奇 hàoqí, 惊奇 jīngqí

112
奇　奇
기이할 **기**　qí

부 示　**획 9획(간체 8획)**
자형 示(보일 시) + 斤(도끼 근) → 祈(빌 기)

활용어 **祈願**(기원), **祈禱**(기도), **祈福**(기복), **祈雨祭**(기우제)
유의자 **祝**(빌 축), **禱**(빌 도)
HSK어휘 祈 qí

113
祈　祈
빌 **기**　qí

부 糸　**획 9획(간체 6획)**
자형 糸(가는 실 사) + 己(몸 기) → 紀(벼리 기)

활용어 **世紀**(세기), **年紀**(연기), **記錄**(기록), **紀律**(기율), **紀念**(기념),
紀綱(기강), **紀行文**(기행문), **紀傳體**(기전체), **紀元前**(기원전),
今世紀(금세기)
유의자 **綱**(벼리 강)
HSK어휘 纪 jì/jǐ, 世纪 shìjì, 年纪 niánjì, 纪录 jìlù, 纪律 jìlǜ, 纪念 jìniàn, 纪要 jìyào

114
紀　纪
벼리 **기**　jì

부 豆　**획 10획(간체 6획)**
자형 山(메 산) + 豆(콩 두) → 豈(어찌 기)

활용어 **那**(어찌 나), **何**(어찌 하), **奈**(어찌 내)
HSK어휘 岂 qǐ/kǎi, 岂有此理 qǐ yǒu cǐ lǐ

115
豈　岂
어찌 **기**
화락할 **개**(愷)　qǐ

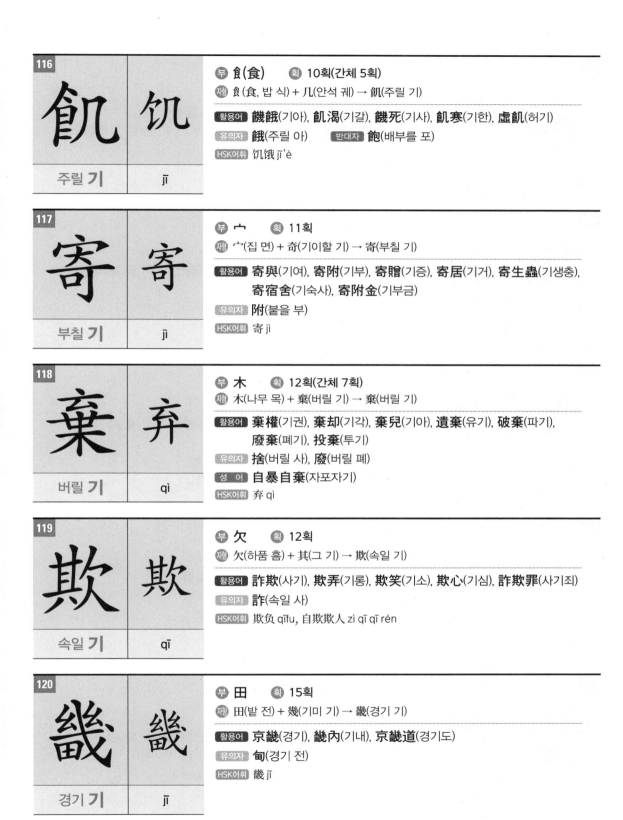

116 飢 饥	주릴 기 / jī

부 食(食)　획 10획(간체 5획)
자형 食(食, 밥 식) + 几(안석 궤) → 飢(주릴 기)

활용어 饑餓(기아), 飢渴(기갈), 饑死(기사), 飢寒(기한), 虛飢(허기)
유의자 餓(주릴 아)　반대자 飽(배부를 포)
HSK어휘 饥饿 jī'è

---

117 寄 寄	부칠 기 / jì

부 宀　획 11획
자형 宀(집 면) + 奇(기이할 기) → 寄(부칠 기)

활용어 寄與(기여), 寄附(기부), 寄贈(기증), 寄居(기거), 寄生蟲(기생충), 寄宿舍(기숙사), 寄附金(기부금)
유의자 附(붙을 부)
HSK어휘 寄 jì

---

118 棄 弃	버릴 기 / qì

부 木　획 12획(간체 7획)
자형 木(나무 목) + 棄(버릴 기) → 棄(버릴 기)

활용어 棄權(기권), 棄却(기각), 棄兒(기아), 遺棄(유기), 破棄(파기), 廢棄(폐기), 投棄(투기)
유의자 捨(버릴 사), 廢(버릴 폐)
성어 自暴自棄(자포자기)
HSK어휘 弃 qì

---

119 欺 欺	속일 기 / qī

부 欠　획 12획
자형 欠(하품 흠) + 其(그 기) → 欺(속일 기)

활용어 詐欺(사기), 欺弄(기롱), 欺笑(기소), 欺心(기심), 詐欺罪(사기죄)
유의자 詐(속일 사)
HSK어휘 欺負 qīfu, 自欺欺人 zì qī qī rén

---

120 畿 畿	경기 기 / jī

부 田　획 15획
자형 田(밭 전) + 幾(기미 기) → 畿(경기 기)

활용어 京畿(경기), 畿內(기내), 京畿道(경기도)
유의자 甸(경기 전)
HSK어휘 畿 jī

121 機 机 틀, 기계 **기** jī	부 木 　획 16획(간체 6획)
	자형 木(나무 목) + 幾(기미 기) → 機(틀 기)
	활용어 機械(기계), 機種(기종), 機關(기관), 器機(기기), 機微(幾微기미), 機會(기회), 投機(투기), 危機(위기), 轉機(전기)
	유의자 械(기계 계)
	성어 臨機應變(임기응변)
	HSK어휘 飞机 fēijī, 机场 jīchǎng, 机器 jīqì, 机会 jīhuì, 机灵 jīling

122 騎 骑 말 탈 **기** qí	부 馬 　획 18획(간체 11획)
	자형 馬(말 마) + 奇(기이할 기) → 騎(말 탈 기)
	활용어 騎馬(기마), 騎手(기수), 騎兵(기병), 騎士(기사), 輕騎兵(경기병)
	성어 騎虎之勢(기호지세)
	HSK어휘 骑 qí

123 緊 紧 긴할 **긴** jǐn	부 糸 　획 14획(간체 10획)
	자형 糸(가는 실 사) + 臤(어질 현/굳을 간) → 緊(긴할 긴)
	활용어 緊張(긴장), 緊迫(긴박), 緊要(긴요), 緊密(긴밀), 緊縮(긴축), 緊急(긴급), 要緊(요긴)
	유의자 要(구할 요)
	HSK어휘 紧张 jǐnzhāng, 紧迫 jǐnpò, 不要紧 búyàojǐn

124 那 那 어찌 **나** nà	부 阝(邑) 　획 7획(간체 6획)
	자형 阝(邑, 고을 읍) + 㚤(나아갈 염) → 那(어찌 나)
	활용어 那邊(나변), 那落(나락), 那由他(나유타)
	HSK어휘 那 nà/nǎ/nèi/něi/né, 那边 nàbiān

125 諾 诺 대답할, 허락할 **낙** nuò	부 言 　획 16획(간체 10획)
	자형 言(말할 언) + 若(같을 약) → 諾(허락할 락)
	활용어 許諾(허락), 承諾(승낙), 應諾(응낙), 受諾(수락), 快諾(쾌락)
	유의자 許(허락할 허) 　반대자 拒(막을 거), 否(아닐 부)
	성어 季布一諾(계포일낙), 唯唯諾諾(유유낙낙)
	HSK어휘 诺 nuò

126 娘 娘 아가씨 **낭** niáng	부 女 　획 10획 자형 女(여자 녀) + 良(어질 량) → 娘(아가씨 낭) 활용어 娘子(낭자), 娘娘(낭랑) 유의자 女(여자 녀)　　반대자 郎(사나이 랑), 男(사내 남) HSK어휘 姑娘 gūniáng, 新娘 xīnniáng

127 奶 奶 젖, 유모 **내** nǎi	부 女 　획 5획 자형 女(여자 녀) + 乃(이에 내) → 奶(젖 내) HSK어휘 牛奶 niúnǎi, 奶奶 nǎinai

128 奈 奈 어찌 **내** nài	부 大 　획 8획 자형 大(큰 대) + 示(보일 시) → 奈(어찌 내) 활용어 奈何(내하), 奈落(那落 나락) 유의자 何(어찌 하), 那(어찌 나), 豈(어찌 기) 성 어 莫無可奈(막무가내) HSK어휘 无奈 wúnài

129 耐 耐 견딜 **내** nài	부 而 　획 9획 자형 而(말 이을 이, 턱수염을 나타냄) + 寸(마디 촌) → 耐(견딜 내) 활용어 忍耐(인내), 耐熱(내열), 耐寒(내한), 耐性(내성), 忍耐心(인내심), 耐久力(내구력) 유의자 忍(참을 인) HSK어휘 忍耐 rěnnài, 耐心 nàixīn, 耐用 nàiyòng, 不耐烦 búnàifán

130 寧 宁 편안할, 차라리 **녕** níng	부 宀 　획 14획(간체 5획) 자형 宀(집 면) + 心(마음 심) + 皿(그릇 명) + 丁(장정 정) → 寧(편안할 녕) 활용어 安寧(안녕), 康寧(강녕) 유의자 安(편안할 안), 便(편할 편), 康(편안할 강) 성 어 壽福康寧(수복강녕) HSK어휘 宁 níng/nìng, 安宁 ānníng, 宁可 nìngkě, 宁肯 nìngkěn, 宁愿 nìngyuàn

131		
奴	奴	부 女 획 5획
		자형 女(여자 녀) + 又(오른손 우) → 奴(종 노)
		활용어 奴隷(노예), 奴婢(노비), 農奴(농노), 賣國奴(매국노), 守錢奴(수전노)
		유의자 婢(여자 종 비)
		성어 隷(종 례)
종 노	nú	HSK어휘 奴隷 núlì

132		
惱	恼	부 忄(心) 획 12획(간체 9획)
		자형 忄(心, 마음 심) + 𡿺('腦 골 뇌'의 생략형) → 惱(괴로워할 뇌)
		활용어 煩惱(번뇌), 苦惱(고뇌), 惱殺(뇌쇄), 惱殺的(뇌쇄적)
		유의자 煩(괴로워할 번)
		성어 百八煩惱(백팔번뇌)
번뇌할, 괴로워할 뇌	nǎo	HSK어휘 烦恼 fánnǎo, 恼火 nǎohuǒ

133		
腦	脑	부 月(肉) 획 13획(간체 10획)
		자형 月(肉, 고기 육) + 𡿺(사람의 정수리에서 올라가는 氣를 표현함) → 腦(골 뇌)
		활용어 頭腦(두뇌), 洗腦(세뇌), 首腦(수뇌), 大腦(대뇌), 腦炎(뇌염), 腦裏(뇌리)
		성어 腦卒中(뇌졸중), 腦出血(뇌출혈), 腦神經(뇌신경)
골, 뇌 뇌	nǎo	HSK어휘 电脑 diànnǎo, 脑袋 nǎodai, 伤脑筋 shāng nǎojīn ＊袋(자루 대)

134		
泥	泥	부 氵(水) 획 8획
		자형 氵(水, 물 수) + 尼(여승 니) → 泥(진흙 니)
		활용어 泥土(이토)
		성어 泥田鬪狗(이전투구), 雲泥之差(운니지차)
진흙 니	ní	HSK어휘 泥 ní/nì, 水泥 shuǐní

135		
茶	茶	부 艹 획 10획(간체 9획)
		자형 艹(풀 초, 찻잎) + 余(나 여) → 茶(차 차)
		활용어 綠茶(녹차), 紅茶(홍차), 花茶(화차), 茶禮(다례/차례), 茶道(다도), 茶具(다구), 茶器(다기)
		성어 茶飯事(다반사)
차 다[차]	chá	HSK어휘 茶 chá, 绿茶 lùchá

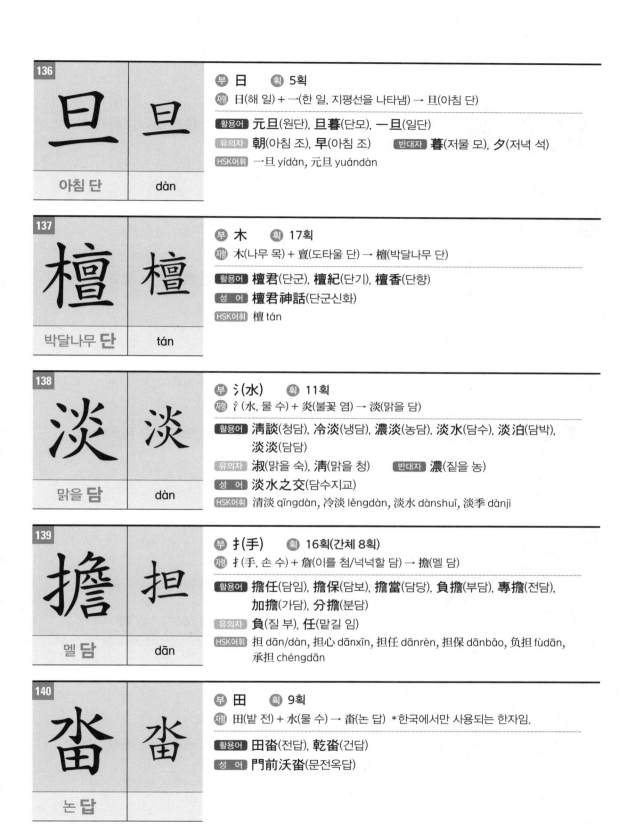

136

旦旦

아침 **단**　dàn

부 日　　획 5획

자형 日(해 일) + 一(한 일, 지평선을 나타냄) → 旦(아침 단)

활용어 元旦(원단), 旦暮(단모), 一旦(일단)

유의자 朝(아침 조), 早(아침 조)　　반대자 暮(저물 모), 夕(저녁 석)

HSK어휘 一旦 yídàn, 元旦 yuándàn

137

檀檀

박달나무 **단**　tán

부 木　　획 17획

자형 木(나무 목) + 亶(도타울 단) → 檀(박달나무 단)

활용어 檀君(단군), 檀紀(단기), 檀香(단향)

성 어 檀君神話(단군신화)

HSK어휘 檀 tán

138

淡淡

맑을 **담**　dàn

부 氵(水)　　획 11획

자형 氵(水, 물 수) + 炎(불꽃 염) → 淡(맑을 담)

활용어 清談(청담), 冷淡(냉담), 濃淡(농담), 淡水(담수), 淡泊(담박), 淡淡(담담)

유의자 淑(맑을 숙), 清(맑을 청)　　반대자 濃(짙을 농)

성 어 淡水之交(담수지교)

HSK어휘 清淡 qīngdàn, 冷淡 lěngdàn, 淡水 dànshuǐ, 淡季 dànjì

139

擔担

멜 **담**　dān

부 扌(手)　　획 16획(간체 8획)

자형 扌(手, 손 수) + 詹(이를 첨/넉넉할 담) → 擔(멜 담)

활용어 擔任(담임), 擔保(담보), 擔當(담당), 負擔(부담), 專擔(전담), 加擔(가담), 分擔(분담)

유의자 負(질 부), 任(맡길 임)

HSK어휘 担 dān/dàn, 担心 dānxīn, 担任 dānrèn, 担保 dānbǎo, 负担 fùdān, 承担 chéngdān

---

140

畓畓

논 **답**

부 田　　획 9획

자형 田(밭 전) + 水(물 수) → 畓(논 답) *한국에서만 사용되는 한자임.

활용어 田畓(전답), 乾畓(건답)

성 어 門前沃畓(문전옥답)

141		
踏	踏	**부** 足(足) **획** 15획
		자형 足(足, 발 족) + 沓(겹칠 답) → 踏(밟을 답)
		활용어 踐踏(천답), 踏査(답사), 踏步(답보), 踏襲(답습), 高踏的(고답적)
		유의자 踐(밟을 천), 履(밟을 리)
		성어 前人未踏(전인미답)
밟을 **답**	tà	**HSK어휘** 踏 tà/tā, 践踏 jiàntà, 踏实 tāshi

142		
唐	唐	**부** 口 **획** 10획
		자형 口(입 구) + 庚(천간 경) → 唐(당나라 당)
		활용어 唐詩(당시), 唐書(당서), 唐宋(당송), 唐突(당돌), 荒唐(황당)
		성어 唐三彩(당삼채)
당나라 **당**	táng	**HSK어휘** 荒唐 huāngtáng

143		
糖	糖	**부** 米 **획** 16획
		자형 米(쌀 미) + 唐(당나라 당) → 糖(엿 당)
		활용어 血糖(혈당), 果糖(과당), 糖分(당분), 糖類(당류), 糖尿病(당뇨병), 沙糖(砂糖 사탕)
엿 **당** / 사탕 **탕**	táng	**HSK어휘** 糖 táng

144		
黨	党	**부** 黑 **획** 20획(간체 10획)
		자형 黑(검을 흑) + 尙(오히려 상) → 黨(무리 당)
		활용어 政黨(정당), 與黨(여당), 野黨(야당), 脫黨(탈당), 入黨(입당), 黨爭(당쟁), 黨派(당파), 黨員(당원)
		유의자 群(무리 군), 徒(무리 도), 衆(무리 중), 隊(무리 대), 類(무리 류)
		반대자 獨(홀로 독) **성어** 不偏不黨(불편부당), 一黨獨裁(일당독재)
무리 **당**	dǎng	**HSK어휘** 党 dǎng, 共产党 gòngchǎndǎng

145		
帶	带	**부** 巾 **획** 11획(간체 9획)
		자형 천으로 장식을 붙인 허리띠를 차고 있는 모습.
		활용어 溫帶(온대), 熱帶(열대), 寒帶(한대), 一帶(일대), 地帶(지대), 連帶(연대), 携帶(휴대)
		HSK어휘 带 dài, 温带 wēndài, 携带 xiédài, 带领 dàilǐng, 系领带 jì lǐngdài, 一带一路 yī dài yī lù
띠 **대**	dài	

146

貸 / 贷

빌릴 **대** / dài

부 貝　**획** 12획(간체 9획)

자형 貝(재물 패) + 代(대신할 대) → 貸(빌릴 대)

활용어 貸出(대출), 貸借(대차), 貸與(대여), 貸用(대용), 貸付(대부)

유의자 借(빌릴 차)

성 어 高利貸金(고리대금)

HSK어휘 贷款 dàikuǎn

147

臺 / 台

대, 돈대 **대** / tái

부 至　**획** 14획(간체 5획)

자형 至(이를 지) + 高(높을 고) → 臺(대 대)

활용어 舞臺(무대), 燈臺(등대), 土臺(토대), 鏡臺(경대), 靑瓦臺(청와대), 氣象臺(기상대), 天文臺(천문대), 展望臺(전망대)

성 어 高臺廣室(고대광실), 下石上臺(하석상대)

HSK어휘 台 tái /Tāi, 电台 diàntái, 阳台 yángtái, 台阶(儿) táijiē(r)

148

塗 / 涂

진흙, 칠할 **도** / tú

부 土　**획** 13획(간체 10획)

자형 土(흙 토) + 涂(도랑 도) → 塗(진흙 도)

활용어 塗炭(도탄), 塗裝(도장), 塗飾(도식), 塗料(도료), 塗壁(도벽)

유의자 泥(진흙 니)

성 어 道聽塗說(도청도설)

HSK어휘 涂 tú / dù, 涂抹 túmǒ

149

挑 / 挑

돋울 **도** / tiǎo

부 扌(手)　**획** 9획

자형 扌(手, 손 수) + 兆(조짐 조) → 挑(돋울 도)

활용어 挑戰(도전), 挑發(도발), 挑出(도출)

HSK어휘 挑 tiǎo/tiāo/tāo, 挑战 tiǎozhàn, 挑拨 tiǎobō

150

逃 / 逃

도망할 **도** / táo

부 辶(辵)　**획** 10획(간체 9획)

자형 辶(辵 쉬엄쉬엄 갈 착) + 兆(조짐 조) → 逃(달아날 도)

활용어 逃亡(도망), 逃走(도주), 逃避(도피)

유의자 亡(망할 망), 避(피할 피)

성 어 夜半逃走(야반도주)

HSK어휘 逃 táo, 逃避 táobì

1 다음 한자에 맞는 훈음을 쓰세요.

(1) 斤 (   )   (2) 謹 (   )

(3) 琴 (   )   (4) 肯 (   )

(5) 豈 (   )   (6) 欺 (   )

(7) 畿 (   )   (8) 諾 (   )

(9) 惱 (   )   (10) 泥 (   )

(11) 旦 (   )   (12) 踏 (   )

(13) 唐 (   )   (14) 帶 (   )

(15) 塗 (   )   (16) 挑 (   )

2 다음 한자어에 맞는 독음을 쓰세요.

(1) 劇性 (   )   (2) 筋肉 (   )

(3) 禽獸 (   )   (4) 忌避 (   )

(5) 乾畓 (   )   (6) 虛飢 (   )

(7) 寄贈 (   )   (8) 騎手 (   )

(9) 緊縮 (   )   (10) 奴隷 (   )

(11) 腦炎 (   )   (12) 紅茶 (   )

(13) 檀紀 (   )   (14) 負擔 (   )

(15) 祈雨祭 (   )   (16) 糖尿病 (   )

3 다음 한자의 간체자를 보기 에서 골라 쓰세요.

보기	仅	宁	弃	台

(1) 僅 (   )   (2) 棄 (   )

(3) 寧 (   )   (4) 臺 (   )

4 다음 한자의 유의자를 보기 에서 골라 쓰세요.

보기	綱	械	忍	圖

(1) 企 (   )   (2) 紀 (   )

(3) 機 (   )   (4) 耐 (   )

5 다음 한자의 반의자를 보기 에서 골라 쓰세요.

보기	濃	郞	獨	飽

(1) 飢 (   )   (2) 娘 (   )

(3) 淡 (   )   (4) 黨 (   )

6 다음 뜻을 가진 사자성어를 보기 에서 골라 쓰세요.

보기	錦上添花	前人未踏	高臺廣室	亂臣賊子

(1) 비단 위에 꽃을 더한다는 뜻으로, 좋은 일 위에 또 좋은 일이 더하여짐을 비유적으
로 이르는 말.

✍ _____

(2) 이전 사람이 아직 밟지 않았다는 뜻으로, 지금까지 아무도 손을 대거나 가보지 못함.

✍ _____

UNIT 04

HNK 3급
- 한자 151~200
- 복습하기

151

倒 / 倒

넘어질 **도** / dǎo

- 부 亻(人)
- 획 10획
- 자형 亻(人, 사람 인) + 到(이를 도) → 倒(넘어질 도)
- 활용어 **倒産**(도산), **倒置**(도치), **壓倒**(압도), **打倒**(타도), **卒倒**(졸도)
- 성 어 **抱腹絶倒**(포복절도), **一邊倒**(일변도), **倒錯症**(도착증)
- HSK어휘 倒 dǎo/dào, 颠倒 diāndǎo, 倒闭 dǎobì *颠 엎드릴, 이마 전

152

途 / 途

길 **도** / tú

- 부 辶(辵)
- 획 10획(간체10획)
- 자형 辶(辵, 쉬엄쉬엄 갈 착) + 余(나 여) → 途(길 도)
- 활용어 **長途**(장도), **前途**(전도), **方途**(방도), **用途**(용도), **中途**(중도), **途中**(도중), **中途金**(중도금)
- 유의자 道(길 도), 路(길 로)
- 성 어 **前途有望**(전도유망), **前途洋洋**(전도양양), **日暮途遠**(일모도원)
- HSK어휘 长途 chángtú, 前途 qiántú, 途径 tújìng, 半途而废 bàn tú ér fèi

153

桃 / 桃

복숭아 **도** / táo

- 부 木
- 획 10획
- 자형 木(나무 목) + 兆(조짐 조) → 桃(복숭아 도)
- 활용어 **桃園**(도원), **桃花**(도화), **桃色**(도색), **天桃**(천도), **黃桃**(황도)
- 성 어 **桃園結義**(도원결의), **武陵桃源**(무릉도원), **桃源境**(도원경)
- HSK어휘 桃 táo

154

陶 / 陶

질그릇 **도** / táo

- 부 阝(阜)
- 획 11획(간체 10획)
- 자형 阝(阜, 언덕 부) + 匋(질그릇 도) → 陶(질그릇 도)
- 활용어 **陶工**(도공), **陶藝**(도예), **陶器**(도기), **陶醉**(도취)
- 성 어 **陶山書院**(도산서원)
- HSK어휘 陶 táo/yáo, 陶醉 táozuì

155

盜 / 盗

도둑, 훔칠 **도** / dào

- 부 皿
- 획 12획(간체 11획)
- 자형 皿(그릇 명) + 次(침 흘릴 연) → 盜(훔칠 도)
- 활용어 **盜難**(도난), **盜用**(도용), **盜聽**(도청), **竊盜**(절도), **盜賊**(도적), **強盜**(강도), **怪盜**(괴도)
- 유의자 賊(도둑 적), 竊(훔칠 절)
- 성 어 **鷄鳴狗盜**(계명구도), **欺世盜名**(기세도명)
- HSK어휘 盗窃 dàoqiè

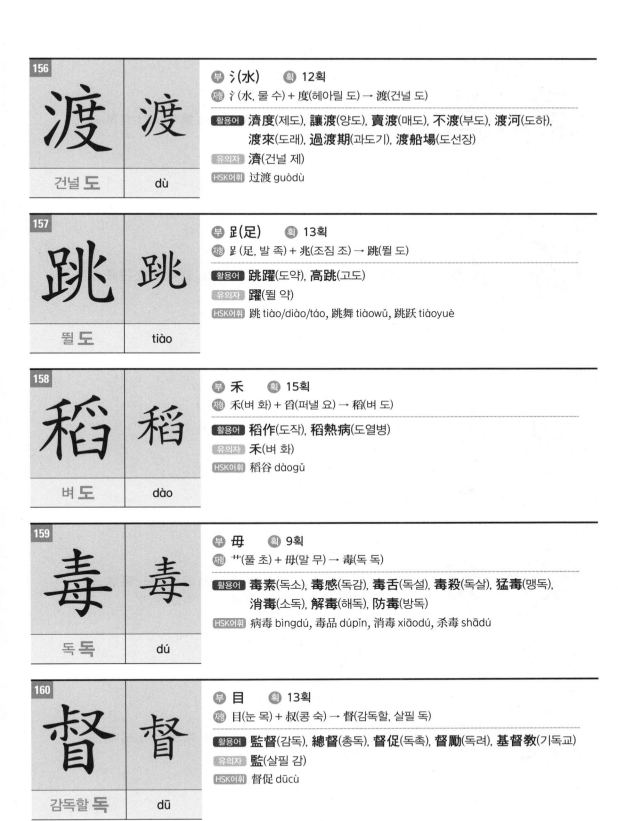

156

渡　渡

건널 **도**　　dù

🔵 부 氵(水)　🔵 획 12획

🔵 자형 氵(水, 물 수) + 度(헤아릴 도) → 渡(건널 도)

🔵 활용어 濟度(제도), 讓渡(양도), 賣渡(매도), 不渡(부도), 渡河(도하),
渡來(도래), 過渡期(과도기), 渡船場(도선장)

🔵 유의자 濟(건널 제)

🔵 HSK어휘 过渡 guòdù

157

跳　跳

뛸 **도**　　tiào

🔵 부 足(足)　🔵 획 13획

🔵 자형 足(足, 발 족) + 兆(조짐 조) → 跳(뛸 도)

🔵 활용어 跳躍(도약), 高跳(고도)

🔵 유의자 躍(뛸 약)

🔵 HSK어휘 跳 tiào/diào/táo, 跳舞 tiàowǔ, 跳跃 tiàoyuè

158

稻　稻

벼 **도**　　dào

🔵 부 禾　🔵 획 15획

🔵 자형 禾(벼 화) + 舀(퍼낼 요) → 稻(벼 도)

🔵 활용어 稻作(도작), 稻熱病(도열병)

🔵 유의자 禾(벼 화)

🔵 HSK어휘 稻谷 dàogǔ

159

毒　毒

독 **독**　　dú

🔵 부 毋　🔵 획 9획

🔵 자형 艹(풀 초) + 毋(말 무) → 毒(독 독)

🔵 활용어 毒素(독소), 毒感(독감), 毒舌(독설), 毒殺(독살), 猛毒(맹독),
消毒(소독), 解毒(해독), 防毒(방독)

🔵 HSK어휘 病毒 bìngdú, 毒品 dúpǐn, 消毒 xiāodú, 杀毒 shādú

160

督　督

감독할 **독**　　dū

🔵 부 目　🔵 획 13획

🔵 자형 目(눈 목) + 叔(콩 숙) → 督(감독할, 살필 독)

🔵 활용어 監督(감독), 總督(총독), 督促(독촉), 督勵(독려), 基督教(기독교)

🔵 유의자 監(살필 감)

🔵 HSK어휘 督促 dūcù

161		
篤	笃	부 竹 　 획 16획(간체 9획)
		자형 竹(대 죽) + 馬(말 마) → 篤(도타울 독)
		활용어 篤厚(독후), 篤實(독실), 篤信(독신), 篤友(독우), 危篤(위독), 篤志家(독지가)
		유의자 敦(도타울 돈), 厚(두터울 후)
		HSK어휘 笃 dǔ
도타울 독	dǔ	

162		
豚	豚	부 豕 　 획 11획
		자형 月(肉, 고기 육) + 豕(돼지 시) → 豚(돼지 돈)
		활용어 豚肉(돈육), 豚舍(돈사), 豚犬(돈견), 養豚(양돈), 種豚(종돈)
		유의자 豕(돼지 시)
		HSK어휘 豚 tún, 海豚 hǎitún
돼지 돈	tún	

163		
敦	敦	부 攵(攴) 　 획 12획
		자형 攵(攴, 칠 복) + 享(누릴 향) → 敦(도타울 돈)
		활용어 敦篤(돈독), 敦厚(돈후), 敦化(돈화)
		유의자 篤(도타울 독)
		성 어 敦化門(돈화문)
		HSK어휘 敦 dūn
도타울 돈	dūn	

164		
突	突	부 穴 　 획 9획
		자형 穴(구멍 혈) + 犬(개 견) → 突(갑자기 돌)
		활용어 衝突(충돌), 追突(추돌), 激突(격돌), 唐突(당돌), 突然(돌연), 突出(돌출), 突破(돌파), 突變(돌변), 突進(돌진)
		유의자 衝(찌를 충)
		성 어 左衝右突(좌충우돌), 突然變異(돌연변이)
		HSK어휘 突然 tūrán, 突出 tūchū, 突破 tūpò
갑자기 돌	tū	

165		
凍	冻	부 冫 　 획 10획(간체 7획)
		자형 冫(얼음 빙) + 東(동녘 동) → 凍(얼 동)
		활용어 凍結(동결), 凍土(동토), 凍傷(동상), 冷凍(냉동), 解凍(해동), 不凍液(부동액)
		유의자 冷(찰 랭)
		성 어 凍足放尿(동족방뇨)
		HSK어휘 冻 dòng, 冻结 dòngjié
얼 동	dòng	

166 銅 铜 구리 **동** / tóng	(부) 金 (획) 14획(간체 11획) (자형) 金(쇠 금) + 同(한 가지 동) → 銅(구리 동) **활용어** 銅像(동상), 銅錢(동전), 銅版(동판), 銅賞(동상), 靑銅器(청동기) **HSK어휘** 铜 tóng

167 斗 斗 말 **두** / dǒu	(부) 斗 (획) 4획 (자형) 국자 모양을 본뜬 글자. *곡식이나 액체를 되는 용량의 단위. **활용어** 泰斗(태두), 斗量(두량) **성 어** 北斗七星(북두칠성), 斗酒不辭(두주불사), 泰山北斗(태산북두) **HSK어휘** 泰斗 tàidǒu *鬪(싸움 투)의 간체자.

168 屯 屯 진칠 **둔** / 어려울 **준** / tún	(부) 屮 (획) 4획 (자형) 丿(비침 별, 땅) + 屮(새싹이 올라오는 모습) → 屯(진칠 둔) **활용어** 駐屯(주둔), 屯營(둔영), 屯田(둔전) **유의자** 陣(진칠 진) **HSK어휘** 屯 tún/zhūn

169 鈍 钝 둔할, 무딜 **둔** / dùn	(부) 金 (획) 12획(간체 9획) (자형) 金(쇠 금) + 屯(진칠 둔) → 鈍(무딜 둔) **활용어** 鈍感(둔감), 鈍才(둔재), 鈍濁(둔탁), 鈍角(둔각), 遲鈍(지둔), 愚鈍(우둔) **반대자** 敏(재빠를 민), 銳(날카로울 예) **성 어** 鈍馬(둔마) **HSK어휘** 迟钝 chídùn

170 騰 腾 오를 **등** / téng	(부) 馬 (획) 20획(간체 13획) (자형) 馬(말 마) + 朕(나/조짐 짐) → 騰(오를 등) **활용어** 騰落(등락), 急騰(급등), 暴騰(폭등), 反騰(반등) **유의자** 登(오를 등) **반대자** 落(떨어질 락) **성 어** 怒氣騰騰(노기등등) **HSK어휘** 腾 tēng/téng

171 絡 络 이을, 얽을 **락** luò	부 糸　　획 12획(간체 9획) 자형 糸(가는 실 사) + 各(각각 각) → 絡(이을 락) 활용어 脈絡(맥락), 經絡(경락), 短絡(단락), 聯絡(連絡 연락), 聯絡網(연락망) 유의자 連(이을 련)　　반대자 斷(끊을 단) HSK어휘 联络 liánluò, 网络 wǎngluò, 络绎不绝 luò yì bù jué

172 亂 乱 어지러울 **란** luàn	부 乚(乙)　　획 13획(간체 7획) 자형 乚(乙, 새 을) + 𤔔(엉킨 실타래를 풀고 있는 모습) → 亂(어지러울 란) 활용어 混亂(혼란), 搖亂(요란), 胡亂(호란), 騷亂(소란), 淫亂(음란), 紛亂(분란), 亂暴(난폭), 亂舞(난무) 반대자 治(다스릴 치), 理(다스릴 리) 성어 一絲不亂(일사불란), 自中之亂(자중지란), 快刀亂麻(쾌도난마), 亂中日記(난중일기), 壬辰倭亂(임진왜란) HSK어휘 乱 luàn, 混乱 hùnluàn, 胡乱 húluàn

173 蘭 兰 난초 **란** lán	부 艹　　획 21획(간체 5획) 자형 艹(풀 초) + 闌(가로막을 란) → 蘭(난초 란) 활용어 蘭草(난초), 春蘭(춘란) 성어 金蘭之交(금란지교) HSK어휘 兰花 lánhuā

174 欄 栏 난간 **란** lán	부 木　　획 21획(간체 9획) 자형 木(나무 목) + 闌(가로막을 란) → 欄(난간 란) 활용어 欄干(난간), 空欄(공란), 讀者欄(독자란), 廣告欄(광고란) HSK어휘 栏 lán, 栏目 lánmù

175 濫 滥 넘칠 **람** làn	부 氵(水)　　획 17획(간체 13획) 자형 氵(水, 물 수) + 監(볼 감) → 濫(넘칠 람) 활용어 氾濫(범람), 濫發(남발), 濫用(남용), 濫獲(남획), 濫罰(남벌), 濫伐(남벌) 유의자 氾(넘칠 범)　　성어 職權濫用(직권남용) HSK어휘 泛滥 fànlàn

176	廊	廊
사랑채, 복도 **랑**		láng

- 부 广
- 획 13획(간체 12획)
- 자형 广(집 엄) + 郞(사내 랑) → 廊(복도 랑)
- **활용어** 畫廊(화랑), 舍廊(사랑), 行廊(행랑), 回廊(회랑)
- HSK어휘 走廊 zǒuláng

177	掠	掠
노략질할 **략**		lüè

- 부 扌(手)
- 획 11획
- 자형 扌(手, 손 수) + 京(서울 경) → 掠(노략질할 략)
- **활용어** 掠奪(약탈), 攻掠(공략), 侵掠(침략)
- 유의자 侵(침노할 침), 奪(빼앗을 탈)
- HSK어휘 掠夺 lüèduó

178	梁	梁
들보 **량**		liáng

- 부 木
- 획 11획
- 자형 木(나무 목) + 氵(水, 물 수) + 丿(비롯할 창) → 梁(들보 량)
- **활용어** 橋梁(교량), 上梁(상량), 魚梁(어량)
- 유의자 橋(다리 교)
- 성어 梁上君子(양상군자), 棟梁之材(동량지재)
- HSK어휘 桥梁 qiáoliáng

179	諒	谅
살펴 알, 믿을 **량**		liàng

- 부 言
- 획 15획(간체 10획)
- 자형 言(말씀 언) + 京(서울 경) → 諒(살펴 알 량)
- **활용어** 諒解(양해), 諒知(양지), 諒察(양찰), 原諒(원량), 體諒(체량), 惠諒(혜량), 海諒(해량)
- 유의자 察(살필 찰)
- HSK어휘 谅解 liàngjiě, 原谅 yuánliàng, 体谅 tǐliàng

180	糧	粮
양식 **량**		liáng

- 부 米
- 획 18획(간체 13획)
- 자형 米(쌀 미) + 量(헤아릴 량) → 糧(양식 량)
- **활용어** 食糧(식량), 軍糧米(군량미), 糧穀(양곡), 糧食(양식)
- 유의자 穀(곡식 곡)
- HSK어휘 粮食 liángshi

181		
慮	虑	부 心 획 15획(간체 10획)
		자형 心(마음 심) + 虍('盧 화로 로'의 생략형) → 慮(생각할 려)
		활용어 考慮(고려), 配慮(배려), 思慮(사려), 顧慮(고려), 念慮(염려), 心慮(심려), 憂慮(우려), 熟慮(숙려)
		유의자 思(생각 사), 想(생각 상), 念(생각 념), 考(생각할 고)
		성 어 千慮一失(천려일실), 千慮一得(천려일득)
생각할 려	lǜ	HSK어휘 考虑 kǎolǜ, 顾虑 gùlǜ, 无忧无虑 wú yōu wú lǜ

182		
勵	励	부 力 획 17획(간체 7획)
		자형 力(힘 력) + 厲(갈 려) → 勵(힘쓸 려)
		활용어 激勵(격려), 勉勵(면려), 奬勵(장려), 鼓勵(고려), 督勵(독려)
		유의자 努(힘쓸 노), 勉(힘쓸 면), 務(힘쓸 무)
		성 어 刻苦勉勵(각고면려)
힘쓸 려	lì	HSK어휘 激励 jīlì, 勉励 miǎnlì, 奖励 jiǎnglì, 鼓励 gǔlì

183		
麗	丽	부 鹿 획 19획(간체 7획)
		자형 鹿(사슴 록) + 丽(사슴의 뿔 모양) → 麗(고울 려)
		활용어 美麗(미려), 華麗(화려), 壯麗(장려), 秀麗(수려), 流麗(유려), 高麗(고려), 高句麗(고구려)
		유의자 美(아름다울 미), 鮮(고울 선)
		성 어 美辭麗句(미사여구)
고울 려	lì	HSK어휘 美丽 měilì, 华丽 huálì, 壮丽 zhuànglì

184		
曆	历	부 日 획 16획(간체 4획)
		자형 日(날 일) + 厤(다스릴 력) → 曆(책력 력)
		활용어 曆法(역법), 冊曆(책력), 陽曆(양력), 陰曆(음력), 月曆(월력), 日曆(일력), 萬歲曆(만세력)
책력 력	lì	HSK어휘 日历 rìlì, 农历 nónglì

185		
蓮	莲	부 艹 획 15획(간체 10획)
		자형 艹(풀 초) + 連(잇닿을 련) → 蓮(연꽃 련)
		활용어 蓮花(연화), 蓮根(연근), 蓮子(연자), 木蓮(목련), 紅蓮(홍련), 白蓮(백련)
		성 어 泥中之蓮(이중지련)
연꽃 련	lián	HSK어휘 莲 lián, 莲花 liánhuā

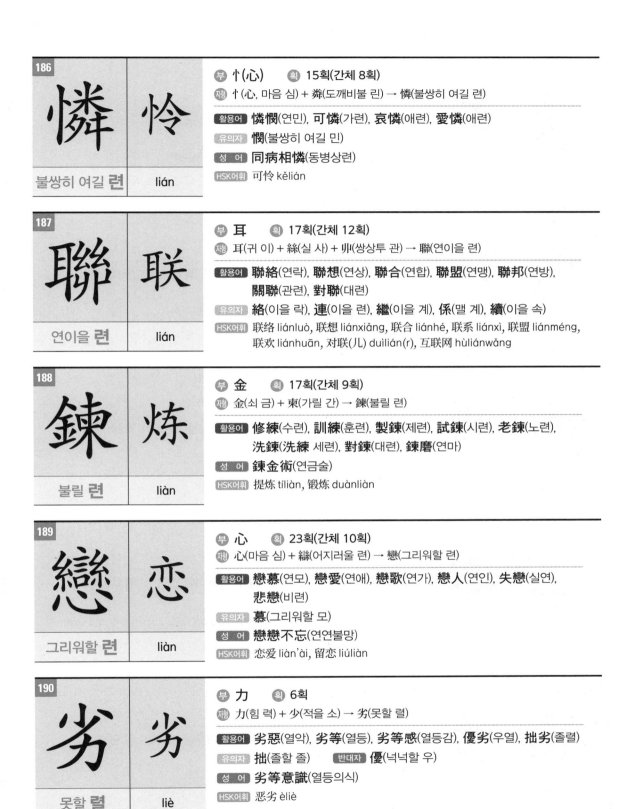

186 憐 怜

불쌍히 여길 **련** / lián

부 忄(心) 획 15획(간체 8획)

자형 忄(心, 마음 심) + 粦(도깨비불 린) → 憐(불쌍히 여길 련)

활용어 憐憫(연민), 可憐(가련), 哀憐(애련), 愛憐(애련)

유의자 憫(불쌍히 여길 민)

성 어 同病相憐(동병상련)

HSK어휘 可怜 kělián

---

187 聯 联

연이을 **련** / lián

부 耳 획 17획(간체 12획)

자형 耳(귀 이) + 絲(실 사) + 卝(쌍상투 관) → 聯(연이을 련)

활용어 聯絡(연락), 聯想(연상), 聯合(연합), 聯盟(연맹), 聯邦(연방), 關聯(관련), 對聯(대련)

유의자 絡(이을 락), 連(이을 련), 繼(이을 계), 係(맬 계), 續(이을 속)

HSK어휘 联络 liánluò, 联想 liánxiǎng, 联合 liánhé, 联系 liánxì, 联盟 liánméng, 联欢 liánhuān, 对联(儿) duìlián(r), 互联网 hùliánwǎng

---

188 鍊 炼

불릴 **련** / liàn

부 金 획 17획(간체 9획)

자형 金(쇠 금) + 柬(가릴 간) → 鍊(불릴 련)

활용어 修練(수련), 訓練(훈련), 製鍊(제련), 試鍊(시련), 老鍊(노련), 洗鍊(洗練 세련), 對鍊(대련), 鍊磨(연마)

성 어 鍊金術(연금술)

HSK어휘 提炼 tíliàn, 锻炼 duànliàn

---

189 戀 恋

그리워할 **련** / liàn

부 心 획 23획(간체 10획)

자형 心(마음 심) + 緣(어지러울 련) → 戀(그리워할 련)

활용어 戀慕(연모), 戀愛(연애), 戀歌(연가), 戀人(연인), 失戀(실연), 悲戀(비련)

유의자 慕(그리워할 모)

성 어 戀戀不忘(연연불망)

HSK어휘 恋爱 liàn'ài, 留恋 liúliàn

---

190 劣 劣

못할 **렬** / liè

부 力 획 6획

자형 力(힘 력) + 少(적을 소) → 劣(못할 렬)

활용어 劣惡(열악), 劣等(열등), 劣等感(열등감), 優劣(우열), 拙劣(졸렬)

유의자 拙(졸할 졸) 반대자 優(넉넉할 우)

성 어 劣等意識(열등의식)

HSK어휘 恶劣 èliè

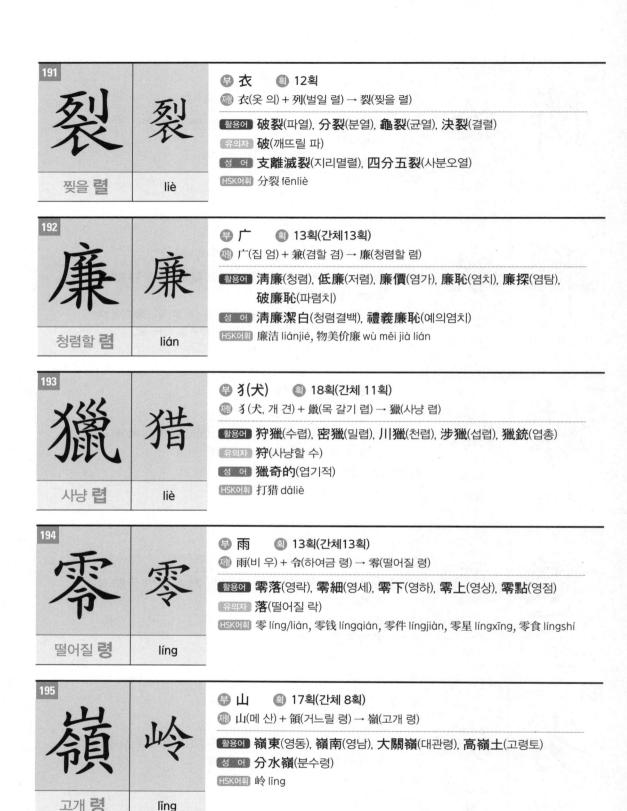

191 裂 裂 찢을 **렬** liè

부 衣   획 12획

자형 衣(옷 의) + 列(벌일 렬) → 裂(찢을 렬)

활용어 破裂(파열), 分裂(분열), 龜裂(균열), 決裂(결렬)

유의자 破(깨뜨릴 파)

성어 支離滅裂(지리멸렬), 四分五裂(사분오열)

HSK어휘 分裂 fēnliè

---

192 廉 廉 청렴할 **렴** lián

부 广   획 13획(간체13획)

자형 广(집 엄) + 兼(겸할 겸) → 廉(청렴할 렴)

활용어 淸廉(청렴), 低廉(저렴), 廉價(염가), 廉恥(염치), 廉探(염탐), 破廉恥(파렴치)

성어 淸廉潔白(청렴결백), 禮義廉恥(예의염치)

HSK어휘 廉洁 liánjié, 物美价廉 wù měi jià lián

---

193 獵 猎 사냥 **렵** liè

부 犭(犬)   획 18획(간체 11획)

자형 犭(犬, 개 견) + 巤(목 갈기 렵) → 獵(사냥 렵)

활용어 狩獵(수렵), 密獵(밀렵), 川獵(천렵), 涉獵(섭렵), 獵銃(엽총)

유의자 狩(사냥할 수)

성어 獵奇的(엽기적)

HSK어휘 打猎 dǎliè

---

194 零 零 떨어질 **령** líng

부 雨   획 13획(간체13획)

자형 雨(비 우) + 令(하여금 령) → 零(떨어질 령)

활용어 零落(영락), 零細(영세), 零下(영하), 零上(영상), 零點(영점)

유의자 落(떨어질 락)

HSK어휘 零 líng/lián, 零钱 língqián, 零件 língjiàn, 零星 língxīng, 零食 língshí

---

195 嶺 岭 고개 **령** lǐng

부 山   획 17획(간체 8획)

자형 山(메 산) + 領(거느릴 령) → 嶺(고개 령)

활용어 嶺東(영동), 嶺南(영남), 大關嶺(대관령), 高嶺土(고령토)

성어 分水嶺(분수령)

HSK어휘 岭 lǐng

196

靈 / 灵

신령 **령** / líng

(부) 雨　(획) 24획(간체 7획)

(자형) 雨(비 우) + 口(그릇이나 술잔) + 示(보일 시, 제단) → 靈(신령 령)

(활용어) 神靈(신령), 妄靈(망령), 亡靈(망령), 靈感(영감), 靈魂(영혼), 靈驗(영험)

(유의자) 神(귀신 신), 魂(넋 혼)

(성　어) 護國英靈(호국영령)

(HSK어휘) 灵感 línggǎn, 灵魂 línghún, 灵活 línghuó

197

隸 / 隶

종 **례** / lì

(부) 隶　(획) 16획(간체 8획)

(자형) 隶(미칠 이) + 柰(능금나무 내) → 隸(종 례)

(활용어) 奴隸(노예), 隸屬(예속), 隸書(예서), 奴隸化(노예화)

(유의자) 奴(종 노), 婢(계집종 비), 僕(종 복)

(HSK어휘) 奴隶 núlì

198

爐 / 炉

화로 **로** / lú

(부) 火　(획) 20획(간체 8획)

(자형) 火(불 화) + 盧(밥그릇 로) → 爐(화로 로)

(활용어) 火爐(화로), 香爐(향로), 原子爐(원자로), 輕水爐(경수로), 神仙爐(신선로)

(성　어) 紅爐點雪(홍로점설), 爐邊情談(노변정담)

(HSK어휘) 炉 lú, 炉灶 lúzào *灶(부엌 조)

199

鹿 / 鹿

사슴 **록** / lù

(부) 鹿　(획) 11획

(자형) 뿔이 긴 수사슴의 머리, 네 발을 본뜬 글자.

(활용어) 鹿角(녹각), 鹿血(녹혈), 鹿獵(녹렵), 白鹿(백록), 逐鹿(축록)

(성　어) 指鹿爲馬(지록위마), 中原逐鹿(중원축록)

(HSK어휘) 鹿 lù

200

祿 / 禄

녹 **록** / lù

(부) 示　(획) 13획(간체 12획)

(자형) 示(보일 시) + 彔(깎을 록) → 祿(녹 록)

(활용어) 祿俸(녹봉), 福祿(복록), 官祿(관록), 貫祿(관록), 爵祿(작록)

(유의자) 俸(녹 봉)

(HSK어휘) 禄 lù

① 다음 한자에 맞는 훈음을 쓰세요.

(1) 途 (　　　　　)　　(2) 陶 (　　　　　　)

(3) 跳 (　　　　　)　　(4) 稻 (　　　　　　)

(5) 豚 (　　　　　)　　(6) 凍 (　　　　　　)

(7) 銅 (　　　　　)　　(8) 騰 (　　　　　　)

(9) 亂 (　　　　　)　　(10) 廊 (　　　　　　)

(11) 梁 (　　　　　)　　(12) 諒 (　　　　　　)

(13) 憐 (　　　　　)　　(14) 聯 (　　　　　　)

(15) 戀 (　　　　　)　　(16) 嶺 (　　　　　　)

② 다음 한자어에 맞는 독음을 쓰세요.

(1) 倒産 (　　　　　　)　　(2) 念慮 (　　　　　　　)

(3) 盜聽 (　　　　　　)　　(4) 不渡 (　　　　　　　)

(5) 消毒 (　　　　　　)　　(6) 督促 (　　　　　　　)

(7) 敦篤 (　　　　　　)　　(8) 突然 (　　　　　　　)

(9) 龜裂 (　　　　　　)　　(10) 駐屯 (　　　　　　　)

(11) 空欄 (　　　　　　)　　(12) 掠奪 (　　　　　　　)

(13) 糧穀 (　　　　　　)　　(14) 原子爐 (　　　　　　　)

(15) 北斗七星 (　　　　　　)　　(16) 桃園結義 (　　　　　　　)

❸ 다음 한자의 간체자를 [보기]에서 골라 쓰세요.

[보기]	兰	丽	乱	历

(1) 亂 (   )   (2) 蘭 (   )

(3) 麗 (   )   (4) 曆 (   )

❹ 다음 한자의 유의자를 [보기]에서 골라 쓰세요.

[보기]	冷	氾	賊	監

(1) 凍 (   )   (2) 盜 (   )

(3) 督 (   )   (4) 濫 (   )

❺ 다음 한자의 반의자를 [보기]에서 골라 쓰세요.

[보기]	斷	落	敏	優

(1) 鈍 (   )   (2) 騰 (   )

(3) 絡 (   )   (4) 劣 (   )

❻ 다음 뜻을 가진 사자성어를 [보기]에서 골라 쓰세요.

[보기]	東奔西走	指鹿爲馬	同病相憐	紅爐點雪

(1) 큰 화로에 눈을 조금 뿌린 것과 같다는 뜻으로, 순식간에 녹거나 탐을 비유하여 이르는 말.

✍ _____

(2) 사슴을 가리켜 말이라고 한다는 뜻으로, 사실이 아닌 것을 사실로 만들어 강압으로 인정하게 됨을 이르는 말.

✍ _____

UNIT 05

HNK 3급
- 한자 201~250
- 복습하기

201 弄 弄 희롱할 **롱** nòng	부 廾 획 7획

201

弄 / 弄

희롱할 **롱** / nòng

- 부 廾 획 7획
- 자형 玉(구슬 옥) + 廾(받들 공) → 弄(희롱할 롱)
- 활용어 戲弄(희롱), 愚弄(우롱), 才弄(재롱), 弄談(농담), 弄調(농조)
- 유의자 戲(戱, 놀이 희)
- 성 어 吟風弄月(음풍농월), 弄假成眞(농가성진), 弄瓦之慶(농와지경)
- HSK어휘 弄 nòng/lòng

202

雷 / 雷

우레 **뢰** / léi

- 부 雨 획 13획
- 자형 雨(비 우) + 畾(밭 갈피 뢰, 밭 사이의 땅) → 雷(우레 뢰)
- 활용어 地雷(지뢰), 魚雷(어뢰), 雷管(뇌관), 雷聲(뇌성)
- 성 어 附和雷同(부화뇌동)
- HSK어휘 雷 léi, 雷达 léidá

203

賴 / 赖

의뢰할 **뢰** / lài

- 부 貝 획 16획(간체 13획)
- 자형 貝(조개 패) + 剌(어그러질 랄) → 賴(의뢰할 뢰)
- 활용어 信賴(신뢰), 依賴(의뢰), 無賴漢(무뢰한), 信賴性(신뢰성)
- HSK어휘 信赖 xìnlài, 依赖 yīlài, 无赖 wúlài

204

了 / 了

마칠 / 헤아릴 **료** / le

- 부 亅 획 2획
- 자형 강보에 싸인 신생아의 모습을 본뜬 글자.
- 활용어 滿了(만료), 修了(수료), 修了(수료), 終了(종료), 了解(요해), 了然(요연)
- 유의자 終(마칠 종), 末(끝 말)
- HSK어휘 了 le/liǎo, 除了 chúle, 为了 wèile, 了解 liǎojiě, 了不起 liǎobuqǐ, 受不了 shòu bu liǎo, 不得了 bùdéliǎo, 大不了 dà bu liǎo, 一目了然 yí mù liǎo rán

205

龍 / 龙

용 **룡** / lóng

- 부 龍 획 16획(간체 5획)
- 자형 상상의 동물인 용을 본뜬 글자
- 활용어 龍床(용상), 龍顔(용안), 龍馬(용마), 龍宮(용궁), 龍王(용왕), 恐龍(공룡), 土龍(토룡), 伏龍(복룡), 臥龍(와룡)
- 성 어 登龍門(등용문), 龍頭蛇尾(용두사미), 車水馬龍(거수마룡)
- HSK어휘 龙 lóng, 水龙头 shuǐlóngtóu

206 累 累 여러(묶을) 포갤 **루** lěi	부 糸　　획 11획 자형 糸(가는 실 사) + 田(밭 전, '畾 밭 갈피 뢰'의 생략형) → 累(여러, 포갤, 지칠 루) 활용어 **累積**(누적), **累計**(누계), **累犯**(누범), **累進**(누진), 　　　**累次**(**屢次** 누차), **連累**(연루) 유의자 **屢**(여러 루) 성 어 **累卵之危**(누란지위), **累卵之勢**(누란지세) HSK어휘 累 léi/lěi/lèi, 积累 jīlěi
207 淚 泪 눈물 **루** lèi	부 氵(水)　　획 11획(간체 8획) 자형 氵(水, 물 수) + 戾(어그러질 려) → 淚(눈물 루) 활용어 **血淚**(혈루), **落淚**(낙루) HSK어휘 流泪 liúlèi
208 屢 屡 여러 **루** lǚ	부 尸　　획 14획(간체 12획) 자형 尸(주검 시) + 婁(별이름 루) → 屢(여러 루) 활용어 **屢屢**(누누), **屢次**(누차) 유의자 **累**(묶을, 자주 루) HSK어휘 屡次 lǚcì
209 漏 漏 샐 **루** lòu	부 氵(水)　　획 14획 자형 氵(水, 물 수) + 屚(샐 루) → 漏(샐 루) 활용어 **漏水**(누수), **漏電**(누전), **漏出**(누출), **漏落**(누락), **脫漏**(탈루) 성 어 **自擊漏**(자격루) HSK어휘 漏 lòu, 走漏 zǒulòu
210 樓 楼 다락 **루** lóu	부 木　　획 15획(간체 13획) 자형 木(나무 목) + 婁(별이름 루) → 樓(다락 루) 활용어 **樓閣**(누각), **樓上**(누상), **樓下**(누하), **望樓**(망루), **慶會樓**(경회루) 성 어 **沙上樓閣**(사상누각), **空中樓閣**(공중누각) HSK어휘 楼 lóu/lú, 楼塔 lóutǎ

211 輪 轮 바퀴 **륜** lún	부 車 획 15획(간체 8획)

211 輪 轮 바퀴 **륜** lún

- 부 車   획 15획(간체 8획)
- 자형 車(수레 거) + 侖(둥글 륜) → 輪(바퀴 륜)
- 활용어 輪禍(윤화), 輪作(윤작), 輪廻(윤회), 輪番(윤번), 年輪(연륜), 經綸(경륜), 法輪(법륜), 五輪旗(오륜기)
- 성 어 兩輪(양륜), 苦輪之海(고륜지해)
- HSK어휘 轮流 lúnliú, 轮船 lúnchuán, 轮胎 lúntāi

212 栗 栗 밤, 밤나무 **률** lì

- 부 木   획 10획
- 자형 木(나무 목) + 覀(덮을 아) → 栗(밤 률)
- 활용어 生栗(생률), 黃栗(황률), 甘栗(감률), 栗園(율원), 栗谷(율곡)
- HSK어휘 栗子 lìzi, 战栗 zhànlì *慄(떨릴 률)의 간체자

213 率 率 거느릴 **솔** / 비율 **률** shuài

- 부 玄   획 11획
- 자형 玄(검을 현) + 冫(얼음 빙) + 十(열 십) → 率(거느릴 솔)
- 활용어 統率(통솔), 率直(솔직), 率先(솔선), 引率(인솔), 輕率(경솔), 效率(효율), 比率(비율), 換率(환율), 能率(능률), 確率(확률)
- 유의자 領(거느릴 령), 統(거느릴 통)   성 어 率先垂範(솔선수범)
- HSK어휘 率 shuài/lǜ, 草率 cǎoshuài, 率领 shuàilǐng, 效率 xiàolǜ, 汇率 huìlǜ, 频率 pínlǜ

214 隆 隆 높을 **륭** lóng

- 부 阝(阜)   획 12획(간체 11획)
- 자형 阝(阜, 언덕 부) + 夆(하늘에 예 지낼 륭) → 隆(성할 륭)
- 활용어 隆盛(융성), 隆興(융흥), 隆基(융기), 隆崇(융숭), 汚隆(오륭), 乾隆帝(건륭제)
- 유의자 興(일 흥), 崇(높을 숭), 盛(성할 성)
- HSK어휘 兴隆 xīnglóng, 隆重 lóngzhòng

215 陵 陵 언덕 **릉** líng

- 부 阝(阜)   획 11획(간체 10획)
- 자형 阝(阜, 언덕 부) + 夌(언덕 릉) → 陵(언덕 릉)
- 활용어 丘陵(구릉), 王陵(왕릉), 陵蔑(凌蔑 능멸), 陵辱(凌辱 능욕)
- 유의자 丘(언덕 구), 原(언덕 원), 岸(언덕 안)
- 성 어 武陵桃源(무릉도원), 陵谷之變(능곡지변), 陵遲處斬(능지처참)
- HSK어휘 丘陵 qiūlíng

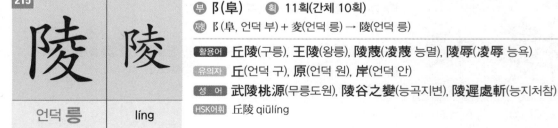

216 離 离 떠날 **리** lí		

216

離 / 离 — 떠날 **리** / lí

🔹부 佳   🔹획 19획(간체 10획)

🔹자형 佳(새 추) + 离(흩어질 리) → 離(떠날 리)

🔹활용어 離別(이별), 離婚(이혼), 離脫(이탈), 離陸(이륙), 離籍(이적), 距離(거리), 隔離(격리), 分離(분리), 亂離(난리)

🔹유의자 別(다를 별), 散(흩을 산), 距(떨어질 거)   🔹반대자 合(합할 합)

🔹성어 離合集散(이합집산), 離苦得樂(이고득락), 支離滅裂(지리멸렬), 愛別離苦(애별리고), 會者定離(회자정리)

🔹HSK어휘 离 lí, 离婚 líhūn, 离开 líkāi, 距离 jùlí, 隔离 gélí, 脱离 tuōlí

217

裏 / 里 — 속 **리** / lǐ

🔹부 衣   🔹획 13획(간체 7획)

🔹자형 衣(옷 의) + 里(마을 리) → 裏(속 리)

🔹활용어 裏面(이면), 腦裏(뇌리), 心裏(심리), 暗暗裏(암암리)

🔹반대자 表(겉 표), 外(바깥 외)

🔹성어 表裏不同(표리부동)

🔹HSK어휘 里 lǐ/li, 公里 gōnglǐ, 里程碑 lǐchéngbēi, 夜里 yèli, 那里 nàli

218

梨 / 梨 — 배나무 **리** / lí

🔹부 木   🔹획 11획

🔹자형 木(나무 목) + 利(이로울 리) → 梨(배나무 리)

🔹활용어 梨花(이화), 梨園(이원)

🔹성어 烏飛梨落(오비이락)

🔹HSK어휘 梨 lí, 梨子 lízi

219

履 / 履 — 밟을 **리** / lǚ

🔹부 尸   🔹획 15획

🔹자형 尸(주검 시) + 復(돌아올 복) → 履(밟을, 신 리)

🔹활용어 履行(이행), 履歷(이력), 履修(이수), 木履(목리)

🔹유의자 踏(밟을 답)

🔹성어 履行不能(이행불능), 瓜田不納履(과전불납리)

🔹HSK어휘 履行 lǚxíng

220

吏 / 吏 — 벼슬아치, 관리 **리** / lì

🔹부 口   🔹획 6획

🔹자형 一(한 일) + 史(역사 사) → 吏(벼슬아치 리)

🔹활용어 官吏(관리), 吏讀(이두)

🔹유의자 官(벼슬 관)   🔹반대자 民(백성 민)

🔹성어 淸白吏(청백리), 貪官汚吏(탐관오리)

🔹HSK어휘 吏 lì

221	隣 邻	부 阝(阜)　획 15획(간체 7획)
		자형 阝(阜, 언덕 부) + 粦(도깨비불 린) → 隣(이웃 린)
		활용어 隣近(인근), 隣接(인접), 善隣(선린)
		성 어 德不孤必有隣(덕불고필유린)
		HSK어휘 邻居 línjū
이웃 **린**	lín	

222	臨 临	부 臣　획 17획(간체 9획)
		자형 臥(엎드릴 와) + 品(물건 품) → 臨(임할 림)
		활용어 臨時(임시), 臨床(임상), 臨迫(임박), 臨終(임종), 光臨(광림), 降臨(강림), 君臨(군림)
		성 어 臨戰無退(임전무퇴), 臨時國會(임시국회)
		HSK어휘 临时 línshí, 临床 línchuáng, 光临 guānglín, 降临 jiànglín, 面临 miànlín
임할 **림**	lín	

223	麻 麻	부 麻　획 11획(간체 11획)
		자형 广(집 엄, 그늘진 곳) + 林(삼 껍질을 벗긴 것) → 麻(삼 마)
		활용어 麻衣(마의), 麻布(마포), 大麻(대마), 亂麻(난마), 亞麻(아마)
		성 어 快刀亂麻(쾌도난마)
		HSK어휘 麻 má/mā, 麻烦 máfan, 麻木 mámù, 麻醉 mázuì
삼 **마**	má	

224	磨 磨	부 石　획 16획
		자형 石(돌 석) + 麻(삼 마) → 磨(갈 마)
		활용어 硏磨(연마), 切磨(절마), 達磨(달마), 磨滅(마멸)
		유의자 硏(갈 연)
		성 어 磨製石器(마제석기)
		HSK어휘 磨 mó/mò, 磨合 móhé, 折磨 zhémó
갈 **마**	mó	

225	幕 幕	부 巾　획 14획(간체 13획)
		자형 巾(헝겊 건) + 莫(없을 막) → 幕(장막 막)
		활용어 帳幕(장막), 字幕(자막), 內幕(내막), 黑幕(흑막), 序幕(서막), 幕間(막간), 幕僚(막료), 開幕(개막), 閉幕(폐막)
		유의자 帳(장막 장)
		성 어 幕後交涉(막후교섭)
		HSK어휘 字幕 zìmù, 内幕 nèimù, 屏幕 píngmù, 开幕式 kāimùshì
장막 **막**	mù	

226 漠 漠 넓을 막 / mò	부 氵(水)　획 14획(간체 13획)
	자형 氵(水, 물 수) + 莫(없을 막) → 漠(사막 막)
	활용어 沙漠(사막), 廣漠(광막), 索漠(삭막), 茫漠(망막), 漠漠(막막), 漠然(막연)
	유의자 廣(넓을 광)
	HSK어휘 沙漠 shāmò

227 慢 慢 거만할, 게으를 만 / màn	부 忄(心)　획 14획
	자형 忄(心, 마음 심) + 曼(끌 만) → 慢(거만할 만)
	활용어 慢性(만성), 怠慢(태만), 傲慢(오만), 自慢(자만), 緩慢(완만), 暴慢(포만), 自慢心(자만심)
	유의자 傲(거만할 오), 怠(게으를 태)　반대자 勤(부지런할 근)
	성 어 暴慢無禮(포만무례)
	HSK어휘 慢 màn/mán, 怠慢 dàimàn, 慢性 mànxìng

228 漫 漫 흩어질 만 / màn	부 氵(水)　획 14획
	자형 氵(水, 물 수) + 曼(길게 끌 만) → 漫(흩어질 만)
	활용어 漫畫(만화), 漫評(만평), 浪漫(낭만), 散漫(산만), 放漫(방만)
	유의자 散(흩을 산)　반대자 集(모을 집)
	HSK어휘 漫画 mànhuà, 浪漫 làngmàn, 漫长 màncháng

229 蠻 蛮 오랑캐 만 / mán	부 虫　획 25획(간체 12획)
	자형 虫(벌레 훼) + 緣(이을 련) → 蠻(오랑캐 만)
	활용어 野蠻(야만), 南蠻(남만), 蠻勇(만용), 蠻行(만행)
	유의자 夷(오랑캐 이)
	HSK어휘 野蛮 yěmán

230 妄 妄 망령될 망 / wàng	부 女　획 6획
	자형 女(여자 녀) + 亡(망할 망) → 妄(망령될 망)
	활용어 妄想(망상), 妄靈(망령), 妄覺(망각), 妄言(망언), 老妄(노망), 虛妄(허망), 輕妄(경망)
	성 어 輕擧妄動(경거망동)
	HSK어휘 妄想 wàngxiǎng

231 罔 罔 없을, 그물 **망** wǎng	부 网 획 8획 자형 网(그물 망) + 亡(망할 망) → 罔(없을 망) 활용어 罔極(망극), 罔測(망측), 欺罔(기망) 성어 罔極之痛(망극지통) HSK어휘 欺天罔上 qī tiān wǎng shàng
232 茫 茫 아득할 **망** / 황홀할 **황** máng	부 艹 획 10획(간체 9획) 자형 艹(풀 초) + 汒(황급할 망) → 茫(아득할 망) 활용어 茫漠(망막), 茫茫(망망), 蒼茫(창망), 茫然(망연) 성어 茫然自失(망연자실), 茫茫大海(망망대해) HSK어휘 茫 máng/huǎng, 茫茫 mángmáng
233 埋 埋 묻을 **매** mái	부 土 획 10획 자형 土(흙 토) + 里(마을 리) → 埋(묻을 매) 활용어 埋沒(매몰), 埋葬(매장), 埋伏(매복), 埋立(매립), 埋藏(매장) 성어 暗埋葬(암매장) HSK어휘 埋 mái/mán, 埋没 máimò, 埋葬 máizàng, 埋怨 mányuàn
234 梅 梅 매화 **매** méi	부 木 획 11획 자형 木(나무 목) + 每(매양 매) → 梅(매화나무 매) 활용어 梅花(매화), 梅實(매실), 靑梅(청매), 紅梅(홍매), 梅毒(매독), 梅雨(매우), 雪中梅(설중매) 성어 梅蘭菊竹(매란국죽) HSK어휘 梅 méi
235 媒 媒 중매 **매** méi	부 女 획 12획 자형 女(여자 녀) + 某(아무 모) → 媒(중매 매) 활용어 媒介(매개), 媒體(매체), 仲媒(중매), 觸媒(촉매), 冷媒(냉매), 媒介物(매개물) 성어 大衆媒體(대중매체) HSK어휘 媒介 méijiè

236

脈　脉

줄기 **맥** ／ mài

부 月(肉)　획 10획(간체 9획)

자형 月(肉, 고기 육) + 辰('派 갈래 파'의 생략형) → 脈(줄기 맥)

활용어 動脈(동맥), 靜脈(정맥), 山脈(산맥), 血脈(혈맥), 文脈(문맥), 亂脈(난맥), 水脈(수맥), 人脈(인맥), 命脈(명맥), 脈絡(맥락)

성 어 一脈相通(일맥상통), 氣盡脈盡(기진맥진)

HSK어휘 脉 mài/mò, 动脉 dòngmài, 山脉 shānmài, 脉搏 màibó, 脉脉 mómó ＊搏 칠 박

237

盲　盲

소경, 눈 멀 **맹** ／ máng

부 目　획 8획

자형 目(눈 목) + 亡(망할 망) → 盲(소경 맹)

활용어 文盲(문맹), 色盲(색맹), 盲人(맹인), 盲目(맹목), 盲信(맹신), 盲從(맹종), 盲點(맹점), 盲腸(맹장), 盲目的(맹목적)

성 어 群盲撫象(군맹무상)

HSK어휘 盲目 mángmù

238

孟　孟

맏 **맹** ／ mèng

부 子　획 8획

자형 子(자식 자) + 皿(그릇 명) → 孟(맏 맹)

활용어 孟子(맹자), 孔孟學(공맹학), 孟春(맹춘), 孟夏(맹하), 孟浪(맹랑)

유의자 伯(맏 백)

성 어 虛無孟浪(허무맹랑), 孟母斷機(맹모단기), 孟母三遷之敎(맹모삼천지교)

HSK어휘 孟 mèng

239

猛　猛

사나울 **맹** ／ měng

부 犭(犬)　획 11획

자형 犭(犬, 개 견) + 孟(맏 맹, 우두머리) → 猛(사나울 맹)

활용어 勇猛(용맹), 猛烈(맹렬), 猛獸(맹수), 猛虎(맹호), 猛毒(맹독)

유의자 勇(날랠 용), 烈(세찰 렬)　**반대자** 寬(너그러울 관)

성 어 勇猛精進(용맹정진)

HSK어휘 猛烈 měngliè

240

盟　盟

맹세 **맹** ／ méng

부 皿　획 13획

자형 皿(그릇 명) + 明(밝을 명) → 盟(맹세 맹)

활용어 盟誓(맹세), 盟約(맹약), 聯盟(연맹), 加盟(가맹), 同盟(동맹)

유의자 誓(맹세할 서)

성 어 金石盟約(금석맹약)

HSK어휘 联盟 liánméng

241 綿 绵 솜, 이어질 **면** mián	부 糸　획 14획(간체 11획)

241

綿 / 绵

솜, 이어질 **면** / mián

- 부 糸　획 14획(간체 11획)
- 자형 糸(가는 실 사) + 帛(비단 백) → 綿(솜 면)
- 활용어 純綿(순면), 石綿(석면), 綿絲(면사), 綿綿(면면), 綿密(면밀), 綿製品(면제품)
- 성어 周到綿密(주도면밀)
- HSK어휘 绵 mián

242

滅 / 灭

멸할, 꺼질 **멸** / miè

- 부 氵(水)　획 13획(간체 5획)
- 자형 氵(水, 물 수) + 威(멸할 멸/없앨 멸) → 滅(꺼질 멸)
- 활용어 滅亡(멸망), 滅菌(멸균), 滅種(멸종), 幻滅(환멸), 消滅(소멸), 破滅(파멸)
- 유의자 亡(망할 망), 消(사라질 소)　반대자 存(있을 존), 有(있을 유)
- 성어 支離滅裂(지리멸렬), 滅門之禍(멸문지화), 生者必滅(생자필멸), 不生不滅(불생불멸)
- HSK어휘 灭亡 mièwáng, 毁灭 huǐmiè

243

冥 / 冥

어두울 **명** / míng

- 부 冖　획 10획
- 자형 冖(덮을 멱) + 日(해 일) + 六(여섯 륙) → 冥(어두울 명)
- 활용어 冥福(명복), 冥府(명부), 冥想(명상), 冥界(명계), 幽冥(유명)
- 유의자 暗(어두울 암), 昏(어두울 혼)
- 반대자 明(밝을 명), 朗(밝을 랑), 昭(밝을 소), 哲(밝을 철)
- HSK어휘 冥 míng

244

銘 / 铭

새길 **명** / míng

- 부 金　획 14획(간체 11획)
- 자형 金(쇠 금) + 名(이름 명) → 銘(새길 명)
- 활용어 銘心(명심), 感銘(감명), 墓碑銘(묘비명)
- 유의자 刻(새길 각), 刊(새길 간)
- 성어 座右銘(좌우명), 刻骨銘心(각골명심)
- HSK어휘 座右铭 zuòyòumíng

245

侮 / 侮

업신여길 **모** / wǔ

- 부 亻(人)　획 9획
- 자형 亻(人, 사람 인) + 每(매양 매) → 侮(업신여길 모)
- 활용어 侮辱(모욕), 侮蔑(모멸), 侮言(모언), 受侮(수모)
- 유의자 蔑(업신여길 멸)　반대자 敬(공경할 경), 恭(공손할 공)
- HSK어휘 侮辱 wǔrǔ

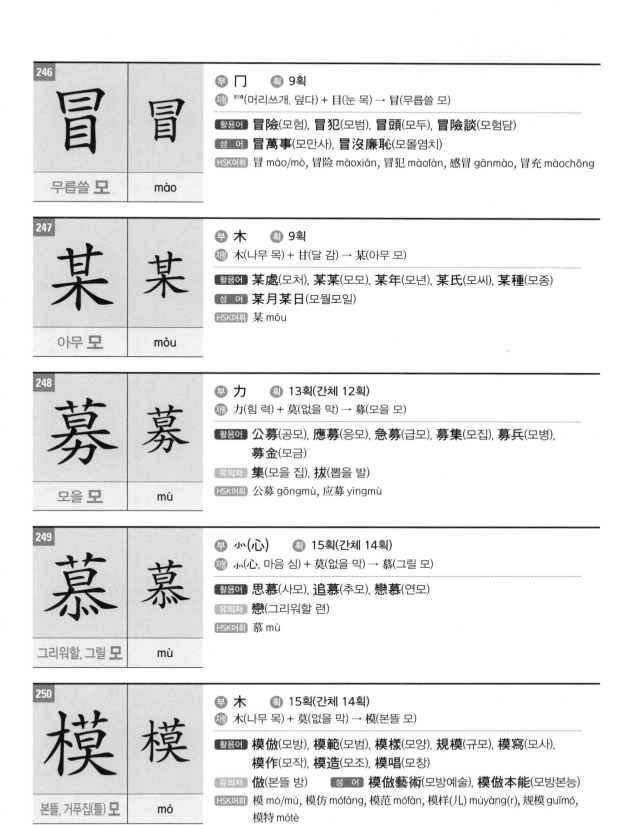

246

冒　冒

무릅쓸 **모**　mào

부 冂　획 9획

자형 冃(머리쓰개, 덮다) + 目(눈 목) → 冒(무릅쓸 모)

활용어 冒險(모험), 冒犯(모범), 冒頭(모두), 冒險談(모험담)

성어 冒萬事(모만사), 冒沒廉恥(모몰염치)

HSK어휘 冒 mào/mò, 冒险 màoxiǎn, 冒犯 màofàn, 感冒 gǎnmào, 冒充 màochōng

---

247

某　某

아무 **모**　mǒu

부 木　획 9획

자형 木(나무 목) + 甘(달 감) → 某(아무 모)

활용어 某處(모처), 某某(모모), 某年(모년), 某氏(모씨), 某種(모종)

성어 某月某日(모월모일)

HSK어휘 某 mǒu

248

募　募

모을 **모**　mù

부 力　획 13획(간체 12획)

자형 力(힘 력) + 莫(없을 막) → 募(모을 모)

활용어 公募(공모), 應募(응모), 急募(급모), 募集(모집), 募兵(모병), 募金(모금)

유의자 集(모을 집), 拔(뽑을 발)

HSK어휘 公募 gōngmù, 应募 yìngmù

249

慕　慕

그리워할, 그릴 **모**　mù

부 小(心)　획 15획(간체 14획)

자형 小(心, 마음 심) + 莫(없을 막) → 慕(그릴 모)

활용어 思慕(사모), 追慕(추모), 戀慕(연모)

유의자 戀(그리워할 련)

HSK어휘 慕 mù

250

模　模

본뜰, 거푸집(틀) **모**　mó

부 木　획 15획(간체 14획)

자형 木(나무 목) + 莫(없을 막) → 模(본뜰 모)

활용어 模倣(모방), 模範(모범), 模樣(모양), 規模(규모), 模寫(모사), 模作(모작), 模造(모조), 模唱(모창)

유의자 倣(본뜰 방)　성어 模倣藝術(모방예술), 模倣本能(모방본능)

HSK어휘 模 mó/mú, 模仿 mófǎng, 模范 mófàn, 模样(儿) múyàng(r), 规模 guīmó, 模特 mótè

❶ 다음 한자에 맞는 훈음을 쓰세요.

(1) 弄 (   )   (2) 屢 (   )

(3) 樓 (   )   (4) 隆 (   )

(5) 陵 (   )   (6) 隣 (   )

(7) 幕 (   )   (8) 漠 (   )

(9) 慢 (   )   (10) 妄 (   )

(11) 茫 (   )   (12) 媒 (   )

(13) 孟 (   )   (14) 綿 (   )

(15) 冒 (   )   (16) 募 (   )

❷ 다음 한자어에 맞는 독음을 쓰세요.

(1) 雷管 (   )   (2) 銘心 (   )

(3) 累計 (   )   (4) 漏出 (   )

(5) 年輪 (   )   (6) 率先 (   )

(7) 離陸 (   )   (8) 履歷 (   )

(9) 官吏 (   )   (10) 臨床 (   )

(11) 蠻行 (   )   (12) 埋伏 (   )

(13) 文脈 (   )   (14) 猛獸 (   )

(15) 冥想 (   )   (16) 無賴漢 (   )

③ 다음 한자의 간체자를 [보기]에서 골라 쓰세요.

[보기]	泪	龙	灭	里

(1) 龍 (   )   (2) 淚 (   )

(3) 裏 (   )   (4) 滅 (   )

④ 다음 한자의 유의자를 [보기]에서 골라 쓰세요.

[보기]	終	統	硏	俸

(1) 祿 (   )   (2) 了 (   )

(3) 率 (   )   (4) 磨 (   )

⑤ 다음 한자의 반의자를 [보기]에서 골라 쓰세요.

[보기]	存	集	敬	勤

(1) 慢 (   )   (2) 漫 (   )

(3) 滅 (   )   (4) 侮 (   )

⑥ 다음 뜻을 가진 사자성어를 [보기]에서 골라 쓰세요.

[보기]	累卵之危	孟母斷機	晚時之歎	快刀亂麻

(1) 층층이 쌓아 놓은 알의 위태로움이라는 뜻으로, 몹시 아슬아슬한 위기를 비유적으로 이르는 말.

✎ _____

(2) 헝클어진 삼을 잘 드는 칼로 자른다는 뜻으로, 복잡하게 얽힌 사물이나 비꼬인 문제를 솜씨 있고 바르게 처리함을 비유하여 이르는 말.

✎ _____

UNIT 06

HNK 3급
- 한자 251~300
- 복습하기

251 貌 貌 모양 **모** mào	**부** 豸 **획** 14획 **자형** 豸(해태 치) + 皃(얼굴 모) → 貌(모양 모) **활용어** 容貌(용모), 面貌(면모), 美貌(미모), 外貌(외모), 變貌(변모), 風貌(풍모), 全貌(전모) **유의자** 像(모양 상), 姿(모양 자), 容(얼굴 용), 形(모양 형), 樣(모양 양) **HSK어휘** 容貌 róngmào, 面貌 miànmào, 礼貌 lǐmào	

252 謀 谋 꾀 **모** móu	**부** 言 **획** 16획(간체 11획) **자형** 言(말씀 언) + 某(아무 모) → 謀(꾀 모) **활용어** 謀略(모략), 謀議(모의), 謀叛(모반), 謀免(모면), 參謀(참모), 陰謀(음모), 圖謀(도모), 無謀(무모) **유의자** 企(꾀할 기), 策(꾀 책), 略(다스릴 략) **성어** 權謀術數(권모술수), 中傷謀略(중상모략) **HSK어휘** 参谋 cānmóu, 阴谋 yīnmóu, 谋求 móuqiú	

253 睦 睦 화목할 **목** mù	**부** 目 **획** 13획 **자형** 目(눈 목) + 坴(뭍 륙) → 睦(화목할 목) **활용어** 和睦(화목), 親睦(친목) **유의자** 協(화합할 협), 和(화할 화) **HSK어휘** 和睦 hémù	

254 沒 没 빠질 **몰** mò	**부** 氵(水) **획** 7획(간체 7획) **자형** 氵(水, 물 수) + 勹(쌀포몸) + 又(또 우) → 沒(빠질 몰, 물 속에 가라앉아 없어지다) **활용어** 埋沒(매몰), 沈沒(침몰), 陷沒(함몰), 出沒(출몰), 沒收(몰수), 沒入(몰입), 沒頭(몰두), 沒落(몰락) **유의자** 沈(잠길 침), 陷(빠질 함) **반대자** 出(날 출), 興(일 흥), 存(있을 존) **성어** 神出鬼沒(신출귀몰), 沒知覺(몰지각), 沒常識(몰상식), 沒廉恥(몰염치) **HSK어휘** 没 mò/méi, 埋没 máimò, 没有 méiyǒu, 没关系 méi guānxi	

255 夢 梦 꿈 **몽** mèng	**부** 夕 **획** 14획(간체 11획) **자형** 艹(눈꺼풀) + 罒('目 눈 목'의 변형) + 冖(덮을 멱) + 夕(저녁 석) → 夢(꿈 몽) **활용어** 夢想(몽상), 吉夢(길몽), 凶夢(흉몽), 解夢(해몽), 惡夢(악몽), 迷夢(미몽), 春夢(춘몽) **성어** 同床異夢(동상이몽), 醉生夢死(취생몽사), 非夢似夢(비몽사몽) **HSK어휘** 梦想 mèngxiǎng	

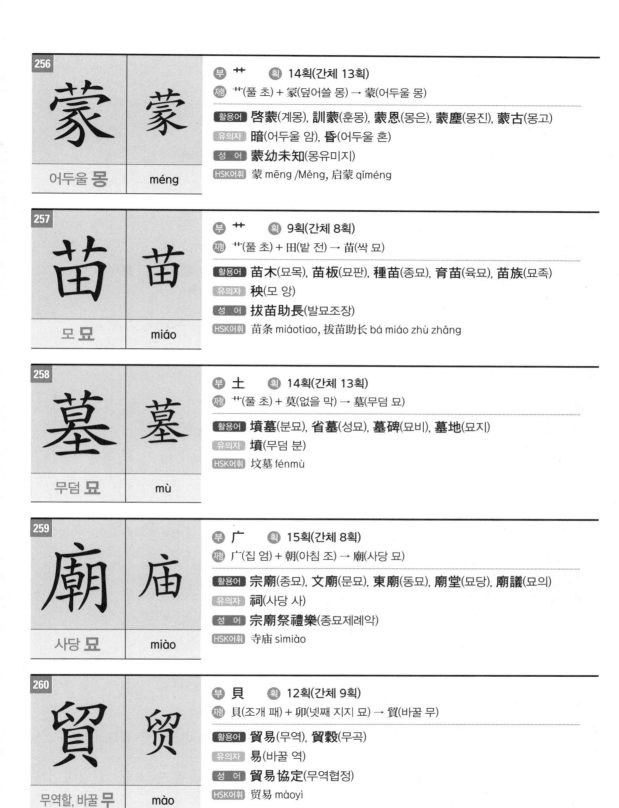

256

蒙 / 蒙

어두울 **몽** / méng

- 부 艹
- 획 14획(간체 13획)
- 자형 艹(풀 초) + 冡(덮어쓸 몽) → 蒙(어두울 몽)
- 활용어 啓蒙(계몽), 訓蒙(훈몽), 蒙恩(몽은), 蒙塵(몽진), 蒙古(몽고)
- 유의자 暗(어두울 암), 昏(어두울 혼)
- 성어 蒙幼未知(몽유미지)
- HSK어휘 蒙 mēng /Měng, 启蒙 qǐméng

257

苗 / 苗

모 **묘** / miáo

- 부 艹
- 획 9획(간체 8획)
- 자형 艹(풀 초) + 田(밭 전) → 苗(싹 묘)
- 활용어 苗木(묘목), 苗板(묘판), 種苗(종묘), 育苗(육묘), 苗族(묘족)
- 유의자 秧(모 앙)
- 성어 拔苗助長(발묘조장)
- HSK어휘 苗条 miáotiao, 拔苗助长 bá miáo zhù zhǎng

258

墓 / 墓

무덤 **묘** / mù

- 부 土
- 획 14획(간체 13획)
- 자형 艹(풀 초) + 莫(없을 막) → 墓(무덤 묘)
- 활용어 墳墓(분묘), 省墓(성묘), 墓碑(묘비), 墓地(묘지)
- 유의자 墳(무덤 분)
- HSK어휘 坟墓 fénmù

259

廟 / 庙

사당 **묘** / miào

- 부 广
- 획 15획(간체 8획)
- 자형 广(집 엄) + 朝(아침 조) → 廟(사당 묘)
- 활용어 宗廟(종묘), 文廟(문묘), 東廟(동묘), 廟堂(묘당), 廟議(묘의)
- 유의자 祠(사당 사)
- 성어 宗廟祭禮樂(종묘제례악)
- HSK어휘 寺庙 sìmiào

260

貿 / 贸

무역할, 바꿀 **무** / mào

- 부 貝
- 획 12획(간체 9획)
- 자형 貝(조개 패) + 卯(넷째 지지 묘) → 貿(바꿀 무)
- 활용어 貿易(무역), 貿穀(무곡)
- 유의자 易(바꿀 역)
- 성어 貿易協定(무역협정)
- HSK어휘 贸易 màoyì

261 霧 안개 무	霧 wù	**부** 雨　**획** 19획(간체 13획) **자형** 雨(비 우) + 務(힘쓸 무) → 霧(안개 무) **활용어** 雲霧(운무), 濃霧(농무), 霧散(무산) **성 어** 五里霧中(오리무중) **HSK어휘** 雾 wù, 雾霾 wùmái *霾(흙비 올 매, 황사현상)
262 默 잠잠할 묵	默 mò	**부** 黑　**획** 16획 **자형** 犬(개 견) + 黑(검을 흑) → 默(잠잠할 묵) **활용어** 沈默(침묵), 默言(묵언), 默認(묵인), 默殺(묵살), 默念(묵념), 默讀(묵독), 默秘權(묵비권), 默示錄(묵시록) **성 어** 默默不答(묵묵부답) **HSK어휘** 沉默 chénmò, 默默 mòmò, 幽默 yōumò, 潜移默化 qián yí mò huà *沉(잠길 침)
263 紋 무늬 문	纹 wén	**부** 糸　**획** 10획(간체 7획) **자형** 糸(가는 실 사) + 文(글월 문) → 紋(무늬 문) **활용어** 指紋(지문), 波紋(파문), 無紋(무문), 紋章(문장) 花紋席(화문석) **HSK어휘** 纹 wén/wèn
264 眉 눈썹 미	眉 méi	**부** 目　**획** 9획 **자형** 目(눈 목) + 尸(눈썹) → 眉(눈썹 미) **활용어** 白眉(백미), 眉間(미간), 眉毛(미모) **성 어** 擧案齊眉(거안제미) **HSK어휘** 眉毛 méimao
265 迷 미혹할 미	迷 mí	**부** 辶(辵)　**획** 10획(간체 9획) **자형** 辶(辵, 쉬엄쉬엄 갈 착) + 米(쌀 미) → 迷(헤맬 미) **활용어** 迷惑(미혹), 迷路(미로), 迷宮(미궁), 迷信(미신), 昏迷(혼미) **유의자** 惑(미혹할 혹) **HSK어휘** 迷路 mí/mì, 迷路 mílù

266

微 微

작을 **미**   wēi

- 부 彳   획 13획
- 자형 彳(조금 걸을 척) + 散(자잘할 미) → 微(적을 미)
- 활용어 微笑(미소), 微妙(미묘), 微弱(미약), 微力(미력), 微細(미세), 幾微(기미), 輕微(경미), 微生物(미생물), 微視的(미시적)
- 성 어 微官末職(미관말직)
- HSK어휘 微笑 wēixiào, 微观 wēiguān, 无微不至 wú wēi bú zhì, 微不足道 wēi bù zú dào

267

敏 敏

민첩할 **민**   mǐn

- 부 攵(攴)   획 11획
- 자형 攵(攴, 칠 복) + 每(매양 매) → 敏(민첩할, 재빠를 민)
- 활용어 過敏(과민), 英敏(영민), 銳敏(예민), 機敏(기민), 敏感(민감), 敏達(민달)
- 유의자 速(빠를 속)   반대자 緩(느릴 완), 鈍(둔할 둔)
- HSK어휘 过敏 guòmǐn, 灵敏 língmǐn, 敏锐 mǐnruì, 敏感 mǐngǎn

268

憫 悯

민망할 **민**   mǐn

- 부 忄(心)   획 15획(간체 10획)
- 자형 忄(心, 마음 심) + 閔(가엾이 여길 민) → 憫(민망할 민)
- 활용어 憐憫(연민), 憫然(민연)
- 유의자 憐(불쌍히 여길 련)
- HSK어휘 悯 mǐn

269

蜜 蜜

꿀 **밀**   mì

- 부 虫   획 14획
- 자형 虫(벌레 훼) + 宓(잠잠할 밀/성 복) → 蜜(꿀 밀)
- 활용어 蜜月(밀월), 密語(밀어), 蜂蜜(봉밀)
- 성 어 蜜月旅行(밀월여행)
- HSK어휘 蜜蜂 mìfēng

270

泊 泊

배 댈, 늪(호수) **박**   bó

- 부 氵(水)   획 8획
- 자형 氵(水, 물 수) + 白(흰 백) → 泊(배댈 박)
- 활용어 外泊(외박), 宿泊(숙박), 民泊(민박), 漂迫(표박), 淡泊(담박)
- 유의자 停(머무를 정), 駐(머무를 주)
- HSK어휘 泊 bó/pō, 停泊 tíngbó, 湖泊 húpō

271	拍	拍
칠 **박**		pāi

부 扌(手)　**획** 8획

자형 扌(手, 손 수) + 白(흰 백) → 拍(칠 박)

활용어 拍手(박수), 拍子(박자), 拍車(박차), 搏動(박동), 拍賣(박매)

성 어 拍掌大笑(박장대소)

HSK어휘 拍 pāi/pò, 拍卖 pāimài, 促拍 cùpò

272	迫	迫
핍박할, 닥칠 **박**		pò

부 辶(辵)　**획** 9획(간체 8획)

자형 辶(辵, 쉬엄쉬엄 갈 착) + 白(흰 백) → 迫(닥칠 박)

활용어 切迫(절박), 壓迫(압박), 強迫(강박), 緊迫(긴박), 脅迫(협박), 急迫(급박), 促迫(촉박), 迫害(박해), 迫力(박력), 迫進感(박진감)

유의자 脅(위협할 협)

성 어 強迫觀念(강박관념)

HSK어휘 迫 pò/pǎi, 迫切 pòqiè, 压迫 yāpò, 强迫 qiǎngpò, 紧迫 jǐnpò, 迫害 pòhài

---

273	博	博
넓을 **박**		bó

부 十　**획** 12획

자형 十(열 십, 많다) + 尃(펼 부/퍼질 포) → 博(넓을 박)

활용어 博士(박사), 博學(박학), 博識(박식), 博物(박물), 博覽(박람), 博物館(박물관), 博覽會(박람회)

유의자 廣(넓을 광), 汎(넓을 범)

성 어 博學多識(박학다식), 博學多才(박학다재)

HSK어휘 博士 bóshì, 博物馆 bówùguǎn

274	薄	薄
엷을 **박**		báo

부 艹　**획** 17획(간체 16획)

자형 艹(풀 초) + 溥(물가, 넓을 부) → 薄(엷을 박)

활용어 刻薄(각박), 野薄(야박), 稀薄(희박), 淺薄(천박), 輕薄(경박), 肉薄(육박), 薄弱(박약), 薄福(박복), 薄待(박대), 薄氷(박빙)

유의자 厚(두터울 후)

성 어 薄利多賣(박리다매), 佳人薄命(가인박명), 如履薄氷(여리박빙)

HSK어휘 薄 báo/bó/bò, 薄弱 bóruò, 薄荷 bòhe

275	伴	伴
짝 **반**		bàn

부 亻(人)　**획** 7획

자형 亻(人, 사람 인) + 半(반 반) → 伴(짝 반)

활용어 伴奏(반주), 隨伴(수반), 同伴(동반), 道伴(도반), 同伴者(동반자)

유의자 配(짝 배), 偶(짝 우)

HSK어휘 伴随 bànsuí

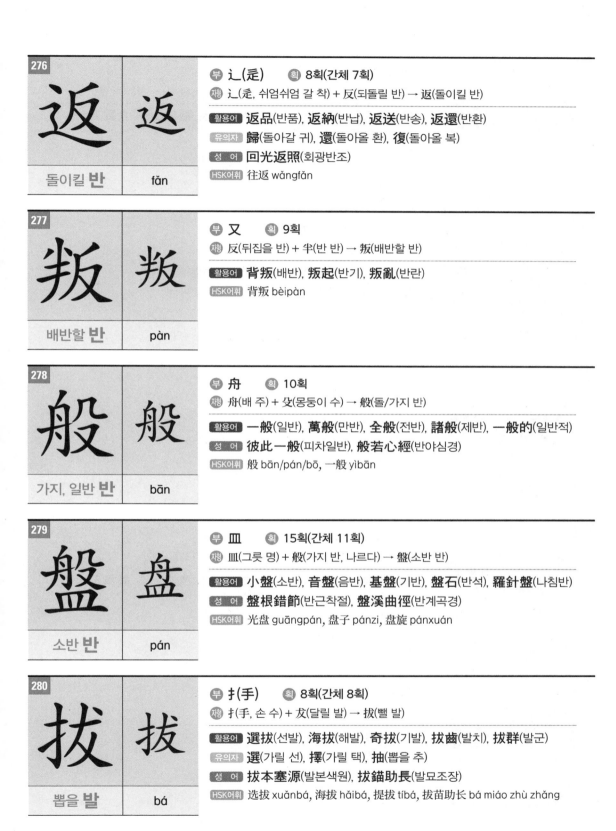

276 返 돌이킬 **반** fǎn

부 辶(辵) 획 8획(간체 7획)

자형 辶(辵, 쉬엄쉬엄 갈 착) + 反(되돌릴 반) → 返(돌이킬 반)

활용어 返品(반품), 返納(반납), 返送(반송), 返還(반환)

유의자 歸(돌아갈 귀), 還(돌아올 환), 復(돌아올 복)

성어 回光返照(회광반조)

HSK어휘 往返 wǎngfǎn

277 叛 배반할 **반** pàn

부 又 획 9획

자형 反(뒤집을 반) + 半(반 반) → 叛(배반할 반)

활용어 背叛(배반), 叛起(반기), 叛亂(반란)

HSK어휘 背叛 bèipàn

278 般 가지, 일반 **반** bān

부 舟 획 10획

자형 舟(배 주) + 殳(몽둥이 수) → 般(돌/가지 반)

활용어 一般(일반), 萬般(만반), 全般(전반), 諸般(제반), 一般的(일반적)

성어 彼此一般(피차일반), 般若心經(반야심경)

HSK어휘 般 bān/pán/bō, 一般 yìbān

279 盤 소반 **반** pán

부 皿 획 15획(간체 11획)

자형 皿(그릇 명) + 般(가지 반, 나르다) → 盤(소반 반)

활용어 小盤(소반), 音盤(음반), 基盤(기반), 盤石(반석), 羅針盤(나침반)

성어 盤根錯節(반근착절), 盤溪曲徑(반계곡경)

HSK어휘 光盘 guāngpán, 盘子 pánzi, 盘旋 pánxuán

280 拔 뽑을 **발** bá

부 扌(手) 획 8획(간체 8획)

자형 扌(手, 손 수) + 犮(달릴 발) → 拔(뺄 발)

활용어 選拔(선발), 海拔(해발), 奇拔(기발), 拔齒(발치), 拔群(발군)

유의자 選(가릴 선), 擇(가릴 택), 抽(뽑을 추)

성어 拔本塞源(발본색원), 拔錨助長(발묘조장)

HSK어휘 选拔 xuǎnbá, 海拔 hǎibá, 提拔 tíbá, 拔苗助长 bá miáo zhù zhǎng

281 髮 发 터럭 **발** fà	부 髟　획 15획(간체 5획)

281

髮 / 发

터럭 **발** / fà

- 부 髟　획 15획(간체 5획)
- 자형 髟(늘어질 표, 머리털이 길게 늘어짐) + 犮(달릴 발) → 髮(터럭 발)
- 활용어 毛髮(모발), 理髮(이발), 假髮(가발), 散髮(산발), 金髮(금발), 白髮(백발), 銀髮(은발)
- 유의자 毛(털 모)
- 성 어 斷髮令(단발령), 危機一髮(위기일발)
- HSK어휘 理发 lǐfà

282

芳 / 芳

꽃다울 **방** / fāng

- 부 艹　획 8획(간체 7획)
- 자형 艹(풀 초) + 方(모 방) → 芳(꽃다울 방)
- 활용어 芳年(방년), 芳香(방향), 芳名錄(방명록)
- 성 어 綠陰芳草(녹음방초), 流芳百世(유방백세)
- HSK어휘 芳 fāng

283

妨 / 妨

방해할 **방** / fáng

- 부 女　획 7획
- 자형 女(여자 녀) + 方(모 방) → 妨(방해할 방)
- 활용어 妨害(방해), 無妨(무방)
- 유의자 害(해칠 해)
- HSK어휘 妨 fáng/fāng, 不妨 bùfáng

284

邦 / 邦

나라 **방** / bāng

- 부 阝(邑)　획 7획(간체 6획)
- 자형 阝(邑, 고을 읍) + 丰(풀 무성할 봉) → 邦(나라 방)
- 활용어 聯邦(연방), 合邦(합방), 友邦(우방), 萬邦(만방), 異邦人(이방인)
- 유의자 國(나라 국)
- HSK어휘 邦 bāng

285

倣 / 仿

본뜰 **방** / fǎng

- 부 亻(人)　획 10획(간체 6획)
- 자형 亻(人, 사람 인) + 放(놓을 방) → 倣(본뜰 방)
- 활용어 模倣(모방), 倣似(방사)
- 유의자 模(본뜰 모)
- 성 어 模倣本能(모방본능)
- HSK어휘 模仿 mófǎng, 仿佛 fǎngfú *佛 비슷할 불(=彿)

286	傍	傍	겯 **방**	bàng

부 亻(人)　**획** 12획
자형 亻(人, 사람 인) + 旁(두루 방, 立 + 宀 + 方) → 傍(곁 방)

활용어 傍證(방증), 傍點(방점), 傍觀(방관), 傍聽(방청), 傍白(방백)
유의자 側(곁 측)
성　어 傍若無人(방약무인)
HSK어휘 傍晚(儿) bàngwǎn(r)

287	培	培	북돋을 **배**	péi

부 土　**획** 11획
자형 土(흙 토) + 音(침 뱉을 부) → 培(북돋을 배)

활용어 培養(배양), 栽培(재배)
유의자 挑(돋울 도)
HSK어휘 培养 péiyǎng, 栽培 zāipéi, 培训 péixùn, 培育 péiyù

288	排	排	밀칠 **배**	pái

부 扌(手)　**획** 11획
자형 扌(手, 손 수) + 非(아닐 비) → 排(밀칠 배)

활용어 排斥(배척), 排除(배제), 排擊(배격), 排出(배출), 排列(배열),
排球(배구), 排水(배수), 排他的(배타적)
유의자 斥(물리칠 척)　　**성　어** 排山壓卵(배산압란)
HSK어휘 排 pái/pǎ, 排斥 páichì, 排除 páichú, 排列 páiliè, 安排 ānpái,
排队 páiduì, 排放 páifàng, 排练 páiliàn

289	輩	輩	무리 **배**	bèi

부 車　**획** 15획(간체 12획)
자형 車(수레 차) + 非(아닐 비) → 輩(무리 배)

활용어 先輩(선배), 後輩(후배), 輩出(배출), 同年輩(동년배),
暴力輩(폭력배), 不良輩(불량배)
유의자 群(무리 군), 衆(무리 중), 徒(무리 도), 隊(무리 대)
반대자 獨(홀로 독)
성　어 謀利輩(모리배), 浮浪輩(부랑배)
HSK어휘 一輩子 yíbèizi, 长輩 zhǎngbèi

290	伯	伯	맏 **백**	bó

부 亻(人)　**획** 7획
자형 亻(人, 사람 인) + 白(흰 백) → 伯(맏 백)

활용어 伯父(백부), 伯母(백모), 伯爵(백작), 畫伯(화백)
유의자 孟(맏 맹), 兄(맏 형)
성　어 伯仲之勢(백중지세), 伯樂一顧(백낙일고), 伯牙絶絃(백아절현)
HSK어휘 伯 bó/bǎi, 伯母 bómǔ

291 煩 烦 번거로울 번 fán	부 火 획 13획(간체 10획)

자형 火(불 화) + 頁(머리 혈) → 煩(번거로울 번)

활용어 煩惱(번뇌), 煩雜(번잡), 頻煩(빈번), 耐煩(내번)
성 어 百八煩惱(백팔번뇌), 食少事煩(식소사번)
HSK어휘 烦恼 fánnǎo, 不耐烦 búnàifán

---

292 繁 繁 번성할(많을) 번 fán

부 糸 획 17획

자형 糸(가는 실 사) + 敏(민첩할 민) → 繁(번성할 번)

활용어 繁華(번화), 繁榮(번영), 繁殖(번식), 頻繁(빈번), 繁盛(번성),
繁昌(번창), 農繁期(농번기), 繁體字(번체자)
유의자 盛(성할 성), 昌(창성할 창)
HSK어휘 繁 fán/pó, 繁荣 fánróng, 繁华 fánhuá, 繁殖 fánzhí, 频繁 pínfán,
繁忙 fánmáng, 繁体字 fántǐzì

---

293 飜 翻 번역할 번 fān

부 飛 획 21획(간체 18획)

자형 飛(날 비) + 番(차례 번) → 飜(번역할 번)

활용어 飜譯(번역), 飜覆(번복), 飜案(번안)
유의자 譯(번역할 역)
HSK어휘 翻译 fānyì, 推翻 tuīfān

---

294 範 范 법, 본보기 범 fàn

부 竹 획 15획(간체 8획)

자형 竹(대 죽) + 車(수레 차) + 氾(넘칠 범) → 範(법 범)

활용어 規範(규범), 模範(모범), 師範(사범), 示範(시범), 敎範(교범),
範圍(범위)
유의자 規(법 규), 律(법률 률), 法(법 법), 式(법 식), 典(법 전), 模(본뜰 모)
성 어 率先垂範(솔선수범)
HSK어휘 规范 guīfàn, 模范 mófàn, 师范 shīfàn, 示范 shìfàn

---

295 碧 碧 푸를 벽 bì

부 石 획 14획

자형 石(돌 석) + 玉(구슬 옥) + 白(흰 백) → 碧(푸를 벽)

활용어 碧眼(벽안), 碧空(벽공), 碧天(벽천), 碧海(벽해), 碧溪水(벽계수)
유의자 靑(푸를 청), 綠(푸를 록), 蒼(푸를 창)
성 어 桑田碧海(상전벽해)
HSK어휘 碧海 bìhǎi

296	壁	壁

부 土　**획** 16획

자형 土(흙 토) + 辟(임금 벽, 피하다) → 壁(벽 벽)

활용어 障壁(장벽), 絶壁(절벽), 氷壁(빙벽), 壁報(벽보), 壁畫(벽화), 壁紙(벽지), 赤壁賦(적벽부)

성 어 奇巖絶壁(기암절벽)

HSK어휘 隔壁 gébì

벽(담) **벽**　bì

297	辨	辨

부 辛　**획** 16획

자형 刂(刀, 칼 도) + 辡(따질 변) → 辨(분별할 변)

활용어 辨別(변별), 辨明(변명), 辨償(변상), 辨濟(변제), 辨理士(변리사)

유의자 別(나눌 별)

성 어 菽麥不辨(숙맥불변)

HSK어휘 分辨 fēnbiàn, 辨认 biànrèn

분별할 **변**　biàn

298	邊	边

부 辶(辵)　**획** 19획(간체 5획)

자형 辶(辵, 쉬엄쉬엄 갈 착) + 臱(보이지 않을 면) → 邊(가 변)

활용어 周邊(주변), 海邊(해변), 沿邊(연변), 邊方(변방), 身邊(신변), 低邊(저변), 江邊(강변)

유의자 際(사이, 가 제)

성 어 一邊倒(일변도), 廣大無邊(광대무변), 爐邊談話(노변담화)

HSK어휘 一边(儿) yìbiān(r)

가 **변**　biān

299	辯	辩

부 辛　**획** 21획(간체 16획)

자형 言(말씀 언) + 辡(따질 변) → 辯(말 잘할 변)

활용어 辯護(변호), 答辯(답변), 辯論(변론), 抗辯(항변), 辯士(변사), 達辯(달변), 言辯(언변), 熱辯(열변), 代辯人(대변인)

유의자 言(말씀 언), 語(말씀 어), 說(말씀 설), 話(말씀 화)

HSK어휘 辩护 biànhù, 答辩 dábiàn, 辩解 biànjiě, 辩证 biànzhèng

말씀, 말 잘할 **변**　biàn

300	屛	屏

부 尸　**획** 11획(간체 9획)

자형 尸(주검 시) + 幷(아우를 병) → 屛(병풍 병)

활용어 屛風(병풍), 屛居(병거), 屛去(병거), 畫屛(화병)

HSK어휘 屏幕 píngmù, 屏障 píngzhàng

병풍 **병**　píng

❶ 다음 한자에 맞는 훈음을 쓰세요.

(1) 謀 (   )   (2) 廟 (   )

(3) 貿 (   )   (4) 眉 (   )

(5) 迷 (   )   (6) 微 (   )

(7) 蜜 (   )   (8) 拍 (   )

(9) 博 (   )   (10) 返 (   )

(11) 叛 (   )   (12) 妨 (   )

(13) 培 (   )   (14) 伯 (   )

(15) 碧 (   )   (16) 辯 (   )

❷ 다음 한자어에 맞는 독음을 쓰세요.

(1) 容貌 (   )   (2) 和睦 (   )

(3) 啓蒙 (   )   (4) 種苗 (   )

(5) 省墓 (   )   (6) 濃霧 (   )

(7) 黙認 (   )   (8) 憐憫 (   )

(9) 脅迫 (   )   (10) 萬般 (   )

(11) 飜覆 (   )   (12) 規範 (   )

(13) 排擊 (   )   (14) 煩惱 (   )

(15) 芳名錄 (   )   (16) 異邦人 (   )

3 다음 한자의 간체자를 보기 에서 골라 쓰세요.

보기	边	发	仿	梦

(1) 夢 (   )   (2) 髮 (   )

(3) 倣 (   )   (4) 邊 (   )

4 다음 한자의 유의자를 보기 에서 골라 쓰세요.

보기	盛	別	配	側

(1) 伴 (   )   (2) 傍 (   )

(3) 繁 (   )   (4) 辨 (   )

5 다음 한자의 반의자를 보기 에서 골라 쓰세요.

보기	獨	緩	厚	出

(1) 沒 (   )   (2) 敏 (   )

(3) 薄 (   )   (4) 輩 (   )

6 다음 뜻을 가진 사자성어를 보기 에서 골라 쓰세요.

보기	發憤忘食	勿失好機	明哲保身	博學多識

(1) 끼니까지도 잊을 정도로 어떤 일에 열중하여 노력함.

　　✍ _____

(2) 좋은 기회를 놓치지 아니함.

　　✍ _____

UNIT 07

HNK 3급
- 한자 301~350
- 복습하기

301

並 并

나란히, 아우를 **병** | bìng

부 立　획 10획(간체 6획)
자형 立(설 립) + 立(설 립) → 竝(나란히 병)

활용어 竝立(병립), 竝列(병렬), 竝用(병용), 竝行(병행), 竝進(병진)
HSK어휘 合并 hébìng, 并且 bìngqiě, 并非 bìngfēi

302

普 普

넓을 **보** | pǔ

부 日　획 12획
자형 日(해 일) + 竝(나란히 병) → 普(넓을 보)

활용어 普及(보급), 普通(보통), 普遍(보편), 普遍的(보편적)
HSK어휘 普遍 pǔbiàn

303

補 补

기울(깁다) **보** | bǔ

부 衤(衣)　획 12획(간체 7획)
자형 衤(衣, 옷 의)) + 甫(클 보) → 補(기울 보)

활용어 補充(보충), 補講(보강), 補藥(보약), 補給(보급), 補償(보상),
補完(보완), 候補(후보), 補聽器(보청기)
유의자 助(도울 조), 扶(도울 부), 護(도울 호), 繕(기울 선)
성 어 亡羊補牢(망양보뢰)
HSK어휘 补充 bǔchōng

304

譜 谱

족보, 악보 **보** | pǔ

부 言　획 19획(간체 14획)
자형 言(말씀 언) + 普(널리 보) → 譜(족보 보)

활용어 樂譜(악보), 族譜(족보), 系譜(계보), 年譜(연보), 譜表(보표)
HSK어휘 乐谱 yuèpǔ

305

腹 腹

배 **복** | fù

부 月(肉)　획 13획
자형 月(肉, 고기 육) + 复(돌아올 복) → 腹(배 복)

활용어 腹案(복안), 腹痛(복통), 腹部(복부), 空腹(공복), 心腹(심복)
유의자 背(등 배), 胸(가슴 흉)
성 어 口蜜腹劍(구밀복검), 面從腹背(면종복배), 腹心之信(복심지신),
鼓腹擊壤(고복격양), 抱腹絶倒(포복절도)
HSK어휘 腹泻 fùxiè *泻(쏟을 사)

306

覆　覆

다시 **복**
덮을, 뒤집힐 **부**
fù

- 부 襾　획 18획
- 자형 襾(덮을 아) + 復(돌아올 복) → 覆(다시 복)
- 활용어 覆蓋(복개), 覆面(복면), 反覆(반복), 飜覆(번복), 覆載(부재)
- 유의자 復(다시 부/돌아올 복), 更(다시 갱)
- 성어 覆水不收(복수불수), 覆車之戒(복거지계)
- HSK어휘 覆盖 fùgài

307

複　复

겹칠 **복**
fù

- 부 衤(衣)　획 14획(간체 9획)
- 자형 衤(衣, 옷 의) + 复(돌아갈 복) → 複(겹옷 복)
- 활용어 複雜(복잡), 複合(복합), 複利(복리), 複製(복제), 複寫(복사), 複線(복선), 重複(중복)
- 반대자 單(홀 단)
- 성어 複雜多端(복잡다단)
- HSK어휘 复杂 fùzá, 重复 chóngfù, 复印 fùyìn

308

封　封

봉할 **봉**
fēng

- 부 寸　획 9획
- 자형 寸(마디 촌) + 圭(홀 규) → 封(봉할 봉)
- 활용어 封建(봉건), 封鎖(봉쇄), 封印(봉인), 封合(봉합), 封墳(봉분), 密封(밀봉), 信封(신봉), 開封(개봉), 金一封(금일봉)
- 성어 封庫罷職(봉고파직)
- HSK어휘 封建 fēngjiàn, 封锁 fēngsuǒ, 密封 mìfēng, 信封(儿) xìnfēng(r), 封闭 fēngbì

309

俸　俸

녹**봉**
fèng

- 부 亻(人)　획 10획
- 자형 亻(人, 사람 인) + 奉(받들 봉) → 俸(녹 봉, 벼슬아치에게 주던 급료)
- 활용어 俸給(봉급), 年俸(연봉), 減俸(감봉), 薄俸(박봉), 祿俸(녹봉)
- 유의자 祿(녹 록)
- HSK어휘 俸 fèng / Fèng

310

峯　峰

봉우리 **봉**
fēng

- 부 山　획 10획(간체 10획)
- 자형 山(메 산) + 夆(이끌 봉) → 峯(봉우리 봉)
- 활용어 高峯(고봉), 主峯(주봉), 雪峯(설봉), 巨峯(거봉), 最高峰(최고봉)
- 성어 萬二千峰(만이천봉)
- HSK어휘 高峰 gāofēng

311

蜂

蜂

벌 **봉**

fēng

- 부 虫　　획 13획
- 자형 虫(벌레 훼) + 夆(이끌 봉) → 蜂(벌 봉)
- 활용어 **養蜂**(양봉), **蜂蜜**(봉밀), **蜂起**(봉기), **蜂針**(봉침)
- HSK어휘 蜜蜂 mìfēng

312

鳳

凤

봉새 **봉**

fèng

- 부 鳥　　획 14획(간체 4획)
- 자형 鳥(새 조) + 凡(무릇 범) → 鳳(봉새 봉, 봉황새를 그린 글자)
- 활용어 **鳳凰**(봉황), **龍鳳**(용봉), **鳳仙花**(봉선화)
- 유의자 凰(봉황새 황)
- HSK어휘 百鸟朝凤 bǎi niǎo cháo fèng

313

付

付

줄, 부칠 **부**

fù

- 부 亻(人)　　획 5획
- 자형 亻(人, 사람 인) + 寸(마디 촌) → 付(줄 부)
- 활용어 **發付**(발부), **交付**(교부), **配付**(배부), **分付**(분부), **結付**(결부)
- 유의자 寄(부칠 기)
- 성어 申申當付(신신당부)
- HSK어휘 付款 fùkuǎn, 应付 yìngfù, 现付 xiànfù, 首付 shǒufù, 支付 zhīfù

314

府

府

마을, 관청 **부**

fǔ

- 부 广　　획 8획
- 자형 广(집 엄) + 付(줄 부) → 府(곳집 부)
- 활용어 **政府**(정부), **司法府**(사법부), **行政府**(행정부), **議政府**(의정부), **總督府**(총독부)
- 유의자 廳(관청 청)
- HSK어휘 政府 zhèngfǔ

315

附

附

붙을 **부**

fù

- 부 阝(阜)　　획 8획(간체 7획)
- 자형 阝(阜, 언덕 부) + 付(줄 부) → 附(붙을 부)
- 활용어 **附近**(부근), **附着**(부착), **附錄**(부록), **附與**(부여), **附設**(부설), **寄附**(기부), **添附**(첨부), **回附**(회부)
- 유의자 着(붙을 착)
- 성어 **附和雷同**(부화뇌동), **牽強附會**(견강부회), **附加價值**(부가가치)
- HSK어휘 附近 fùjìn, 附和 fùhè

316 負 질(지다) 부	负 fù	<ul><li>부 貝　　획 9획(간체 6획)</li></ul> 자형 貝(조개 패) + 勹(쌀 포) → 負(질 부) 활용어 **勝負**(승부), **抱負**(포부), **負擔**(부담), **負債**(부채), **負傷**(부상), 　　**負役**(부역), **自負心**(자부심) 유의자 **敗**(질 패)　　반대자 **勝**(이길 승) 성 어 **勝負手**(승부수) HSK어휘 胜负 shèngfù, 抱负 bàofù, 负担 fùdān, 负责 fùzé, 正负 zhèngfù, 　　负增长 fùzēngzhǎng
317 赴 다다를 부	赴 fù	<ul><li>부 走　　획 9획</li></ul> 자형 走(달릴 주) + 卜(점 복) → 赴(다다를 부) 활용어 **赴任**(부임), **赴役**(부역), **赴召**(부소) HSK어휘 全力以赴 quán lì yǐ fù
318 符 부호 부	符 fú	<ul><li>부 竹　　획 11획</li></ul> 자형 竹(대 죽) + 付(줄 부) → 符(부호 부) 활용어 **符號**(부호), **符合**(부합), **符籍**(부적), **符節**(부절), **符信**(부신), 　　**兵符**(병부) 성 어 **終止符**(종지부), **免罪符**(면죄부), **名實相符**(명실상부) HSK어휘 符号 fúhào, 符合 fúhé
319 腐 썩을 부	腐 fǔ	<ul><li>부 肉　　획 14획</li></ul> 자형 肉(고기 육) + 府(관청 부) → 腐(썩을 부) 활용어 **腐敗**(부패), **腐植**(부식), **腐葉土**(부엽토), **豆腐**(두부), **陳腐**(진부) 성 어 **切齒腐心**(절치부심), **不正腐敗**(부정부패), **流水不腐**(유수불부) HSK어휘 腐败 fǔbài, 豆腐 dòufu
320 賦 부세(구실) 부	赋 fù	<ul><li>부 貝　　획 15획(간체 12획)</li></ul> 자형 貝(조개 패) + 武(굳셀 무) → 賦(구실 부) 활용어 **賦稅**(부세), **賦與**(부여), **賦課**(부과), **賦役**(부역), **賦金**(부금), 　　**割賦**(할부), **天賦**(천부) 유의자 **稅**(구실 세) 성 어 **賦存資源**(부존자원) HSK어휘 赋予 fùyǔ

321		
簿 문서 **부**	簿 bù	부 竹 획 19획 자형 竹(대 죽) + 溥(펼 보/넓을 부) → 簿(문서 부) 활용어 **名簿**(명부), **帳簿**(장부), **置簿**(치부), **出席簿**(출석부), 　　　**家計簿**(가계부), **登記簿**(등기부), **簿記**(부기) 유의자 **券**(문서 권), **狀**(문서 장), **籍**(문서 적) 성 어 **生活記錄簿**(생활기록부) HSK어휘 登记簿 dēngjìbù, 练习簿 liànxíbù

322		
奔 달릴 **분**	奔 bèn	부 大 획 8획 자형 大(큰 대) + 卉(풀 훼) → 奔(달릴 분) 활용어 **奔走**(분주), **狂奔**(광분), **奔忙**(분망) 유의자 **走**(달릴 주) 성 어 **東奔西走**(동분서주) HSK어휘 奔 bèn/bēn, 奔波 bēnbō

323		
粉 가루 **분**	粉 fěn	부 米 획 10획 자형 米(쌀 미) + 分(나눌 분) → 粉(가루 분) 활용어 **粉末**(분말), **粉食**(분식), **粉飾**(분식), **粉紅色**(분홍색), **花粉**(화분) 유의자 **末**(끝 말) 성 어 **粉飾會計**(분식회계) HSK어휘 粉末(儿) fěnmò(r), 粉色 fěnsè

324		
紛 어지러울 **분**	纷 fēn	부 糸 획 10획(간체 7획) 자형 糸(가는 실 사) + 分(나눌 분) → 紛(어지러울 분) 활용어 **紛亂**(분란), **紛紛**(분분), **紛糾**(분규), **紛爭**(분쟁), **內紛**(내분) 유의자 **亂**(어지러울 란) HSK어휘 纷纷 fēnfēn, 纠纷 jiūfēn

325		
憤 분할 **분**	愤 fèn	부 忄(心) 획 15획(간체 12획) 자형 忄(心, 마음 심) + 賁(클 분) → 憤(분할 분) 활용어 **憤怒**(분노), **憤慨**(분개), **憤敗**(분패), **激憤**(격분), **發憤**(발분), 　　　**痛憤**(통분) 유의자 **怒**(성낼 노), **慨**(슬퍼할 개) 성 어 **發憤忘食**(발분망식), **憤氣衝天**(분기충천) HSK어휘 愤怒 fènnù

326	墳	坟
	무덤 **분**	fén

부 土 　**획** 15획(간체 7획)
자형 土(흙 토) + 賁(클 분) → 墳(무덤 분)

활용어 墳墓(분묘), 古墳(고분), 封墳(봉분)
유의자 墓(무덤 묘)
HSK어휘 坟墓 fénmù

327	奮	奋
	떨칠 **분**	fèn

부 大 　**획** 16획(간체 8획)
자형 大(큰 대) + 隹(새 추) + 田(밭 전) → 奮(떨칠 분)

활용어 興奮(흥분), 奮鬪(분투), 奮發(분발)
유의자 振(떨칠 진)
성 어 孤軍奮鬪(고군분투)
HSK어휘 兴奋 xīngfèn, 奋斗 fèndòu, 振奋 zhènfèn, 勤奋 qínfèn

328	拂	拂
	털(털다), 떨칠 **불**	fú

부 扌(手) 　**획** 8획
자형 扌(手, 손 수) + 弗(아닐 불) → 拂(떨칠 불)

활용어 支拂(지불), 換拂(환불), 後拂(후불), 滯拂(체불), 拂入(불입),
一時拂(일시불)
HSK어휘 拂尘 fúchén

329	崩	崩
	무너질 **붕**	bēng

부 山 　**획** 11획
자형 山(메 산) + 朋(벗 붕) → 崩(무너질 붕)

활용어 崩壞(붕괴), 崩御(붕어)
유의자 壞(무너질 괴) 　**반대자** 建(세울 건), 立(설 립)
성 어 瓦解土崩(와해토붕)
HSK어휘 崩 bēng

330	妃	妃
	왕비 **비**	fēi

부 女 　**획** 6획
자형 女(여자 녀) + 己(자기 기) → 妃(왕비 비)

활용어 王妃(왕비), 貴妃(귀비), 廢妃(폐비)
유의자 王(임금 왕)
성 어 大王大妃(대왕대비)
HSK어휘 妃 fēi

331

批 批

비평할, 칠 **비**

pī

부 扌(手) **획** 7획

자형 扌(手, 손 수) + 比(견줄 비) → 批(칠 비)

활용어 批評(비평), 批判(비판)

유의자 評(평할 평)

성 어 自我批判(자아비판), 文學批評(문학비평)

HSK어휘 批评 pīpíng, 批发 pīfā

332

肥 肥

살찔 **비**

féi

부 月(肉) **획** 8획

자형 月(肉, 고기 육) + 巴(땅 이름 파) → 肥(살찔 비)

활용어 肥沃(비옥), 肥滿(비만), 肥大(비대), 肥料(비료), 肥土(비토)

성 어 天高馬肥(천고마비)

HSK어휘 肥沃 féiwò, 减肥 jiǎnféi

333

卑 卑

낮을 **비**

bēi

부 十 **획** 8획

자형 田(밭 전) + 又(오른손 우) → 卑(낮을 비, 어떤 물건을 들고 있는 모양)

활용어 卑賤(비천), 卑劣(비열), 卑下(비하), 卑屈(비굴), 野卑(야비)

유의자 賤(천할 천), 劣(못할 렬) **반대자** 尊(높을 존), 崇(높을 숭)

성 어 眼高手卑(안고수비), 男尊女卑(남존여비), 登高自卑(등고자비)

HSK어휘 自卑 zìbēi

334

婢 婢

여자종 **비**

bì

부 女 **획** 11획

자형 女(여자 녀) + 卑(낮을 비) → 婢(여자종 비)

활용어 奴婢(노비), 官婢(관비), 婢妾(비첩), 婢子(비자)

유의자 奴(종 노)

HSK어휘 婢 bì

335

碑 碑

비석 **비**

bēi

부 石 **획** 13획

자형 石(돌 석) + 卑(낮을 비) → 碑(비석 비)

활용어 碑石(비석), 碑銘(비명), 碑文(비문), 墓碑(묘비), 記念碑(기념비), 頌德碑(송덕비)

성 어 口碑文學(구비문학)

HSK어휘 里程碑 lǐchéngbēi

336 賓 **宾** 손(손님) **빈** / bīn	부 貝 획 14획(간체 12획) 자형 宀(집 면) + 止(발 지) + 貝(재물 패) → 賓(손 빈) 활용어 **賓客**(빈객), **貴賓**(귀빈), **國賓**(국빈), **來賓**(내빈), **外賓**(외빈), **迎賓館**(영빈관) 유의자 **客**(손 객), **旅**(나그네 려)　반대자 **主**(주인 주) HSK어휘 宾馆 bīnguǎn	

336 賓 宾
손(손님) **빈** / bīn
부 貝　획 14획(간체 12획)
자형 宀(집 면) + 止(발 지) + 貝(재물 패) → 賓(손 빈)
활용어 **賓客**(빈객), **貴賓**(귀빈), **國賓**(국빈), **來賓**(내빈), **外賓**(외빈), **迎賓館**(영빈관)
유의자 **客**(손 객), **旅**(나그네 려)　반대자 **主**(주인 주)
HSK어휘 宾馆 bīnguǎn

337 頻 频
자주 **빈** / pín
부 頁　획 16획(간체 13획)
자형 頁(머리 혈) + 步('涉 건널 섭'의 생략형) → 頻(자주 빈)
활용어 **頻繁**(빈번), **頻度**(빈도), **頻發**(빈발), **頻數**(빈삭)
유의자 **繁**(번성할 번), **屢**(여러 루)
HSK어휘 频繁 pínfán, 频道 píndào, 视频 shìpín

338 聘 聘
부를 **빙** / pìn
부 耳　획 13획
자형 耳(귀 이) + 甹(말이 잴 병) → 聘(부를 빙)
활용어 **招聘**(초빙), **聘父**(빙부), **聘母**(빙모)
유의자 **招**(부를 초), **召**(부를 소)
HSK어휘 招聘 zhāopìn, 应聘 yìngpìn

339 司 司
맡을, 주관할 **사** / sī
부 口　획 5획
자형 口(입 구) + 刁(팔을 높이 들어 명령을 내림) → 司(맡을 사)
활용어 **公司**(공사), **司令**(사령), **司法**(사법), **司法府**(사법부), **司令官**(사령관)
유의자 **任**(맡길 임)
HSK어휘 公司 gōngsī, 司法 sīfǎ, 司令 sīlìng, 司机 sījī

340 似 似
닮을 **사** / sì
부 亻(人)　획 7획
자형 亻(人, 사람 인) + 以(써 이, '耜 쟁기 사'의 변형) → 似(같을 사)
활용어 **類似**(유사), **相似**(상사)
유의자 **肖**(닮을 초)　반대자 **異**(다를 이)
성　어 **似而非**(사이비), **非夢似夢**(비몽사몽)
HSK어휘 类似 lèisì

341	沙	沙	부 氵(水)　　획 7획
			자형 氵(水, 물 수) + 少(적을 소) → 沙(모래 사)
			활용어 沙漠(사막), 沙器(사기), 黃沙(황사), 土沙(토사), 白沙場(백사장)
			성어 沙上樓閣(사상누각)
	모래 **사**	shā	HSK어휘 沙漠 shāmò, 沙发 shāfā

342	邪	邪	부 阝(邑)　　획 7획(간체 6획)
			자형 阝(邑, 고을 읍) + 牙(어금니 아) → 邪(간사할 사)
			활용어 邪惡(사악), 邪心(사심), 邪慾(사욕), 奸邪(간사)
			유의자 奸(간사할 간)　반대자 正(바를 정)
			성어 破邪顯正(파사현정), 思無邪(사무사)
	간사할 **사** 어조사 **야**	xié	HSK어휘 邪 xié/yé

343	祀	祀	부 示　　획 7획(간체 6획)
			자형 示(보일 시) + 巳(여섯째 지지 사) → 祀(제사 사)
			활용어 祭祀(제사), 告祀(고사)
			유의자 祭(제사 제)
	제사 **사**	sì	HSK어휘 祀 sì

344	捨	舍	부 扌(手)　　획 11획(간체 8획)
			자형 扌(手, 손 수) + 舍(집 사) → 捨(버릴 사)
			활용어 取捨(취사), 喜捨(희사), 捨身(사신)
			유의자 棄(버릴 기), 廢(폐할 폐)　반대자 取(취할 취)
			성어 取捨選擇(취사선택), 捨生取義(사생취의)
	버릴 **사**	shě	HSK어휘 舍 shě, 舍不得 shěbude

345	蛇	蛇	부 虫　　획 11획
			자형 虫(벌레 훼) + 它(그것 타) → 蛇(뱀 사)
			활용어 花蛇(화사), 毒蛇(독사), 白蛇(백사), 蛇足(사족), 蛇心(사심), 蛇尾(사미), 長蛇陣(장사진)
			성어 龍頭蛇尾(용두사미), 杯中蛇影(배중사영), 畫蛇添足(화사첨족)
	뱀 **사**	shé	HSK어휘 画蛇添足 huà shé tiān zú

346 斜 斜 비낄 **사**　xié	부 斗　획 11획 자형 斗(말 두, 용량의 단위) + 余(나 여) → 斜(비낄 사)

346 斜 / 斜 / 비낄 **사** / xié

부 斗　획 11획

자형 斗(말 두, 용량의 단위) + 余(나 여) → 斜(비낄 사)

활용어 傾斜(경사), 斜視(사시), 斜陽(사양), 斜線(사선)

유의자 傾(기울 경)

성 어 斜陽産業(사양산업)

HSK어휘 斜 xié, 倾斜 qīngxié

---

347 詐 / 诈 / 속일 **사** / zhà

부 言　획 12획(간체 7획)

자형 言(말씀 언) + 乍(잠깐 사) → 詐(속일 사)

활용어 詐欺(사기), 詐稱(사칭), 詐害(사해), 詐欺罪(사기죄)

유의자 欺(속일 기)

HSK어휘 欺诈 qīzhà

---

348 詞 / 词 / 말(말씀) **사** / cí

부 言　획 12획(간체 7획)

자형 言(말씀 언) + 司(맡을 사) → 詞(말씀 사)

활용어 品詞(품사), 作詞(작사), 臺詞(대사), 歌詞(가사), 動詞(동사), 形容詞(형용사), 詞林院(사림원)

유의자 言(말씀 언), 語(말씀 어), 話(말씀 화)

HSK어휘 词典 cídiǎn, 词语 cíyǔ, 词汇 cíhuì *汇(무리 휘)

---

349 斯 / 斯 / 이 **사** / sī

부 斤　획 12획

자형 斤(도끼 근) + 其(그 기) → 斯(이 사)

활용어 斯文(사문), 斯學(사학)

성 어 斯文亂賊(사문난적)

HSK어휘 斯文 sīwén

---

350 賜 / 赐 / 줄(주다) **사** / cì

부 貝　획 15획(간체 12획)

자형 貝(조개 패) + 易(바꿀 역/쉬울 이) → 賜(줄 사)

활용어 下賜(하사), 厚賜(후사), 賜藥(사약), 御史花(어사화), 別賜田(별사전)

유의자 給(줄 급), 授(줄 수), 贈(줄 증)　반대자 受(받을 수)

성 어 賜額書院((사액서원)

HSK어휘 賜死 cìsǐ

❶ 다음 한자에 맞는 훈음을 쓰세요.

(1) 譜 (   )   (2) 封 (   )

(3) 峯 (   )   (4) 蜂 (   )

(5) 府 (   )   (6) 賦 (   )

(7) 紛 (   )   (8) 墳 (   )

(9) 妃 (   )   (10) 肥 (   )

(11) 碑 (   )   (12) 司 (   )

(13) 似 (   )   (14) 詐 (   )

(15) 詞 (   )   (16) 賜 (   )

❷ 다음 한자어에 맞는 독음을 쓰세요.

(1) 普遍 (   )   (2) 附着 (   )

(3) 赴任 (   )   (4) 符合 (   )

(5) 腐植 (   )   (6) 粉末 (   )

(7) 憤慨 (   )   (8) 奮鬪 (   )

(9) 滯拂 (   )   (10) 崩壞 (   )

(11) 批評 (   )   (12) 卑賤 (   )

(13) 頻繁 (   )   (14) 招聘 (   )

(15) 邪惡 (   )   (16) 傾斜 (   )

3 다음 한자의 간체자를 보기에서 골라 쓰세요.

보기	凤	奋	并	补

(1) 竝 (   )　　　(2) 補 (   )

(3) 鳳 (   )　　　(4) 奮 (   )

4 다음 한자의 유의자를 보기에서 골라 쓰세요.

보기	更	走	寄	聘

(1) 覆 (   )　　　(2) 招 (   )

(3) 付 (   )　　　(4) 奔 (   )

5 다음 한자의 반의자를 보기에서 골라 쓰세요.

보기	勝	單	主	背

(1) 腹 (   )　　　(2) 複 (   )

(3) 負 (   )　　　(4) 賓 (   )

6 다음 뜻을 가진 사자성어를 보기에서 골라 쓰세요.

보기	東奔西走	沙上樓閣	發憤忘食	不恥下問

(1) 사방으로 이리저리 바삐 돌아다님.

_____

(2) 모래 위에 세운 누각이라는 뜻으로, 기초가 튼튼하지 못하여 오래 견디지 못할 일이나 물건을 이르는 말.

_____

UNIT 08

HNK 3급
- 한자 351~400
- 복습하기

351		
辭	辞	**부** 辛　**획** 19획(간체 13획) **자형** 辛(매울 신) + 㕫(어지러울 란) → 辭(말씀, 사양할 사) **활용어** 祝辭(축사), 讚辭(찬사), 答辭(답사), 弔辭(弔詞 조사), 辭典(사전), 辭讓(사양), 辭職(사직), 辭任(사임), 辭意(사의) **유의자** 言(말씀 언), 語(말씀 어), 話(말씀 화), 說(말씀 설) **성어** 功致辭(공치사), 斗酒不辭(두주불사) **HSK어휘** 辞职 cízhí, 告辞 gàocí
말씀 **사**	cí	

352		
削	削	**부** 刂(刀)　**획** 9획(간체 9획) **자형** 刂(刀, 칼 도) + 肖(닮을 초) → 削(깎을 삭) **활용어** 削除(삭제), 削減(삭감), 削刀(삭도), 削髮(삭발), 添削(첨삭) **유의자** 減(덜 감), 除(섬돌 제)　**반대자** 加(더할 가), 添(더할 첨) **성어** 削奪官職(삭탈관직) **HSK어휘** 削 xiāo/xuē, 削弱 xuēruò
깎을 **삭**	xiāo	

353		
朔	朔	**부** 月　**획** 10획 **자형** 月(달 월) + 屰(거스를 역) → 朔(초하루 삭) **활용어** 朔望(삭망), 朔風(삭풍), 朔方(삭방), 滿朔(만삭) **HSK어휘** 朔 shuò
초하루 **삭**	shuò	

354		
森	森	**부** 木　**획** 12획 **자형** 木(나무 목) + 木(나무 목) + 木(나무 목) → 森(빽빽할 삼) **활용어** 森林(삼림), 森嚴(삼엄) **유의자** 林(수풀 림) **성어** 森羅萬象(삼라만상) **HSK어휘** 森林 sēnlín
수풀, 빽빽할 **삼**	sēn	

355		
桑	桑	**부** 木　**획** 19획 **자형** 木(나무 목) + 叒(땅이름 약, 뽕잎을 따는 손) → 桑(뽕나무 상) **활용어** 桑田(상전), 桑葉(상엽), 農桑(농상) **성어** 桑田碧海(상전벽해) **HSK어휘** 饱经沧桑 bǎo jīng cāng sāng
뽕나무 **상**	sāng	

356

祥 祥

상서로울 **상**　xiáng

⊕ 示　⊛ 10획(간체 9획)

재형 示(보일 시) + 羊(양 양) → 祥(상서로울 상)

활용어 祥瑞(상서), 祥雲(상운), 吉祥(길상), 小祥(소상), 大祥(대상)

유의자 瑞(상서 서)

성 어 發祥地(발상지), 不祥事(불상사)

HSK어휘 慈祥 cíxiáng

357

詳 详

자세할 **상**　xiáng

⊕ 言　⊛ 13획(간체 8획)

재형 言(말씀 언) + 羊(양 양) → 詳(자세할 상)

활용어 詳細(상세), 詳述(상술), 未詳(미상)

반대자 略(간략할 략)

HSK어휘 详细 xiángxì, 安详 ānxiáng

358

裳 裳

치마 **상**　cháng

⊕ 衣　⊛ 14획

재형 衣(옷 의) + 尙(높을, 오히려 상) → 裳(치마 상)

활용어 衣裳(의상), 紅裳(홍상)

성 어 同價紅裳(동가홍상), 綠衣紅裳(녹의홍상)

HSK어휘 裳 cháng/shang, 衣裳 yīshang, 裳 cháng

359

嘗 尝

맛볼, 시험할 **상**　cháng

⊕ 口　⊛ 14획(간체 8획)

재형 旨(맛있을 지) + 尙(높을 상) → 嘗(맛볼 상)

활용어 嘗試(상시), 品嘗(품상)

성 어 未嘗不(미상불)

HSK어휘 尝 cháng, 尝试 chángshì, 品尝 pǐncháng

360

像 像

모양, 닮을 **상**　xiàng

⊕ 亻(人)　⊛ 13획

재형 亻(人, 사람 인) + 象(코끼리 상) → 像(모양 상)

활용어 想像(상상), 偶像(우상), 映像(영상), 虛像(허상), 群像(군상), 假象(가상), 佛像(불상), 銅像(동상), 肖像(초상), 石像(석상)

유의자 形(모양 형), 態(모양 태), 貌(모양 모), 樣(모양 양), 姿(모양 자)

HSK어휘 像 xiàng, 好像 hǎoxiàng, 不像话 búxiànghuà

361 償 偿 갚을 상 / cháng

- **부** 亻(人)
- **획** 17획(간체 11획)
- **자형** 亻(人, 사람 인) + 賞(상줄 상) → 償(갚을 상)
- **활용어** 補償(보상), 報償(보상), 辨償(변상), 賠償(배상), 無償(무상), 償還(상환)
- **유의자** 報(갚을 보), 賠(물어줄 배)
- **성 어** 損害賠償(손해배상)
- **HSK어휘** 补偿 bǔcháng

362 雙 双 두(둘) 쌍 / shuāng

- **부** 隹
- **획** 18획(간체 4획)
- **자형** 隹隹(새 두 마리) + 又(또 우, 오른 손) → 雙(쌍 쌍)
- **활용어** 雙方(쌍방), 雙璧(쌍벽), 雙曲線(쌍곡선), 雙生兒(쌍생아)
- **유의자** 單(홀 단)
- **성 어** 變化無雙(변화무쌍)
- **HSK어휘** 双 shuāng, 双方 shuāngfāng, 双胞胎 shuāngbāotāi

363 塞 塞 막힐 색 / 변방 새 / sāi

- **부** 土
- **획** 13획
- **자형** 土(흙 토) + 𡨄(양손으로 벽돌을 쌓아 집을 막은 모양) → 塞(막힐 색)
- **활용어** 窒塞(질색), 窮塞(궁색), 語塞(어색), 要塞(요새), 堅塞(견새)
- **유의자** 壅(막힐 옹)
- **성 어** 塞翁之馬(새옹지마), 拔本塞源(발본색원)
- **HSK어휘** 塞 sāi/sè/sài, 闭塞 bìsè, 要塞 yàosài

364 索 索 찾을 색 / 동아줄 삭 / suǒ

- **부** 糸
- **획** 10획
- **자형** 十(열 십) + 冖(덮을 멱) + 糸(가는 실 사) → 索(찾을 색)
  *끝이 갈라진 실타래 양옆으로 손을 표현한 글자.
- **활용어** 搜索(수색), 思索(사색), 探索(탐색), 檢索(검색), 索引(색인), 繩索(승삭), 鐵索(철삭), 索莫(삭막), 索道(삭도)
- **유의자** 覓(찾을 멱), 繩(노끈 승)
- **HSK어휘** 搜索 sōusuǒ, 思索 sīsuǒ, 探索 tànsuǒ, 线索 xiànsuǒ, 索取 suǒqǔ, 索性 suǒxìng

365 誓 誓 맹세할 서 / shì

- **부** 言
- **획** 14획
- **자형** 言(말씀 언) + 折(꺾을 절) → 誓(맹세할 서)
- **활용어** 宣誓(선서), 誓約(서약), 誓願(서원), 盟誓(맹서, 맹세)
- **유의자** 盟(맹세할 맹)
- **HSK어휘** 宣誓 xuānshì, 发誓 fāshì

366 逝 逝 갈(가다) 서 · shì	부 辶(辵)　획 11획(간체 10획) 자형 辶(辵, 쉬엄쉬엄 갈 착) + 折(꺾을 절) → 逝(갈 서) 활용어 **逝去**(서거), **急逝**(급서) 유의자 **往**(갈 왕), **去**(갈 거), **行**(다닐 행)　반대자 **來**(올 래) HSK어휘 逝世 shìshì

367 恕 恕 용서할 서 · shù	부 心　획 10획 자형 心(마음 심) + 如(같을, 따를 여) → 恕(용서할 서) 활용어 **容恕**(용서), **寬恕**(관서), **忠恕**(충서) 유의자 **赦**(용서할 사) 성 어 **以恕己之心恕人**(이서기지심서인) HSK어휘 恕己及人 shù jǐ jí rén

368 徐 徐 천천할 서 · xú	부 彳　획 10획 자형 彳(걸을 척) + 余(나 여) → 徐(천천할 서) 활용어 **徐行**(서행), **徐徐**(서서) 유의자 **急**(급할 급), **速**(빠를 속) HSK어휘 徐徐地 xúxúde

369 庶 庶 여러 서 · shù	부 广　획 11획 자형 广(집 엄) + 炗(빛 광) → 庶(여러 서) 활용어 **庶民**(서민), **庶母**(서모), **庶出**(서출), **庶子**(서자) 성 어 **庶民層**(서민층) HSK어휘 庶 shù

370 舒 舒 펼, 편안할 서 · shū	부 舌　획 12획 자형 舍(집, 버릴 사) + 予(나, 줄 여) → 舒(펼 서) 활용어 **急舒**(급서), **安舒**(안서) 성 어 **平心舒氣**(평심서기) HSK어휘 舒服 shūfu, 舒适 shūshì

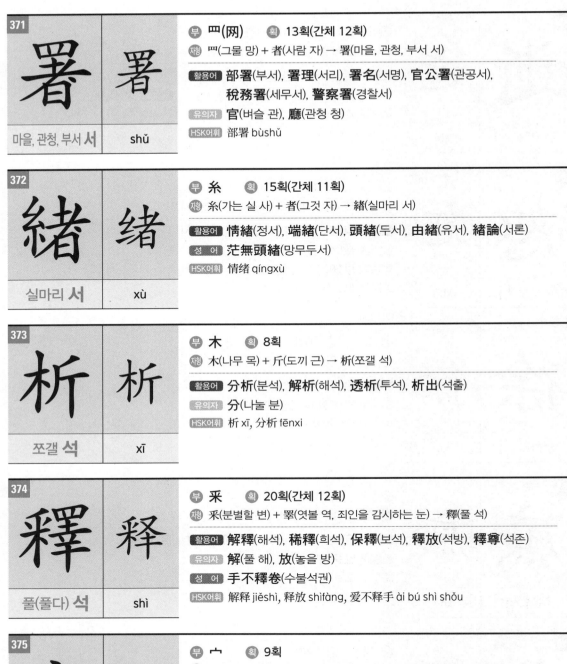

371

署 署

마을, 관청, 부서 **서**　shǔ

- 부 罒(网)　획 13획(간체 12획)
- 자형 罒(그물 망) + 者(사람 자) → 署(마을, 관청, 부서 서)
- 활용어 部署(부서), 署理(서리), 署名(서명), 官公署(관공서),
  稅務署(세무서), 警察署(경찰서)
- 유의자 官(벼슬 관), 廳(관청 청)
- HSK어휘 部署 bùshǔ

372

緒 绪

실마리 **서**　xù

- 부 糸　획 15획(간체 11획)
- 자형 糸(가는 실 사) + 者(그것 자) → 緒(실마리 서)
- 활용어 情緒(정서), 端緒(단서), 頭緒(두서), 由緒(유서), 緒論(서론)
- 성어 茫無頭緒(망무두서)
- HSK어휘 情绪 qíngxù

373

析 析

쪼갤 **석**　xī

- 부 木　획 8획
- 자형 木(나무 목) + 斤(도끼 근) → 析(쪼갤 석)
- 활용어 分析(분석), 解析(해석), 透析(투석), 析出(석출)
- 유의자 分(나눌 분)
- HSK어휘 析 xī, 分析 fēnxi

374

釋 释

풀(풀다) **석**　shì

- 부 釆　획 20획(간체 12획)
- 자형 釆(분별할 변) + 睪(엿볼 역, 죄인을 감시하는 눈) → 釋(풀 석)
- 활용어 解釋(해석), 稀釋(희석), 保釋(보석), 釋放(석방), 釋尊(석존)
- 유의자 解(풀 해), 放(놓을 방)
- 성어 手不釋卷(수불석권)
- HSK어휘 解释 jiěshì, 释放 shìfàng, 爱不释手 ài bú shì shǒu

375

宣 宣

베풀 **선**　xuān

- 부 宀　획 9획
- 자형 宀(집 면) + 亘(베풀 선, 하늘과 땅 사이에 태양을 표현) → 宣(베풀 선)
- 활용어 宣傳(선전), 宣誓(선서), 宣揚(선양), 宣言(선언), 宣布(선포),
  宣明(선명), 宣告(선고)
- 유의자 布(펼 포), 施(베풀 시), 設(베풀 설)
- 성어 國威宣揚(국위선양), 黑色宣傳(흑색선전)
- HSK어휘 宣传 xuānchuán, 宣誓 xuānshì, 宣扬 xuānyáng

376	旋	旋
	돌(돌다) **선**	xuán

부 方　획 11획
자형 㫃(나부낄 언) + 疋(발 소) → 旋(돌 선)

활용어 旋回(선회), 旋律(선율), 旋盤(선반), 旋風(선풍), 周旋(주선)
유의자 回(돌 회), 巡(돌 순)
HSK어휘 旋 xuán/xuàn, 旋律 xuánlǜ, 盘旋 pánxuán, 旋转 xuánzhuǎn

377	禪	禅
	봉선 선(참선) **선**	shàn

부 示　획 16획(간체 12획)
자형 示(보일 시) + 單(홀 단) → 禪(봉선, 좌선 선)

활용어 禪讓(선양), 禪位(선위), 禪定(선정), 禪房(선방), 封禪(봉선),
參禪(참선), 坐禪(좌선)
HSK어휘 禪 shàn/chán

378	涉	涉
	건널 **섭**	shè

부 氵(水)　획 10획
자형 氵(水, 물 수) + 步(걸음 보) → 涉(건널 섭)

활용어 干涉(간섭), 交涉(교섭), 涉外(섭외), 涉獵(섭렵)
유의자 渡(건널 도), 濟(건널 제)
성 어 幕後交涉(막후교섭), 內政干涉(내정간섭)
HSK어휘 干涉 gānshè, 交涉 jiāoshè, 涉及 shèjí

379	攝	摄
	다스릴, 당길 **섭**	shè

부 扌(手)　획 21획(간체 13획)
자형 扌(手, 손 수) + 聶(소곤거릴 섭) → 攝(다스릴 섭)

활용어 攝理(섭리), 攝取(섭취), 攝政(섭정), 攝生(섭생), 攝氏(섭씨),
包攝(포섭)
유의자 理(다스릴 리), 政(다스릴 정), 治(다스릴 치)
HSK어휘 摄影 shèyǐng

380	召	召
	부를 **소**	zhào

부 口　획 5획
자형 口(입 구) + 刀(칼 도) → 召(부를 소)

활용어 召集(소집), 召還(소환), 召命(소명), 應召(응소)
유의자 聘(부를 빙), 招(부를 초)
성 어 召集令狀(소집영장), 遠禍召福(원화소복)
HSK어휘 召 zhào/Shào, 召开 zhàokāi, 号召 hàozhào

381	昭	昭

부 日　　**획** 9획

자형 日(해 일) + 召(부를 소) → 昭(밝을 소)

활용어 昭詳(소상), 昭明(소명)

유의자 明(밝을 명)　　**반대자** 暗(어두울 암)

HSK어휘 昭 zhāo

밝을 **소**　　zhāo

382	疏	疏

부 疋　　**획** 12획

자형 疋(발 소) + 㐬('流 흐를 류'의 생략형) → 疏(소통할 소)

활용어 疏通(소통), 疏遠(소원), 疏忽(소홀), 疎脫(소탈), 疏外(소외),
生疎(생소), 上疏(상소)

유의자 遠(멀 원)　　**반대자** 親(친할 친)

HSK어휘 疏远 shūyuǎn, 疏忽 shūhu, 生疏 shēngshū

소통할, 트일 **소**　　shū

383	蔬	蔬

부 艹　　**획** 16획(간체 15획)

자형 艹(풀 초) + 疏(트일 소) → 蔬(나물 소)

활용어 菜蔬(채소), 蔬菜(소채), 蔬飯(소반)

유의자 菜(나물 채)

HSK어휘 蔬菜 shūcài

나물 **소**　　shū

384	訴	诉

부 言　　**획** 12획(간체 7획)

자형 言(말씀 언) + 斥(물리칠 척) → 訴(호소할 소)

활용어 告訴(고소), 呼訴(호소), 提訴(제소), 起訴(기소), 抗訴(항소),
訴訟(소송), 訴請(소청), 公訴時效(공소시효),
起訴猶豫(기소유예), 憲法訴願(헌법소원)

유의자 訟(송사할 송)

HSK어휘 告诉 gàosù, 投诉 tóusù

호소할
하소연할 **소**　　sù

385	燒	烧

부 火　　**획** 16획(간체 10획)

자형 火(불 화) + 堯(요임금 요) → 燒(불사를 소)

활용어 燃燒(연소), 燒酒(소주), 燒滅(소멸), 燒却(소각), 燒失(소실)

유의자 燃(사를 연)

성 어 燒身供養(소신공양)

HSK어휘 燃烧 ránshāo, 发烧 fāshāo, 烧豆腐 shāodòufu

불사를 **소**　　shāo

386	蘇 / 苏 되살아날 **소** sū	부 ⺾ 획 20획(간체 7획) 자형 ⺾(풀 초) + 穌(깨어날 소) → 蘇(되살아날 소)

활용어 蘇生(소생), 蘇鐵(소철), 蘇葉(소엽), 蘇聯(소련), 蘇東坡(소동파)
HSK어휘 苏生 sūshēng, 江苏省 jiāngsūshěng

387	騷 / 骚 떠들 **소** sāo	부 馬 획 19획(간체 18획) 자형 馬(말 마) + 蚤(벼룩 조, 손으로 벌레를 잡는 모습) → 騷(떠들 소)

활용어 騷動(소동), 騷亂(소란), 騷音(소음), 騷人(소인), 騷客(소객)
성 어 騷人墨客(소인묵객)
HSK어휘 牢骚 láosāo, 骚扰 sāorǎo *扰(擾, 어지러울 요)

388	粟 / 粟 조 속 sù	부 米 획 12획 자형 米(쌀 미) + 覀(덮을 아) → 粟(조 속)

활용어 粟米(속미), 穀粟(곡속)
성 어 滄海一粟(창해일속), 大海一粟(대해일속)
HSK어휘 粟子 sùzi, 太仓一粟 tàicāngyísù

389	屬 / 属 무리(붙을) 속 이을 촉 shǔ	부 尸 획 21획(간체 12획) 자형 尾(꼬리 미) + 蜀(애벌레 촉) ― 屬(무리 속/이을 촉)

활용어 附屬(부속), 金屬(금속), 所屬(소속), 配屬(배속), 專屬(전속),
直屬(직속), 從屬(종속), 卑屬(비속), 屬國(속국), 屬性(속성)
유의자 附(붙을 부), 着(붙을 착)
성 어 洞洞屬屬(동동촉촉)
HSK어휘 属 shǔ/zhǔ, 附属 fùshǔ, 金属 jīnshǔ, 家属 jiāshǔ, 下属 xiàshǔ

390	訟 / 讼 송사할 **송** sòng	부 言 획 11획(간체 6획) 자형 言(말씀 언) + 公(공평할 공) → 訟(송사할 송)

활용어 訟事(송사), 訴訟(소송), 爭訟(쟁송), 刑事訴訟(형사소송),
民事訴訟(민사소송), 行政訴訟(행정소송)
유의자 訴(호소할 소)
HSK어휘 讼 sòng, 讼争 sòngzhēng

391		부 頁　　획 13획(간체 10획)
頌	颂	자형 頁(머리 혈) + 公(공변될 공) → 頌(기릴 송)
		활용어 稱頌(칭송), 讚頌(찬송), 頌歌(송가), 頌德碑(송덕비), 悟道頌(오도송)
		유의자 讚(기릴 찬), 稱(일컬을 칭)
기릴(칭송할) **송**	sòng	**HSK어휘** 歌颂 gēsòng

392		부 言　　획 14획(간체 9획)
誦	诵	자형 言(말씀 언) + 甬(길 용) → 誦(욀 송)
		활용어 講誦(강송), 讀誦(독송), 暗誦(암송), 朗誦(낭송), 愛誦(애송), 念誦(염송), 誦讀(송독)
		유의자 講(욀 강), 讀(읽을 독)
욀(외다) **송**	sòng	**HSK어휘** 背诵 bèisòng

393		부 刂(刀)　　획 8획
刷	刷	자형 刂(刀, 칼 도) + 屌(쓸 쇄) → 刷(인쇄할 쇄)
		활용어 印刷(인쇄), 別刷(별쇄), 印刷術(인쇄술), 印刷物(인쇄물), 刷新(쇄신), 刷掃(쇄소)
		성 어 庶政刷新(서정쇄신)
인쇄할 솔질할 **쇄**	shuā	**HSK어휘** 刷 shuā/shuà, 刷子 shuāzi, 刷牙 shuāyá

394		부 金　　획 18획(간체 12획)
鎖	锁	자형 金(쇠 금) + 小(작을 소) + 貝(조개 패) → 鎖(쇠사슬 쇄)
		활용어 封鎖(봉쇄), 連鎖(연쇄), 閉鎖(폐쇄), 足鎖(족쇄), 鎖國(쇄국), 鎖骨(쇄골)
		성 어 鎖國政策(쇄국정책), 連鎖反應(연쇄반응)
쇠사슬 자물쇠 **쇄**	suǒ	**HSK어휘** 锁 suǒ, 封锁 fēngsuǒ, 连锁 liánsuǒ

395		부 衣　　획 10획
衰	衰	자형 衣(옷 의) + 艸(풀 초) → 衰(쇠할 쇠)
		활용어 衰退(쇠퇴), 衰殘(쇠잔), 盛衰(성쇠), 衰落(쇠락), 衰亡(쇠망), 衰弱(쇠약), 老衰(노쇠)
		유의자 亡(망할 망)　　**반대자** 盛(성할 성), 興(흥할 흥)
쇠할 **쇠** 도롱이 **사** 상복 **최**	shuāi	**성 어** 榮枯盛衰(영고성쇠), 興亡盛衰(흥망성쇠)
		HSK어휘 衰 shuāi/cuī, 衰退 shuāituì, 衰老 shuāilǎo

396

垂

垂

드리울
늘어질 **수**

chuí

부 土　획 8획

자형 식물의 가지나 잎이 늘어진 모습.

활용어 **垂直**(수직), **垂楊**(수양), **懸垂幕**(현수막)

성 어 **率先垂範**(솔선수범), **山上垂訓**(산상수훈), **垂成之業**(수성지업)

HSK어휘 垂直 chuízhí

397

搜

搜

찾을 **수**

sōu

부 扌(手)　획 12획

자형 扌(手, 손 수) + 叟(늙은이 수) → 搜(찾을 수)

활용어 **搜索**(수색), **搜査**(수사), **搜所聞**(수소문), **搜索隊**(수색대),
搜査官(수사관)

유의자 **索**(찾을 색), **査**(조사할 사), **探**(찾을 탐), **訪**(찾을 방)

성 어 **搜索令狀**(수색영장)

HSK어휘 搜索 sōusuǒ

398

囚

囚

가둘 **수**

qiú

부 囗　획 5획

자형 囗(에워쌀 위) + 人(사람 인) → 囚(가둘 수)

활용어 **囚人**(수인), **囚衣**(수의), **囚役**(수역), **罪囚**(죄수), **未決囚**(미결수),
長期囚(장기수), **脫獄囚**(탈옥수)

반대자 **放**(놓을 방), **解**(풀 해), **釋**(풀 석)

HSK어휘 囚 qiú

399

帥

帅

장수 **수**
거느릴 **솔**

shuài

부 巾　획 9획(간체 5획)

자형 𠂤(阜, 언덕 부) + 巾(수건 건) → 帥(장수 수)

활용어 **將帥**(장수), **元帥**(원수), **總帥**(총수), **統帥**(통수), **統帥權**(통수권)

유의자 **將**(장수 장)　　반대자 **卒**(병사 졸), **兵**(병사 병)

HSK어휘 帅 shuài, 帅哥 shuàigē

400

殊

殊

다를 **수**

shū

부 歹　획 10획

자형 歹(부서진 뼈 알) + 朱(붉을 주) → 殊(죽을 수)

활용어 **殊常**(수상), **殊勝**(수승), **殊勳**(수훈), **特殊**(특수), **懸殊**(현수),
特殊性(특수성)

유의자 **別**(다를 별), **異**(다를 이)

HSK어휘 特殊 tèshū, 悬殊 xuánshū

❶ 다음 한자에 맞는 훈음을 쓰세요.

(1) 朔 (　　　　) 　　(2) 裳 (　　　　)

(3) 索 (　　　　) 　　(4) 庶 (　　　　)

(5) 舒 (　　　　) 　　(6) 署 (　　　　)

(7) 宣 (　　　　) 　　(8) 禪 (　　　　)

(9) 涉 (　　　　) 　　(10) 攝 (　　　　)

(11) 蔬 (　　　　) 　　(12) 屬 (　　　　)

(13) 誦 (　　　　) 　　(14) 鎖 (　　　　)

(15) 垂 (　　　　) 　　(16) 搜 (　　　　)

❷ 다음 한자어에 맞는 독음을 쓰세요.

(1) 辭典 (　　　　) 　　(2) 祥瑞 (　　　　)

(3) 要塞 (　　　　) 　　(4) 宣誓 (　　　　)

(5) 逝去 (　　　　) 　　(6) 端緒 (　　　　)

(7) 分析 (　　　　) 　　(8) 解釋 (　　　　)

(9) 詳細 (　　　　) 　　(10) 旋回 (　　　　)

(11) 召集 (　　　　) 　　(12) 燃燒 (　　　　)

(13) 騷亂 (　　　　) 　　(14) 訴訟 (　　　　)

(15) 特殊 (　　　　) 　　(16) 頌德碑 (　　　　)

3 다음 한자의 간체자를 보기 에서 골라 쓰세요.

보기	双	尝	帅	苏

(1) 嘗 (   )　　　　(2) 蘇 (   )

(3) 帥 (   )　　　　(4) 雙 (   )

4 다음 한자의 유의자를 보기 에서 골라 쓰세요.

보기	林	赦	形	報

(1) 森 (   )　　　　(2) 像 (   )

(3) 償 (   )　　　　(4) 恕 (   )

5 다음 한자의 반의자를 보기 에서 골라 쓰세요.

보기	急	略	親	加

(1) 削 (   )　　　　(2) 詳 (   )

(3) 徐 (   )　　　　(4) 疏 (   )

6 다음 뜻을 가진 사자성어를 보기 에서 골라 쓰세요.

보기	塞翁之馬	拔本塞源	桑田碧海	森羅萬象

(1) 변방 늙은이의 말이라는 뜻으로, 인생의 길흉화복은 변화가 많아서 예측하기가 어렵다는 말.

　✎＿＿＿＿＿＿＿＿＿＿＿＿＿＿＿＿＿＿＿

(2) 뽕나무 밭이 변하여 푸른 바다가 된다는 뜻으로, 세상일의 변천이 심함을 비유적으로 이르는 말.

　✎＿＿＿＿＿＿＿＿＿＿＿＿＿＿＿＿＿＿＿

UNIT 09

HNK 3급
- 한자 401~450
- 복습하기

401

遂 遂

드디어, 이룰 **수**　suì

부 辶(辵)　획 13획(간체 12획)

자형 辶(辵, 쉬엄쉬엄 갈 착) + 㒸(마침내 수) → 遂(드디어 수)

활용어 **遂行**(수행), **未遂**(미수), **完遂**(완수), **言語遂行**(언어수행)

성 어 **半身不遂**(반신불수), **毛遂自薦**(모수자천)

HSK어휘 遂 suì/suí, 半身不遂 bàn shēn bù suí

402

睡 睡

졸음 **수**　shuì

부 目　획 13획

자형 目(눈 목) + 垂(드리울 수) → 睡(졸음 수)

활용어 **睡眠**(수면), **午睡**(오수), **昏睡**(혼수), **寢睡**(침수)

유의자 **眠**(잠잘 면)

성 어 **昏睡狀態**(혼수상태)

HSK어휘 睡觉 shuìjiào

403

需 需

쓰일 **수**　xū

부 雨　획 14획

자형 雨(비 우) + 而(말 이을 이) → 需(쓰일 수)

활용어 **需要**(수요), **需給**(수급), **內需**(내수), **特需**(특수), **必需**(필수), **祭需**(제수), **婚需**(혼수), **盛需期**(성수기)

유의자 **要**(구할 요)　반대자 **給**(줄 급)

성 어 **必需品**(필수품), **軍需物資**(군수물자)

HSK어휘 需要 xūyào, 需求 xūqiú

404

隨 隨

따를 **수**　suí

부 阝(阜)　획 16획(간체 11획)

자형 辶(辵, 쉬엄쉬엄 갈 착) + 隋(수나라 수) → 隨(따를 수)

활용어 **隨時**(수시), **隨伴**(수반), **隨行**(수행), **隨筆**(수필), **附隨的**(부수적)

유의자 **從**(좇을 종)

성 어 **隨意契約**(수의계약), **半身不隨**(반신불수), **夫唱婦隨**(부창부수)

HSK어휘 随时 suíshí, 随便 suíbiàn, 随意 suíyì, 随身 suíshēn, 伴随 bànsuí

405

輸 输

보낼, 나를 **수**　shū

부 車　획 16획(간체 13획)

자형 車(수레 차) + 兪(점점 유) → 輸(보낼 수)

활용어 **輸出**(수출), **輸入**(수입), **輸送**(수송), **輸血**(수혈), **密輸**(밀수), **運輸**(운수)

유의자 **送**(보낼 송)　반대자 **受**(받을 수)

HSK어휘 输 shū, 输入 shūrù, 输送 shūsòng, 输出 shūchū

406 獸 兽 짐승 **수** shòu	부 犬　획 19획(간체 11획) 자형 犬(개 견) + 嘼(짐승 수, 사냥을 하는 도구) → 獸(짐승 수) 활용어 **野獸**(야수), **禽獸**(금수), **怪獸**(괴수), **獸醫師**(수의사) 성어 **人面獸心**(인면수심) HSK어휘 飞禽走兽 fēi qín zǒu shòu

| 407 孰 孰
누구, 어느 **숙**
shú | 부 子　획 11획
자형 享(누릴 향) + 丸(둥글 환, 둥글게 말은 손 모양) → 孰(누구 숙)

활용어 **孰若**(숙약), **孰誰**(숙수)
성어 **孰知毁人 便是毁己**(숙지훼인 변시훼기)
HSK어휘 孰若 shúruò, 孰谁 shúshéi |

| 408 肅 肃
엄숙할 **숙**
sù | 부 聿　획 13획(간체 8획)
자형 聿(붓 율) + 淵(못 연) → 肅(엄숙할 숙)

활용어 **嚴肅**(엄숙), **靜肅**(정숙), **自肅**(자숙), **肅然**(숙연), **肅淸**(숙청)
유의자 **嚴**(엄할 엄)
성어 **謝恩肅拜**(사은숙배)
HSK어휘 严肃 yánsù |

| 409 熟 熟
익을 **숙**
shú | 부 灬(火)　획 15획
자형 灬(火, 불 화) + 孰(누구 숙) → 熟(익을 숙)

활용어 **熟練**(숙련), **熟考**(숙고), **熟成**(숙성), **能熟**(능숙), **完熟**(완숙),
早熟(조숙)
유의자 **練**(익힐 련)
성어 **深思熟考**(심사숙고), **爛商熟議**(난상숙의)
HSK어휘 成熟 chéngshú, 熟练 shúliàn, 熟悉 shúxī＊悉(다 실) |

| 410 旬 旬
열흘 **순**
xún | 부 日　획 6획
자형 日(날 일) + 勹(쌀 포) → 旬(열흘 순)

활용어 **上旬**(상순), **中旬**(중순), **下旬**(하순), **初旬**(초순), **七旬**(칠순),
八旬(팔순), **四旬節**(사순절)
성어 **望九旬**(망구순), **漢城旬報**(한성순보), **三旬九食**(삼순구식)
HSK어휘 中旬 zhōngxún |

411 巡 巡	부 巛(川) 획 7획(간체 6획)
	자형 辶(辵, 쉬엄쉬엄 갈 착) + 川(내 천) → 巡(돌 순)
	활용어 巡廻(순회), 巡行(순행), 巡禮(순례), 巡察(순찰), 巡訪(순방), 巡視(순시), 巡警(순경), 巡航(순항), 一巡(일순)
	유의자 廻(돌 회), 循(돌 순)
돌, 순행할 순 xún	HSK어휘 巡逻 xúnluó *逻(돌, 소라 라)

412 殉 殉	부 歹 획 10획
	자형 歹(뼈 알) + 旬(열흘 순) → 殉(따라 죽을 순)
	활용어 殉教(순교), 殉職(순직), 殉國(순국), 殉愛(순애), 殉葬(순장)
	성 어 殉國烈士(순국열사)
따라 죽을 순 xùn	HSK어휘 殉 xùn

413 脣 唇	부 月(肉) 획 11획(간체 10획)
	자형 月(肉, 고기 육) + 辰(지지 진, 조개 모양) → 脣(입술 순)
	활용어 丹脣(단순), 口脣(구순), 脣音(순음)
	성 어 脣亡齒寒(순망치한)
입술 순 chún	HSK어휘 嘴唇 zuǐchún *嘴(부리 취, 입의 통칭)

414 循 循	부 彳 획 12획
	자형 彳(갈 척) + 盾(방패 순) → 循(돌 순)
	활용어 循環(순환), 因循(인순), 惡循環(악순환), 血液循環(혈액순환)
	유의자 巡(돌 순), 廻(돌 회), 旋(돌 선)
	성 어 入鄕循俗(입향순속), 因循姑息(인순고식)
돌(빙빙 돌다) 순 xún	HSK어휘 循环 xúnhuán, 遵循 zūnxún, 循序渐进 xún xù jiàn jìn

415 瞬 瞬	부 目 획 17획
	자형 目(눈 목) + 舜(순임금 순) → 瞬(깜짝일 순)
	활용어 瞬間(순간), 一瞬(일순), 瞬發力(순발력), 瞬息間(순식간)
깜짝일 순 shùn	HSK어휘 瞬间 shùnjiān

416 述 述

펼, 지을 **술** / shù

- 부 辶(辵)
- 획 9획(간체 8획)
- 자형 辶(辵, 쉬엄쉬엄 갈 착) + 朮(차조 출) → 述(지을 술)

활용어 著述(저술), 敍述(서술), 陳述(진술), 論述(논술), 記述(기술), 口述(구술), 詳述(상술), 略述(약술), 述懷(술회)

유의자 著(지을 저), 敍(펼 서)　**성어** 口述試驗(구술시험)

HSK어휘 叙述 xùshù, 陈述 chénshù

---

417 濕 湿

젖을 **습** / shī

- 부 氵(水)
- 획 17획(간체 12획)
- 자형 氵(水, 물 수) + 㬎(드러날 현) → 濕(축축할 습)

활용어 濕潤(습윤), 濕地(습지), 濕度(습도), 濕氣(습기), 乾濕(건습), 高溫多濕(고온다습)

유의자 潤(젖을 윤)　**반대자** 乾(마를 건), 燥(마를 조)

HSK어휘 湿 shī, 湿润 shīrùn, 潮湿 cháoshī

---

418 襲 袭

엄습할 **습** / xí

- 부 衣
- 획 22획(간체 11획)
- 자형 衣(옷 의) + 龍(용 룡) → 襲(엄습할 습)

활용어 襲擊(습격), 攻襲(공습), 被襲(피습), 奇襲(기습), 逆襲(역습), 踏襲(답습), 世襲(세습)

HSK어휘 袭击 xíjī

---

419 昇 升

오를 **승** / shēng

- 부 日
- 획 8획(간체 4획)
- 자형 日(해 일) + 升(되 승) → 昇(오를 승)

활용어 上昇(상승), 昇格(승격), 昇級(승급), 昇降(승강), 昇進(승진), 昇華(승화)

유의자 登(오를 등)　**반대자** 降(내릴 강)

HSK어휘 升 shēng, 晋升 jìnshēng

---

420 僧 僧

중 **승** / sēng

- 부 亻(人)
- 획 14획(간체 14획)
- 자형 亻(人, 사람 인) + 曾(일찍 증) → 僧(중 승)

활용어 僧家(승가), 僧服(승복), 僧舞(승무), 高僧(고승), 禪僧(선승)

유의자 尼(여승 니)

HSK어휘 僧 sēng

421

矢　矢

화살 **시**　shǐ

- 부 矢　획 5획
- 자형 화살 모양을 본뜸.
- 활용어 **弓矢**(궁시), **矢心**(시심), **矢言**(시언), **矢石**(시석)
- HSK어휘 矢 shǐ

422

侍　侍

모실 **시**　shì

- 부 亻(人)　획 8획
- 자형 亻(人, 사람 인) + 寺(절 사/관청 시) → **侍**(모실 시)
- 활용어 **內侍**(내시), **侍女**(시녀), **侍衛**(시위), **侍從**(시종)
- 성어 **層層侍下**(층층시하), **嚴妻侍下**(엄처시하)
- HSK어휘 侍 shì

423

飾　饰

꾸밀 **식**　shì

- 부 飠(食)　획 13획(간체 8획)
- 자형 飠(食, 밥 식) + 人(사람 인) + 巾(수건 건) → **飾**(꾸밀 식)
- 활용어 **裝飾**(장식), **假飾**(가식), **修飾**(수식), **服飾**(복식)
- 유의자 **裝**(꾸밀 장)
- 성어 **粉飾會計**(분식회계), **虛禮虛飾**(허례허식)
- HSK어휘 裝飾 zhuāngshì, 首飾 shǒushi

424

伸　伸

펼(펴다) **신**　shēn

- 부 亻(人)　획 7획
- 자형 亻(人, 사람 인) + 申(펼 신) → **伸**(펼 신)
- 활용어 **伸張**(신장), **伸縮**(신축), **伸長**(신장), **屈伸**(굴신), **延伸**(연신), **追伸**(추신)
- 유의자 **張**(베풀 장)　반대자 **屈**(굽힐 굴), **縮**(줄일 축)
- HSK어휘 伸 shēn, 延伸 yánshēn

425

晨　晨

새벽 **신**　chén

- 부 日　획 11획
- 자형 日(해 일) + 辰(지지 진, 조개 모양) → **晨**(새벽 신)
- 활용어 **晨星**(신성), **晨光**(신광), **晨明**(신명), **晨鐘**(신종), **清晨**(청신)
- 성어 **昏定晨省**(혼정신성)
- HSK어휘 清晨 qīngchén, 凌晨 língchén

426

愼 / 慎

삼갈 **신** / shèn

부 忄(心)　획 13획(간체 13획)

자형 忄(心, 마음 심) + 眞(참 진, 신에게 바칠 음식을 정성스럽게 준비하다) → 愼(삼갈 신)

활용어 愼重(신중), 愼獨(신독), 勤愼(근신)

유의자 謹(삼갈 근)

HSK어휘 慎重 shènzhòng, 谨慎 jǐnshèn

427

甚 / 甚

심할 **심** / shèn

부 甘　획 9획

자형 甘(달 감) + 匕(비수 비) → 甚(심할 심)

활용어 極甚(극심), 激甚(격심), 莫甚(막심), 甚難(심난), 甚至於(심지어)

유의자 劇(심할 극), 激(격할 격)

성어 去去益甚(거거익심)

HSK어휘 甚 shèn/shén, 甚至 shènzhì

428

尋 / 寻

찾을 **심** / xún

부 寸　획 12획(간체 6획)

자형 又(또 우) + 工(장인 공) + 口(입 구) + 寸(마디 촌) → 尋(찾을 심)

활용어 尋訪(심방), 尋常(심상), 推尋(추심)

유의자 訪(찾을 방), 探(찾을 탐), 搜(찾을 수)

HSK어휘 寻找 xúnzhǎo *找(찾을 조)

429

審 / 审

살필 **심** / shěn

부 宀　획 15획(간체 8획)

자형 宀(집 면) + 番(차례 번) → 審(살필 심)

활용어 審理(심리), 審判(심판), 審查(심사), 審議(심의), 審問(심문), 豫審(예심), 誤審(오심), 結審(결심), 抗告審(항고심)

유의자 察(살필 찰), 省(살필 성)

성어 審美眼(심미안), 不審檢問(불심검문)

HSK어휘 审理 shěnlǐ, 审美 shěnměi, 审判 shěnpàn

430

牙 / 牙

어금니 **아** / yá

부 牙　획 4획

자형 윗니와 아랫니가 맞물린 모습

활용어 象牙(상아), 牙城(아성), 齒牙(치아)

유의자 齒(이 치)

성어 象牙塔(상아탑), 伯牙絶絃(백아절현)

HSK어휘 牙齿 yáchǐ, 刷牙 shuāyá, 牙膏 yágāo *膏(기름 고)

431 芽 芽 싹 **아** yá

부 艹　획 8획(간체 7획)

자형 艹(풀 초) + 牙(어금니 아) → 芽(싹 아)

활용어 萌芽(맹아), 發芽(발아), 麥芽(맥아), 芽生(아생)

유의자 萌(싹 맹)

HSK어휘 萌芽 méngyá

---

432 亞 亚 버금 **아** yà

부 二　획 8획(간체 6획)

자형 고대의 혈거 주택 모양.

활용어 亞流(아류), 亞聖(아성), 亞熱帶(아열대), 亞細亞(아세아), 東南亞(동남아)

유의자 副(버금 부), 仲(버금 중), 次(버금 차)　반대자 元(으뜸 원)

HSK어휘 亚军 yàjūn

---

433 阿 阿 언덕 **아** / 호칭 **아** ē

부 阝(阜)　획 8획(간체 7획)

자형 阝(阜, 언덕 부) + 可(옳을 가) → 阿(언덕 아)

활용어 阿附(아부), 阿片(아편), 阿膠(아교), 阿羅漢(아라한), 阿修羅(아수라), 阿房宮(아방궁)

유의자 丘(언덕 구), 岸(언덕 안), 厓(언덕 애)

성어 曲學阿世(곡학아세)

HSK어휘 阿 ē/ā, 阿姨 āyí * 姨(이모 이)

---

434 雅 雅 맑을 **아** yǎ

부 隹　획 12획

자형 隹(새 추) + 牙(어금니 아) → 雅(맑을 아)

활용어 優雅(우아), 端雅(단아), 淸雅(청아), 古雅(고아), 雅號(아호), 雅量(아량), 雅談(아담)

유의자 淡(맑을 담), 淸(맑을 청)　반대자 濁(흐릴 탁)

성어 雅致高節(아치고절)

HSK어휘 文雅 wényǎ

---

435 餓 饿 주릴 **아** è

부 飠(食)　획 15획(간체 10획)

자형 飠(食, 밥 식) + 我(나 아) → 餓(주릴 아)

활용어 餓鬼(아귀), 餓死(아사), 飢餓(기아)

유의자 飢(주릴 기)　반대자 飽(배부를 포)

HSK어휘 饿 è, 饥饿 jǐ'è

436 岳 岳 큰산 **악** yuè	부 山　획 8획 자형 山(메 산) + 丘(언덕 구) → 岳(큰 산 악) **활용어** 山岳(산악), 岳陽樓(악양루) HSK어휘 岳母 yuèmǔ	

437 岸 岸 언덕 **안** àn	부 山　획 8획 자형 山(메 산) + 厂(기슭 엄) + 干(방패 간) → 岸(언덕 안) **활용어** 沿岸(연안), 彼岸(피안), 海岸(해안), 東海岸(동해안), 南海岸(남해안), 西海岸(서해안) 유의자 丘(언덕 구), 阿(언덕 아), 厓(언덕 애) 성 어 海岸線(해안선) HSK어휘 岸 àn	

438 雁 雁 기러기 **안** yàn	부 隹　획 12획 자형 隹(새 추) + 人(사람 인) + 厂(기슭 엄) → 雁(기러기 안) **활용어** 鴻雁(홍안), 白雁(백안), 雁信(안신), 雁書(안서), 雁行(안항), 百雁圖(백안도) 유의자 鴻(큰 기러기 홍) HSK어휘 雁 yàn	

439 謁 谒 뵐(뵙다), 아뢸 **알** yè	부 言　획 16획(간체 11획) 자형 言(말씀 언) + 曷(어찌 갈) → 謁(아뢸 알) **활용어** 謁見(알현), 謁廟(알묘), 拜謁(배알) 유의자 見(뵈올 현, 볼 견) 성 어 謁聖及第(알성급제) HSK어휘 谒 yè	

440 壓 压 누를 **압** yā	부 土　획 17획(간체 6획) 자형 土(흙 토) + 厭(싫을 염) → 壓(누를 압) **활용어** 壓力(압력), 壓迫(압박), 壓縮(압축), 壓勝(압승), 血壓(혈압), 氣壓(기압), 制壓(제압), 抑壓(억압), 鎭壓(진압), 指壓(지압) 유의자 押(누를 압), 抑(누를 억) 성 어 壓卷(압권), 泰山壓卵(태산압란) HSK어휘 压 yā/yà, 压力 yālì, 压迫 yāpò, 压缩 yāsuō, 血压 xuèyā, 气压 qìyā, 压抑 yāyì, 压制 yāzhì, 压岁钱 yāsuìqián	

441

押　押

누를 **압**　yā

부 扌(手)　획 8획

자형 扌(手, 손 수) + 甲(갑옷 갑) → 押(누를 압)

활용어 押收(압수), 押留(압류), 押韻(압운), 押送(압송), 差押(차압),
假押留(가압류)

유의자 抑(누를 억)

HSK어휘 押金 yājīn

442

央　央

가운데 **앙**　yāng

부 大　획 5획

자형 大(큰 대) + 冂(먼데 경) → 央(가운데 앙)

활용어 中央(중앙), 震央(진앙)

유의자 中(가운데 중)　반대자 邊(가장자리 변)

HSK어휘 中央 zhōngyāng, 震央 zhènyāng

443

殃　殃

재앙 **앙**　yāng

부 歹　획 9획

자형 歹(앙상한 뼈 알) + 央(가운데 앙) → 殃(재앙 앙)

활용어 災殃(재앙), 殃慶(앙경), 殃禍(앙화)

유의자 災(재앙 재), 厄(재앙 액), 禍(재앙 화)　반대자 福(복 복)

성어 殃及池魚(앙급지어), 殃慶禍福(앙경화복)

HSK어휘 殃 yāng

444

涯　涯

물가 **애**　yá

부 氵(水)　획 11획

자형 氵(水, 물 수) + 厓(언덕 애) → 涯(물가, 한계, 끝 애)

활용어 生涯(생애), 天涯(천애)

유의자 汀(물가 정), 洲(물가 주)

성어 地角天涯(지각천애)

HSK어휘 涯 yá, 天涯海角 tiān yá hǎi jiǎo

445

厄　厄

액(재앙) **액**　è

부 厂　획 4획

자형 厂(기슭 엄) + 卩(병부 절) → 厄(액 액)

활용어 厄運(액운), 厄難(액난), 厄年(액년), 兵厄(병액), 苦厄(고액),
橫厄(횡액)

유의자 災(재앙 재), 殃(재앙 앙), 禍(재앙 화)　반대자 福(복 복)

HSK어휘 厄 è

446 液 진**액**	液 yè	부 氵(水)　　획 11획 자형 氵(水, 물 수) + 夜(밤 야) → 液(진 액) **활용어** 液體(액체), 液化(액화), 液晶(액정), 血液(혈액), 樹液(수액), 　　不凍液(부동액), 混合液(혼합액), 消化液(소화액) 유의자 汁(즙 즙) HSK어휘 液体 yètǐ
447 額 이마**액**	额 é	부 頁　　획 18획(간체 15획) 자형 頁(머리 혈) + 客(손 객) → 額(이마 액) **활용어** 金額(금액), 巨額(거액), 全額(전액), 半額(반액), 額數(액수), 　　額面(액면), 額子(액자) HSK어휘 数额 shù'é, 额外 éwài, 名额 míng'é
448 耶 어조사**야**	耶 yé	부 耳　　획 9획(간체 8획) 자형 耳(귀 이) + 阝(邑, 고을 읍) → 耶(어조사 야) **활용어** 耶蘇(야소), 伽倻(가야) 성 어 有耶無耶(유야무야) HSK어휘 耶 yé/yē
449 躍 뛸(뛰다)**약**	跃 yuè	부 𧾷(足)　　획 21획(간체 11획) 자형 𧾷(足, 발 족) + 翟(꿩 적) → 躍(뛸 약) **활용어** 跳躍(도약), 活躍(활약), 飛躍(비약), 一躍(일약), 躍動(약동), 　　躍進(약진) 유의자 跳(뛸 도)　　성 어 暗中飛躍(암중비약) HSK어휘 跳跃 tiàoyuè, 活跃 huóyuè, 飞跃 fēiyuè
450 楊 버들**양**	杨 yáng	부 木　　획 13획(간체 7획) 자형 木(나무 목) + 昜(볕 양) → 楊(버들 양) **활용어** 楊柳(양류), 楊枝(양지), 白楊(백양), 水楊(수양), 垂楊(수양) 유의자 柳(버들 류) 성 어 綠楊芳草(녹양방초) HSK어휘 白楊 báiyáng

❶ 다음 한자에 맞는 훈음을 쓰세요.

(1) 遂 (　　　　　　)　　　(2) 孰 (　　　　　　)

(3) 巡 (　　　　　　)　　　(4) 殉 (　　　　　　)

(5) 襲 (　　　　　　)　　　(6) 矢 (　　　　　　)

(7) 侍 (　　　　　　)　　　(8) 晨 (　　　　　　)

(9) 審 (　　　　　　)　　　(10) 岳 (　　　　　　)

(11) 岸 (　　　　　　)　　　(12) 押 (　　　　　　)

(13) 央 (　　　　　　)　　　(14) 涯 (　　　　　　)

(15) 厄 (　　　　　　)　　　(16) 額 (　　　　　　)

❷ 다음 한자어에 맞는 독음을 쓰세요.

(1) 睡眠 (　　　　　　)　　　(2) 謁見 (　　　　　　)

(3) 輸送 (　　　　　　)　　　(4) 嚴肅 (　　　　　　)

(5) 熟練 (　　　　　　)　　　(6) 循環 (　　　　　　)

(7) 災殃 (　　　　　　)　　　(8) 敍述 (　　　　　　)

(9) 僧舞 (　　　　　　)　　　(10) 莫甚 (　　　　　　)

(11) 齒牙 (　　　　　　)　　　(12) 萌芽 (　　　　　　)

(13) 鴻雁 (　　　　　　)　　　(14) 必需品 (　　　　　　)

(15) 瞬發力 (　　　　　　)　　　(16) 不凍液 (　　　　　　)

❸ 다음 한자의 간체자를 보기 에서 골라 쓰세요.

보기	跃	亚	压	兽

(1) 獸 (　　　　　)　　　(2) 亞 (　　　　　)

(3) 壓 (　　　　　)　　　(4) 躍 (　　　　　)

❹ 다음 한자의 유의자를 보기 에서 골라 쓰세요.

보기	裝	淸	謹	從

(1) 隨 (　　　　　)　　　(2) 雅 (　　　　　)

(3) 愼 (　　　　　)　　　(4) 飾 (　　　　　)

❺ 다음 한자의 반의자를 보기 에서 골라 쓰세요.

보기	乾	屈	飽	降

(1) 濕 (　　　　　)　　　(2) 昇 (　　　　　)

(3) 餓 (　　　　　)　　　(4) 伸 (　　　　　)

❻ 다음 뜻을 가진 사자성어를 보기 에서 골라 쓰세요.

보기	脣亡齒寒	有耶無耶	暗中飛躍	曲學阿世

(1) 입술이 없으면 이가 시리다는 뜻으로, 서로 이해관계가 밀접한 사이에 어느 한쪽이
망하면 다른 한쪽도 그 영향을 받아 온전하기 어려움을 이르는 말.

✎ _____

(2) 바른 길에서 벗어난 학문으로 세상 사람에게 아첨함.

✎ _____

UNIT 10

HNK 3급
- 한자 451~500
- 복습하기

451	樣 / 样	모양 양 / yàng

부 木　**획** 15획(간체 10획)

자형 木(나무 목) + 羕(강이 길 양) → 樣(모양 양)

활용어 模樣(모양), 多樣(다양), 外樣(외양), 文樣(문양), 樣式(양식), 樣相(양상), 樣態(양태)

유의자 像(모양 상), 態(모양 태), 形(모양 형), 模(모양 모)

성어 各樣各色(각양각색), 多種多樣(다종다양)

HSK어휘 样式 yàngshì, 模样(儿) múyàng(r), 一样 yíyàng, 样子 yàngzi, 榜样 bǎngyàng, 照样(儿) zhàoyàng(r), 怎么样 zěnmeyàng

---

452	壤 / 壤	흙덩이 양 / rǎng

부 土　**획** 20획

자형 土(흙 토) + 襄(도울 양) → 壤(흙덩이 양)

활용어 土壤(토양), 天壤(천양), 平壤(평양)

유의자 土(흙 토), 塊(흙덩이 괴)　**반대자** 天(하늘 천), 乾(하늘 건)

성어 天壤之差(천양지차), 鼓腹擊壤(고복격양)

HSK어휘 土壤 tǔrǎng

453	御 / 御	거느릴 어 / yù

부 彳　**획** 12획

자형 彳(조금 걸을 척) + 卸(풀 사) → 御(거느릴, 막을 어)

활용어 制御(제어), 御用(어용), 御使(어사), 御命(어명), 御酒(어주), 御殿(어전)

성어 御前會議(어전회의), 暗行御史(암행어사)

HSK어휘 防御 fángyù *禦(막을 어)의 간체자

454	抑 / 抑	누를 억 / yì

부 扌(手)　**획** 7획

자형 扌(手, 손 수) + 卬(나 앙) → 抑(누를 억)

활용어 抑壓(억압), 抑揚(억양), 抑留(억류), 抑制(억제), 抑止(억지)

유의자 壓(누를 압), 押(누를 압)　**반대자** 揚(날릴 양)

성어 抑強扶弱(억강부약)

HSK어휘 压抑 yāyì

455	彦 / 彦	선비 언 / yàn

부 彡　**획** 5획

자형 文(글월 문) + 厂(언덕 엄) + 彡(터럭삼) → 彦(선비 언)

활용어 彦士(언사)

유의자 儒(선비 유)

HSK어휘 彦 yàn

456	焉	焉
	어찌 **언**	yān

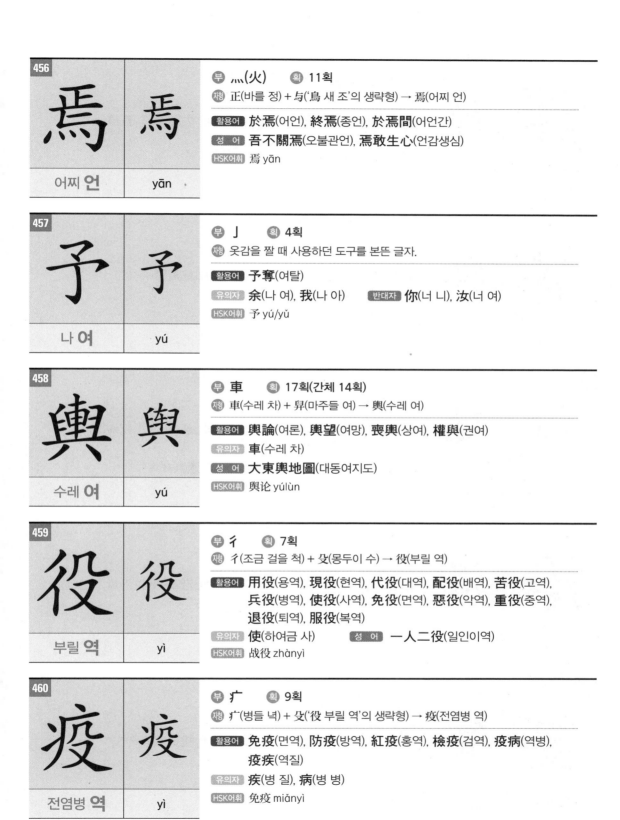

456

부 灬(火)　　획 11획

자형 正(바를 정) + 与('鳥 새 조'의 생략형) → 焉(어찌 언)

활용어 於焉(어언), 終焉(종언), 於焉間(어언간)

성 어 吾不關焉(오불관언), 焉敢生心(언감생심)

HSK어휘 焉 yān

457

부 亅　　획 4획

자형 옷감을 짤 때 사용하던 도구를 본뜬 글자.

활용어 予奪(여탈)

유의자 余(나 여), 我(나 아)　　반대자 你(너 니), 汝(너 여)

HSK어휘 予 yú/yǔ

어찌 **언** yān

나 **여** yú

458

부 車　　획 17획(간체 14획)

자형 車(수레 차) + 舁(마주들 여) → 輿(수레 여)

활용어 輿論(여론), 輿望(여망), 喪輿(상여), 權輿(권여)

유의자 車(수레 차)

성 어 大東輿地圖(대동여지도)

HSK어휘 輿论 yúlùn

수레 **여** yú

459

부 彳　　획 7획

자형 彳(조금 걸을 척) + 殳(몽두이 수) → 役(부릴 역)

활용어 用役(용역), 現役(현역), 代役(대역), 配役(배역), 苦役(고역),
兵役(병역), 使役(사역), 免役(면역), 惡役(악역), 重役(중역),
退役(퇴역), 服役(복역)

유의자 使(하여금 사)　　성 어 一人二役(일인이역)

HSK어휘 战役 zhànyì

부릴 **역** yì

460

부 疒　　획 9획

자형 疒(병들 녁) + 殳('役 부릴 역'의 생략형) → 疫(전염병 역)

활용어 免疫(면역), 防疫(방역), 紅疫(홍역), 檢疫(검역), 疫病(역병),
疫疾(역질)

유의자 疾(병 질), 病(병 병)

HSK어휘 免疫 miǎnyì

전염병 **역** yì

461 譯 译 번역할 **역** yì	🔵 부 言 　🔴 획 20획(간체 7획)

461 譯 / 译 / 번역할 **역** / yì

- 🔵 부 言　🔴 획 20획(간체 7획)
- 🟢 자형 言(말씀 언) + 睪(엿볼 역) → 譯(번역할 역)
- 🟠 활용어 譯官(역관), 飜譯(번역), 通譯(통역), 內譯(내역), 音譯(음역), 誤譯(오역)
- 🟣 유의자 飜(번역할 번)
- ⬛ HSK어휘 翻译 fānyì

462 驛 / 驿 / 역, 역참 **역** / yì

- 🔵 부 馬　🔴 획 23획(간체 8획)
- 🟢 자형 馬(말 마) + 睪(엿볼 역) → 驛(역 역)
- 🟠 활용어 驛長(역장), 驛舍(역사), 驛卒(역졸), 終着驛(종착역), 簡易驛(간이역)
- ⬛ HSK어휘 驿 yì

463 延 / 延 / 늘일 **연** / yán

- 🔵 부 廴　🔴 획 7획
- 🟢 자형 廴(길게 걸을 인) + ノ(삐침 별) + 止(발 지) → 延(늘일 연)
- 🟠 활용어 延長(연장), 延期(연기), 延着(연착), 延命(연명), 延滯(연체), 遲延(지연),, 外延(외연)
- 🟣 유의자 遲(더딜 지)　🔴 반대자 急(급할 급), 速(빠를 속)
- ⬛ HSK어휘 延长 yáncháng, 延续 yánxù

464 沿 / 沿 / 물 따라갈 **연** / yán

- 🔵 부 氵(水)　🔴 획 8획
- 🟢 자형 氵(水, 물 수) + 㕣(늪 연) → 沿(물 따라갈 연)
- 🟠 활용어 沿海(연해), 沿岸(연안), 沿邊(연변), 沿革(연혁), 沿岸海(연안해)
- ⬛ HSK어휘 沿海 yánhǎi

465 宴 / 宴 / 잔치 **연** / yàn

- 🔵 부 宀　🔴 획 10획
- 🟢 자형 宀(집 면) + 晏(편안할 안) → 宴(잔치 연)
- 🟠 활용어 宴會(연회), 壽宴(수연), 酒宴(주연), 祝賀宴(축하연), 古稀宴(고희연)
- ⬛ HSK어휘 宴会 yànhuì

466 軟 软

연할 **연** / ruǎn

- 부 車
- 획 11획(간체 8획)
- 자형 車(수레 차) + 欠(하품 흠) → 軟(연할 연)

- 활용어 柔軟(유연), 軟化(연화), 軟性(연성), 軟骨(연골), 軟質(연질)
- 유의자 固(굳을 고), 硬(굳을 경), 堅(굳을 견), 確(굳을 확)
- 성 어 軟體動物(연체동물)
- HSK어휘 软 ruǎn, 软件 ruǎnjiàn

467 鉛 铅

납 **연** / qiān

- 부 金
- 획 13획(간체 10획)
- 자형 金(쇠 금) + 㕣(늪 연) → 鉛(납 연)

- 활용어 鉛筆(연필), 鉛版(연판), 黑鉛(흑연), 亞鉛(아연)
- HSK어휘 铅笔 qiānbǐ

468 演 演

펼(펴다) **연** / yǎn

- 부 氵(水)
- 획 14획
- 자형 氵(水, 물 수) + 寅(셋째 지지 인) → 演(멀리 흐를 연)

- 활용어 演出(연출), 演奏(연주), 演習(연습), 演繹(연역), 講演(강연), 演說(연설), 演劇(연극), 演技(연기), 公演(공연), 再演(재연), 試演(시연)
- 유의자 敷(펼 부)
- HSK어휘 演出 yǎnchū, 演奏 yǎnzòu, 演习 yǎnxí, 演绎 yǎnyì, 演讲 yǎnjiǎng, 表演 biǎoyǎn, 演员 yǎnyuán, 导演 dǎoyǎn, 演变 yǎnbiàn

469 燃 燃

탈(타다) **연** / rán

- 부 火
- 획 16획
- 자형 火(불 화) + 然(그럴 연) → 燃(탈 연)

- 활용어 燃燒(연소), 燃料(연료), 燃費(연비), 燃燈(연등), 內燃(내연), 可燃性(가연성)
- 유의자 燒(사를 소)
- 성 어 燃燈會(연등회)
- HSK어휘 燃烧 ránshāo

470 緣 缘

인연 **연** / yuán

- 부 糸
- 획 15획(간체 12획)
- 자형 糸(가는 실 사) + 彖(판단할 단) → 緣(인연 연)

- 활용어 緣故(연고), 緣起(연기), 因緣(인연), 事緣(사연), 結緣(결연), 地緣(지연), 血緣(혈연), 學緣(학연)
- 성 어 緣木求魚(연목구어), 天生緣分(천생연분)
- HSK어휘 缘故 yuángù, 边缘 biānyuán

471

燕　燕

제비 **연**　yàn

부 灬(火)　획 16획

자형 제비가 나는 모양을 본뜬 글자.

활용어 燕尾服(연미복), 燕雀(연작), 燕息(연식), 燕巖(연암)

HSK어휘 燕子 yànzi

472

閱　阅

볼(보다) **열**　yuè

부 門　획 15획(간체 10획)

자형 門(문 문) + 兌(기뻐할 열) → 閱(볼 열)

활용어 閱覽(열람), 閱讀(열독), 閱兵式(열병식), 檢閱(검열), 査閱(사열), 校閱(교열)

유의자 檢(검사할 검), 査(조사할 사), 覽(볼 람)

HSK어휘 阅读 yuèdú

473

染　染

물들 **염**　rǎn

부 木　획 9획

자형 木(나무 목) + 水(물 수) + 九(아홉 구) → 染(물들 염)

활용어 汚染(오염), 傳染(전염), 感染(감염), 染料(염료), 染色(염색), 染織(염직)

성　어 染色體(염색체), 傳染病(전염병)

HSK어휘 染 rǎn, 污染 wūrǎn, 传染 chuánrǎn, 感染 gǎnrǎn

474

鹽　盐

소금 **염**　yán

부 鹵　획 24획(간체 10획)

자형 鹵(소금 로) + 監(볼 감) → 鹽(소금 염)

활용어 鹽田(염전), 鹽素(염소), 鹽分(염분), 食鹽(식염), 竹鹽(죽염), 巖鹽(암염), 鹽基性(염기성), 天日鹽(천일염)

성　어 刻畫無鹽(각화무염), 賣鹽逢雨(매염봉우)

HSK어휘 盐 yán

475

泳　泳

헤엄칠 **영**　yǒng

부 氵(水)　획 8획

자형 氵(水, 물 수) + 永(길 영) → 泳(헤엄칠 영)

활용어 水泳(수영), 遊泳(유영), 背泳(배영), 蝶泳(접영), 平泳(평영), 混泳(혼영)

HSK어휘 游泳 yóuyǒng

| 476 映 映
비칠, 비출 **영** / yìng | (부) 日　(획) 13획
(자형) 日(해 일) + 央(가운데 앙) → 映(비출 영)

(활용어) 反映(반영), 放映(방영), 上映(상영), 終映(종영), 映畫(영화),
映像(영상), 映畫祭(영화제)
(유의자) 照(비칠 조)
(HSK어휘) 反映 fǎnyìng |

| 477 詠 咏
읊을 **영** / yǒng | (부) 言　(획) 12획(간체 8획)
(자형) 言(말씀 언) + 永(길 영) → 詠(읊을 영)

(활용어) 吟詠(음영), 詠歌(영가), 詠歎(영탄)
(유의자) 吟(읊을 음), 唱(부를 창)
(성 어) 吟風詠月(음풍영월)
(HSK어휘) 咏 yǒng |

| 478 影 影
그림자 **영** / yǐng | (부) 彡　(획) 15획
(자형) 彡(터럭 삼) + 景(볕 경) → 影(그림자 영)

(활용어) 投影(투영), 幻影(환영), 眞影(진영), 影響(영향), 影印(영인),
影殿(영전)
(성 어) 夢幻泡影(몽환포영)
(HSK어휘) 影子 yǐngzi, 影响 yǐngxiǎng, 电影(儿) diànyǐng(r), 合影 héyǐng,
摄影 shèyǐng |

| 479 銳 锐
날카로울 **예** / ruì | (부) 金　(획) 15획(간체 12획)
(자형) 金(쇠 금) + 兌(기뻐할 열) → 銳(날카로울 예)

(활용어) 銳利(예리), 銳敏(예민), 銳角(예각), 銳意(예의), 尖銳(첨예),
精銳(정예), 新銳(신예)
(유의자) 利(날카로울 리)　(반대자) 鈍(무딜 둔)
(성 어) 銳意注視(예의주시)
(HSK어휘) 尖锐 jiānruì, 敏锐 mǐnruì |

| 480 豫 豫
미리 **예** / yù | (부) 豕　(획) 16획
(자형) 予(나 여) + 象(코끼리 상) → 豫(미리, 즐길 예)

(활용어) 猶豫(유예), 豫習(예습), 豫防(예방), 豫報(예보), 豫算(예산),
豫言(예언), 豫約(예약), 豫定(예정), 豫感(예감), 豫買(예매),
豫審(예심)
(성 어) 豫測不許(예측불허), 執行猶豫(집행유예)
(HSK어휘) 犹豫 yóuyù, 预习 yùxí, 预防 yùfáng, 预报 yùbào, 预算 yùsuàn, 预言 yùyán
＊豫와 預는 유의자. 중국어에서는 預(预, 미리 예)로 쓴다. |

481

譽 / 誉

기릴 **예** / yù

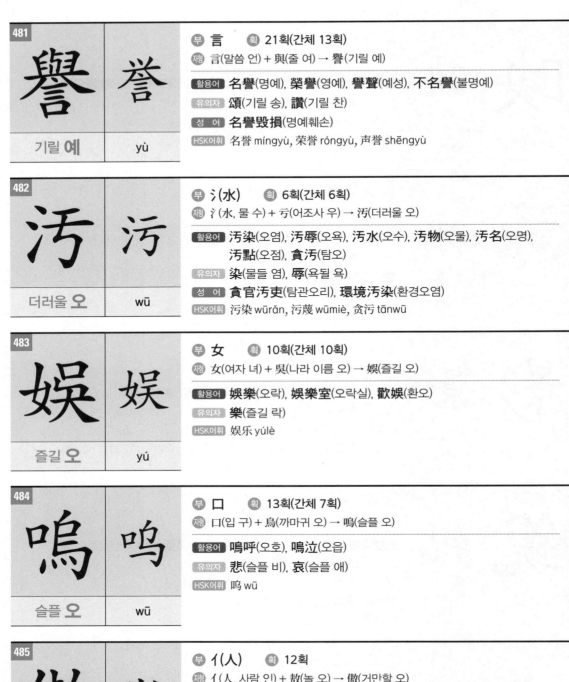

- 부 言
- 획 21획(간체 13획)
- 자형 言(말씀 언) + 與(줄 여) → 譽(기릴 예)
- 활용어 名譽(명예), 榮譽(영예), 譽聲(예성), 不名譽(불명예)
- 유의자 頌(기릴 송), 讚(기릴 찬)
- 성 어 名譽毁損(명예훼손)
- HSK어휘 名誉 míngyù, 荣誉 róngyù, 声誉 shēngyù

482

汚 / 污

더러울 **오** / wū

- 부 氵(水)
- 획 6획(간체 6획)
- 자형 氵(水, 물 수) + 亐(어조사 우) → 汚(더러울 오)
- 활용어 汚染(오염), 汚辱(오욕), 汚水(오수), 汚物(오물), 汚名(오명), 汚點(오점), 貪汚(탐오)
- 유의자 染(물들 염), 辱(욕될 욕)
- 성 어 貪官汚吏(탐관오리), 環境汚染(환경오염)
- HSK어휘 污染 wūrǎn, 污蔑 wūmiè, 贪污 tānwū

483

娛 / 娱

즐길 **오** / yú

- 부 女
- 획 10획(간체 10획)
- 자형 女(여자 녀) + 吳(나라 이름 오) → 娛(즐길 오)
- 활용어 娛樂(오락), 娛樂室(오락실), 歡娛(환오)
- 유의자 樂(즐길 락)
- HSK어휘 娱乐 yúlè

484

嗚 / 呜

슬플 **오** / wū

- 부 口
- 획 13획(간체 7획)
- 자형 口(입 구) + 烏(까마귀 오) → 嗚(슬플 오)
- 활용어 嗚呼(오호), 嗚泣(오읍)
- 유의자 悲(슬플 비), 哀(슬플 애)
- HSK어휘 呜 wū

485

傲 / 傲

거만할 **오** / ào

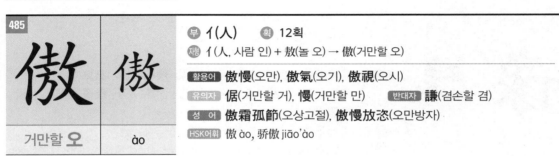

- 부 亻(人)
- 획 12획
- 자형 亻(人, 사람 인) + 敖(놀 오) → 傲(거만할 오)
- 활용어 傲慢(오만), 傲氣(오기), 傲視(오시)
- 유의자 倨(거만할 거), 慢(거만할 만) / 반대자 謙(겸손할 겸)
- 성 어 傲霜孤節(오상고절), 傲慢放恣(오만방자)
- HSK어휘 傲 ào, 骄傲 jiāo'ào

486

獄 / 獄

옥(감옥) **옥** / yù

- 부 犭 획 14획(간체 9획)
- 자형 犭(犬, 개 견) + 言(말씀 언) + 犬(개 견) → 獄(옥 옥)
- **활용어** 監獄(감옥), 地獄(지옥), 脫獄(탈옥), 投獄(투옥), 獄苦(옥고), 獄中(옥중)
- **성 어** 無間地獄(무간지옥), 阿鼻地獄(아비지옥)
- **HSK어휘** 监狱 jiānyù

487

擁 / 拥

낄, 안을 **옹** / yōng

- 부 扌(手) 획 16획(간체 8획)
- 자형 扌(手, 손 수) + 雍(누그러질 옹) → 擁(낄 옹)
- **활용어** 抱擁(포옹), 擁護(옹호), 擁立(옹립), 擁有(옹유), 擁衛(옹위)
- **유의자** 抱(안을 포)
- **HSK어휘** 拥抱 yōngbào, 拥护 yōnghù, 拥有 yōngyǒu

488

翁 / 翁

늙은이 **옹** / wēng

- 부 羽 획 10획
- 자형 羽(깃 우) + 公(공변될 공) → 翁(늙은이 옹)
- **활용어** 老翁(노옹), 漁翁(어옹), 富翁(부옹), 翁主(옹주)
- **유의자** 老(늙을 로)
- **성 어** 塞翁之馬(새옹지마)
- **HSK어휘** 翁 wēng, 亿万富翁 yiwànfùwēng

489

緩 / 缓

느릴 **완** / huǎn

- 부 糸 획 15획(간체 12획)
- 자형 糸(가는 실 사) + 爰(이에 원) → 緩(느릴 완)
- **활용어** 緩急(완급), 緩慢(완만), 緩和(완화), 緩衝(완충), 緩行(완행)
- **유의자** 徐(천천할 서), 遲(더딜 지) **반대자** 急(급할 급), 速(빠를 속)
- **성 어** 微吟緩步(미음완보)
- **HSK어휘** 缓和 huǎnhé, 缓解 huǎnjiě, 迟缓 chíhuǎn, 刻不容缓 kè bùróng huǎn

490

畏 / 畏

두려워할 **외** / wèi

- 부 田 획 9획
- 자형 田(밭 전) + 疋(필 소) + 人(사람 인) → 畏(두려워할 외, 가면을 쓴 제사장)
- **활용어** 畏懼(외구), 畏敬(외경), 無畏(무외), 敬畏(경외)
- **유의자** 恐(두려울 공), 怖(두려울 포), 懼(두려울 구)
- **성 어** 三畏(삼외), 後生可畏(후생가외)
- **HSK어휘** 畏惧 wèijù

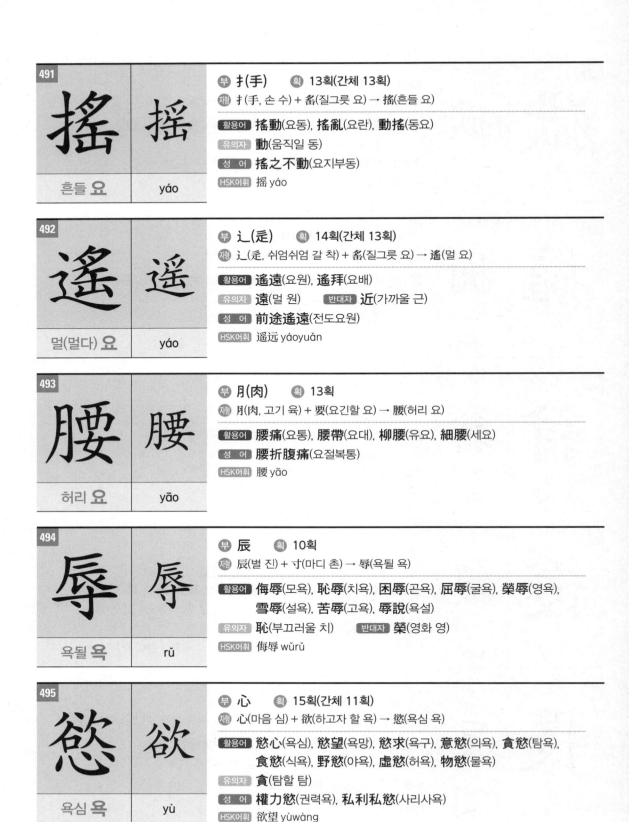

491 搖 搖

흔들 요 / yáo

부 扌(手) | 획 13획(간체 13획)

자형 扌(手, 손 수) + 䍃(질그릇 요) → 搖(흔들 요)

활용어 搖動(요동), 搖亂(요란), 動搖(동요)

유의자 動(움직일 동)

성어 搖之不動(요지부동)

HSK어휘 摇 yáo

---

492 遙 遥

멀(멀다) 요 / yáo

부 辶(辵) | 획 14획(간체 13획)

자형 辶(辵, 쉬엄쉬엄 갈 착) + 䍃(질그릇 요) → 遙(멀 요)

활용어 遙遠(요원), 遙拜(요배)

유의자 遠(멀 원) | 반대자 近(가까울 근)

성어 前途遙遠(전도요원)

HSK어휘 遥远 yáoyuǎn

---

493 腰 腰

허리 요 / yāo

부 月(肉) | 획 13획

자형 月(肉, 고기 육) + 要(요긴할 요) → 腰(허리 요)

활용어 腰痛(요통), 腰帶(요대), 柳腰(유요), 細腰(세요)

성어 腰折腹痛(요절복통)

HSK어휘 腰 yāo

---

494 辱 辱

욕될 욕 / rǔ

부 辰 | 획 10획

자형 辰(별 진) + 寸(마디 촌) → 辱(욕될 욕)

활용어 侮辱(모욕), 恥辱(치욕), 困辱(곤욕), 屈辱(굴욕), 榮辱(영욕), 雪辱(설욕), 苦辱(고욕), 辱說(욕설)

유의자 恥(부끄러울 치) | 반대자 榮(영화 영)

HSK어휘 侮辱 wǔrǔ

---

495 慾 欲

욕심 욕 / yù

부 心 | 획 15획(간체 11획)

자형 心(마음 심) + 欲(하고자 할 욕) → 慾(욕심 욕)

활용어 慾心(욕심), 慾望(욕망), 慾求(욕구), 意慾(의욕), 貪慾(탐욕), 食慾(식욕), 野慾(야욕), 虛慾(허욕), 物慾(물욕)

유의자 貪(탐할 탐)

성어 權力慾(권력욕), 私利私慾(사리사욕)

HSK어휘 欲望 yùwàng

496 庸 庸 떳떳할 용 yōng	부 广　획 11획

496 庸 庸 떳떳할 용 / yōng

- 부 广　획 11획
- 자형 庚(천간 경) + 用(쓸 용) → 庸(떳떳할 용)
- 활용어 **中庸**(중용), **登庸**(등용), **庸劣**(용렬), **庸拙**(용졸), **庸才**(용재), **庸俗**(용속)
- 유의자 **常**(떳떳할 상)　반대자 **拙**(졸할 졸), **劣**(못할 렬)
- HSK어휘 庸俗 yōngsú, 平庸 píngyōng

497 羽 羽 깃 우 / yǔ

- 부 羽　획 6획(간체 6획)
- 자형 새의 날개의 모양
- 활용어 **羽冠**(우관), **羽毛**(우모), **羽化**(우화)
- 성 어 **羽化登仙**(우화등선), **宮商角徵羽**(궁상각치우)
- HSK어휘 羽毛球 yǔmáoqiú

498 偶 偶 짝 우 / ǒu

- 부 亻(人)　획 11획
- 자형 亻(人, 사람 인) + 禺(원숭이 우) → 偶(짝 우)
- 활용어 **偶像**(우상), **偶然**(우연), **配偶者**(배우자), **偶發的**(우발적)
- 유의자 **配**(짝 배), **伴**(짝 반), **匹**(짝 필)
- 성 어 **偶像崇拜**(우상숭배)
- HSK어휘 偶像 ǒuxiàng, 偶然 ǒurán, 偶尔 ǒu'ěr

499 愚 愚 어리석을 우 / yú

- 부 心　획 13획
- 자형 心(마음 심) + 禺(원숭이 우) → 愚(어리석을 우)
- 활용어 **愚昧**(우매), **愚鈍**(우둔), **愚弄**(우롱), **愚直**(우직), **愚惡**(우악)
- 유의자 **賢**(어질 현)
- 성 어 **愚公移山**(우공이산), **愚問賢答**(우문현답), **愚民政策**(우민정책)
- HSK어휘 愚昧 yúmèi

500 郵 邮 우편 우 / yóu

- 부 阝(邑)　획 11획(간체 7획)
- 자형 阝(邑, 고을 읍) + 垂(드리울 수) → 郵(우편, 역참 우)
- 활용어 **郵便**(우편), **郵票**(우표), **郵遞局**(우체국), **郵便物**(우편물)
- 성 어 **電子郵便**(전자우편)
- HSK어휘 邮局 yóujú, 电子邮件 diànzǐ yóujiàn

❶ 다음 한자에 맞는 훈음을 쓰세요.

(1) 御 (　　　　　　　)　　(2) 予 (　　　　　　　)

(3) 譯 (　　　　　　　)　　(4) 宴 (　　　　　　　)

(5) 鉛 (　　　　　　　)　　(6) 演 (　　　　　　　)

(7) 燕 (　　　　　　　)　　(8) 泳 (　　　　　　　)

(9) 映 (　　　　　　　)　　(10) 譽 (　　　　　　　)

(11) 娛 (　　　　　　　)　　(12) 鳴 (　　　　　　　)

(13) 畏 (　　　　　　　)　　(14) 辱 (　　　　　　　)

(15) 羽 (　　　　　　　)　　(16) 偶 (　　　　　　　)

❷ 다음 한자어에 맞는 독음을 쓰세요.

(1) 文樣 (　　　　　　)　　(2) 輿論 (　　　　　　)

(3) 檢疫 (　　　　　　)　　(4) 食慾 (　　　　　　)

(5) 沿岸 (　　　　　　)　　(6) 因緣 (　　　　　　)

(7) 登庸 (　　　　　　)　　(8) 鹽田 (　　　　　　)

(9) 影響 (　　　　　　)　　(10) 猶豫 (　　　　　　)

(11) 監獄 (　　　　　　)　　(12) 抱擁 (　　　　　　)

(13) 搖亂 (　　　　　　)　　(14) 簡易驛 (　　　　　　)

(15) 染色體 (　　　　　　)　　(16) 腰折腹痛 (　　　　　　)

3 다음 한자의 간체자를 보기 에서 골라 쓰세요.

보기	邮	咏	鸣	忆

(1) 憶 (   )   (2) 詠 (   )

(3) 鳴 (   )   (4) 郵 (   )

4 다음 한자의 유의자를 보기 에서 골라 쓰세요.

보기	壓	遲	燒	使

(1) 抑 (   )   (2) 役 (   )

(3) 延 (   )   (4) 燃 (   )

5 다음 한자의 반의자를 보기 에서 골라 쓰세요.

보기	鈍	急	近	硬

(1) 軟 (   )   (2) 銳 (   )

(3) 緩 (   )   (4) 遙 (   )

6 다음 뜻을 가진 사자성어를 보기 에서 골라 쓰세요.

보기	緣木求魚	天生緣分	吟風詠月	天壤之差

(1) 하늘과 땅 사이와 같이 엄청난 차이.

     ✍ _____

(2) 나무에 올라가서 물고기를 구한다는 뜻으로, 도저히 불가능한 일을 굳이 하려 함을 비유적으로 이르는 말.

     ✍ _____

UNIT 11

HNK 3급

- 한자 501~550
- 복습하기

501 優 优 넉넉할 **우** yōu	부 亻(人) 획 17획(간체 6획)

501

優 优

넉넉할 **우**   yōu

부 亻(人)   획 17획(간체 6획)

자형 亻(人, 사람 인) + 憂(근심 우) → 優(넉넉할 우)

활용어 優劣(우열), 優秀(우수), 優越(우월), 優先(우선), 優勢(우세),
優良(우량), 優等(우등), 優勝(우승), 男優(남우), 女優(여우)

유의자 劣(못할 렬), 拙(졸할 졸)   성어 優柔不斷(우유부단)

HSK어휘 优秀 yōuxiù, 优越 yōuyuè, 优先 yōuxiān, 优势 yōushì, 优惠 yōuhuì
优美 yōuměi 优异 yōuyì, 优点 yōudiǎn

502

韻 韵

운 **운**   yùn

부 音   획 19획(간체 13획)

자형 音(소리 음) + 員(수효 원) → 韻(운 운)

활용어 韻文(운문), 韻律(운율), 韻致(운치), 音韻(음운), 押韻(압운),
餘韻(여운)

HSK어휘 韵 yùn

503

援 援

도울 **원**   yuán

부 扌(手)   획 12획

자형 扌(手, 손 수) + 爰(이에 원) → 援(도울 원)

활용어 救援(구원), 支援(지원), 應援(응원), 後援(후원), 聲援(성원),
增援(증원), 援助(원조)

유의자 救(도울 구), 扶(도울 부), 助(도울 조), 護(도울 호)

성어 孤立無援(고립무원)

HSK어휘 支援 zhīyuán

504

越 越

넘을 **월**   yuè

부 走   획 12획

자형 走(달릴 주) + 戉(도끼 월) → 越(넘을 월)

활용어 超越(초월), 優越(우월), 卓越(탁월), 追越(추월), 移越(이월),
越權(월권), 越冬(월동), 越等(월등), 越尺(월척), 越班(월반)

유의자 超(넘을 초)

성어 吳越同舟(오월동주)

HSK어휘 越 yuè, 超越 chāoyuè, 优越 yōuyuè, 卓越 zhuóyuè

505

委 委

맡길 **위**   wěi

부 女   획 8획

자형 女(여자 녀) + 禾(벼 화) → 委(맡길 위)

활용어 委任(위임), 委員(위원), 委屈(위굴), 委員會(위원회),
委任狀(위임장)

유의자 任(맡길 임), 托(맡길 탁), 豫(맡길 예)

HSK어휘 委员 wěiyuán, 委屈 wěiqu

506 胃 胃

밥통(위장) **위** / wèi

부 月(肉)　획 9획

자형 月(肉, 고기 육) + 田(밭 전, 음식물이 들어있는 위를 나타냄) → 胃(위장 위)

활용어 胃腸(위장), 胃壁(위벽), 胃痛(위통), 胃炎(위염), 健胃(건위)

HSK어휘 胃 wèi, 胃口 wèikǒu

507 圍 围

에워쌀 **위** / wéi

부 囗　획 12획(간체 7획)

자형 囗(에울 위) + 韋(다룸가죽 위) → 圍(에워쌀 위)

활용어 周圍(주위), 包圍(포위), 範圍(범위), 廣範圍(광범위)

유의자 包(쌀 포)

HSK어휘 周围 zhōuwéi, 包围 bāowéi, 围巾 wéijīn

508 違 违

어긋날 **위** / wéi

부 辶(辵)　획 13획(간체 7획)

자형 辶(辵, 쉬엄쉬엄 갈 착) + 韋(다룸가죽 위) → 違(어긋날, 어길 위)

활용어 違背(위배), 違反(위반), 違法(위법), 違憲(위헌), 違約(위약), 非違(비위)

유의자 着(어긋날 착)

성어 違和感(위화감), 違約金(위약금)

HSK어휘 违背 wéibèi

509 僞 伪

거짓 **위** / wěi

부 亻(人)　획 14획(간체 6획)

자형 亻(人, 사람 인) + 爲(할 위) → 僞(거짓 위)

활용어 虛僞(허위), 眞僞(진위), 僞善(위선), 僞裝(위장), 僞造(위조), 僞證(위증)

유의자 假(거짓 가)　반대자 眞(참 진), 正(바를 정)

성어 僞造紙幣(위조지폐)

HSK어휘 虚伪 xūwěi

510 慰 慰

위로할 **위** / wèi

부 心　획 15획

자형 心(마음 심) + 尉(벼슬 위) → 慰(위로할 위)

활용어 慰勞(위로), 慰問(위문), 慰安(위안), 安慰(안위), 慰靈祭(위령제), 弔慰金(조위금), 慰藉料(위자료)

HSK어휘 慰问 wèiwèn, 安慰 ānwèi

511 緯 纬 씨(씨줄) **위** wěi	부 糸　획 15획(간체 7획)
	자형 糸(가는 실 사) + 韋(다룸가죽 위) → 緯(씨줄 위)
	활용어 經緯(경위), 緯度(위도), 北緯(북위)
	유의자 經(날줄 경)
	성어 經天緯地(경천위지)
	HSK어휘 经纬 jīngwěi

512 謂 谓 이를 **위** wèi	부 言　획 16획(간체 11획)
	자형 言(말씀 언) + 胃(밥통 위) → 謂(이를 위)
	활용어 所謂(소위), 云謂(운위), 可謂(가위)
	성어 見得思義是謂九思(견득사의시위구사)
	HSK어휘 无所谓 wúsuǒwèi

513 衛 卫 지킬 **위** wèi	부 行　획 15획(간체 3획)
	자형 行(다닐 행) + 韋(다룸가죽 위) → 衛(지킬 위)
	활용어 衛生(위생), 衛星(위성), 保衛(보위), 防衛(방위), 擁衛(옹위), 護衛(호위), 自衛(자위)
	유의자 防(막을 방), 守(지킬 수), 保(지킬 보)　반대자 攻(칠 공), 擊(칠 격)
	성어 正當防衛(정당방위), 前衛藝術(전위예술)
	HSK어휘 卫生间 wèishēngjiān, 保卫 bǎowèi

514 幽 幽 그윽할 **유** yōu	부 幺　획 9획
	자형 幺(작을 요) + 火(불 화) → 幽(그윽할 유)
	활용어 幽玄(유현), 幽閉(유폐), 幽明(유명), 幽冥(유명), 幽靈(유령), 幽宅(유택)
	성어 深山幽谷(심산유곡)
	HSK어휘 幽默 yōumò

515 悠 悠 멀 **유** yōu	부 心　획 11획
	자형 心(마음 심) + 攸(바 유) → 悠(멀 유)
	활용어 悠久(유구), 悠悠(유유), 悠然(유연), 悠長(유장)
	유의자 遠(멀 원), 遙(멀 요), 長(길 장), 永(길 영)　반대자 近(가까울 근)
	성어 悠悠自適(유유자적)
	HSK어휘 悠久 yōujiǔ

516 惟 惟 생각할 유 wéi	부 忄(心)　획 11획 자형 忄(心, 마음 심) + 隹(새 추) → 惟(생각할 유) 활용어 思惟(사유), 竊惟(절유) 유의자 思(생각 사), 想(생각 상), 考(생각할 고), 慮(생각할 려) HSK어휘 惟 wéi

517 裕 裕 넉넉할 유 yù	부 衤(衣)　획 12획 자형 衤(衣, 옷 의) + 谷(골 곡) → 裕(넉넉할 유) 활용어 富裕(부유), 餘裕(여유), 豊裕(풍유), 裕福(유복), 裕足(유족) 유의자 富(부유할 부), 餘(남을 여), 足(넉넉할 족) 반대자 貧(가난할 빈), 窮(궁할 궁) 성 어 餘裕滿滿(여유만만) HSK어휘 富裕 fùyù

518 愈 愈 나을(낫다) 유 yù	부 心　획 13획 자형 心(마음 심) + 兪(점점 유) → 愈(나을 유) 활용어 愈甚(유심) 성 어 愈往愈篤(유왕유독) HSK어휘 愈 yù

519 維 维 벼리 유 wéi	부 糸　획 14획(간체 11획) 자형 糸(가는 실 사) + 隹(새 추) → 維(벼리 유) 활용어 四維(사유), 維新(유신), 維持(유지) 유의자 綱(벼리 강), 紀(벼리 기) 성 어 進退維谷(진퇴유곡) HSK어휘 思維 sīwéi, 維修 wéixiū, 維护 wéihù, 維生素 wéishēngsù

520 誘 诱 꾈 유 yòu	부 言　획 14획(간체 9획) 자형 言(말씀 언) + 秀(빼어날 수) → 誘(꾈 유) 활용어 誘惑(유혹), 誘導(유도), 誘發(유발), 誘引(유인), 誘致(유치), 誘入(유입), 勸誘(권유) 유의자 惑(미혹할 혹) HSK어휘 诱惑 yòuhuò

521		
閏	闰	부 門　　획 12획(간체 7획)
		자형 門(문 문) + 王(임금 왕) → 閏(윤달 윤)
		활용어 閏月(윤월), 閏朔(윤삭), 閏年(윤년)
		HSK어휘 闰 rùn
윤달 **윤**	rùn	

522		
潤	润	부 氵(水)　　획 15획(간체 10획)
		자형 氵(水, 물 수) + 閏(윤달 윤) → 潤(젖을 윤)
		활용어 利潤(이윤), 濕潤(습윤), 浸潤(침윤), 潤氣(윤기), 潤澤(윤택), 潤文(윤문)
		성어 氷淸玉潤(빙청옥윤)
불을, 젖을 **윤**	rùn	HSK어휘 利润 lìrùn, 湿润 shīrùn

523		
隱	隐	부 阝(阜)　　획 17획(간체 11획)
		자형 阝(阜, 언덕 부) + 㥯(삼갈 은) → 隱(숨길 은)
		활용어 隱身(은신), 隱密(은밀), 隱退(은퇴), 隱蔽(은폐), 隱約(은약), 隱語(은어), 隱居(은거)
		성어 隱忍自重(은인자중)
숨길 **은**	yǐn	HSK어휘 隐蔽 yǐnbì, 隐约 yǐnyuē, 隐患 yǐnhuàn, 隐私 yǐnsī

524		
淫	淫	부 氵(水)　　획 11획
		자형 氵(水, 물 수) + 㸒(가까이할 음) → 淫(음란할 음)
		활용어 淫亂(음란), 淫行(음행), 淫慾(음욕), 姦淫(간음), 賣淫(매음), 淫亂物(음란물), 觀淫症(관음증)
음란할 **음**	yín	HSK어휘 淫 yín

525		
凝	凝	부 冫　　획 16획
		자형 冫(얼음 빙) + 疑(의심할 의) → 凝(엉길 응)
		활용어 凝固(응고), 凝視(응시), 凝結(응결), 凝集(응집), 凝縮(응축)
		유의자 結(맺을 결)
엉길 **응**	níng	HSK어휘 凝固 nínggù, 凝视 níngshì

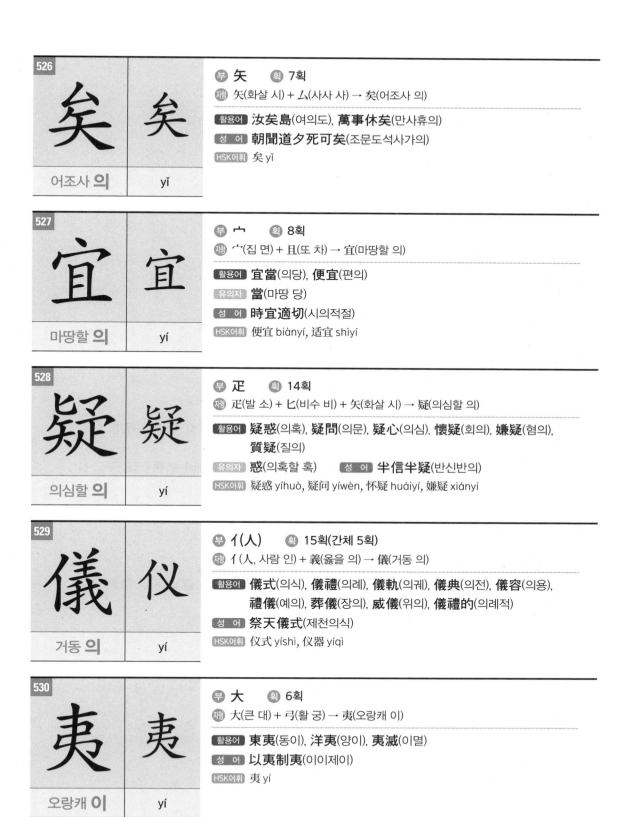

526	矣 矣 어조사 **의** yǐ	부 矢 획 7획 자형 矢(화살 시) + 厶(사사 사) → 矣(어조사 의) 활용어 汝矣島(여의도), 萬事休矣(만사휴의) 성 어 朝聞道夕死可矣(조문도석사가의) HSK어휘 矣 yǐ
527	宜 宜 마땅할 **의** yí	부 宀 획 8획 자형 宀(집 면) + 且(또 차) → 宜(마땅할 의) 활용어 宜當(의당), 便宜(편의) 유의자 當(마땅 당) 성 어 時宜適切(시의적절) HSK어휘 便宜 biànyí, 适宜 shìyí
528	疑 疑 의심할 **의** yí	부 疋 획 14획 자형 疋(발 소) + 匕(비수 비) + 矢(화살 시) → 疑(의심할 의) 활용어 疑惑(의혹), 疑問(의문), 疑心(의심), 懷疑(회의), 嫌疑(혐의), 質疑(질의) 유의자 惑(의혹할 혹)　　성 어 半信半疑(반신반의) HSK어휘 疑惑 yíhuò, 疑问 yíwèn, 怀疑 huáiyí, 嫌疑 xiányí
529	儀 仪 거동 **의** yí	부 亻(人) 획 15획(간체 5획) 자형 亻(人, 사람 인) + 義(옳을 의) → 儀(거동 의) 활용어 儀式(의식), 儀禮(의례), 儀軌(의궤), 儀典(의전), 儀容(의용), 禮儀(예의), 葬儀(장의), 威儀(위의), 儀禮的(의례적) 성 어 祭天儀式(제천의식) HSK어휘 仪式 yíshì, 仪器 yíqì
530	夷 夷 오랑캐 **이** yí	부 大 획 6획 자형 大(큰 대) + 弓(활 궁) → 夷(오랑캐 이) 활용어 東夷(동이), 洋夷(양이), 夷滅(이멸) 성 어 以夷制夷(이이제이) HSK어휘 夷 yí

531	翼 翼 날개 **익** / yì	부 羽　　획 17획 자형 羽(깃 우) + 異(다를 이) → 翼(날개 익) 활용어 **右翼**(우익), **羽翼**(우익), **左翼**(좌익), **比翼鳥**(비익조) 유의자 **羽**(깃 우) HSK어휘 翼 yì, 小心翼翼 xiǎo xīn yì yì

532	姻 姻 혼인 **인** / yīn	부 女　　획 9획 자형 女(여자 녀) + 因(인할 인) → 姻(혼인 인) 활용어 **婚姻**(혼인), **姻戚**(인척) 유의자 **婚**(혼인할 혼) HSK어휘 婚姻 hūnyīn

533	逸 逸 편안할, 달아날 **일** / yì	부 辶(辵)　　획 12획(간체 11획) 자형 辶(辵, 쉬엄쉬엄 갈 착) + 兔(토끼 토) → 逸(달아날 일) 활용어 **逸脫**(일탈), **逸話**(일화), **逸品**(일품), **安逸**(안일), **隱逸**(은일), 　　　**獨逸**(독일) 유의자 **安**(편안할 안), **穩**(평온할 온)　　성 어 **無事安逸**(무사안일) HSK어휘 逸 yì

534	賃 赁 품삯 **임** / lìn	부 貝　　획 13획(간체 10획) 자형 貝(조개 패) + 任(맡길 임) → 賃(품삯 임) 활용어 **賃金**(임금), **賃貸**(임대), **賃借**(임차), **運賃**(운임), **無賃**(무임) 성 어 **無賃乘車**(무임승차) HSK어휘 赁 lìn

535	刺 刺 찌를 **자** / 찌를 **척** / 수라 **라** / cì	부 刂(刀)　　획 8획 자형 刂(刀, 칼 도) + 朿(가시 자) → 刺(찌를 자) 활용어 **刺客**(자객), **刺字**(자자), **刺傷**(자상), **刺殺**(자살, 척살), **亂刺**(난자) 유의자 **衝**(찌를 충) 성 어 **水刺床**(수라상) HSK어휘 刺 cì, 刺激 cìjī, 讽刺 fěngcì

536 兹 茲

이**자** / zī

부 玄 획 10획(간체 9획)

자형 玄(검을 현) + 玄(검을 현) → 兹(이 자)

활용어 龜兹(구자), 今兹(금자)

유의자 是(이 시), 斯(이 사) 반대자 彼(저 피)

HSK어휘 兹 zī /cí

---

537 姿 姿

모양 **자** / zī

부 女 획 9획

자형 女(여자 녀) + 次(버금 차) → 姿(맵시, 모양 자)

활용어 姿勢(자세), 姿態(자태), 姿色(자색), 雄姿(웅자)

유의자 形(모양 형), 態(모양 태)

HSK어휘 姿勢 zīshì, 姿态 zītài

---

538 恣 恣

방자할 **자** / zì

부 心 획 10획

자형 心(마음 심) + 次(버금 차) → 恣(마음대로 자)

활용어 放恣(방자), 恣行(자행), 恣意的(자의적)

HSK어휘 恣 zì

---

539 紫 紫

자줏빛 **자** / zǐ

부 糸 획 12획

자형 糸(가는 실 사) + 此(이 차) → 紫(자줏빛 자)

활용어 紫色(자색), 紫朱(자주), 紫外線(자외선), 紫雲(자운)

성어 山紫水明(산자수명)

HSK어휘 紫 zǐ

---

540 資 资

재물 **자** / zī

부 貝 획 13획(간체 10획)

자형 貝(조개 패) + 次(버금 차) → 資(재물 자)

활용어 資金(자금), 資料(자료), 資源(자원), 資本(자본), 資産(자산),
資質(자질), 資格(자격), 物資(물자), 出資(출자), 增資(증자),
合資(합자), 投資(투자)

유의자 財(재물 재), 貨(재화 화)

HSK어휘 资金 zījīn, 资料 zīliào, 资源 zīyuán, 资本 zīběn, 资产 zīchǎn,
投资 tóuzī, 物资 wùzī, 资深 zīshēn, 资助 zīzhù, 工资 gōngzī

541

酌

술 부을 **작**

zhuó

- 부 酉 　 획 10획
- 자형 酉(닭 유, 술그릇) + 勺(구기 작) → 酌(따를 작)
- 활용어 **參酌**(참작), **自酌**(자작), **對酌**(대작), **酌婦**(작부), **酌定**(작정),
無酌定(무작정)
- 성 어 **情狀參酌**(정상참작)
- HSK어휘 酌 zhuó

542

爵

벼슬, 술잔 **작**

jué

- 부 爪 　 획 18획(간체 17획)
- 자형 爪(손톱 조) + 罒(그물 망) + 皀(고소할 급) + 寸(마디 촌) → 爵(술잔 작)
- 활용어 **爵位**(작위), **獻爵**(헌작), **進爵**(진작), **公爵**(공작), **侯爵**(후작),
伯爵(백작), **子爵**(자작), **男爵**(남작)
- 유의자 官(벼슬 관), 尉(벼슬 위), 吏(벼슬아치 리)
- 성 어 **高官大爵**(고관대작)
- HSK어휘 爵 jué

543

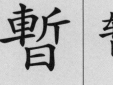

殘

남을, 잔인할 **잔**

cán

- 부 歹 　 획 12획(간체 9획)
- 자형 歹(살 바른 뼈 알) + 㦮(해칠 잔) → 殘(잔인할 잔)
- 활용어 **殘忍**(잔인), **殘留**(잔류), **殘黨**(잔당), **殘惡**(잔악), **殘高**(잔고),
殘金(잔금), **殘額**(잔액), **殘業**(잔업), **殘餘**(잔여), **殘雪**(잔설),
衰殘(쇠잔)
- 유의자 餘(남을 여) 　 성 어 **同族相殘**(동족상잔), **骨肉相殘**(골육상잔)
- HSK어휘 殘忍 cánrěn, 殘留 cánliú, 零錢 língqián

544

暫

잠깐 **잠**

zàn

- 부 日 　 획 15획(간체 12획)
- 자형 日(날 일) + 斬(벨 참) → 暫(잠시 잠)
- 활용어 **暫時**(잠시), **暫間**(잠간), **暫留**(잠류), **暫定的**(잠정적)
- HSK어휘 暫時 zànshí, 暫且 zànqiě

545

潛

潜

잠길 **잠**

qián

- 부 氵(水) 　 획 15획(간체 15획)
- 자형 氵(水, 물 수) + 朁(일찍이 참) → 潛(잠길 잠)
- 활용어 **潛水**(잠수), **潛跡**(잠적), **潛伏**(잠복), **潛入**(잠입), **沈潛**(침잠),
潛在力(잠재력)
- 유의자 沈(잠길 침), 浸(담글 침), 沒(빠질 몰) 　 반대자 浮(뜰 부)
- 성 어 **微服潛行**(미복잠행)
- HSK어휘 潛水 qiánshuǐ, 潛移默化 qián yí mò huà

546

雜 杂

섞일 **잡** zá

- 부 隹　획 18획(간체 6획)
- 자형 衣(옷 의) + 集(모일 집) → 雜(섞일 잡)
- 활용어 雜誌(잡지), 雜念(잡념), 雜技(잡기), 雜音(잡음), 雜談(잡담), 雜穀(잡곡), 複雜(복잡), 煩雜(번잡), 混雜(혼잡), 錯雜(착잡), 亂雜(난잡), 醜雜(추잡)
- 유의자 混(섞을 혼)　성어 複雜多端(복잡다단), 身邊雜記(신변잡기)
- HSK어휘 杂志 zázhì, 复杂 fùzá, 杂技 zájì, 杂交 zájiāo

547

丈 丈

어른 **장** zhàng

- 부 一　획 3획
- 자형 十(열 십) + 又(또 우) → 丈(어른 장)
- 활용어 丈夫(장부), 聘丈(빙장), 丈人(장인), 丈尺(장척), 老人丈(노인장), 大丈夫(대장부), 主人丈(주인장)
- 유의자 長(어른 장)　반대자 少(적을 소)
- 성어 春府丈(춘부장), 氣高萬丈(기고만장)
- HSK어휘 丈夫 zhàngfū, 丈夫 zhàngfu

548

莊 庄

씩씩할, 풀 성할 **장** zhuāng

- 부 艹　획 11획(간체 6획)
- 자형 艹(풀 초) + 壯(장할 장) → 莊(풀 성할 장)
- 활용어 莊嚴(장엄), 莊重(장중), 莊園(장원), 山莊(산장), 別莊(별장)
- 성어 莊子(장자), 老莊思想(노장사상), 莊周之夢(장주지몽)
- HSK어휘 庄严 zhuāngyán, 庄重 zhuāngzhòng

549

帳 帐

장막 **장** zhàng

- 부 巾　획 11획(간체 8획)
- 자형 巾(수건 건) + 長(길 장) → 帳(장막 장)
- 활용어 帳幕(장막), 揮帳(휘장), 帳簿(장부), 臺帳(대장), 通帳(통장), 帳記(장기), 日記帳(일기장)
- 유의자 幕(장막 막)
- HSK어휘 结账 jiézhàng, 账户 zhànghù

550

張 张

베풀 **장** zhāng

- 부 弓　획 11획(간체 7획)
- 자형 弓(활 궁) + 長(길 장) → 張(베풀 장)
- 활용어 主張(주장), 緊張(긴장), 擴張(확장), 誇張(과장), 伸張(신장), 出張(출장)
- 유의자 伸(펼 신), 擴(넓힐 확)　반대자 縮(줄일 축)
- HSK어휘 张 zhāng, 主张 zhǔzhāng, 紧张 jǐnzhāng, 扩张 kuòzhāng, 夸张 kuāzhāng, 东张西望 dōng zhāng xī wàng

❶ 다음 한자에 맞는 훈음을 쓰세요.

(1) 韻 (　　　　　)　　　　(2) 委 (　　　　　)

(3) 幽 (　　　　　)　　　　(4) 悠 (　　　　　)

(5) 惟 (　　　　　)　　　　(6) 愈 (　　　　　)

(7) 維 (　　　　　)　　　　(8) 閨 (　　　　　)

(9) 宜 (　　　　　)　　　　(10) 翼 (　　　　　)

(11) 賃 (　　　　　)　　　　(12) 刺 (　　　　　)

(13) 姿 (　　　　　)　　　　(14) 酌 (　　　　　)

(15) 丈 (　　　　　)　　　　(16) 張 (　　　　　)

❷ 다음 한자어에 맞는 독음을 쓰세요.

(1) 優勢 (　　　　　)　　　　(2) 後援 (　　　　　)

(3) 違背 (　　　　　)　　　　(4) 慰安 (　　　　　)

(5) 所謂 (　　　　　)　　　　(6) 富裕 (　　　　　)

(7) 誘引 (　　　　　)　　　　(8) 利潤 (　　　　　)

(9) 隱蔽 (　　　　　)　　　　(10) 疑心 (　　　　　)

(11) 婚姻 (　　　　　)　　　　(12) 逸脫 (　　　　　)

(13) 資料 (　　　　　)　　　　(14) 殘忍 (　　　　　)

(15) 恣意的 (　　　　　)　　　　(16) 紫外線 (　　　　　)

③ 다음 한자의 간체자를 보기 에서 골라 쓰세요.

보기	杂	仪	庄	卫

(1) 衛 (　　　　　)　　　(2) 儀 (　　　　　)

(3) 雜 (　　　　　)　　　(4) 莊 (　　　　　)

④ 다음 한자의 유의자를 보기 에서 골라 쓰세요.

보기	結	包	惑	超

(1) 越 (　　　　　)　　　(2) 圍 (　　　　　)

(3) 凝 (　　　　　)　　　(4) 誘 (　　　　　)

⑤ 다음 한자의 반의자를 보기 에서 골라 쓰세요.

보기	劣	沈	眞	經

(1) 優 (　　　　　)　　　(2) 僞 (　　　　　)

(3) 緯 (　　　　　)　　　(4) 潛 (　　　　　)

⑥ 다음 뜻을 가진 사자성어를 보기 에서 골라 쓰세요.

보기	以夷制夷	進退維谷	悠悠自適	深山幽谷

(1) 오랑캐로 오랑캐를 무찌른다는 뜻으로, 한 세력을 이용하여 다른 세력을 제어함을 이르는 말.

　　_____

(2) 깊은 산속의 으슥한 골짜기.

　　_____

UNIT 12

HNK 3급
- 한자 551~600
- 복습하기

551 掌 掌 손바닥 **장** zhǎng	부 手 획 12획	

부 手 획 12획
자형 手(손 수) + 尙(오히려 상) → 掌(손바닥 장)
활용어 合掌(합장), 管掌(관장), 分掌(분장), 仙人掌(선인장), 如反掌(여반장)
성어 拍掌大笑(박장대소), 孤掌難鳴(고장난명)
HSK어휘 鼓掌 gǔzhǎng

552 葬 葬 장사지낼 **장** zàng
부 艹 획 13획(간체 12획)
자형 艹(풀 초) + 死(죽을 사) + 廾(받들 공) → 葬(장사지낼 장)
활용어 埋葬(매장), 殉葬(순장), 火葬(화장), 安葬(안장), 移葬(이장), 葬禮(장례)
유의자 喪(죽을 상)
성어 副葬品(부장품), 高麗葬(고려장), 葬送曲(장송곡)
HSK어휘 埋葬 máizàng

553 粧 妆 단장할 **장** zhuāng
부 米 획 12획(간체 6획)
자형 米(쌀 미) + 庄(전장 장) → 粧(단장할 장)
활용어 丹粧(단장), 化粧(화장), 治粧(치장), 粧飾(장식), 銀粧刀(은장도)
HSK어휘 化妆 huàzhuāng

554 裝 装 꾸밀 **장** zhuāng
부 衣 획 13획
자형 衣(옷 의) + 壯(장할 장) → 裝(꾸밀 장)
활용어 裝飾(장식), 裝備(장비), 裝置(장치), 裝着(장착), 服裝(복장), 假裝(가장), 武裝(무장), 僞裝(위장), 裝身具(장신구)
유의자 飾(꾸밀 식)
HSK어휘 装 zhuāng, 装饰 zhuāngshì, 装备 zhuāngbèi, 服装 fúzhuāng, 假装 jiǎzhuāng, 武装 wǔzhuāng, 装修 zhuāngxiū, 安装 ānzhuāng

555 獎 奖 장려할 **장** jiǎng
부 大 획 14획(간체 9획)
자형 大(큰 대) + 將(장차 장) → 獎(장려할 장)
활용어 勸獎(권장), 獎勵(장려), 獎學金(장학금), 獎學生(장학생)
유의자 勸(권할 권), 勵(힘쓸 려)
HSK어휘 奖金 jiǎngjīn, 奖励 jiǎnglì, 奖赏 jiǎngshǎng, 过奖 guòjiǎng

556	障 障	부 阝(阜) 획 14획(간체 13획)
		자형 阝(阜, 언덕 부) + 章(글 장) → 障(막을 장)

556 障 障 막을 장 zhàng

부 阝(阜)   획 14획(간체 13획)

자형 阝(阜, 언덕 부) + 章(글 장) → 障(막을 장)

활용어 障壁(장벽), 障害(장해), 保障(보장), 故障(고장), 支障(지장), 白內障(백내장)

유의자 拒(막을 거), 防(막을 방), 抵(막을 저)

HSK어휘 保障 bǎozhàng, 故障 gùzhàng, 屏障 píngzhàng

---

557 藏 藏 감출 장 zàng

부 艹   획 18획(간체 17획)

자형 艹(풀 초) + 臧(착할 장) → 藏(감출 장)

활용어 收藏(수장), 貯藏(저장), 死藏(사장), 所藏(소장), 冷藏(냉장), 秘藏(비장), 退藏(퇴장), 內藏(내장)

HSK어휘 收藏 shōuzàng

---

558 臟 脏 오장 장 zàng

부 月(肉)   획 22획(간체 10획)

자형 月(肉, 고기 육) + 藏(감출 장) → 臟(오장 장)

활용어 臟器(장기), 五臟(오장), 心臟(심장), 內臟(내장), 腎臟(신장), 肝臟(간장), 胃臟(위장), 強心臟(강심장)

성어 臟器寄贈(장기기증)

HSK어휘 心脏 xīnzàng

---

559 墻 墙 담 장 qiáng

부 土   획 16획(간체 14획)

자형 土(흙 토) + 嗇(아낄 색) → 墻(담 장)

활용어 墻壁(장벽), 墻內(장내), 隔墻(격장)

유의자 壁(벽 벽)

성어 路柳墻花(노류장화)

HSK어휘 墙 qiáng

---

560 宰 宰 재상 재 zǎi

부 宀   획 10획

자형 宀(집 면) + 辛(매울 신) → 宰(재상 재)

활용어 宰相(재상), 宰臣(재신), 宰制(재제), 主宰(주재), 賢宰(현재)

HSK어휘 宰 zǎi

561 裁 裁 마를(마름질할) 재 / cái	부 衣　획 12획 자형 衣(옷 의) + 戈(끊을, 상할 재) → 裁(마를 재) 활용어 裁斷(재단), 裁判(재판), 裁可(재가), 裁量(재량), 獨裁(독재), 　　　總裁(총재), 體裁(체재), 制裁(제재), 仲裁(중재), 決裁(결재) 성어 自由裁量(자유재량) HSK어휘 裁判 cáipàn, 裁员 cáiyuán, 独裁 dúcái, 总裁 zǒngcái, 体裁 tǐcái

562 載 載 실을(싣다) 재 / zǎi	부 車　획 13획(간체 10획) 자형 車(수레 차) + 戈(끊을, 상할 재) → 載(실을 재) 활용어 登載(등재), 記載(기재), 連載(연재), 積載(적재) 성어 千載一遇(천재일우), 車載斗量(거재두량) HSK어휘 載 zǎi/zài, 记载 jìzǎi, 下载 xiàzǎi, 上载 shàngzài

563 底 底 밑 저 / dǐ	부 广　획 8획(간체 8획) 자형 广(집 엄) + 氐(근본 저) → 底(밑 저) 활용어 海底(해저), 徹底(철저), 基底(기저), 底本(저본), 底力(저력), 　　　底意(저의), 底邊(저변), 底流(저류), 底引網(저인망) HSK어휘 底 dǐ, 彻底 chèdǐ, 到底 dàodǐ, 归根到底 guī gēn dào dǐ

564 抵 抵 막을 저 / dǐ	부 扌(手)　획 8획(간체 8획) 자형 扌(手, 손 수) + 氐(근본 저) → 抵(막을 저) 활용어 抵抗(저항), 抵當(저당), 抵觸(저촉), 大抵(대저), 抵抗力(저항력), 　　　根抵當(근저당) 유의자 抗(막을 항) HSK어휘 抵抗 dǐkàng, 抵达 dǐdá, 抵制 dǐzhì

565 寂 寂 고요할 적 / jì	부 宀　획 11획 자형 宀(집 면) + 叔(아재비 숙) → 寂(고요할 적) 활용어 靜寂(정적), 孤寂(고적), 閑寂(한적), 入寂(입적), 寂寞(적막), 　　　寂滅(적멸), 寂寂(적적), 寂靜(적정) 유의자 閑(한가할 한), 靜(고요할 정)　반대자 忙(바쁠 망) 성어 大寂光殿(대적광전) HSK어휘 寂寞 jìmò, 寂静 jìjìng

566 笛 笛 피리 적 dí	부 竹　획 11획

566 笛

부 竹　획 11획

자형 竹(대 죽) + 由(말미암을 유) → 笛(피리 적)

활용어 汽笛(기적), 警笛(경적), 鼓笛隊(고적대)

성　어 萬波息笛(만파식적)

HSK어휘 笛 dí

피리 **적**　dí

---

567 跡 迹

부 ⻊(足)　획 13획(간체 9획)

자형 ⻊(足, 발 족) + 亦(또 역) → 跡(발자취 적)

활용어 事跡(사적), 奇跡(기적), 追跡(추적), 足跡(족적), 潛跡(잠적),
筆跡(필적), 軌跡(궤적), 遺跡(유적), 人跡(인적)

성　어 名勝古跡(명승고적)

HSK어휘 事迹 shìjì, 奇迹 qíjì, 迹象 jìxiàng, 名胜古迹 míngshèng gǔjì

발자취 **적**　jì

---

568 賊 贼

부 貝　획 13획(간체 10획)

자형 貝(조개 패) + 戎(병장기 융) → 賊(도둑 적)

활용어 盜賊(도적), 馬賊(마적), 山賊(산적), 海賊(해적), 義賊(의적),
逆賊(역적)

유의자 盜(훔칠 도), 竊(훔칠 절)

성　어 亂臣賊子(난신적자), 奸臣賊子(간신적자), 萬古逆賊(만고역적),
斯文亂賊(사문난적)

HSK어휘 贼 zéi

도둑 **적**　zéi

---

569 滴 滴

부 氵(水)　획 14획

자형 氵(水, 물 수) + 商(밑동 적) → 滴(물방울 적)

활용어 滴水(적수), 餘滴(여적)

성　어 大海一滴(대해일적)

HSK어휘 滴 dī

물방울 **적**　dī

---

570 摘 摘

부 扌(手)　획 14획

자형 扌(手, 손 수) + 商(밑동 적) → 摘(딸 적)

활용어 摘示(적시), 摘發(적발), 摘出(적출), 摘要(적요), 指摘(지적)

HSK어휘 摘 zhāi

딸(따다) **적**　zhāi

571		
績	绩	부 糸　획 17획(간체 11획)
		자형 糸(가는 실 사) + 責(꾸짖을 책) → 績(길쌈 적)
		활용어 紡績(방적), 成績(성적), 功績(공적), 實績(실적), 業績(업적), 治績(치적)
		유의자 紡(길쌈 방), 織(짤 직)
길쌈 적	jì	HSK어휘 成绩 chéngjì

572		
蹟	迹	부 묘(足)　획 18획(간체 9획)
		자형 묘(足, 발 족) + 責(꾸짖을 책) → 蹟(자취 적)
		활용어 奇蹟(기적), 遺蹟(유적), 史蹟(사적), 古蹟(고적)
		유의자 跡(발자취 적)
		성어 名勝古蹟(명승고적)
자취 적	jì	HSK어휘 奇迹 qíjì, 事迹 shìjì, 迹象 jìxiàng, 名胜古迹 míngshèng gǔjì

573		
籍	籍	부 竹　획 20획
		자형 竹(대 죽) + 耤(적전 적) → 籍(문서 적)
		활용어 書籍(서적), 國籍(국적), 戶籍(호적), 本籍(본적), 移籍(이적), 在籍(재적), 除籍(제적)
		유의자 簿(문서 부), 券(문서 권)
		성어 學籍簿(학적부), 二重國籍(이중국적)
문서 적	jí	HSK어휘 书籍 shūjí, 籍贯 jíguàn

574		
殿	殿	부 殳　획 13획
		자형 殳(몽둥이 수) + 尸(주검 시) + 共(함께 공) → 殿(큰 집 전)
		활용어 殿閣(전각), 殿堂(전당), 殿下(전하), 神殿(신전), 聖殿(성전), 宮殿(궁전), 寶殿(보전), 御殿(어전), 正殿(정전), 大殿(대전), 內殿(내전)
		성어 集賢殿(집현전), 大雄殿(대웅전), 無量壽殿(무량수전)
전각, 큰 집 전	diàn	HSK어휘 宮殿 gōngdiàn

575		
竊	窃	부 穴　획 22획(간체 9획)
		자형 穴(구멍 혈) + 釆(분별할 변) + 卨(쌀벌레 절) → 竊(훔칠 절)
		활용어 竊盜(절도), 竊取(절취), 竊聽(절청)
		유의자 盜(훔칠 도), 賊(도둑 적)
훔칠 절	qiè	HSK어휘 盗窃 dàoqiè

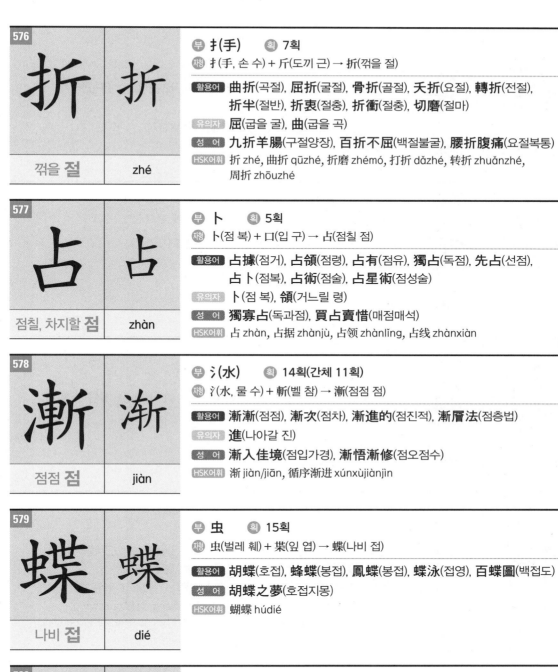

576

折 折

꺾을 **절** · zhé

- 부 扌(手)　획 7획
- 자형 扌(手, 손 수) + 斤(도끼 근) → 折(꺾을 절)

- 활용어 曲折(곡절), 屈折(굴절), 骨折(골절), 夭折(요절), 轉折(전절), 折半(절반), 折衷(절충), 折衝(절충), 切磨(절마)
- 유의자 屈(굽을 굴), 曲(굽을 곡)
- 성어 九折羊腸(구절양장), 百折不屈(백절불굴), 腰折腹痛(요절복통)
- HSK어휘 折 zhé, 曲折 qūzhé, 折磨 zhémó, 打折 dǎzhé, 转折 zhuǎnzhé, 周折 zhōuzhé

577

占 占

점칠, 차지할 **점** · zhàn

- 부 卜　획 5획
- 자형 卜(점 복) + 口(입 구) → 占(점칠 점)

- 활용어 占據(점거), 占領(점령), 占有(점유), 獨占(독점), 先占(선점), 占卜(점복), 占術(점술), 占星術(점성술)
- 유의자 卜(점 복), 領(거느릴 령)
- 성어 獨寡占(독과점), 買占賣惜(매점매석)
- HSK어휘 占 zhàn, 占据 zhànjù, 占领 zhànlǐng, 占线 zhànxiàn

578

漸 渐

점점 **점** · jiàn

- 부 氵(水)　획 14획(간체 11획)
- 자형 氵(水, 물 수) + 斬(벨 참) → 漸(점점 점)

- 활용어 漸漸(점점), 漸次(점차), 漸進的(점진적), 漸層法(점층법)
- 유의자 進(나아갈 진)
- 성어 漸入佳境(점입가경), 漸悟漸修(점오점수)
- HSK어휘 漸 jiàn/jiān, 循序漸进 xúnxùjiànjìn

579

蝶 蝶

나비 **접** · dié

- 부 虫　획 15획
- 자형 虫(벌레 훼) + 枼(잎 엽) → 蝶(나비 접)

- 활용어 胡蝶(호접), 蜂蝶(봉접), 鳳蝶(봉접), 蝶泳(접영), 百蝶圖(백접도)
- 성어 胡蝶之夢(호접지몽)
- HSK어휘 蝴蝶 húdié

580

廷 廷

조정 **정** · tǐng

- 부 廴　획 7획
- 자형 廴(길게 걸을 인) + 壬(천간 임) → 廷(조정 정)

- 활용어 朝廷(조정), 法廷(法庭, 법정), 休廷(휴정), 開廷(개정), 閉廷(폐정), 出廷(출정), 退廷(퇴정)
- 성어 宮廷畫家(궁정화가)
- HSK어휘 廷 tíng

581 征 征 칠(치다) 정 zhēng	부 彳 획 8획
	자형 彳(조금 걸을 척) + 正(바를 정) → 征(칠 정)
	활용어 征服(정복), 征伐(정벌), 遠征(원정), 出征(출정), 長征(장정)
	유의자 伐(칠 벌), 討(칠 토), 擊(칠 격)
	성어 遠征隊(원정대), 謝氏南征記(사씨남정기)
	HSK어휘 征服 zhēngfú

582 亭 亭 정자 정 tíng	부 亠 획 9획
	자형 高('高 높을 고'의 생략형) + 丁(천간 정) → 亭(정자 정)
	활용어 亭子(정자), 八角亭(팔각정), 洗劍亭(세검정)
	HSK어휘 亭子 tíngzi

583 訂 订 바로잡을 정 dìng	부 言 획 9획(간체 4획)
	자형 言(말씀 언) + 丁(천간 정) → 訂(바로잡을 정)
	활용어 訂正(정정), 改訂(개정), 校訂(교정), 修訂(수정), 增訂(증정), 訂定(정정)
	유의자 矯(바로잡을 교)
	HSK어휘 订 dìng, 预订 yùdìng

584 程 程 한도, 길 정 chéng	부 禾 획 12획
	자형 禾(벼 화) + 呈(드릴 정) → 程(한도 정)
	활용어 程度(정도), 日程(일정), 課程(과정), 過程(과정), 工程(공정), 規程(규정), 上程(상정), 旅程(여정), 路程(노정)
	유의자 道(길 도), 路(길 로)　성어 方程式(방정식), 里程標(이정표)
	HSK어휘 程度 chéngdù, 日程 rìchéng, 课程 kèchéng, 过程 guòchéng, 启程 qǐchéng, 章程 zhāngchéng, 专程 zhuānchéng, 程序 chéngxù, 工程师 gōngchéngshī, 里程碑 lǐchéngbēi

585 整 整 가지런할 정 zhěng	부 攵(攴) 획 16획
	자형 攵(칠 복) + 束(묶을 속) + 正(바를 정) → 整(가지런할 정)
	활용어 整理(정리), 整齊(정제), 整備(정비), 整列(정렬), 調整(조정)
	성어 整形手術(정형수술)
	HSK어휘 整 zhěng, 整理 zhěnglǐ, 调整 tiáozhěng, 整齐 zhěngqí, 整体 zhěngtǐ, 整个(儿) zhěnggè(r)

586 堤 堤 둑 **제** dī	부 土　획 12획

586

堤　堤

둑 **제**　dī

부 土　획 12획

자형 土(흙 토) + 是(옳을 시) → 堤(둑 제)

활용어 堤防(제방), 防波堤(방파제), 防潮堤(방조제)

HSK어휘 堤 dī

587

提　提

끌(끌다) **제**　tí

부 扌(手)　획 12획

자형 扌(手, 손 수) + 是(옳을 시) → 提(끌 제)

활용어 提携(제휴), **提高**(제고), **提供**(제공), **提示**(제시), **提議**(제의),
提出(제출), **提訴**(제소), **提起**(제기), **提言**(제언), **提案**(제안),
提請(제청), **前提**(전제)

유의자 牽(끌 견), 引(끌 인), 携(끌 휴)　성 어 提燈行列(제등행렬)

HSK어휘 提 tí, 提高 tígāo, 提供 tígōng, 提示 tíshì, 提议 tíyì, 提前 tíqián,
提纲 tígāng, 提问 tíwèn, 提拔 tíbá, 提炼 tíliàn, 前提 qiántí

588

齊　齐

가지런할, 모두 **제**　qí

부 齊　획 14획(간체 6획)

자형 곡식이 가지런히 자라는 모습.

활용어 一齊(일제), **齊唱**(제창), 齊家(제가), **齊物論**(제물론)

유의자 整(가지런할 정)

성 어 擧案齊眉(거안제미), 修身齊家治國平天下(수신제가치국평천하)

HSK어휘 齐 qí/jì/zī/zhāi, 整齐 zhěngqí, 齐全 qíquán, 齐心协力 qí xīn xié lì

589

際　际

즈음, 사이 **제**　jì

부 阝(阜)　획 14획(간체 7획)

자형 阝(阜, 언덕 부) + 祭(제사 제) → 際(즈음 제)

활용어 交際(교제), **國際**(국제), **實際**(실제), **此際**(차제), **際會**(제회),
際涯(제애)

유의자 交(사귈 교)　성 어 茫無際涯(망무제애)

HSK어휘 交际 jiāojì, 国际 guójì, 实际 shíjì, 之际 zhījì

590

濟　济

건널 **제**　jì

부 氵(水)　획 17획(간체 9획)

자형 氵(水, 물 수) + 齊(가지런할 제) → 濟(건널 제)

활용어 濟民(제민), **濟度**(제도), **決濟**(결제), **經濟**(경제), **救濟**(구제),
辨濟(변제), **共濟組合**(공제조합)

유의자 渡(건널 도)　성 어 經世濟民(경세제민)

HSK어휘 经济 jīngjì

591	弔 吊 조상할 **조**　diào	부 弓　획 4획(간체 6획) 재형 弓(활 궁) + ㅣ(뚫을 곤) → 弔(조상할 조) 활용어 弔喪(조상), 弔問(조문), 弔旗(조기), 弔意(조의), 弔辭(조사), 謹弔(근조) 유의자 喪(초상 상)　반대자 慶(경사 경) 성 어 弔問客(조문객), 弔慰金(조위금), 慶弔事(경조사) HSK어휘 吊 diào

부 弓　획 4획(간체 6획)

재형 弓(활 궁) + ㅣ(뚫을 곤) → 弔(조상할 조)

활용어 **弔喪**(조상), **弔問**(조문), **弔旗**(조기), **弔意**(조의), **弔辭**(조사),
謹弔(근조)

유의자 **喪**(초상 상)　반대자 **慶**(경사 경)

성 어 **弔問客**(조문객), **弔慰金**(조위금), **慶弔事**(경조사)

HSK어휘 吊 diào

---

591 弔 吊　조상할 **조**　diào

---

592 租 租　조세, 구실 **조**　zū

부 禾　획 10획

재형 禾(벼 화) + 且(또 차) → 租(구실 조)

활용어 **租稅**(조세), **租界**(조계), **租借**(조차)

유의자 **稅**(구실 세), **賦**(구실 부)

성 어 **租稅制度**(조세제도)

HSK어휘 出租车 chūzūchē

---

593 條 条　가지 **조**　tiáo

부 木　획 10획(간체 7획)

재형 木(나무 목) + 攸(바 유) → 條(가지 조)

활용어 **條件**(조건), **條理**(조리), **條約**(조약), **條目**(조목), **條項**(조항),
條例(조례), **信條**(신조), **無條件**(무조건)

유의자 **枝**(가지 지)　성 어 **金科玉條**(금과옥조)

HSK어휘 条件 tiáojiàn, 条理 tiáolǐ, 条约 tiáoyuē, 便条(儿) biàntiáo(r),
有条不紊 yǒu tiáo bù wěn

---

594 組 组　짤 **조**　zǔ

부 糸　획 11획(간체 8획)

재형 糸(가는 실 사) + 且(또 차) → 組(짤 조)

활용어 **組織**(조직), **組立**(조립), **組成**(조성), **組合**(조합), **組版**(조판),
勞組(노조)

유의자 **織**(짤 직), **紡**(길쌈 방), **績**(길쌈 적)

HSK어휘 组 zǔ, 组织 zǔzhī

---

595 照 照　비칠 **조**　zhào

부 灬(火)　획 13획

재형 灬(火, 불 화) + 昭(밝을 소) → 照(비칠 조)

활용어 **對照**(대조), **參照**(참조), **觀照**(관조), **落照**(낙조), **探照**(탐조),
照明(조명)

유의자 **映**(비칠 영)　성 어 **肝膽相照**(간담상조)

HSK어휘 照 zhào, 对照 duìzhào, 参照 cānzhào, 关照 guānzhào, 照顾 zhàogù,
照常 zhàocháng, 护照 hùzhào, 执照 zhízhào, 照样(儿) zhàoyàng(r),
照相机 zhàoxiàngjī

596		
潮 潮 조수 **조** cháo		

- 부 氵(水)   획 15획
- 자형 氵(水, 물 수) + 朝(아침 조) → 潮(조수 조)
- 활용어 潮水(조수), 潮流(조류), 高潮(고조), 滿潮(만조), 赤潮(적조), 思潮(사조), 風潮(풍조)
- 성어 防潮堤(방조제), 潮力發電(조력발전)
- HSK어휘 潮流 cháoliú, 高潮 gāocháo, 潮湿 cháoshī

597		
燥 燥 마를 **조** zào		

- 부 火   획 17획
- 자형 火(불 화) + 喿(울 소, 새가 무리를 지어 울다) → 燥(마를 조)
- 활용어 乾燥(건조), 燥渴(조갈), 燥濕(조습)
- 유의자 乾(마를 건), 枯(마를 고)   반대자 濕(젖을 습)
- HSK어휘 干燥 gānzào, 枯燥 kūzào

598		
拙 拙 서투를, 옹졸할 **졸** zhuō		

- 부 扌(手)   획 8획
- 자형 扌(手, 손 수) + 出(날 출) → 拙(옹졸할 졸)
- 활용어 拙劣(졸렬), 拙速(졸속), 拙稿(졸고), 拙作(졸작), 拙著(졸저), 拙筆(졸필), 稚拙(치졸)
- 유의자 劣(못할 렬)   반대자 優(넉넉할 우), 秀(빼어날 수)
- 성어 拙丈夫(졸장부)
- HSK어휘 拙 zhuō

599		
縱 纵 세로, 늘어질 **종** zòng		

- 부 糸   획 17획(간체 7획)
- 자형 糸(가는 실 사) + 從(좇을 종) → 縱(늘어질 종)
- 활용어 縱橫(종횡), 縱隊(종대), 縱斷(종단), 縱走(종주), 操縱(조종), 放縱(방종)
- 유의자 橫(가로 횡)   성어 縱橫無盡(종횡무진)
- HSK어휘 操纵 cāozòng, 纵横 zònghéng

600		
佐 佐 도울 **좌** zuǒ		

- 부 亻(人)   획 7획
- 자형 亻(人, 사람 인) + 左(왼 좌) → 佐(도울 좌)
- 활용어 補佐(보좌), 上佐(상좌)
- 유의자 補(기울 보), 扶(도울 부), 佑(도울 우), 援(도울 원), 助(도울 조)
- HSK어휘 佐 zuǒ

복습하기 12

1 다음 한자에 맞는 훈음을 쓰세요.

(1) 掌 (　　　　) 　　(2) 藏 (　　　　)

(3) 宰 (　　　　) 　　(4) 裁 (　　　　)

(5) 滴 (　　　　) 　　(6) 賊 (　　　　)

(7) 笛 (　　　　) 　　(8) 寂 (　　　　)

(9) 摘 (　　　　) 　　(10) 殿 (　　　　)

(11) 蝶 (　　　　) 　　(12) 廷 (　　　　)

(13) 亭 (　　　　) 　　(14) 整 (　　　　)

(15) 租 (　　　　) 　　(16) 照 (　　　　)

2 다음 한자어에 맞는 독음을 쓰세요.

(1) 埋葬 (　　　　) 　　(2) 障壁 (　　　　)

(3) 內臟 (　　　　) 　　(4) 徹底 (　　　　)

(5) 功績 (　　　　) 　　(6) 抵抗 (　　　　)

(7) 書籍 (　　　　) 　　(8) 竊盜 (　　　　)

(9) 占領 (　　　　) 　　(10) 潮流 (　　　　)

(11) 征伐 (　　　　) 　　(12) 校訂 (　　　　)

(13) 國際 (　　　　) 　　(14) 提携 (　　　　)

(15) 防波堤 (　　　　) 　　(16) 漸進的 (　　　　)

3 다음 한자의 간체자를 보기 에서 골라 쓰세요.

보기	迹	吊	条	妆

(1) 粧 (   )   (2) 弔 (   )

(3) 條 (   )   (4) 蹟 (   )

4 다음 한자의 유의자를 보기 에서 골라 쓰세요.

보기	壁	抗	飾	勵

(1) 裝 (   )   (2) 獎 (   )

(3) 墙 (   )   (4) 抵 (   )

5 다음 한자의 반의자를 보기 에서 골라 쓰세요.

보기	慶	橫	優	濕

(1) 弔 (   )   (2) 燥 (   )

(3) 拙 (   )   (4) 縱 (   )

6 다음 뜻을 가진 사자성어를 보기 에서 골라 쓰세요.

보기	千載一遇	肝膽相照	九折羊腸	金科玉條

(1) 천 년 동안 단 한 번 만난다는 뜻으로, 좀처럼 만나기 어려운 좋은 기회를 이르는 말.

_____

(2) 아홉 번 꼬부라진 양의 창자라는 뜻으로, 꼬불꼬불하며 험한 산길을 이르는 말.

_____

UNIT 13

HNK 3급
- 한자 601~650
- 복습하기

601 座 座 자리 **좌** zuò	부 广 획 10획 자형 广(집 엄) + 坐(앉을 좌) → 座(자리 좌) 활용어 座席(좌석), 座談(좌담), 座標(좌표), 座中(좌중), 座位(좌위), 講座(강좌), 計座(계좌), 權座(권좌) 유의자 席(자리 석), 位(자리 위) 성 어 座右銘(좌우명), 碩座敎授(석좌교수), 當座手票(당좌수표) HSK어휘 座 zuò, 讲座 jiǎngzuò, 座位 zuòwèi, 座右铭 zuòyòumíng	

602 奏 奏 아뢸 **주** zòu	부 大 획 9획 자형 大(큰 대) + 屮(풀 초) + 廾(두 손으로 받들 공) → 奏(아뢸 주) 활용어 演奏(연주), 伴奏(반주), 合奏(합주), 奏請(주청), 奏書(주서), 上奏(상주), 間奏曲(간주곡), 二重奏(이중주) 성 어 演奏 yǎnzòu, 节奏 jiézòu	

603 珠 珠 구슬 **주** zhū	부 王 획 10획 자형 玉(구슬 옥) + 朱(붉을 주) → 珠(구슬 주) 활용어 眞珠(珍珠 진주), 念珠(염주), 珠玉(주옥), 珠算(주산) 유의자 玉(구슬 옥) 성 어 如意珠(여의주) HSK어휘 珍珠 zhēnzhū	

604 鑄 铸 불릴 **주** zhù	부 金 획 22획(간체 12획) 자형 金(쇠 금) + 壽(목숨 수) → 鑄(불릴 주, 쇠를 부어 만들다) 활용어 鑄造(주조), 鑄物(주물), 鑄鐵(주철), 鑄貨(주화), 鑄物工(주물공) 유의자 鍊(불릴 련) HSK어휘 铸造 zhùzào	

605 舟 舟 배 **주** zhōu	부 舟 획 6획 자형 丶(점 주) + 丹(붉을 단) → 舟(배 주, 작은 배를 본뜸) 활용어 舟橋(주교), 舟遊(주유), 舟行(주행) 유의자 船(배 선), 航(배 항) 성 어 一葉片舟(일엽편주), 刻舟求劍(각주구검), 吳越同舟(오월동주) HSK어휘 舟 zhōu	

606 周	周	부 口　　획 8획

606

周 / 周

두루 **주** / zhōu

- 부 口　획 8획
- 자형 口(입 구, 둘레) + 田(밭 전) → 周(두루 주, 논밭을 본뜸)
- 활용어 **一周**(일주), **周邊**(주변), **周圍**(주위), **周遊**(주유), **周知**(주지), **周旋**(주선), **周波數**(주파수), **周易**(주역)
- 성어 **用意周到**(용의주도), **周到綿密**(주도면밀), **萬人周知**(만인주지)
- HSK어휘 周边 zhōubiān, 周围 zhōuwéi, 周到 zhōudào, 周密 zhōumì, 周末 zhōumò, 周年 zhōunián, 周期 zhōuqī, 周折 zhōuzhé, 周转 zhōuzhuǎn, 众所周知 zhòng suǒ zhōu zhī *週(돌 주)의 간체자

607

洲 / 洲

물가 **주** / zhōu

- 부 氵(水)　획 9획
- 자형 氵(水, 물 수) + 州(고을 주) → 洲(물가, 섬 주)
- 활용어 **滿洲**(만주), **美洲**(미주), **亞洲**(아주), **三角洲**(삼각주), **六大洲**(육대주)
- 유의자 **涯**(물가 애)
- HSK어휘 亚洲 Yàzhōu, 欧洲 Ōuzhōu *欧(구라파 구)

608

柱 / 柱

기둥 **주** / zhù

- 부 木　획 9획
- 자형 木(나무 목) + 主(주인 주) → 柱(기둥 주)
- 활용어 **柱石**(주석), **支柱**(지주), **電柱**(전주), **一柱門**(일주문)
- 성어 **四柱八字**(사주팔자), **膠柱鼓瑟**(교주고슬)
- HSK어휘 支柱 zhīzhù

609

株 / 株

그루 **주** / zhū

- 부 木　획 10획
- 자형 木(나무 목) + 朱(붉을 주) → 株(그루 주)
- 활용어 **株式**(주식), **株價**(주가), **株主**(주주), **有望株**(유망주), **優良株**(우량주)
- 성어 **株價指數**(주가지수), **株式會社**(주식회사), **守株待兔**(수주대토)
- HSK어휘 株 zhū

610

俊 / 俊

준걸 **준** / jùn

- 부 亻(人)　획 9획
- 자형 亻(人, 사람 인) + 夋(천천히 걷는 모양 준) → 俊(뛰어날 준)
- 활용어 **俊傑**(준걸), **俊秀**(준수), **俊嚴**(준엄), **俊才**(준재), **英俊**(영준)
- 유의자 **傑**(뛰어날 걸), **秀**(빼어날 수)
- HSK어휘 英俊 yīngjùn

611 遵 遵 좇을 **준** zūn	부 辶 획 15획(간체 15획) 자형 辶(辵, 쉬엄쉬엄 갈 착) + 尊(높을 존) → 遵(좇을 준) 활용어 遵守(준수), 遵法(준법), 據遵(준거), 遵用(준용) 유의자 追(좇을 추), 從(좇을 종) HSK어휘 遵守 zūnshǒu, 遵循 zūnxún	
612 仲 仲 버금 **중** zhòng	부 亻(人) 획 6획 자형 亻(사람 인) + 中(가운데 중) → 仲(버금 중) 활용어 仲媒(중매), 仲買(중매), 仲裁(중재), 仲兄(중형), 仲秋節(중추절) 유의자 亞(버금 아), 次(버금 차), 副(버금 부) 반대자 伯(맏 백) 성어 伯仲之勢(백중지세), 伯仲叔季(백중숙계) HSK어휘 仲 zhòng	
613 汁 汁 즙 **즙** zhī	부 氵(水) 획 5획 자형 氵(水, 물 수) + 十(열 십) → 汁(즙 즙) 활용어 果汁(과즙), 肉汁(육즙), 液汁(액즙), 膽汁(담즙) 유의자 液(진 액) HSK어휘 汁 zhī/xié/shí, 果汁(儿) guǒzhī(r)	
614 症 症 증세 **증** zhèng	부 疒 획 10획 자형 疒(병들 녁) + 正(바를 정) → 症(증세 증) 활용어 症狀(증상), 症勢(증세), 重症(중증), 痛症(통증), 健忘症(건망증), 不眠症(불면증), 食困症(식곤증) 성어 症候群(증후군), 後遺症(후유증) HSK어휘 症 zhèng/zhēng, 症状 zhèngzhuàng	
615 蒸 蒸 찔(찌다) **증** zhēng	부 艹 획 14획(간체 13획) 자형 艹(풀 초) + 烝(김 오를 증) → 蒸(찔 증) 활용어 蒸發(증발), 蒸氣(증기), 汗蒸(한증), 水蒸氣(수증기) HSK어휘 蒸发 zhēngfā	

616 憎 憎 미울 증 zēng

(부) 忄(心)   (획) 15획(간체 15획)

(자형) 忄(心, 마음 심) + 曾(더할 증) → 憎(미울 증)

활용어 愛憎(애증), 可憎(가증), 憎惡(증오), 憎惡心(증오심)

유의자 惡(미워할 오)   **반대자** 愛(사랑 애)

HSK어휘 憎 zēng

617 贈 赠 줄(주다) 증 zèng

(부) 貝   (획) 19획(간체 16획)

(자형) 貝(조개 패) + 曾(더할 증) → 贈(보낼 증)

활용어 贈與(증여), 贈呈(증정), 寄贈(기증), 追贈(추증), 贈與稅(증여세)

유의자 授(줄 수), 與(줄 여), 呈(드릴 정), 賜(줄 사)

HSK어휘 贈送 zèngsòng

618 池 池 못 지 chí

(부) 氵(水)   (획) 6획

(자형) 水(물 수) + 也(또 야) → 池(못 지, 주로 인공적으로 판 것)

활용어 天池(천지), 蓮池(연지), 水源池(수원지), 貯水池(저수지), 乾電池(건전지)

유의자 潭(못 담), 澤(못 택)

성 어 酒池肉林(주지육림), 金城湯池(금성탕지)

HSK어휘 电池 diànchí, 池塘 chítáng

619 誌 志 기록할 지 zhì

(부) 言   (획) 14획(간체 7획)

(자형) 言(말씀 언) + 志(뜻 지) → 誌(기록할 지)

활용어 雜誌(잡지), 日誌(일지), 校誌(교지), 會誌(회지), 書誌(서지), 誌面(지면)

유의자 記(기록할 기), 錄(기록할 록)

HSK어휘 杂志 zázhì

620 遲 迟 더딜 지 chí

(부) 辶(辵)   (획) 16획(간체 7획)

(자형) 辶(辵, 쉬엄쉬엄 갈 착) + 犀(무소 서) → 遲(더딜, 늦을 지)

활용어 遲刻(지각), 遲鈍(지둔), 遲延(지연), 遲滯(지체), 遲進兒(지진아)

유의자 延(늘일 연), 晚(늦을 만)   **반대자** 急(빠를 급), 速(빠를 속)

성 어 遲遲不進(지지부진)

HSK어휘 迟到 chídào, 迟钝 chídùn, 迟早 chízǎo, 迟缓 chíhuǎn, 迟疑 chíyí, 推迟 tuīchí

621 織 织 짤(짜다) 직 zhī	부 糸 획 18획(간체 8획) 자형 糸(가는 실 사) + 戠(찰흙 시) → 織(짤 직) 활용어 組織(조직), 織造(직조), 織物(직물), 染織(염직), 編織(편직), 紡織(방직), 毛織(모직), 手織(수직) 유의자 組(짤 조), 紡(길쌈 방), 績(길쌈 적) 성어 牽牛織女(견우직녀) HSK어휘 组织 zǔzhī, 纺织 fǎngzhī, 编织 biānzhī
622 震 震 우레 진 zhèn	부 雨 획 15획 자형 雨(비 우) + 辰(지지 진) → 震(우레, 흔들릴 진) 활용어 震動(진동), 震源(진원), 震怒(진노), 地震(지진), 耐震(내진), 餘震(여진), 強震(강진) 유의자 雷(우레 뢰) 성어 震天動地(진천동지) HSK어휘 地震 dìzhèn, 震惊 zhènjīng
623 珍 珍 보배 진 zhēn	부 王(玉) 획 9획 자형 玉(구슬 옥) + 㐱(숱 많고 검을 진) → 珍(보배 진) 활용어 珍貴(진귀), 珍珠(진주), 珍奇(진기), 珍味(진미), 珍風景(진풍경) 유의자 寶(보배 보) 성어 山海珍味(산해진미) HSK어휘 珍贵 zhēnguì, 珍珠 zhēnzhū, 珍惜 zhēnxī, 珍稀 zhēnxī
624 振 振 떨칠 진 zhèn	부 扌(手) 획 10획 자형 扌(手, 손 수) + 辰(지지 진) → 振(떨칠 진) 활용어 振動(진동), 振興(진흥), 振作(진작), 不振(부진) 유의자 奮(떨칠 분), 拂(떨칠 불) 성어 士氣振作(사기진작) HSK어휘 振动 zhèndòng, 振兴 zhènxīng, 振奋 zhènfèn
625 陣 阵 진칠 진 zhèn	부 阝(阜) 획 10획(간체 6획) 자형 阝(阜, 언덕 부) + 車(수레 차) → 陣(진칠 진) 활용어 陣營(진영), 陣地(진지), 陣痛(진통), 背水陣(배수진), 鶴翼陣(학익진), 長蛇陣(장사진) 유의자 屯(진칠 둔) 성어 陣頭指揮(진두지휘), 一陣狂風(일진광풍) HSK어휘 阵 zhèn

626	
陳	陈
베풀, 묵을 **진**	chén

부 阝(阜)　**획** 11획(간체 7획)

자형 阝(阜, 언덕 부) + 東(동녘 동) → 陳(베풀 진)

활용어 陳列(진열), 陳述(진술), 陳設(진설), 陳腐(진부), 陳情書(진정서)

유의자 施(베풀 시), 設(베풀 설)

성어 新陳代謝(신진대사)

HSK어휘 陈列 chénliè, 陈述 chénshù, 陈旧 chénjiù, 新陈代谢 xīnchén dàixiè

627	
鎭	镇
진압할, 누를 **진**	zhèn

부 金　**획** 18획(간체 15획)

자형 金(쇠 금) + 眞(참 진) → 鎭(진압할 진)

활용어 鎭壓(진압), 鎭定(진정), 鎭靜(진정), 鎭痛(진통), 鎭火(진화), 重鎭(중진)

유의자 壓(누를 압)

HSK어휘 镇定 zhèndìng, 镇静 zhènjìng, 乡镇 xiāngzhèn

628	
姪	侄
조카 **질**	zhí

부 女　**획** 9획(간체 8획)

자형 女(여자 녀) + 至(이를 지) → 姪(조카 질)

활용어 姪女(질녀), 姪婦(질부), 族姪(족질), 叔姪(숙질), 堂姪(당질)

유의자 叔(아재비 숙)

HSK어휘 侄子 zhízi

629	
疾	疾
병 **질**	jí

부 疒　**획** 10획

자형 疒(병들 녁) + 矢(화살 시) → 疾(병 질)

활용어 疾病(질병), 疾患(질환), 疾視(질시), 疾走(질주), 疾風(질풍), 眼疾(안질), 惡疾(악질)

유의자 病(병 병)

HSK어휘 疾病 jíbìng, 残疾 cánjí

630	
秩	秩
차례 **질**	zhì

부 禾　**획** 10획

자형 禾(벼 화) + 失(잃을 실) → 秩(차례 질)

활용어 秩序(질서), 俸秩(봉질), 無秩序(무질서)

유의자 序(차례 서), 第(차례 제)

HSK어휘 秩序 zhìxù

631 徴 征	부 彳 획 15획(간체 8획)

631

徴 征

부를 **징** / 음률 이름 **치**   zhēng

부 彳   획 15획(간체 8획)

자형 彳(걸을 척) + 山(메 산) + 一(한 일) + 王(임금 왕) + 攵(칠 복) → 徵(부를 징)

활용어 象徵(상징), 特徵(특징), 徵收(징수), 徵兵(징병), 徵用(징용), 徵集(징집), 徵兆(징조), 徵表(징표), 徵候(징후)

유의자 召(부를 소), 招(부를 초), 收(거둘 수)

HSK어휘 征 zhēng/zhǐ, 象征 xiàngzhēng, 征收 zhēngshōu, 征求 zhēngqiú, 徵 zhǐ

632

懲 惩

징계할 **징**   chéng

부 心   획 19획(간체 12획)

자형 心(마음 심) + 徵(부를 징) → 懲(징계할 징)

활용어 懲戒(징계), 懲罰(징벌), 懲役(징역)

유의자 誡(경계할 계)

성 어 勸善懲惡(권선징악), 懲戒處分(징계처분)

HSK어휘 惩罚 chéngfá

633

差 差

다를, 어긋날 **차**   chà

부 工   획 10획(간체 9획)

자형 麥('보리 맥'의 생략형) + 左(왼 좌) → 差(다를 차)

활용어 差別(차별), 差異(차이), 差益(차익), 差減(차감), 時差(시차), 誤差(오차), 偏差(편차), 隔差(격차), 日較差(일교차)

유의자 異(다를 이), 別(다를 별), 他(다를 타)   반대자 若(같을 약), 如(같을 여)

성 어 千差萬別(천차만별), 天壤之差(천양지차), 咸興差使(함흥차사)

HSK어휘 差 chà/chā/chāi/cī/cuō, 差别 chābié, 时差 shíchā, 误差 wùchā, 偏差 piānchā, 差距 chājù, 差不多 chàbuduō, 相差 xiāngchà, 出差 chūchāi, 参差 cēncī

634

捉 捉

잡을 **착**   zhuō

부 扌(手)   획 10획

자형 扌(手, 손 수) + 足(발 족) → 捉(잡을 착)

활용어 捕捉(포착), 把捉(파착), 捉送(착송)

유의자 執(잡을 집), 捕(잡을 포), 把(잡을 파)

HSK어휘 捕捉 bǔzhuō

635

錯 错

어긋날 **착**   cuò

부 金   획 16획(간체 13획)

자형 金(쇠 금) + 昔(예 석) → 錯(어긋날 착)

활용어 錯誤(착오), 錯視(착시), 錯亂(착란), 錯覺(착각), 錯雜(착잡), 倒錯(도착), 交錯(교착), 倒錯症(도착증)

유의자 誤(그르칠 오), 謬(그르칠 류)   성 어 試行錯誤(시행착오)

HSK어휘 错 cuò, 不错 búcuò, 写错 xiěcuò

636 贊 赞 도울 **찬** zàn	(부) 貝 　 (획) 19획(간체 16획)

636

贊 / 赞

도울 **찬** / zàn

- 부 貝　획 19획(간체 16획)
- 자형 貝(조개 패) + 兟(나아갈 신) → 贊(도울 찬)
- 활용어 贊助(찬조), 贊成(찬성), 贊反(찬반), 贊同(찬동), 贊否(찬부), 協贊(협찬)
- 유의자 助(도울 조), 補(기울 보), 援(도울 원), 扶(도울 부), 幫(도울 방), 佑(도울 우), 佐(도울 좌)
- 반대자 反(되돌릴 반)
- HSK어휘 贊助 zànzhù, 贊成 zànchéng *赞('讚 기릴 찬'의 간체자)

637

讚 / 赞

기릴, 칭찬할 **찬** / zàn

- 부 言　획 26획(간체 16획)
- 자형 言(말씀 언) + 贊(도울 찬) → 讚(기릴 찬)
- 활용어 讚美(찬미), 讚嘆(찬탄), 讚歌(찬가), 讚辭(찬사), 讚揚(찬양), 稱讚(칭찬), 禮讚(예찬), 自讚(자찬), 極讚(극찬), 絶讚(절찬)
- 유의자 頌(기릴 송), 譽(기릴 예)
- 성어 自畫自讚(자화자찬)
- HSK어휘 贊美 zànměi, 贊嘆 zàntàn, 稱贊 chēngzàn

638

慘 / 惨

참혹할 **참** / cǎn

- 부 忄(心)　획 14획(간체 11획)
- 자형 忄(心, 마음 심) + 參(참여할 참) → 慘(참혹할, 아플 참)
- 활용어 悲慘(비참), 無慘(무참), 慘劇(참극), 慘變(참변), 慘事(참사), 慘敗(참패), 慘禍(참화), 慘狀(참상)
- 유의자 暴(사나울 포)
- HSK어휘 悲慘 bēicǎn

639

慙 / 惭

부끄러울 **참** / cán

- 부 心　획 15획(간체 11획)
- 자형 心(마음 심) + 斬(벨 참) → 慙(부끄러울 참)
- 활용어 慙愧(참괴), 慙悔(참회), 慙色(참색), 慙伏(참복), 慙德(참덕)
- 유의자 愧(부끄러울 괴), 羞(부끄러울 수)
- HSK어휘 慚愧 cánkuì

640

倉 / 仓

곳집 **창** / cāng

- 부 人　획 10획(간체 4획)
- 자형 人(사람 인) + 戶(지게 호) + 口(입 구) → 倉(곳집 창, 곡식을 쌓아두는 곳간)
- 활용어 倉庫(창고), 穀倉(곡창), 營倉(영창), 彈倉(탄창), 倉卒(창졸)
- 유의자 庫(곳집 고)
- 성어 倉卒間(창졸간)
- HSK어휘 倉庫 cāngkù, 倉促 cāngcù

641

蒼 苍

푸를 **창**　cāng

부 艹　　획 14획(간체 7획)

자형 艹(풀 초) + 倉(곳집 창) → 蒼(푸를 창)

활용어 蒼空(창공), 蒼白(창백), 蒼天(창천), 蒼生(창생), 蒼茫(창망), 蒼蒼(창창)

유의자 靑(푸를 청), 綠(푸를 록), 碧(푸를 벽)

성어 古色蒼然(고색창연), 萬頃蒼波(만경창파)

HSK어휘 苍白 cāngbái

642

暢 畅

화창할, 펼 **창**　chàng

부 日　　획 14획(간체 8획)

자형 申(펼 신) + 昜(볕 양) → 暢(펼 창)

활용어 和暢(화창), 流暢(유창), 通暢(통창), 舒暢(서창), 暢達(창달), 暢快(창쾌)

유의자 和(화할 화)　　성어 萬化方暢(만화방창)

HSK어휘 畅通 chàngtōng, 舒畅 shūchàng, 畅销 chàngxiāo

643

彩 彩

채색, 무늬 **채**　cǎi

부 彡　　획 11획

자형 彡(터럭 삼) + 采(캘 채) → 彩(무늬 채)

활용어 光彩(광채), 精彩(정채), 多彩(다채), 異彩(이채), 色彩(색채), 彩色(채색), 水彩畵(수채화)

성어 唐三彩(당삼채)

HSK어휘 光彩 guāngcǎi, 精彩 jīngcǎi, 彩票 cǎipiào

644

債 债

빚 **채**　zhài

부 亻(人)　　획 13획(간체 10획)

자형 亻(人, 사람 인) + 責(꾸짖을 책) → 債(빚 채)

활용어 債務(채무), 債權(채권), 債券(채권), 負債(부채), 私債(사채), 外債(외채), 公債(공채), 國債(국채)

HSK어휘 债 zhài, 债券 zhàiquàn

645

策 策

꾀 **책**　cè

부 竹　　획 12획

자형 竹(대 죽) + 朿(가시 자) → 策(꾀 책)

활용어 策略(책략), 對策(대책), 政策(정책), 劃策(획책), 計策(계책), 秘策(비책), 施策(시책), 失策(실책), 方策(방책), 妙策(묘책), 浮揚策(부양책)

유의자 計(셀 계), 略(꾀 략), 謨(꾀 모)

성어 姑息策(고식책), 苦肉策(고육책), 束手無策(속수무책), 窮餘之策(궁여지책)

HSK어휘 策略 cèlüè, 对策 duìcè, 政策 zhèngcè, 策划 cèhuà, 决策 juécè

646 斥 斥 물리칠 척 chì	부 斥 획 5획 자형 斤(도끼 근) + ヽ(점 주) → 斥(물리칠 척) 활용어 排斥(배척), 斥和(척화), 斥邪(척사), 斥候(척후) 유의자 却(물리칠 각), 排(밀칠 배) 반대자 和(화할 화) HSK어휘 排斥 páichì
647 拓 拓 넓힐 척 / 박을 탁 tuò	부 扌(手) 획 8획 자형 扌(手, 손 수) + 石(돌 석) → 拓(넓힐 척) 활용어 開拓(개척), 干拓(간척), 拓植(척식), 開拓團(개척단), 干拓地(간척지), 拓本(탁본) 유의자 擴(넓힐 확) HSK어휘 拓 tuò/tà, 开拓 kāituò, 拓印 tàyìn
648 戚 戚 친척, 겨레 척 qī	부 戈 획 11획 자형 戊(창 무) + 未(아저씨 숙) → 戚(친척, 겨레 척) 활용어 親戚(친척), 姻戚(인척), 外戚(외척), 戚臣(척신) 성 어 一家親戚(일가친척) HSK어휘 戚 qī
649 踐 践 밟을 천 jiàn	부 𧾷(足) 획 15획(간체 12획) 자형 𧾷(足, 발 족) + 戔(해칠 잔) → 踐(밟을 천) 활용어 實踐(실천), 踐踏(천답), 踐歷(천력), 踐約(천약) 유의자 踏(밟을 답) HSK어휘 实践 shíjiàn, 践踏 jiàntà
650 賤 贱 천할 천 jiàn	부 貝 획 15획(간체 9획) 자형 貝(조개 패) + 戔(해칠 잔) → 賤(천할 천) 활용어 卑賤(비천), 貴賤(귀천), 至賤(지천), 貧賤(빈천), 賤視(천시), 賤民(천민), 賤待(천대), 賤職(천직) 유의자 卑(낮을 비) 반대자 貴(귀할 귀) 성 어 貧賤之交(빈천지교) HSK어휘 贱 jiàn

1 다음 한자에 맞는 훈음을 쓰세요.

(1) 奏 (　　　　　)　　　(2) 鑄 (　　　　　)

(3) 洲 (　　　　　)　　　(4) 俊 (　　　　　)

(5) 池 (　　　　　)　　　(6) 珍 (　　　　　)

(7) 振 (　　　　　)　　　(8) 姪 (　　　　　)

(9) 疾 (　　　　　)　　　(10) 捉 (　　　　　)

(11) 贊 (　　　　　)　　　(12) 慘 (　　　　　)

(13) 憊 (　　　　　)　　　(14) 暢 (　　　　　)

(15) 彩 (　　　　　)　　　(16) 賤 (　　　　　)

2 다음 한자어에 맞는 독음을 쓰세요.

(1) 座席 (　　　　　)　　　(2) 周遊 (　　　　　)

(3) 遵法 (　　　　　)　　　(4) 開拓 (　　　　　)

(5) 果汁 (　　　　　)　　　(6) 痛症 (　　　　　)

(7) 蒼白 (　　　　　)　　　(8) 耐震 (　　　　　)

(9) 稱讚 (　　　　　)　　　(10) 鎭壓 (　　　　　)

(11) 秩序 (　　　　　)　　　(12) 徵集 (　　　　　)

(13) 錯覺 (　　　　　)　　　(14) 背水陣 (　　　　　)

(15) 水蒸氣 (　　　　　)　　　(16) 伯仲叔季 (　　　　　)

③ 다음 한자의 간체자를 보기 에서 골라 쓰세요.

보기	仓	迟	践	志

(1) 誌 (　　　　)   (2) 遲 (　　　　)

(3) 倉 (　　　　)   (4) 踐 (　　　　)

④ 다음 한자의 유의자를 보기 에서 골라 쓰세요.

보기	玉	組	呈	船

(1) 珠 (　　　　)   (2) 舟 (　　　　)

(3) 贈 (　　　　)   (4) 織 (　　　　)

⑤ 다음 한자의 반의자를 보기 에서 골라 쓰세요.

보기	和	貴	愛	急

(1) 憎 (　　　　)   (2) 遲 (　　　　)

(3) 斥 (　　　　)   (4) 賤 (　　　　)

⑥ 다음 뜻을 가진 사자성어를 보기 에서 골라 쓰세요.

보기	守株待兔	萬化方暢	用意周到	萬頃蒼波

(1) 그루터기에서 토끼를 기다린다는 뜻으로, 한 가지 일에만 얽매여 발전을 모르는 어리석은 사람을 비유적으로 이르는 말.

✍ _____

(2) 만 이랑의 푸른 물결이라는 뜻으로, 한없이 넓고 넓은 바다를 이르는 말.

✍ _____

UNIT 14

HNK 3급
- 한자 651~700
- 복습하기

651 遷 迁 옮길 천 qiān	부 辶(辵) 획 15획(간체 6획) 자형 辶(辵, 쉬엄쉬엄 갈 착) + 罨(옮길 천) → 遷(옮길 천)
	활용어 遷職(천직), 遷都(천도), 遷動(천동), 播遷(파천), 左遷(좌천), 變遷(변천) 유의자 運(옮길 운), 移(옮길 이), 徙(옮길 사) 성어 孟母三遷(맹모삼천), 改過遷善(개과천선), 三遷之教(삼천지교) HSK어휘 变迁 biànqiān, 迁就 qiānjiù

652 薦 荐 천거할 천 jiàn	부 艹 획 17획(간체 9획) 자형 艹(풀 초) + 廌(해태 치) → 薦(천거할 천)
	활용어 薦擧(천거), 推薦(추천), 公薦(공천), 落薦(낙천), 他薦(타천), 自薦(자천) 유의자 擧(들 거) 성어 毛遂自薦(모수자천) HSK어휘 推荐 tuījiàn

653 哲 哲 밝을 철 zhé	부 口 획 10획 자형 口(입 구) + 折(꺾을 절) → 哲(밝을 철)
	활용어 哲學(철학), 哲理(철리), 哲人(철인), 明哲(명철), 賢哲(현철), 哲學家(철학가) 유의자 明(밝을 명), 晳(밝을 석) 반대자 冥(어두울 명), 昏(어두울 혼), 暗(어두울 암) 성어 明哲保身(명철보신), 孔門十哲(공문십철) HSK어휘 哲学 zhéxué

654 徹 彻 통할 철 chè	부 彳 획 15획(간체 7획) 자형 彳(걸을 척) + 育(기를 육) + 攵(칠 복) → 徹(통할 철)
	활용어 貫徹(관철), 觀徹(관철), 冷徹(냉철), 徹底(철저), 徹夜(철야), 透徹(투철) 유의자 通(통할 통), 貫(꿸 관), 透(통할 투) 성어 徹頭徹尾(철두철미), 徹天之恨(철천지한) HSK어휘 贯彻 guànchè, 彻底 chèdǐ

655 尖 尖 뽀족할 첨 jiān	부 小 획 6획 자형 小(작을 소) + 大(큰 대) → 尖(뾰족할 첨)
	활용어 尖端(첨단), 尖銳(첨예), 尖兵(첨병), 尖塔(첨탑) 유의자 端(끝 단), 銳(날카로울 예) 성어 尖端産業(첨단산업) HSK어휘 尖端 jiānduān, 尖锐 jiānruì

656 添 添 더할 첨 tiān	부 氵(水)　획 11획

656

添 / 添

더할 **첨** / tiān

부 氵(水)　획 11획
자형 氵(水, 물 수) + 忝(더럽힐 첨) → 添(더할 첨)

활용어 添加(첨가), 添削(첨삭), 添附(첨부), 別添(별첨), 增添(증첨)
유의자 加(더할 가), 增(더할 증), 益(더할 익)
반대자 減(덜 감), 削(깎을 삭)
성어 錦上添花(금상첨화), 畫蛇添足(화사첨족)
HSK어휘 添 tiān, 增添 zēngtiān, 画蛇添足 huàshétiānzú, 锦上添花 jǐnshàngtiānhuā

657

妾 / 妾

첩 **첩** / qiè

부 女　획 8획
자형 女(여자 녀) + 立('辛 매울 신'의 생략형) → 妾(첩 첩)

활용어 妾室(첩실), 妻妾(처첩), 愛妾(애첩), 少妾(소첩), 小妾(소첩), 賤妾(천첩)
HSK어휘 妾 qiè

658

廳 / 厅

관청 **청** / tīng

부 广　획 25획(간체 4획)
자형 广(집 엄) + 聽(들을 청) → 廳(관청 청)

활용어 廳舍(청사), 官廳(관청), 區廳(구청), 道廳(도청), 市廳(시청), 大廳(대청), 教育廳(교육청), 國稅廳(국세청)
유의자 署(관청 서), 府(관청 부)
HSK어휘 客厅 kètīng, 餐厅 cāntīng *餐(먹을 찬)

659

滯 / 滞

막힐 **체** / zhì

부 氵(水)　획 14획(간체 12획)
자형 氵(水, 물 수) + 帶(띠 대) → 滯(막힐 체)

활용어 停滯(정체), 遲滯(지체), 延滯(연체), 沈滯(침체), 積滯(적체), 急滯(급체), 滯留(체류), 滯納(체납), 滯拂(체불), 滯念(체념), 滯症(체증)
유의자 塞(막힐 색), 窒(막을 질)
HSK어휘 滯留 zhìliú, 停滯 tíngzhì

660

逮 / 逮

잡을 **체** / dài

부 辶(辵)　획 12획(간체 11획)
자형 辶(辵, 쉬엄쉬엄 갈 착) + 隶(미칠 이) → 逮(잡을 체)

활용어 逮捕(체포), 被逮(피체), 逮捕令狀(체포영장)
유의자 捕(잡을 포)
성어 不逮捕特權(불체포특권)
HSK어휘 逮 dài/dǎi, 逮捕 dàibǔ, 逮捕证 dàibǔzhèng

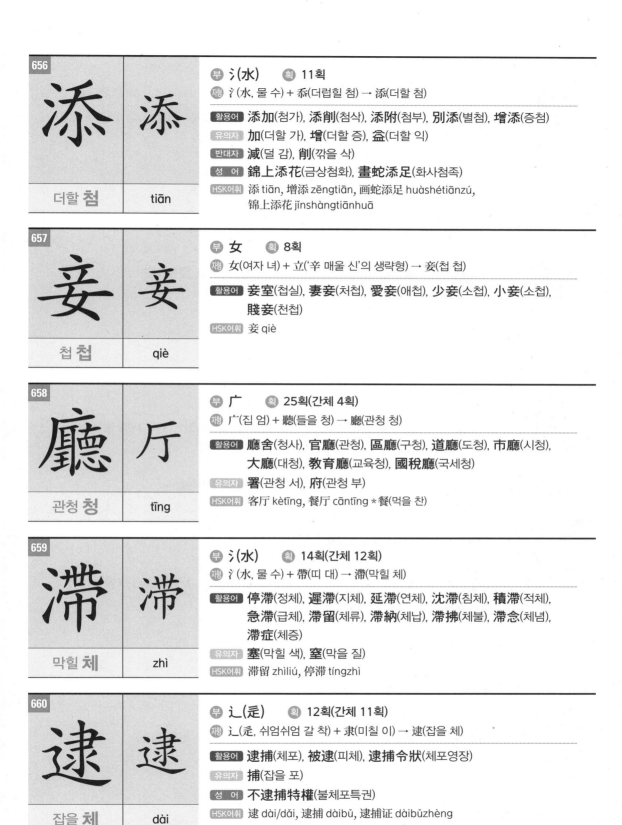

661 遞 遞 갈릴, 갈마들 **체** dì	부 辶(辵) 획 14획(간체 10획) 자형 辶(辵, 갈 착) + 虒(뿔범 사/가지런하지 않은 모양 치) → 遞(갈마들 체) 활용어 郵遞局(우체국), 驛遞(역체), 遞信(체신), 遞減(체감), 遞增(체증) HSK어휘 递 dì/shì/dài, 邮递 yóudì, 递增 dìzēng, 国际特快专递 guójìtèkuàizhuāndì	

662 替 替 바꿀 **체** tì	부 日 획 12획 자형 日(가로 왈) + 夫(지아비 부) + 夫(지아비 부) → 替(바꿀 체) 활용어 代替(대체), 交替(교체), 移替(이체), 替換(체환) 유의자 換(바꿀 환) HSK어휘 替 tì, 替代 tìdài	

663 肖 肖 닮을 **초** xiào	부 月(肉) 획 7획(간체 7획) 자형 月(肉, 고기 육) + 小(작을 소) → 肖(닮을 초) 활용어 不肖(불초), 不肖子(불초자), 肖像畵(초상화), 肖像權(초상권) 유의자 若(같을 약), 如(같을 여), 似(닮을 사) 성 어 十二支生肖(십이지생초) HSK어휘 肖 xiào/xiāo, 肖像 xiàoxiàng, 生肖 shēngxiào	

664 抄 抄 뽑을 **초** chāo	부 扌(手) 획 7획 자형 扌(手, 손 수) + 少(적을 소) → 抄(뽑을 초) 활용어 抄本(초본), 抄錄(초록), 抄譯(초역), 抄略(초략), 抄掠(초략) 성 어 戶籍抄本(호적초본) HSK어휘 抄 chāo, 抄本 chāoběn, 抄表 chāobiǎo	

665 秒 秒 분초 **초** miǎo	부 禾 획 9획 자형 禾(벼 화) + 少(적을 소) → 秒(분초 초, 까끄라기 묘) 활용어 秒速(초속), 秒針(초침), 分秒(분초), 每秒(매초) HSK어휘 秒 miǎo	

666

超　超

뛰어넘을 **초**　chāo

부 走　**획** 12획

자형 走(달릴 주) + 召(부를 소) → 超(넘을 초)

활용어 超越(초월), 超過(초과), 超急(초급), 超脫(초탈), 超然(초연), 超人(초인), 超能力(초능력)

유의자 越(넘을 월), 過(지날 과)

HSK어휘 超市 chāoshì, 超过 chāoguò, 超越 chāoyuè, 超级 chāojí, 高超 gāochāo

667

礎　础

주춧돌 **초**　chǔ

부 石　**획** 18획(간체 10획)

자형 石(돌 석) + 楚(초나라 초) → 礎(주춧돌 초)

활용어 礎石(초석), 基礎(기초), 柱礎(주초), 定礎(정초)

HSK어휘 基础 jīchǔ

668

促　促

재촉할 **촉**　cù

부 亻(人)　**획** 9획

자형 亻(人, 사람 인) + 足(발 족) → 促(재촉할 촉)

활용어 促進(촉진), 促迫(촉박), 促急(촉급), 促求(촉구), 督促(독촉), 販促(판촉)

유의자 急(급할 급), 迫(닥칠 박), 催(재촉할 최)

성어 促成栽培(촉성재배)

HSK어휘 督促 dūcù, 促进 cùjìn, 促使 cùshǐ, 仓促 cāngcù, 短促 duǎncù

669

燭　烛

촛불 **촉**　zhú

부 火　**획** 17획(간체 10획)

자형 火(불 화) + 蜀(나라 이름 촉) → 燭(촛불 촉)

활용어 燭臺(촉대), 燭火(촉화), 燭光(촉광), 燭察(촉찰), 華燭(화촉), 洞燭(통촉)

성어 風前燭火(풍전촉화)

HSK어휘 烛光 zhúguāng, 蜡烛 làzhú, 风中之烛 fēng zhōng zhī zhú

670

觸　触

닿을 **촉**　chù

부 角　**획** 20획(간체 13획)

자형 角(뿔 각) + 蜀(나라 이름 촉) → 觸(닿을 촉)

활용어 觸發(촉발), 觸角(촉각), 觸手(촉수), 觸犯(촉범), 觸覺(촉각), 觸感(촉감), 觸媒(촉매), 接觸(접촉), 感觸(감촉), 抵觸(저촉)

유의자 接(이을 접)　**성어** 一觸卽發(일촉즉발)

HSK어휘 接触 jiēchù, 触犯 chùfàn

671 銃 铳 총 **총** chòng	부 金　획 14획(간체 11획) 자형 金(쇠 금) + 充(채울 충) → 銃(총 총) 활용어 銃擊(총격), 銃傷(총상), 銃器(총기), 銃聲(총성), 銃劍(총검), 獵銃(엽총), 拳銃(권총), 機關銃(기관총) HSK어휘 铳 chòng	

672 聰 聪 귀 밝을 **총** cōng	부 耳　획 17획(간체 15획) 자형 耳(귀 이) + 悤(슬기로울 총) → 聰(귀 밝을 총) 활용어 聰明(총명), 聰氣(총기), 聰敏(총민), 聰智(총지) HSK어휘 聪明 cōngming	

673 催 催 재촉할 **최** cuī	부 亻(人)　획 13획 자형 亻(人, 사람 인) + 崔(높을 최) → 催(재촉할 최) 활용어 催促(최촉), 催告(최고), 開催(개최), 主催(주최), 催眠(최면), 催淚彈(최루탄), 催告狀(최고장), 催眠術(최면술) 유의자 促(재촉할 촉) HSK어휘 催 cuī, 催单 cuīdān	

674 抽 抽 뽑을 **추** chōu	부 扌(手)　획 8획 자형 扌(手, 손 수) + 由(말미암을 유) → 抽(뺄 추) 활용어 抽象(추상), 抽出(추출), 抽脫(추탈), 抽身(추신), 抽拔(추발), 抽象化(추상화), 抽象的(추상적) 유의자 拔(뺄 발) HSK어휘 抽象 chōuxiàng, 抽烟 chōuyān, 抽屉 chōuti *屉(서랍 체)	

675 醜 丑 추할 **추** chǒu	부 酉　획 16획(간체 4획) 자형 酉(닭 유, 술그릇) + 鬼(귀신 귀) → 醜(추할 추) 활용어 醜惡(추악), 醜態(추태), 醜行(추행), 醜雜(추잡), 醜聞(추문), 陋醜(누추), 美醜(미추) 유의자 美(아름다울 미) HSK어휘 丑 chǒu, 丑恶 chǒu'è	

676		
畜	畜	🔵 부 田 🔵 획 10획
		🔵 자형 田(밭 전) + 玄(검을 현) → 畜(짐승 축)
		🔵 활용어 牧畜(목축), 家畜(가축), 畜舍(축사), 畜産(축산), 畜生(축생), 畜養(축양)
		🔵 유의자 獸(짐승 수)
짐승, 기를 축	chù	🔵 HSK어휘 畜 chù/xù, 牲畜 shēngchù, 畜牧 xùmù

677		
祝	祝	🔵 부 示 🔵 획 9획(간체 8획)
		🔵 자형 示(보일 시) + 兄(맏 형) → 祝(빌 축)
		🔵 활용어 祝賀(축하), 祝祭(축제), 祝福(축복), 祝典(축전), 祝辭(축사), 祝杯(축배), 祝願(축원), 祝歌(축가), 慶祝(경축), 感祝(감축)
		🔵 유의자 祈(빌 기), 慶(경사 경)
빌 축	zhù	🔵 HSK어휘 祝 zhù/chù, 祝贺 zhùhè, 庆祝 qìngzhù, 祝福 zhùfú

678		
逐	逐	🔵 부 辶(辵) 🔵 획 12획(간체 10획)
		🔵 자형 辶(辵, 쉬엄쉬엄 갈 착) + 豕(돼지 시) → 逐(쫓을 축)
		🔵 활용어 驅逐(구축), 角逐(각축), 逐出(축출), 逐鹿(축록), 逐條(축조), 角逐戰(각축전)
		🔵 유의자 追(쫓을 추)
		🔵 성어 中原逐鹿(중원축록), 逐鹿者不見山(축록자불견산), 逐條審議(축조심의)
쫓을 축	zhú	🔵 HSK어휘 驱逐 qūzhú, 逐步 zhúbù, 逐渐 zhújiàn, 逐年 zhúnián

679		
蓄	蓄	🔵 부 艹 🔵 획 14획(간체 13획)
		🔵 자형 艹(풀 초) + 畜(짐승 축) → 蓄(모을 축)
		🔵 활용어 貯蓄(저축), 蓄積(축적), 備蓄(비축), 含蓄(함축), 蓄電池(축전지)
		🔵 유의자 集(모을 집), 募(모을 모), 積(쌓을 적), 貯(쌓을 저)
		🔵 성어 不正蓄財(부정축재)
모을 축	xù	🔵 HSK어휘 储蓄 chǔxù *储(쌓을 저)

680		
築	筑	🔵 부 竹 🔵 획 16획(간체 12획)
		🔵 자형 木(나무 목) + 筑(쌓을 축) → 築(쌓을 축)
		🔵 활용어 建築(건축), 新築(신축), 構築(구축), 改築(개축), 增築(증축), 築造(축조), 築臺(축대), 築城(축성)
		🔵 HSK어휘 建筑 jiànzhù
쌓을 축	zhù	

681

縮　缩

줄일 **축**　suō

부 糸　**획** 17획(간체 14획)

자형 糸(가는 실 사) + 宿(묵을 숙) → 縮(줄일 축)

활용어 短縮(단축), 收縮(수축), 壓縮(압축), 伸縮(신축), 減縮(감축), 緊縮(긴축), 縮小(축소), 縮尺(축척)

유의자 伸(펼 신), 擴(넓힐 확)

HSK어휘 缩 suō/sù, 缩短 suōduǎn, 收缩 shōusuō, 压缩 yāsuō

682

衝　冲

찌를 **충**　chōng

부 行　**획** 15획(간체 6획)

자형 行(다닐 행) + 重(무거울 중) → 衝(찌를 충)

활용어 衝動(충동), 衝擊(충격), 衝突(충돌), 折衝(절충), 要衝地(요충지)

성어 緩衝地帶(완충지대), 正面衝突(정면충돌), 左衝右突(좌충우돌)

HSK어휘 冲 chōng/chòng, 冲动 chōngdòng, 冲击 chōngjī

683

臭　臭

냄새 **취** / 맡을 **후**　chòu

부 自　**획** 10획

자형 自(스스로 자, 코 모양) + 犬(개 견) → 臭(냄새 취)

활용어 惡臭(악취), 體臭(체취), 無臭(무취), 香臭(향취), 脫臭(탈취), 臭氣(취기)

성어 口尙乳臭(구상유취)

HSK어휘 臭 chòu/xiù, 臭豆腐 chòudòufu

684

醉　醉

취할 **취**　zuì

부 酉　**획** 15획

자형 酉(닭 유, 술그릇) + 卒(군사 졸) → 醉(취할 취)

활용어 醉氣(취기), 醉興(취흥), 醉中(취중), 醉客(취객), 滿醉(만취), 陶醉(도취), 心醉(심취), 宿醉(숙취)

성어 醉生夢死(취생몽사)

HSK어휘 醉 zuì, 陶醉 táozuì, 麻醉 mázuì

685

趣　趣

뜻, 달릴 **취**　qù

부 走　**획** 15획

자형 走(달릴 주) + 取(취할 취) → 趣(달릴 취)

활용어 趣味(취미), 趣旨(취지), 趣向(취향), 風趣(풍취), 情趣(정취)

HSK어휘 趣味 qùwèi, 风趣 fēngqù, 乐趣 lèqù, 有趣(儿) yǒuqù(r)

686	側	側
	겉 **측**	cè

부 亻(人) **획** 11획(간체 8획)

자형 亻(人, 사람 인) + 則(법칙 칙) → 側(겉 측)

활용어 側近(측근), 側面(측면), 兩側(양측), 右側(우측), 左側(좌측), 外側(외측)

유의자 傍(곁 방)

HSK어휘 側面 cèmiàn

687	測	测
	헤아릴 **측**	cè

부 氵(水) **획** 12획(간체 9획)

자형 氵(水, 물 수) + 則(법칙 칙) → 測(잴 측)

활용어 測量(측량), 測定(측정), 實測(실측), 推測(추측), 豫測(예측), 觀測(관측), 凶測(흉측)

유의자 量(헤아릴 량)

성어 測雨器(측우기), 怪常罔測(괴상망측), 變化莫測(변화막측)

HSK어휘 測量 cèliáng, 推測 tuīcè, 測驗 cèyàn, 探測 tàncè

688	値	值
	값 **치**	zhí

부 亻(人) **획** 10획(간체 10획)

자형 亻(人, 사람 인) + 直(곧을 직) → 値(값 치)

활용어 價値(가치), 數値(수치), 相値(상치), 價値觀(가치관), 加重値(가중치)

유의자 價(값 가)

성어 附加價値稅(부가가치세)

HSK어휘 价值 jiàzhí, 值班 zhíbān

689	恥	耻
	부끄러울 **치**	chǐ

부 心 **획** 10획(간체 10획)

자형 心(마음 심) + 耳(귀 이) → 恥(부끄러울 치)

활용어 恥事(치사), 恥辱(치욕), 恥部(치부), 廉恥(염치), 羞恥(수치), 沒廉恥(몰염치)

유의자 愧(부끄러울 괴), 慙(부끄러울 참)

성어 破廉恥(파렴치), 厚顔無恥(후안무치), 不恥下問(불치하문), 庚戌國恥(경술국치)

HSK어휘 无耻 wúchǐ, 羞耻 xiūchǐ

690	置	置
	둘(두다) **치**	zhì

부 罒(网) **획** 13획(간체 13획)

자형 罒(网, 그물 망) + 直(곧을 직) → 置(둘 치)

활용어 位置(위치), 設置(설치), 安置(안치), 處置(처치), 裝置(장치), 放置(방치), 倒置(도치), 備置(비치), 置簿(치부), 置換(치환)

유의자 廢(폐할, 버릴 폐)

성어 前置詞(전치사), 拘置所(구치소), 置之度外(치지도외)

HSK어휘 位置 wèizhì, 设置 shèzhì 安置 ānzhì, 处置 chǔzhì, 布置 bùzhì

691

稚

稚

어릴 **치**

zhì

부 禾　　획 13획

자형 禾(벼 화) + 隹(새 추) → 稚(어릴 치)

활용어 幼稚(유치), 稚拙(치졸), 稚氣(치기), 稚魚(치어)

유의자 幼(어릴 유)　　반대자 老(늙을 로), 長(길, 자랄 장), 丈(어른 장)

성 어 幼稚園(유치원)

HSK어휘 幼稚 yòuzhì

692

漆

漆

옻 **칠**

qī

부 氵(水)　　획 14획

자형 氵(水, 물 수) + 桼(옻 칠) → 漆(옻나무 칠)

활용어 漆器(칠기), 漆板(칠판), 漆黑(칠흑), 漆夜(칠야), 金漆(금칠), 色漆(색칠)

유의자 黑(검을 흑)

HSK어휘 漆 qī/qiè, 油漆 yóuqī

693

沈

沈

잠길 **침** / 성씨 **심**

chén

부 氵(水)　　획 7획

자형 氵(水, 물 수) + 冘(망설일 유) → 沈(잠길 침)

활용어 沈水(침수), 沈沒(침몰), 沈潛(침잠), 沈黙(침묵), 沈着(침착), 沈重(침중), 沈滯(침체), 沈痛(침통), 陰沈(음침), 浮沈(부침)

유의자 潛(잠길 잠), 浸(담글 침), 沒(빠질 몰)　　반대자 浮(뜰 부)

HSK어휘 沈 Shěn/chén, 沉默 chénmò, 沉着 chénzhuó, 沉思 chénsī, 沉重 chénzhòng, 沈阳市 Shěnyángshì

*沉(가라앉을 침)은 沈의 이체자로 중국어에서는 沉으로 상용한다.

694

枕

枕

베개 **침**

zhěn

부 木　　획 8획

자형 木(나무 목) + 冘(망설일 유) → 枕(베개 침)

활용어 木枕(목침), 枕頭(침두), 枕木(침목)

성 어 高枕安眠(고침안면)

HSK어휘 枕头 zhěntou

695

侵

侵

침노할 **침**

qīn

부 亻(人)　　획 9획

자형 亻(人, 사람 인) + 帚(비 추) → 侵(침노할 침)

활용어 侵犯(침범), 侵略(침략), 侵害(침해), 侵奪(침탈), 侵攻(침공), 侵入(침입), 侵掠(침략)

유의자 犯(범할 범)　　성 어 不可侵條約(불가침조약)

HSK어휘 侵犯 qīnfàn, 侵略 qīnlüè

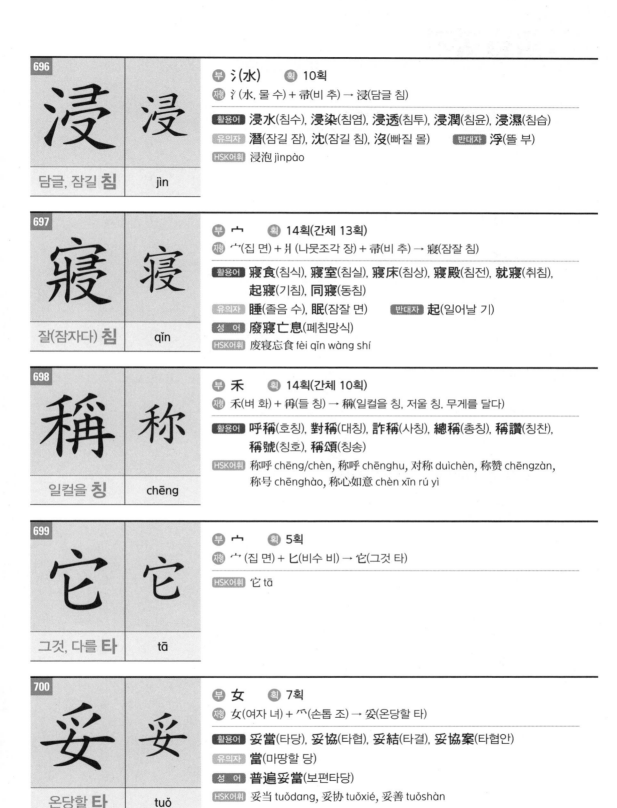

696

浸　浸

담글, 잠길 **침**　jìn

(부) 氵(水)　(획) 10획
(자형) 氵(水, 물 수) + 㑒(비 추) → 浸(담글 침)

활용어 浸水(침수), 浸染(침염), 浸透(침투), 浸潤(침윤), 浸濕(침습)
유의자 潛(잠길 잠), 沈(잠길 침), 沒(빠질 몰)　**반대자** 浮(뜰 부)
HSK어휘 浸泡 jìnpào

697

寢　寝

잘(잠자다) **침**　qǐn

(부) 宀　(획) 14획(간체 13획)
(자형) 宀(집 면) + 爿(나뭇조각 장) + 㑒(비 추) → 寢(잠잘 침)

활용어 寢食(침식), 寢室(침실), 寢床(침상), 寢殿(침전), 就寢(취침),
　　　　起寢(기침), 同寢(동침)
유의자 睡(졸음 수), 眠(잠잘 면)　**반대자** 起(일어날 기)
성어 廢寢忘息(폐침망식)
HSK어휘 废寝忘食 fèi qǐn wàng shí

698

稱　称

일컬을 **칭**　chēng

(부) 禾　(획) 14획(간체 10획)
(자형) 禾(벼 화) + 爯(들 칭) → 稱(일컬을 칭, 저울 칭. 무게를 달다)

활용어 呼稱(호칭), 對稱(대칭), 詐稱(사칭), 總稱(총칭), 稱讚(칭찬),
　　　　稱號(칭호), 稱頌(칭송)
HSK어휘 称呼 chēng/chèn, 称呼 chēnghu, 对称 duìchèn, 称赞 chēngzàn,
　　　　称号 chēnghào, 称心如意 chèn xīn rú yì

699

它　它

그것, 다를 **타**　tā

(부) 宀　(획) 5획
(자형) 宀(집 면) + 匕(비수 비) → 它(그것 타)

HSK어휘 它 tā

700

妥　妥

온당할 **타**　tuǒ

(부) 女　(획) 7획
(자형) 女(여자 녀) + 爫(손톱 조) → 妥(온당할 타)

활용어 妥當(타당), 妥協(타협), 妥結(타결), 妥協案(타협안)
유의자 當(마땅할 당)
성어 普遍妥當(보편타당)
HSK어휘 妥当 tuǒdang, 妥协 tuǒxié, 妥善 tuǒshàn

1 다음 한자에 맞는 훈음을 쓰세요.

(1) 薦 ( )   (2) 遞 ( )

(3) 替 ( )   (4) 肖 ( )

(5) 礎 ( )   (6) 燭 ( )

(7) 催 ( )   (8) 逐 ( )

(9) 築 ( )   (10) 縮 ( )

(11) 臭 ( )   (12) 側 ( )

(13) 恥 ( )   (14) 漆 ( )

(15) 枕 ( )   (16) 寢 ( )

2 다음 한자어에 맞는 독음을 쓰세요.

(1) 貫徹 ( )   (2) 尖銳 ( )

(3) 遲滯 ( )   (4) 逮捕 ( )

(5) 抄錄 ( )   (6) 超越 ( )

(7) 接觸 ( )   (8) 聰明 ( )

(9) 抽象 ( )   (10) 牧畜 ( )

(11) 祝杯 ( )   (12) 陶醉 ( )

(13) 趣向 ( )   (14) 就寢 ( )

(15) 呼稱 ( )   (16) 妥協 ( )

3 다음 한자의 간체자를 보기 에서 골라 쓰세요.

보기	丑	厅	迁	冲

(1) 遷 (   )   (2) 廳 (   )

(3) 醜 (   )   (4) 衝 (   )

4 다음 한자의 유의자를 보기 에서 골라 쓰세요.

보기	潛	集	幼	價

(1) 浸 (   )   (2) 稚 (   )

(3) 值 (   )   (4) 蓄 (   )

5 다음 한자의 반의자를 보기 에서 골라 쓰세요.

보기	浮	削	美	冥

(1) 哲 (   )   (2) 添 (   )

(3) 醜 (   )   (4) 沈 (   )

6 다음 뜻을 가진 사자성어를 보기 에서 골라 쓰세요.

보기	改過遷善	三遷之教	錦上添花	畫蛇添足

(1) 지난날의 잘못이나 허물을 고쳐 올바르고 착하게 됨.

✎ _____

(2) 뱀을 다 그리고 나서 있지도 아니한 발을 덧붙여 그려 넣는다는 뜻으로, 쓸데없는 군짓을 하여 도리어 잘못되게 함을 이르는 말.

✎ _____

UNIT 15

HNK 3급
- 한자 701~750
- 복습하기

701

堕 堕

떨어질 **타** / 무너질 **휴**   duò

부 土   획 15획(간체 11획)

자형 土(흙 토) + 隋(수나라 수) → 堕(떨어질 타)

활용어 堕落(타락), 堕淚(타루), 堕罪(타죄), 堕獄(타옥)

유의자 落(떨어질 락)   반대자 復(돌아올 복)

성어 積功之塔不堕(적공지탑불휴)

HSK어휘 堕 duò/huī, 堕落 duòluò

702

托 托

맡길 **탁**   tuō

부 扌(手)   획 6획

자형 扌(手, 손 수) + 乇(부탁할 탁) → 托(맡길 탁)

활용어 依托(依託, 의탁), 茶托(차탁), 托葉(탁엽), 托胎(탁태)

유의자 任(맡길 임), 委(맡길 위), 預(맡길 예)

HSK어휘 拜托 bàituō, 寄托 jìtuō, 托运 tuōyùn, 摩托车 mótuōchē, 托福 tuōfú(TOEFL)

703

濁 浊

흐릴 **탁**   zhuó

부 氵(水)   획 16획(간체 9획)

자형 氵(水, 물 수) + 蜀(나라 이름 촉) → 濁(흐릴 탁)

활용어 混濁(혼탁), 淸濁(청탁), 汚濁(오탁), 鈍濁(둔탁), 濁流(탁류), 濁音(탁음), 濁酒(탁주), 濁世(탁세)

유의자 混(섞을 혼)   반대자 淸(맑을 청), 淨(깨끗할 정)

성어 一魚濁水(일어탁수)

HSK어휘 混浊 hùnzhuó

704

濯 濯

씻을 **탁**   zhuó

부 氵(水)   획 17획

자형 氵(水, 물 수) + 翟(꿩 적) → 濯(씻을 탁)

활용어 洗濯(세탁), 濯足(탁족)

유의자 洗(씻을 세)

성어 濯足會(탁족회)

HSK어휘 濯洗 zhuóxǐ

705

誕 诞

낳을, 속일 **탄**   dàn

부 言   획 14획(간체 8획)

자형 言(말씀 언) + 延(끌 연) → 誕(태어날 탄)

활용어 誕生(탄생), 誕辰(탄신), 聖誕(성탄), 誕妄(탄망), 誕言(탄언)

유의자 生(날 생), 欺(속일 기), 妄(망령들 망)

성어 聖誕節(성탄절)

HSK어휘 诞生 dànshēng, 诞辰 dànchén, 圣诞节 Shèngdàn Jié

706		
彈 / 弹	부 弓 획 15획(간체 11획)	
	재형 弓(활 궁) + 單(홑 단) → 彈(탄알 탄)	
	활용어 彈性(탄성), 彈丸(탄환), 彈壓(탄압), 琴(탄금), 爆彈(폭탄), 防彈(방탄), 糾彈(규탄), 指彈(지탄), 彈核彈頭(핵탄두), 誘導彈(유도탄)	
탄알, 튕길 **탄** / dàn	성어 對牛彈琴(대우탄금)	
	HSK어휘 弹 dàn/tán, 弹性 tánxìng, 导弹 dǎodàn, 子弹 zǐdàn, 弹钢琴 tán gāngqín	

707		
歎 / 叹	부 欠 획 15획(간체 5획)	
	재형 欠(하품 흠) + 黃('難 어려울 난'의 생략형) → 歎(嘆, 탄식할 탄)	
	활용어 歎息(탄식), 歎聲(탄성), 歎願(탄원), 痛歎(통탄), 讚歎(찬탄), 恨歎(한탄), 慨歎(개탄), 感歎(감탄), 悲歎(비탄)	
탄식할 **탄** / tàn	성어 風樹之歎(풍수지탄), 晩時之歎(만시지탄), 亡羊之歎(망양지탄), 望洋之歎(망양지탄), 麥秀之歎(맥수지탄), 亡國之歎(망국지탄)	
	HSK어휘 叹气 tànqì, 赞叹 zàntàn	

708		
奪 / 夺	부 大 획 14획(간체 6획)	
	재형 大(큰 대) + 隹(새 추) + 寸(마디 촌) → 奪(빼앗을 탈)	
	활용어 掠奪(약탈), 爭奪(쟁탈), 侵奪(침탈), 强奪(강탈), 收奪(수탈), 奪取(탈취), 奪還(탈환)	
	유의자 掠(노략질할 략)	
빼앗을 **탈** / duó	성어 削奪官職(삭탈관직), 換骨奪胎(환골탈태)	
	HSK어휘 掠夺 lüèduó, 争夺 zhēngduó	

709		
貪 / 贪	부 貝 획 11획(간체 8획)	
	재형 貝(조개 패) + 今(이제 금) → 貪(탐낼 탐)	
	활용어 食貪(식탐), 貪慾(탐욕), 貪愛(탐애), 貪慾的(탐욕적)	
	유의자 慾(욕심 욕)	
탐낼 **탐** / tān	성어 貪官汚吏(탐관오리), 小貪大失(소탐대실)	
	HSK어휘 贪污 tānwū, 贪婪 tānlán, 贪小失大 tān xiǎo shī dà *婪(탐할 람)	

710		
塔 / 塔	부 土 획 13획(간체 12획)	
	재형 土(흙 토) + 荅(팥 답) → 塔(탑 탑)	
	활용어 佛塔(불탑), 石塔(석탑), 鐵塔(철탑), 尖塔(첨탑), 管制塔(관제탑), 司令塔(사령탑)	
탑 **탑** / tǎ	성어 金字塔(금자탑), 象牙塔(상아탑), 多寶塔(다보탑)	
	HSK어휘 塔 tǎ, 塔儿寺 Tǎ'érsì, 东方明珠电视塔 Dōngfāng míngzhū diànshìtǎ	

711

湯 汤

끓을 **탕** / tāng

- 부 氵(水)　획 12획(간체 6획)
- 자형 氵(水, 물 수) + 昜(볕 양) → 湯(끓일 탕)
- 활용어 湯藥(탕약), 再湯(재탕), 雜湯(잡탕), 重湯(중탕), 溫湯(온탕), 冷湯(냉탕)
- 성어 金城湯池(금성탕지)
- HSK어휘 汤 tāng/shāng, 泡菜汤 pàocàitāng

712

怠 怠

게으름 **태** / dài

- 부 心　획 9획
- 자형 心(마음 심) + 台(별 태) → 怠(게으를 태)
- 활용어 怠慢(태만), 怠業(태업), 勤怠(근태), 過怠料(과태료)
- 유의자 慢(게으를 만)　반대자 勤(부지런할 근)
- HSK어휘 怠慢 dàimàn

713

殆 殆

거의, 위태할 **태** / dài

- 부 歹　획 9획
- 자형 歹(살 바른 뼈 알) + 台(별 태) → 殆(위태할 태)
- 활용어 危殆(위태), 殆半(태반)
- 유의자 危(위태할 위)
- 성어 知彼知己 百戰不殆(지피지기 백전불태)
- HSK어휘 殆 dài

714

態 态

모습 **태** / tài

- 부 心　획 14획(간체 8획)
- 자형 心(마음 심) + 能(능할 능) → 態(모양 태)
- 활용어 態度(태도), 姿態(자태), 形態(형태), 狀態(상태), 生態(생태), 動態(동태), 事態(사태), 重態(중태), 醜態(추태), 作態(작태), 世態(세태), 實態(실태)
- 유의자 姿(모양 자), 形(모양 형), 樣(모양 양), 狀(형상 상/문서 장)
- 성어 舊態依然(구태의연), 千態萬象(천태만상)
- HSK어휘 姿态 zītài, 形态 xíngtài, 状态 zhuàngtài, 生态 shēngtài, 动态 dòngtài, 事态 shìtài, 态度 tàidu, 表态 biǎotài

715

澤 泽

못 **택** / zé

- 부 氵(水)　획 16획(간체 8획)
- 자형 氵(水, 물 수) + 睪(엿볼 역) → 澤(못 택)
- 활용어 潤澤(윤택), 光澤(광택), 德澤(덕택), 惠澤(혜택), 恩澤(은택)
- 유의자 池(못 지), 潭(못 담), 沼(못 소)
- HSK어휘 沼泽 zhǎozé

716

擇　择

가릴 **택**　zé

- 부 扌(手)　획 16획(간체 8획)
- 자형 扌(手, 손 수) + 睪(엿볼 역) → 擇(가릴 택)
- 활용어 選擇(선택), 採擇(채택), 擇一(택일), 擇日(택일), 擇拔(택발)
- 유의자 選(가릴 선), 拔(뺄 발)
- 성어 兩者擇一(양자택일), 取捨選擇(취사선택), 殺生有擇(살생유택)
- HSK어휘 择 zé/zhái, 选择 xuǎnzé, 不择手段 bù zé shǒu duàn, 择菜 zháicài, 择刺 zháicì

717

吐　吐

토할 **토**　tǔ

- 부 口　획 6획
- 자형 口(입 구) + 土(흙 토) → 吐(토할 토)
- 활용어 吐血(토혈), 吐說(토설), 吐出(토출), 吐露(토로), 懸吐(현토), 實吐(실토)
- HSK어휘 吐 tǔ/tù, 呕吐 ǒutù, 吞吞吐吐 tūntūn tǔtǔ

718

兔　兔

토끼 **토**　tù

- 부 儿　획 8획
- 자형 긴 귀와 짧은 꼬리를 가진 토끼의 모양.
- 활용어 野兔(야토), 山兔(산토), 家兔(가토)
- 성어 兔營三窟(토영삼굴), 守株待兔(수주대토)
- HSK어휘 兔子 tùzi, 兔走乌飞 tù zǒu wū fēi

719

透　透

사무칠, 통할 **투**　tòu

- 부 辶(辵)　획 11획(간체 10획)
- 자형 辶(辵, 쉬엄쉬엄 갈 착) + 秀(빼어날 수) → 透(통할 투)
- 활용어 透明(투명), 透徹(투철), 透視(투시), 透析(투석), 浸透(침투), 不透明(불투명), 透視圖(투시도)
- 유의자 徹(통할 철)
- HSK어휘 透明 tòumíng, 透露 tòulù

720

鬪　斗

싸움 **투**　dòu

- 부 鬥　획 20획(간체 4획)
- 자형 鬥(싸울 투) + 尌(세울 주) → 鬪(싸움 투)
- 활용어 戰鬪(전투), 奮鬪(분투), 拳鬪(권투), 決鬪(결투), 鬪士(투사), 鬪爭(투쟁), 鬪魂(투혼)
- 유의자 戰(싸움 전), 爭(싸울 쟁)　성어 孤軍奮鬪(고군분투)
- HSK어휘 战斗 zhàndòu, 斗争 dòuzhēng, 奋斗 fèndòu

| 721 派 갈래 파 / 派 pài | 부 氵(水) 획 9획
자형 氵(水, 물 수) + 㕦(갈래 파) → 派(물갈래 파)
활용어 派遣(파견), 派兵(파병), 派生(파생), 派爭(파쟁), 分派(분파), 一派(일파), 右派(우파), 左派(좌파), 黨派(당파), 親日派(친일파)
HSK어휘 派 pài/pā, 派遣 pàiqiǎn, 派別 pàibié |

| 722 把 잡을 파 / 把 bǎ | 부 扌(手) 획 7획
자형 扌(手, 손 수) + 巴(꼬리 파) → 把(잡을 파)
활용어 把守(파수), 把手(파수), 把捉(파착), 把守兵(파수병)
유의자 執(잡을 집), 拘(잡을 구), 操(잡을 조)
HSK어휘 把 bǎ/bà, 把手 bǎshǒu /bǎshou, 把关 bǎguān |

| 723 頗 자못 파 / 颇 pō | 부 頁 획 14획(간체 11획)
자형 頁(머리 혈) + 皮(가죽 피) → 頗(자못 파)
활용어 頗多(파다), 偏頗(편파), 偏頗的(편파적), 偏頗性(편파성)
유의자 偏(치우칠 편)
HSK어휘 颇 pō, 偏颇 piānpō |

| 724 罷 마칠 파 / 罢 bà | 부 罒(网) 획 15획(간체 10획)
자형 罒(网, 그물 망) + 能(능할 능) → 罷(마칠 파)
활용어 罷業(파업), 罷免(파면), 罷職(파직), 罷業權(파업권), 罷場(파장), 罷市(파시), 革罷(혁파)
유의자 終(마칠 종), 了(마칠 료)
성어 封庫罷職(봉고파직)
HSK어휘 罢工 bàgōng |

| 725 播 뿌릴 파 / 播 bō | 부 扌(手) 획 15획
자형 扌(手, 손 수) + 番(차례 번) → 播(뿌릴 파)
활용어 播種(파종), 播遷(파천), 直播(직파), 廣播(광파), 傳播(전파)
성어 萬口傳播(만구전파)
HSK어휘 播种 bōzhǒng /bōzhòng, 直播 zhíbō, 广播 guǎngbō, 播放 bōfàng |

726 版 版 판목, 널(널빤지) **판** bǎn	📖 片 ✏️ 8획 片(조각 편) + 反(되돌릴 반) → 版(널 판) **활용어** 版畫(판화), 版權(판권), 版圖(판도), 出版(출판), 木版(목판), 銅版(동판), 新版(신판), 初版(초판), 再版(재판), 絕版(절판) **HSK어휘** 出版 chūbǎn, 版本 bǎnběn

📖 片   ✏️ 8획

📖 辶(辵)   ✏️ 13획(간체 12획)

726

版 版

판목, 널(널빤지) **판**   bǎn

- 📖 片   ✏️ 8획
- 片(조각 편) + 反(되돌릴 반) → 版(널 판)
- **활용어** 版畫(판화), 版權(판권), 版圖(판도), 出版(출판), 木版(목판), 銅版(동판), 新版(신판), 初版(초판), 再版(재판), 絕版(절판)
- **HSK어휘** 出版 chūbǎn, 版本 bǎnběn

727

遍 遍

두루 **편**   biàn

- 📖 辶(辵)   ✏️ 13획(간체 12획)
- 辶(辵, 쉬엄쉬엄 갈 착) + 扁(넓적할 편) → 遍(두루 편)
- **활용어** 普遍(보편), 遍歷(편력), 遍踏(편답), 普遍主義(보편주의)
- **유의자** 普(두루 보)   **반대자** 特(특별할 특)
- **성 어** 讀書百遍義自見(독서백편의자현)
- **HSK어휘** 遍 biàn, 一遍 yíbiàn, 普遍 pǔbiàn, 遍布 biànbù

728

編 编

엮을 **편**   biān

- 📖 糸   ✏️ 15획(간체 12획)
- 糸(가는 실 사) + 扁(넓적할 편) → 編(엮을 편)
- **활용어** 編織(편직), 編成(편성), 編制(편제), 編入(편입), 編曲(편곡), 改編(개편), 續編(속편), 編年體(편년체)
- **유의자** 構(얽을 구)   **성 어** 韋編三絕(위편삼절)
- **HSK어휘** 编织 biānzhī

729

偏 偏

치우칠 **편**   piān

- 📖 亻(人)   ✏️ 11획(간체 11획)
- 亻(人, 사람 인) + 扁(넓적할 편) → 偏(치우칠 편)
- **활용어** 偏差(편차), 偏見(편견), 偏食(편식), 偏向(편향), 偏母(편모), 偏愛(편애), 偏重(편중), 偏頗的(편파적), 偏頭痛(편두통), 偏執症(편집증)
- **성 어** 不偏不黨(불편부당)
- **HSK어휘** 偏差 piānchā, 偏见 piānjiàn, 偏偏 piānpiān

730

評 评

평할 **평**   píng

- 📖 言   ✏️ 12획(간체 7획)
- 言(말씀 언) + 平(평평할 평) → 評(평할 평)
- **활용어** 評價(평가), 評論(평론), 評判(평판), 批評(비평), 品評(품평), 書評(서평), 漫評(만평), 好評(호평), 惡評(악평), 論評(논평)
- **유의자** 批(비평할 비)
- **성 어** 下馬評(하마평), 群盲評象(군맹평상)
- **HSK어휘** 批评 pīpíng, 评价 píngjià, 评论 pínglùn, 评比 píngbǐ

731	肺	부 月(肉) 획 8획
		자형 月(肉, 고기 육) + 市(슬갑 불, 저자 시) → 肺(허파 폐)
		활용어 肺炎(폐렴), 肺病(폐병), 肺患(폐환), 肺結核(폐결핵), 心肺(심폐)
허파 폐	fèi	HSK어휘 肺 fèi

732	廢 废	부 广 획 15획(간체 8획)
		자형 广(집 엄) + 發(쏠 발) → 廢(폐할 폐)
		활용어 廢止(폐지), 廢棄(폐기), 廢鑛(폐광), 廢品(폐품), 廢刊(폐간), 存廢(존폐), 荒廢(황폐), 老廢物(노폐물)
		유의자 棄(버릴 기) 반대자 存(있을 존)
		성어 食飮全廢(식음전폐), 廢寢亡食(폐침망식)
폐할, 버릴 폐	fèi	HSK어휘 作废 zuòfèi, 废话 fèihuà, 废除 fèichú, 半途而废 bàn tú ér fèi, 废寝忘食 fèi qǐn wàng shí

733	蔽 蔽	부 艹 획 15획(간체 14획)
		자형 艹(풀 초) + 敝(해질 폐) → 蔽(덮을 폐)
		활용어 隱蔽(은폐), 擁蔽(옹폐), 建蔽率(건폐율), 蔽一言(폐일언)
		유의자 隱(숨을 은), 蓋(덮을 개)
덮을 폐	bì	HSK어휘 隐蔽 yǐnbì

734	弊 弊	부 廾 획 14획
		자형 廾(받들 공) + 敝(해질 폐) → 弊(폐단 폐)
		활용어 弊端(폐단), 弊害(폐해), 弊習(폐습), 病弊(병폐), 作弊(작폐), 疲弊(피폐), 積弊(적폐)
		유의자 害(해할 해)
폐단, 해질 폐	bì	HSK어휘 弊端 bìduān, 弊病 bìbìng, 作弊 zuòbì

735	幣 币	부 巾 획 14획(간체 4획)
		자형 巾(수건 건) + 敝(해질 폐) → 幣(화폐 폐)
		활용어 貨幣(화폐), 紙幣(지폐), 僞幣(위폐), 造幣(조폐), 納幣(납폐), 幣物(폐물)
		유의자 錢(돈 전)
화폐 폐	bì	HSK어휘 货币 huòbì, 人民币 rénmínbì

736	胞	胞	(부) 月(肉) (획) 9획

736 胞

736

胞　胞

세포 **포**　　bāo

(부) 月(肉)　　(획) 9획

(자형) 月(肉, 고기 육) + 包(쌀 포) → 胞(세포 포)

활용어 胞子(포자), 細胞(세포), 同胞(동포), 單細胞(단세포),
細胞膜(세포막), 體細胞(체세포)

성 어 四海同胞(사해동포), 細胞分裂(세포분열)

HSK어휘 胞 bāo/páo/pào, 细胞 xìbāo, 同胞 tóngbāo, 双胞胎 shuāngbāotāi

737

浦　浦

개(물가) **포**　　pǔ

(부) 氵(水)　　(획) 10획

(자형) 氵(水, 물 수) + 甫(클 보) → 浦(개 포)

활용어 浦口(포구), 浦港(포항), 浦田(포전), 浦邊(포변)

유의자 津(나루 진)

HSK어휘 浦 pǔ

738

捕　捕

잡을 **포**　　bǔ

(부) 扌(手)　　(획) 10획

(자형) 扌(手, 손 수) + 甫(클 보) → 捕(잡을 포)

활용어 捕捉(포착), 捕獲(포획), 捕卒(포졸), 捕手(포수), 逮捕(체포),
生捕(생포)

유의자 拘(잡을 구), 獲(얻을 획), 操(잡을 조)

HSK어휘 逮捕 dàibǔ, 捕捉 bǔzhuō

739

砲　炮

대포 **포**　　pào

(부) 石　　(획) 10획(간체 9획)

(자형) 石(돌 석) + 包(쌀 포) → 砲(대포 포)

활용어 砲兵(포병), 砲彈(포탄), 砲門(포문), 砲火(포화), 大砲(대포),
祝砲(축포), 發砲(발포), 投砲丸(투포환), 迫擊砲(박격포)

HSK어휘 炮 pào, páo, bāo, 鞭炮 biānpào *鞭(채찍 편)

740

飽　饱

배부를 **포**　　bǎo

(부) 食(食)　　(획) 13획(간체 8획)

(자형) 食(食, 밥 식) + 包(쌀 포) → 飽(배부를 포)

활용어 飽食(포식), 飽滿(포만), 飽和(포화), 飽聞(포문)

유의자 飢(주릴 기), 餓(주릴 아)

HSK어휘 饱 bǎo, 饱和 bǎohé, 饱经沧桑 bǎo jīng cāng sāng

741	幅	幅	부 巾　획 12획

741

幅　幅

폭 **폭** / 두건 **복**　fú

자형 巾(수건 건) + 畐(가득할 복) → 幅(폭 폭)

활용어 振幅(진폭), 步幅(보폭), 畫幅(화폭), 增幅(증폭), 大幅(대폭), 全幅的(전폭적), 복건(幅巾)

HSK어휘 幅 fú/bī, 幅度 fúdù

742

爆　爆

터질 **폭**　bào

부 火　획 19획

자형 火(불 화) + 暴(사나울 폭) → 爆(터질 폭)

활용어 爆彈(폭탄), 爆擊(폭격), 爆發(폭발), 爆音(폭음), 爆竹(폭죽), 爆破(폭파), 爆笑(폭소), 原爆(원폭)

HSK어휘 爆发 bàofā, 爆炸 bàozhà * 炸(터질 작)

743

漂　漂

떠다닐 **표**　piāo

부 氵(水)　획 14획

자형 氵(水, 물 수) + 票(불똥 튈 표) → 漂(떠다닐 표)

활용어 浮漂(부표), 漂流(표류), 漂浪(표랑), 漂着(표착), 漂白(표백), 漂母(표모)

유의자 浮(뜰 부)　반대자 留(머무를 류), 停(머무를 정)

HSK어휘 漂 piāo/piǎo/piào, 漂浮 piāofú, 漂泊 piāobó

744

標　标

표할 **표**　biāo

부 木　획 15획(간체 9획)

자형 木(나무 목) + 票(불똥 튈 표) → 標(표할 표)

활용어 目標(목표), 指標(지표), 座標(좌표), 商標(상표), 音標(음표), 標本(표본), 標準(표준), 標題(표제), 標示(표시), 標的(표적), 標語(표어)

HSK어휘 目标 mùbiāo, 指标 zhǐbiāo, 标准 biāozhǔn, 标本 biāoběn, 标题 biāotí, 标点 biāodiǎn, 鼠标 shǔbiāo, 招标 zhāobiāo

745

被　被

입을, 이불 **피**　bèi

부 衤　획 10획

자형 衤(衣, 옷 의) + 皮(가죽 피) → 被(이불 피)

활용어 被動(피동), 被殺(피살), 被害(피해), 被擊(피격), 被襲(피습), 被告(피고), 被服(피복), 被寫體(피사체)

성어 被害妄想(피해망상)

HSK어휘 被 bèi/pī, 被子 bèizi, 被动 bèidòng

746

避 / 避

피할 **피** / bì

부 辶(辵)　획 17획(간체 16획)

자형 辶(辵, 쉬엄쉬엄 갈 착) + 辟(피할 피) → 避(피할 피)

활용어 逃避(도피), 免避(면피), 待避(대피), 回避(회피), 忌避(기피),
避難(피난), 避暑(피서), 避雷針(피뢰침), 不可避(불가피)

유의자 逃(달아날 도)

HSK어휘 逃避 táobì, 避免 bìmiǎn

747

畢 / 毕

마칠 **필** / bì

부 田　획 11획(간체 6획)

자형 田(밭 전) + 茻(양 울 미) → 畢(마칠 필)

활용어 畢竟(필경), 畢業(필업), 畢納(필납), 完畢(완필), 未畢(미필),
檢査畢(검사필), 檢定畢(검정필)

유의자 竟(다할 경)　성어 納稅畢證(납세필증)

HSK어휘 毕业 bìyè, 毕竟 bìjìng, 完毕 wánbì

748

荷 / 荷

멜, 연꽃 **하** / hé

부 艹　획 11획(간체 10획)

자형 艹(풀 초) + 何(어찌 하) → 荷(연 하)

활용어 荷物(하물), 荷船(하선), 荷役(하역), 荷重(하중), 入荷(입하),
出荷(출하), 荷置場(하치장), 荷花(하화)

성어 賊反荷杖(적반하장)

HSK어휘 荷 hè/hé/hē, 荷花 héhuā

749

鶴 / 鹤

학 **학** / hè

부 鳥　획 21획(간체 15획)

자형 鳥(새 조) + 隺(고상할 각, 새 높이 날 확) → 鶴(학 학)

활용어 白鶴(백학), 紅鶴(홍학), 鶴髮(학발), 鶴翼陣(학익진)

성어 群鷄一鶴(군계일학), 鶴首苦待(학수고대), 鶴林玉露(학림옥로)

HSK어휘 鶴 hè

750

汗 / 汗

땀 **한** / hàn

부 氵(水)　획 6획

자형 氵(水, 물 수) + 干(방패 간) → 汗(땀 한)

활용어 汗蒸(한증), 發汗(발한), 汗蒸幕(한증막), 不汗黨(불한당)

성어 汗牛充棟(한우충동), 汗馬之勞(한마지로)

HSK어휘 汗 hàn/hán

❶ 다음 한자에 맞는 훈음을 쓰세요.

(1) 墮 (   )   (2) 彈 (   )

(3) 貪 (   )   (4) 湯 (   )

(5) 澤 (   )   (6) 吐 (   )

(7) 派 (   )   (8) 播 (   )

(9) 版 (   )   (10) 偏 (   )

(11) 弊 (   )   (12) 胞 (   )

(13) 捕 (   )   (14) 飽 (   )

(15) 被 (   )   (16) 荷 (   )

❷ 다음 한자어에 맞는 독음을 쓰세요.

(1) 洗濯 (   )   (2) 強奪 (   )

(3) 尖塔 (   )   (4) 危殆 (   )

(5) 狀態 (   )   (6) 採擇 (   )

(7) 忌避 (   )   (8) 罷業 (   )

(9) 漫評 (   )   (10) 隱蔽 (   )

(11) 畫幅 (   )   (12) 爆彈 (   )

(13) 商標 (   )   (14) 把守兵 (   )

(15) 鶴翼陣 (   )   (16) 汗蒸幕 (   )

③ 다음 한자의 간체자를 보기 에서 골라 쓰세요.

보기	毕	叹	斗	浊

(1) 濁 (   )   (2) 歎 (   )

(3) 鬪 (   )   (4) 畢 (   )

④ 다음 한자의 유의자를 보기 에서 골라 쓰세요.

보기	委	普	生	徹

(1) 托 (   )   (2) 誕 (   )

(3) 透 (   )   (4) 遍 (   )

⑤ 다음 한자의 반의자를 보기 에서 골라 쓰세요.

보기	存	停	淸	勤

(1) 濁 (   )   (2) 怠 (   )

(3) 廢 (   )   (4) 漂 (   )

⑥ 다음 뜻을 가진 사자성어를 보기 에서 골라 쓰세요.

보기	兎營三窟	不偏不黨	守株待兎	韋編三絕

(1) 공자가 주역을 즐겨 읽어 책의 가죽끈이 세 번이나 끊어졌다는 뜻으로, 책을 열심히 읽음을 이르는 말.

✎ _____

(2) 토끼가 위기에서 벗어나기 위하여 세 개의 굴을 파 놓아둔다는 뜻으로, 자신의 안전을 위하여 미리 몇 가지 대비책을 짜 놓음을 이르는 말.

✎ _____

UNIT 16

HNK 3급
- 한자 751~820
- 복습하기

751	旱 旱	부 日　획 7획
		자형 日(해 일) + 干(방패 간) → 旱(가물 한)
		활용어 旱害(한해), 旱災(한재), 旱熱(한열), 耐旱(내한), 枯旱(고한), 久旱(구한)
		성어 久旱逢甘雨(구한봉감우)
가물 **한**	hàn	HSK어휘 干旱 gānhàn

752	割 割	부 刂(刀)　획 12획
		자형 刂(刀, 칼 도) + 害(해칠 해) → 割(벨 할)
		활용어 割引(할인), 割賦(할부), 割當(할당), 割腹(할복), 割愛(할애), 割增(할증), 分割(분할), 役割(역할)
		유의자 分(나눌 분)　성어 群雄割據(군웅할거)
벨, 나눌 **할**	gē	HSK어휘 割 gē

753	含 含	부 口　획 7획
		자형 口(입 구) + 今(이제 금) → 含(머금을 함)
		활용어 含量(함량), 含有(함유), 含蓄(함축), 含憤(함분), 包含(포함)
		성어 含憤蓄怨(함분축원)
머금을 **함**	hán	HSK어휘 含 hán/hàn, 含稅 hánshuì

754	咸 咸	부 口　획 9획
		자형 口(입 구) + 戌(개 술) → 咸(다 함)
		활용어 咸池(함지)
		성어 咸興差使(함흥차사)
다 **함**	xián	HSK어휘 咸 xián

755	陷 陷	부 阝(阜)　획 11획(간체 10획)
		자형 阝(阜, 언덕 부) + 臽(함정 함) → 陷(빠질 함)
		활용어 陷沒(함몰), 陷落(함락), 陷入(함입), 陷害(함해), 缺陷(결함), 謀陷(모함)
		유의자 沒(빠질 몰)
빠질 **함**	xiàn	HSK어휘 陷害 xiànhài, 陷入 xiànrù

756 抗	抗	부 扌(手) 획 7획 짜형 扌(手, 손 수) + 亢(오를 항) → 抗(겨룰 항) 활용어 抵抗(저항), 反抗(반항), 對抗(대항), 抗議(항의), 抗訴(항소), 抗告(항고), 抗爭(항쟁), 抗體(항체), 抗菌(항균), 抗拒(항거), 抗辯(항변), 抗戰(항전) 유의자 戰(싸움 전), 爭(다툴 쟁), 競(다툴 경) 성어 不可抗力(불가항력) HSK어휘 抵抗 dǐkàng, 对抗 duìkàng, 反抗 fǎnkàng, 抗议 kàngyì
겨룰 **항**	kàng	

757 巷	巷	부 己 획 9획 짜형 共(함께 공) + 巳(뱀 사, '邑'의 생략형) → 巷(거리 항) 활용어 巷間(항간), 巷談(항담), 巷說(항설), 街巷(가항) 유의자 街(거리 가) HSK어휘 巷 xiàng/hàng
거리 **항**	xiàng	

758 航	航	부 舟 획 10획 짜형 舟(배 주) + 亢(오를 항) → 航(배 항) 활용어 航空(항공), 航海(항해), 航路(항로), 渡航(도항), 運航(운항), 直航(직항), 缺航(결항), 回航(회항), 順航(순항), 難航(난항), 外航船(외항선) 유의자 舟(배 주), 船(배 선) HSK어휘 航空 hángkōng, 航班 hángbān, 导航 dǎoháng, 航天 hángtiān, 航行 hángxíng
배 **항**	háng	

759 港	港	부 氵(水) 획 12획 짜형 氵(水, 물 수) + 巷(거리 항) → 港(항구 항) 활용어 港口(항구), 入港(입항), 出港(출항), 開港(개항), 空港(공항), 漁港(어항), 貿易港(무역항), 不凍港(부동항) HSK어휘 港口 gǎngkǒu, 香港 Xiānggǎng
항구 **항**	gǎng	

760 項	项	부 頁 획 12획(간체 9획) 짜형 頁(머리 혈) + 工(장인 공) → 項(목 항) 활용어 事項(사항), 條項(조항), 問項(문항), 各項(각항), 項目(항목), 項鎖(항쇄) 유의자 款(항목 관), 條(가지 조) 성어 項羽壯士(항우장사) HSK어휘 项 xiàng, 事项 shìxiàng, 项目 xiàngmù
목, 항목 **항**	xiàng	

761 奚 奚
어찌 해　xī

- 부 大　획 10획
- 자형 爫(손톱 조) + 幺(작을 요) + 大(큰 대) → 奚(어찌 해)
- 활용어 奚必(해필), 奚暇(해가), 奚琴(해금), 小奚(소해)
- 유의자 那(어찌 나), 何(어찌 하)
- HSK어휘 奚 xī

762 該 该
갖출 해　gāi

- 부 言　획 13획(간체 8획)
- 자형 言(말씀 언) + 亥(돼지 해) → 該(갖출 해)
- 활용어 該當(해당), 該博(해박), 該當者(해당자)
- HSK어휘 应该 yīnggāi, 活该 huógāi

763 核 核
씨 핵　hé

- 부 木　획 10획
- 자형 木(나무 목) + 亥(돼지 해) → 核(씨 핵)
- 활용어 核心(핵심), 核果(핵과), 結核(결핵), 細胞核(세포핵), 原子核(원자핵), 核武器(핵무기), 核分裂(핵분열), 核實驗(핵실험)
- 유의자 種(씨 종)
- HSK어휘 核心 héxīn, 考核 kǎohé

764 享 享
누릴 향　xiǎng

- 부 亠　획 8획
- 자형 亠(돼지해머리) + 口(입 구) + 子(아들 자) → 享(누릴 향)
- 활용어 享受(향수), 享有(향유), 享年(향년), 享樂(향락), 享祀(향사), 祭享(제향)
- 성어 安享富貴(안향부귀)
- HSK어휘 享受 xiǎngshòu

765 響 响
울릴 향　xiǎng

- 부 音　획 21획(간체 9획)
- 자형 音(소리 음) + 鄕(시골 향) → 響(울릴 향)
- 활용어 音響(음향), 影響(영향), 反響(반향), 響應(향응), 交響樂(교향악)
- 성어 言中有響(언중유향)
- HSK어휘 音响 yīnxiǎng, 影响 yǐngxiǎng, 响应 xiǎngyìng, 响亮 xiǎngliàng

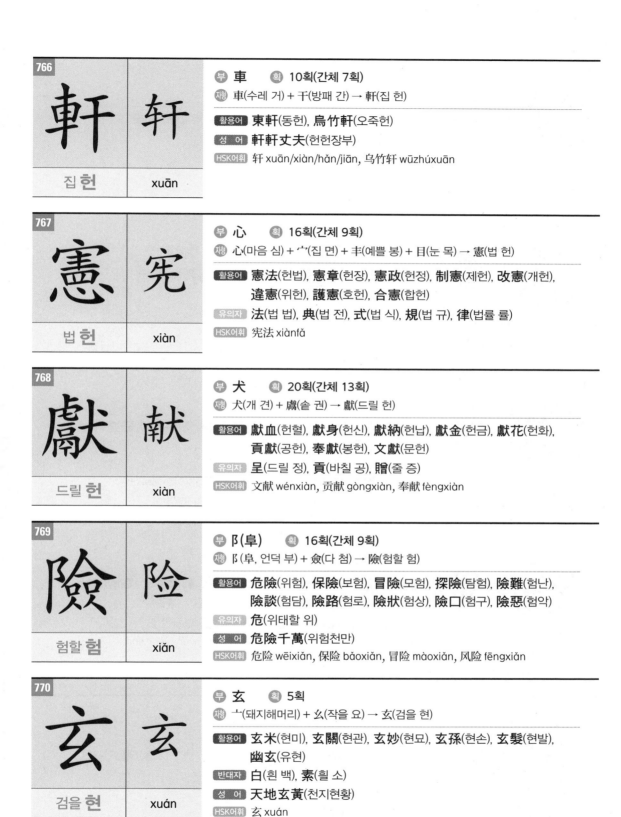

766

軒 / 轩

집 헌 / xuān

- 부 車
- 획 10획(간체 7획)
- 자형 車(수레 거) + 干(방패 간) → 軒(집 헌)

- 활용어 東軒(동헌), 烏竹軒(오죽헌)
- 성 어 軒軒丈夫(헌헌장부)
- HSK어휘 轩 xuān/xiàn/hǎn/jiān, 乌竹轩 wūzhúxuān

767

憲 / 宪

법 헌 / xiàn

- 부 心
- 획 16획(간체 9획)
- 자형 心(마음 심) + 宀(집 면) + 丯(예쁠 봉) + 目(눈 목) → 憲(법 헌)

- 활용어 憲法(헌법), 憲章(헌장), 憲政(헌정), 制憲(제헌), 改憲(개헌), 違憲(위헌), 護憲(호헌), 合憲(합헌)
- 유의자 法(법 법), 典(법 전), 式(법 식), 規(법 규), 律(법률 률)
- HSK어휘 宪法 xiànfǎ

768

獻 / 献

드릴 헌 / xiàn

- 부 犬
- 획 20획(간체 13획)
- 자형 犬(개 견) + 鬳(솥 권) → 獻(드릴 헌)

- 활용어 獻血(헌혈), 獻身(헌신), 獻納(헌납), 獻金(헌금), 獻花(헌화), 貢獻(공헌), 奉獻(봉헌), 文獻(문헌)
- 유의자 呈(드릴 정), 貢(바칠 공), 贈(줄 증)
- HSK어휘 文献 wénxiàn, 贡献 gòngxiàn, 奉献 fèngxiàn

769

險 / 险

험할 험 / xiǎn

- 부 阝(阜)
- 획 16획(간체 9획)
- 자형 阝(阜, 언덕 부) + 僉(다 첨) → 險(험할 험)

- 활용어 危險(위험), 保險(보험), 冒險(모험), 探險(탐험), 險難(험난), 險談(험담), 險路(험로), 險狀(험상), 險口(험구), 險惡(험악)
- 유의자 危(위태할 위)
- 성 어 危險千萬(위험천만)
- HSK어휘 危险 wēixiǎn, 保险 bǎoxiǎn, 冒险 màoxiǎn, 风险 fēngxiǎn

770

玄 / 玄

검을 현 / xuán

- 부 玄
- 획 5획
- 자형 亠(돼지해머리) + 幺(작을 요) → 玄(검을 현)

- 활용어 玄米(현미), 玄關(현관), 玄妙(현묘), 玄孫(현손), 玄髮(현발), 幽玄(유현)
- 반대자 白(흰 백), 素(흴 소)
- 성 어 天地玄黃(천지현황)
- HSK어휘 玄 xuán

771		
絃 弦	부 糸　　획 11획(간체 8획)	
	자형 糸(가는 실 사) + 玄(검을 현) → 絃(줄 현)	
	활용어 絃樂(현악), 絶絃(절현), 絃樂器(현악기), 管絃樂(관현악)	
줄(악기 줄) 현　xián	유의자 線(줄 선)	
	성어 伯牙絶絃(백아절현)	
	HSK어휘 弦 xián	

772		
縣 县	부 糸　　획 16획(간체 7획)	
	자형 糸(가는 실 사) + 目(눈 목) + 木(나무 목) → 縣(고을 현)	
	활용어 縣監(현감), 縣令(현령), 郡縣(군현), 郡縣制(군현제)	
고을 현　xiàn	유의자 郡(고을 군), 邑(고을 읍)	
	HSK어휘 县 xiàn	

773		
懸 悬	부 心　　획 20획(간체 11획)	
	자형 心(마음 심) + 縣(고을 현) → 懸(매달 현)	
	활용어 懸板(현판), 懸案(현안), 懸隔(현격), 懸河(현하), 懸垂幕(현수막), 懸賞金(현상금)	
	유의자 繫(맬 계)	
매달 현　xuán	성어 懸河口辯(현하구변), 耳懸鈴鼻懸鈴(이현령비현령)	
	HSK어휘 悬念 xuánniàn, 悬挂 xuánguà, 悬殊 xuánshū	

774		
顯 显	부 頁　　획 23획(간체 9획)	
	자형 頁(머리 혈) + 㬎(드러날 현) → 顯(나타날 현)	
	활용어 顯著(현저), 顯示(현시), 顯考(현고), 顯達(현달), 顯職(현직), 明顯(명현), 顯微鏡(현미경), 顯忠日(현충일)	
	유의자 現(나타날 현)　　성어 破邪顯正(파사현정)	
나타날 현　xiǎn	HSK어휘 显著 xiǎnzhù, 显示 xiǎnshì, 明显 míngxiǎn, 显得 xiǎnde, 显然 xiǎnrán	

775		
穴 穴	부 穴　　획 5획	
	자형 宀(집 면) + 八(여덟 팔) → 穴(구멍, 굴 혈)	
	활용어 穴居(혈거), 穴見(혈견), 經穴(경혈), 虎穴(호혈), 墓穴(묘혈), 同穴(동혈)	
	유의자 窟(굴 굴)	
구멍 혈　xué	성어 三姓穴(삼성혈)	
	HSK어휘 穴 xué, 穴居人 xuéjūrén	

776 嫌 / 嫌 싫어할 **혐** xián	부 女 획 13획(간체 13획) 자형 女(여자 녀) + 兼(겸할 겸) → 嫌(싫어할 혐) **활용어** 嫌惡(혐오), 嫌疑(혐의), 嫌棄(혐기), 嫌氣性(혐기성), 嫌惡感(혐오감) **유의자** 忌(꺼릴 기), 厭(싫어할 염), 惡(미워할 오) **반대자** 好(좋을 호) **HSK어휘** 嫌 xián, 嫌疑 xiányí	

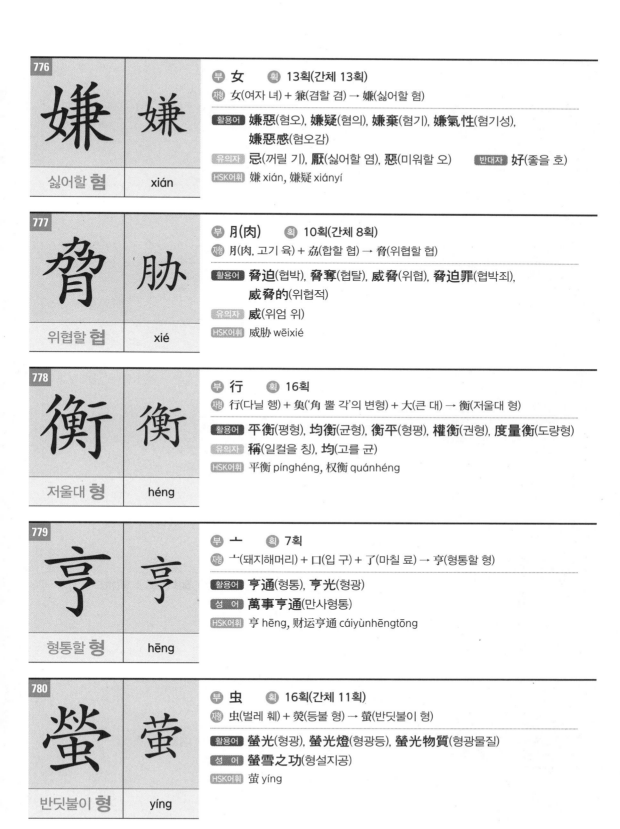

부 女   획 13획(간체 13획)
자형 女(여자 녀) + 兼(겸할 겸) → 嫌(싫어할 혐)

활용어 嫌惡(혐오), 嫌疑(혐의), 嫌棄(혐기), 嫌氣性(혐기성), 嫌惡感(혐오감)
유의자 忌(꺼릴 기), 厭(싫어할 염), 惡(미워할 오)   **반대자** 好(좋을 호)
HSK어휘 嫌 xián, 嫌疑 xiányí

776 嫌 / 嫌 — 싫어할 **혐** — xián

---

777 脅 / 胁 — 위협할 **협** — xié

부 月(肉)   획 10획(간체 8획)
자형 月(肉, 고기 육) + 劦(합할 협) → 脅(위협할 협)

활용어 脅迫(협박), 脅奪(협탈), 威脅(위협), 脅迫罪(협박죄), 威脅的(위협적)
유의자 威(위엄 위)
HSK어휘 威胁 wēixié

---

778 衡 / 衡 — 저울대 **형** — héng

부 行   획 16획
자형 行(다닐 행) + 奐('角 뿔 각'의 변형) + 大(큰 대) → 衡(저울대 형)

활용어 平衡(평형), 均衡(균형), 衡平(형평), 權衡(권형), 度量衡(도량형)
유의자 稱(일컬을 칭), 均(고를 균)
HSK어휘 平衡 pínghéng, 权衡 quánhéng

---

779 亨 / 亨 — 형통할 **형** — hēng

부 亠   획 7획
자형 亠(돼지해머리) + 口(입 구) + 了(마칠 료) → 亨(형통할 형)

활용어 亨通(형통), 亨光(형광)
성 어 萬事亨通(만사형통)
HSK어휘 亨 hēng, 财运亨通 cáiyùnhēngtōng

---

780 螢 / 萤 — 반딧불이 **형** — yíng

부 虫   획 16획(간체 11획)
자형 虫(벌레 훼) + 熒(등불 형) → 螢(반딧불이 형)

활용어 螢光(형광), 螢光燈(형광등), 螢光物質(형광물질)
성 어 螢雪之功(형설지공)
HSK어휘 萤 yíng

781	兮 兮	
	어조사 **혜**	xī

부 八　　획 4획

자형 八(여덟 팔) + 丂(공교할 교) → 兮(어조사 혜)

HSK어휘 兮 xī

782	慧 慧	
	슬기로울 **혜**	huì

부 心　　획 15획

자형 心(마음 심) + 彗(비 혜) → 慧(슬기로울 혜)

활용어 **智慧**(지혜), **慧眼**(혜안)

성 어 **惠民署**(혜민서)

HSK어휘 智慧 zhìhuì

783	互 互	
	서로 **호**	hù

부 二　　획 4획

자형 실을 감는 도구 모양.

활용어 **相互**(상호), **互惠**(호혜), **互角**(호각)

성 어 **互角之勢**(호각지세), **相互扶助**(상호부조)

HSK어휘 互相 hùxiāng, 互联网 hùliánwǎng

784	胡 胡	
	오랑캐, 수염 **호**	hú

부 月(肉)　　획 9획

자형 月(肉, 고기 육) + 古(옛 고) → 胡(오랑캐 호)

활용어 **胡亂**(호란), **胡說**(호설), **胡人**(호인), **胡蝶**(호접), **胡桃**(호도)

성 어 **丙子胡亂**(병자호란)

HSK어휘 胡乱 húluàn, 胡说 húshuō, 胡须 húxū

785	浩 浩	
	넓을 **호**	hào

부 氵(水)　　획 10획

자형 氵(水, 물 수) + 告(알릴 고) → 浩(클 호)

활용어 **浩然**(호연), **浩氣**(호기), **浩博**(호박), **浩歎**(호탄)

유의자 **博**(넓을 박), **擴**(넓힐 확), **洪**(넓을 홍)

성 어 **浩然之氣**(호연지기)

HSK어휘 浩 hào

786	毫	毫
터럭 **호**		háo

- (부) 毛　(획) 11획
- (자형) 毛(터럭 모) + 高(높을 고) → 毫(터럭 호)
- **활용어** 毫末(호말), 毫髮(호발), 揮毫(휘호), 秋毫(추호), 一毫(일호), 玉毫(옥호)
- **유의자** 毛(털 모), 髮(터럭 발)
- **성 어** 絲毫(사호)
- **HSK어휘** 丝毫 sīháo, 毫米 háomǐ, 毫无 háowú

787	豪	豪
호걸 **호**		háo

- (부) 豕　(획) 14획
- (자형) 豕(돼지 시) + 高(높을 고) → 豪(호걸 호)
- **활용어** 豪傑(호걸), 豪華(호화), 豪雨(호우), 豪快(호쾌), 富豪(부호), 文豪(문호), 土豪(토호)
- **유의자** 傑(뛰어날 걸)
- **성 어** 英雄豪傑(영웅호걸)
- **HSK어휘** 豪华 háohuá, 自豪 zìháo, 豪迈 háomài

788	護	护
도울, 지킬 **호**		hù

- (부) 言　(획) 21획(간체 7획)
- (자형) 言(말씀 언) + 蒦(자 확, 새를 손으로 잡는 모습) → 護(도울 호)
- **활용어** 愛護(애호), 辯護(변호), 擁護(옹호), 守護(수호), 救護(구호), 看護(간호), 援護(원호), 護送(호송), 警護(경호), 防護(방호), 護衛(호위)
- **유의자** 保(도울 보), 扶(도울 부), 助(도울 조), 援(도울 원)
- **HSK어휘** 爱护 àihù, 辩护 biànhù, 拥护 yōnghù, 守护 shǒuhù, 维护 wéihù, 救护车 jiùhùchē, 护士 hùshi, 护照 hùzhào

789	或	或
혹 **혹**		huò

- (부) 戈　(획) 8획
- (자형) 戈(창 과) + 口(입 구, 성벽) + 一(한 일, 경계선) → 或(혹 혹)
- **활용어** 或者(혹자), 或是(혹시), 或如(혹여), 間或(간혹), 設或(설혹)
- **HSK어휘** 或者 huòzhě, 或许 huòxǔ

790	惑	惑
미혹할 **혹**		huò

- (부) 心　(획) 12획
- (자형) 心(마음 심) + 或(혹 혹) → 惑(미혹할 혹)
- **활용어** 迷惑(미혹), 疑惑(의혹), 誘惑(유혹), 困惑(곤혹), 當惑(당혹)
- **유의자** 迷(미혹할 미)
- **성 어** 不惑(불혹)
- **HSK어휘** 疑惑 yíhuò, 诱惑 yòuhuò

791	昏	昏
	어두울 혼	hūn

부 日　획 8획

자형 日(해 일) + 氏(각시 씨) → 昏(어두울 혼)

활용어 昏迷(혼미), 昏亂(혼란), 昏絶(혼절), 昏睡(혼수), 黃昏(황혼)

유의자 暗(어두울 암)　반대자 明(밝을 명), 朗(밝을 랑)

성어 昏定晨省(혼정신성), 昏睡狀態(혼수상태)

HSK어휘 昏迷 hūnmí, 黃昏 huánghūn

792	魂	魂
	넋 혼	hún

부 鬼　획 13획

자형 鬼(귀신 귀) + 云(구름 운) → 魂(넋 혼)

활용어 靈魂(영혼), 鬪魂(투혼), 魂靈(혼령), 魂魄(혼백), 招魂(초혼)

유의자 魄(넋 백), 靈(신령 령)

성어 魂飛魄散(혼비백산), 無主孤魂(무주고혼)

HSK어휘 灵魂 línghún

793	忽	忽
	갑자기 홀	hū

부 心　획 8획

자형 心(마음 심) + 勿(말 물) → 忽(갑자기 홀)

활용어 忽然(홀연), 忽視(홀시), 忽待(홀대), 忽略(홀략), 疏忽(소홀)

유의자 突(갑자기 돌)

HSK어휘 忽然 hūrán, 忽视 hūshì, 忽略 hūlüè

794	弘	弘
	클, 넓힐 홍	hóng

부 弓　획 5획

자형 弓(활 궁) + 厶(사사 사) → 弘(클 홍)

활용어 弘益(홍익), 弘報(홍보), 洪範(홍범)

유의자 大(큰 대), 巨(클 거), 太(클 태), 泰(클 태)

반대자 小(작을 소), 微(작을 미)

성어 弘文館(홍문관), 弘益人間(홍익인간)

HSK어휘 弘 hóng

795	洪	洪
	넓을, 큰물 홍	hóng

부 氵(水)　획 9획

자형 氵(水, 물 수) + 共(함께 공) → 洪(홍수 홍)

활용어 洪水(홍수), 洪福(홍복), 洪範(홍범), 洪魚(홍어), 大洪水(대홍수)

HSK어휘 洪水 hóngshuǐ

| 796 | 鴻 | 鸿 | 기러기 **홍** | hóng |

부 鳥   **획** 17획(간체 11획)

자형 鳥(새 조) + 江(강 강) → 鴻(큰 기러기 홍)

활용어 鴻恩(홍은), 鴻雁(홍안), 鴻學(홍학), 鴻志(홍지), 孤鴻(고홍)

유의자 雁(기러기 안)

HSK어휘 泰山鴻毛 tài shān hóng máo, 鴻門宴 Hóngményàn

| 797 | 禾 | 禾 | 벼 **화** | hé |

부 禾   **획** 5획

자형 丿(삐침 별) + 木(나무 목) → 禾(벼 화, 벼가 익어 고개를 숙인 모습)

활용어 禾穀(화곡), 禾苗(화묘), 禾利(화리)

HSK어휘 禾 hé

| 798 | 禍 | 祸 | 재앙 **화** | huò |

부 示   **획** 12획(간체 11획)

자형 示(보일 시) + 咼(입 비뚤어질 와) → 禍(재앙 화)

활용어 禍福(화복), 禍根(화근), 慘禍(참화), 災禍(재화), 士禍(사화), 輪禍(윤화), 殃禍(앙화)

유의자 災(재앙 재), 殃(재앙 앙), 厄(재앙 액), 凶(흉할 흉)

반대자 吉(길할 길), 福(복 복)

성 어 吉凶禍福(길흉화복), 轉禍爲福(전화위복)

HSK어휘 禍 huò, 天災人禍 tiān zài rén huò

| 799 | 確 | 确 | 굳을 **확** | què |

부 石   **획** 15획(간체 12획)

자형 石(돌 석) + 隺(鶴, 두루미 학) → 確(굳을 확)

활용어 確立(확립), 確實(확실), 確信(확신), 確保(확보), 確認(확인), 確固(확고), 確定(확정), 確證(확증), 確答(확답), 確約(확약), 確率(확률), 明確(명확), 正確(정확), 精確(정확), 的確(적확)

유의자 固(굳을 고), 堅(굳을 견), 硬(굳을 경)   **성 어** 確固不動(확고부동)

HSK어휘 确立 quèlì, 确实 quèshí, 确信 quèxìn, 确保 quèbǎo, 确认 quèrèn, 确定 quèdìng, 确切 quèqiè, 明确 míngquè, 正确 zhèngquè, 精确 jīngquè, 的确 díquè, 准确 zhǔnquè

| 800 | 擴 | 扩 | 넓힐 **확** | kuò |

부 扌(手)   **획** 17획(간체 6획)

자형 扌(手, 손 수) + 廣(넓을 광) → 擴(넓힐 확)

활용어 擴大(확대), 擴張(확장), 擴散(확산), 擴充(확충), 擴大鏡(확대경), 擴聲器(확성기)

유의자 張(베풀 장)   **반대자** 縮(줄일 축)

HSK어휘 扩大 kuòdà, 扩张 kuòzhāng, 扩散 kuòsàn, 扩充 kuòchōng

801 穫 獲 거둘 **확**	huò	부 禾　획 19획(간체 10획) 자형 禾(벼 화) + 蒦(자 확) → 穫(거둘 확) 활용어 收穫(수확), 秋穫(추확), 耕穫(경확), 多收穫(다수확) 유의자 收(거둘 수) 성어 一樹百穫(일수백확) HSK어휘 收获 shōuhuò
802 丸 丸 둥글 **환**	wán	부 丶　획 3획 자형 丶(점 주) + 九(아홉 구) → 丸(둥글 환) 활용어 丸藥(환약), 彈丸(탄환), 砲丸(포환), 淸心丸(청심환) 유의자 團(둥글 단), 圓(둥글 원) 성어 死後淸心丸(사후청심환) HSK어휘 丸 wán
803 換 換 바꿀 **환**	huàn	부 扌(手)　획 12획(간체 10획) 자형 扌(手, 손 수) + 奐(빛날 환) → 換(바꿀 환) 활용어 換拂(환불), 換錢(환전), 換算(환산), 互換(호환), 交換(교환), 轉換(전환), 外換(외환), 變換(변환), 換節期(환절기), 換去來(환거래) 유의자 替(바꿀 체)　성어 換骨奪胎(환골탈태), 改頭換面(개두환면) HSK어휘 兑换 duìhuàn, 交换 jiāohuàn
804 還 还 돌아올 **환**	hái	부 辶(辵)　획 17획(간체 7획) 자형 辶(辵, 쉬엄쉬엄 갈 착) + 睘(놀라서 볼 경) → 還(돌아올 환) 활용어 還拂(환불), 還給(환급), 還收(환수), 還元(환원), 還生(환생), 償還(상환), 歸還(귀환), 奪還(탈환), 生還(생환), 送還(송환), 召還(소환) 유의자 回(돌아올 회), 歸(돌아갈 귀) 성어 還甲(환갑), 錦衣還鄕(금의환향) HSK어휘 还 hái/huán/xuán, 还是 háishi, 偿还 chánghuán, 归还 guīhuán, 还原 huányuán, 讨价还价 tǎo jià huán jià
805 況 况 상황, 하물며 **황**	kuàng	부 氵(水)　획 8획(간체 7획) 자형 氵(水, 물 수) + 兄(맏 형) → 況(상황 황) 활용어 狀況(상황), 情況(정황), 景況(경황), 不況(불황), 盛況(성황), 實況(실황), 現況(현황), 槪況(개황), 好況(호황), 作況(작황), 況且(황차) 유의자 狀(형상 상) HSK어휘 狀況 zhuàngkuàng, 情況 qíngkuàng, 況且 kuàngqiě, 何況 hékuàng

806 荒 거칠 **황**	荒 huāng	부 艹　획 10획(간체 9획) 자형 艹(풀 초) + 亡(망할 망) + 川(내 천) → 荒(거칠 황) 활용어 **荒凉**(황량), **荒唐**(황당), **荒野**(황야), **荒廢**(황폐), **虛荒**(허황), 　　　**凶荒**(흉황) 성　어 **破天荒**(파천황) HSK어휘 荒唐 huāngtáng, 荒凉 huāngliáng, 荒谬 huāngmiù
807 灰 재 **회**	灰 huī	부 火　획 6획 자형 火(불 화) + 又(오른손 우) → 灰(재 회) 활용어 **灰色**(회색), **灰壁**(회벽), **石灰**(석회), **洋灰**(양회) 성　어 **灰色分子**(회색분자), **死灰復燃**(사회부연) HSK어휘 灰 huī, 灰尘 huīchén, 灰心 huīxīn
808 悔 뉘우칠 **회**	悔 huǐ	부 忄(心)　획 10획 자형 忄(心, 마음 심) + 每(매양 매) → 悔(뉘우칠 회) 활용어 **後悔**(후회), **痛悔**(통회), **悔恨**(회한), **悔改**(회개), **悔悟**(회오) 성　어 **後悔莫及**(후회막급) HSK어휘 后悔 hòuhuǐ, 悔恨 huǐhèn
809 懷 품을 **회**	怀 huái	부 忄(心)　획 19획(간체 7획) 자형 忄(心, 마음 심) + 褱(품을 회) → 懷(품을 회) 활용어 **懷疑**(회의), **懷抱**(회포), **懷柔**(회유), **感懷**(감회), **所懷**(소회), 　　　**述懷**(술회) 유의자 **抱**(안을 포)　　성　어 **望雲之懷**(망운지회) HSK어휘 怀疑 huáiyí, 怀念 huáiniàn, 关怀 guānhuái
810 劃 그을(긋다) **획**	划 huà	부 刂(刀)　획 14획(간체 6획) 자형 刂(刀, 칼 도) + 畵(그림 화) → 劃(그을 획) 활용어 **計劃**(계획), **區劃**(구획), **企劃**(기획), **劃策**(획책), **劃定**(획정), 　　　**劃數**(획수), **劃期的**(획기적), **劃一的**(획일적) HSK어휘 划 huà/huá/huai, 计划 jìhuà, 规划 guīhuà, 策划 cèhuà, 划分 huàfēn

811 獲 获 얻을 획 huò	부 犭(犬)　획 17획(간체 10획)

811 獲 获
얻을 **획** / huò

부 犭(犬)　획 17획(간체 10획)
자형 犭(犬, 개 견) + 蒦(자 확) → 獲(얻을 획)

활용어 獲得(획득), 漁獲(어획), 捕獲(포획), 濫獲(남획)
유의자 得(얻을 득)　반대자 失(잃을 실)
HSK어휘 获得 huòdé, 查获 cháhuò

812 橫 横
가로 **횡** / héng

부 木　획 16획(간체 15획)
자형 木(나무 목) + 黃(누를 황) → 橫(가로 횡)

활용어 縱橫(종횡), 橫列(횡렬), 橫線(횡선), 橫帶(횡대), 橫領(횡령), 橫暴(횡포), 橫死(횡사), 橫厄(횡액), 橫財(횡재), 橫災(횡재)
유의자 縱(세로 종)
성어 橫斷步道(횡단보도), 縱橫無盡(종횡무진)
HSK어휘 横 héng, hèng, 纵横 zònghéng

813 曉 晓
새벽 **효** / xiǎo

부 日　획 16획(간체 10획)
자형 日(해 일) + 堯(요임금 요) → 曉(새벽 효)

활용어 曉星(효성), 曉天(효천), 曉達(효달), 通曉(통효)
유의자 晨(새벽 신)　반대자 昏(어두울 혼)
성어 元曉(원효)
HSK어휘 家喻户晓 jiā yù hù xiǎo

814 侯 侯
제후 **후** / hóu

부 亻(人)　획 9획
자형 人(사람 인) + 厂(기슭 엄) + 矢(화살 시) → 侯(제후 후)

활용어 侯爵(후작), 諸侯(제후), 王侯(왕후), 封侯(봉후), 諸侯國(제후국), 土侯國(토후국)
성어 王侯將相(왕후장상)
HSK어휘 侯 hóu/hòu

815 毀 毁
헐(헐다) **훼** / huǐ

부 殳　획 13획
자형 殳(몽둥이 수) + 臼(절구 구) + 工(장인 공) → 毀(헐 훼)

활용어 毀損(훼손), 毀傷(훼상), 毀慕(훼모)
유의자 損(덜 손), 壞(무너질 괴)　반대자 健(세울 건)
성어 名譽毀損(명예훼손)
HSK어휘 毁灭 huǐmiè

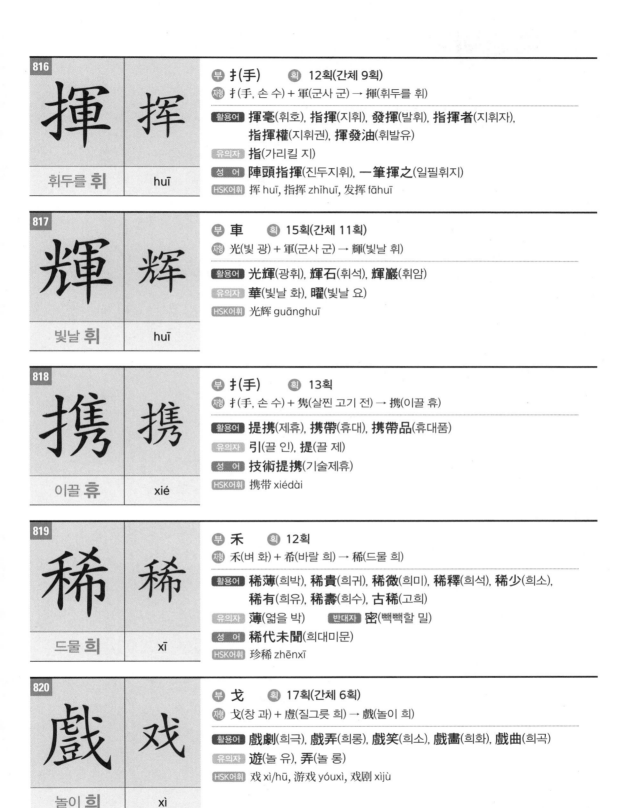

816

揮 / 挥

휘두를 **휘** / huī

- 부 扌(手)   획 12획(간체 9획)
- 자형 扌(手, 손 수) + 軍(군사 군) → 揮(휘두를 휘)
- 활용어 揮毫(휘호), 指揮(지휘), 發揮(발휘), 指揮者(지휘자), 指揮權(지휘권), 揮發油(휘발유)
- 유의자 指(가리킬 지)
- 성어 陣頭指揮(진두지휘), 一筆揮之(일필휘지)
- HSK어휘 挥 huī, 指挥 zhǐhuī, 发挥 fāhuī

817

輝 / 辉

빛날 **휘** / huī

- 부 車   획 15획(간체 11획)
- 자형 光(빛 광) + 軍(군사 군) → 輝(빛날 휘)
- 활용어 光輝(광휘), 輝石(휘석), 輝巖(휘암)
- 유의자 華(빛날 화), 曜(빛날 요)
- HSK어휘 光辉 guānghuī

818

攜 / 携

이끌 **휴** / xié

- 부 扌(手)   획 13획
- 자형 扌(手, 손 수) + 巂(살찐 고기 전) → 携(이끌 휴)
- 활용어 提携(제휴), 携帶(휴대), 携帶品(휴대품)
- 유의자 引(끌 인), 提(끌 제)
- 성어 技術提携(기술제휴)
- HSK어휘 携带 xiédài

819

稀 / 稀

드물 **희** / xī

- 부 禾   획 12획
- 자형 禾(벼 화) + 希(바랄 희) → 稀(드물 희)
- 활용어 稀薄(희박), 稀貴(희귀), 稀微(희미), 稀釋(희석), 稀少(희소), 稀有(희유), 稀壽(희수), 古稀(고희)
- 유의자 薄(엷을 박)   반대자 密(빽빽할 밀)
- 성어 稀代未聞(희대미문)
- HSK어휘 珍稀 zhēnxī

820

戲 / 戏

놀이 **희** / xì

- 부 戈   획 17획(간체 6획)
- 자형 戈(창 과) + 虍(질그릇 희) → 戲(놀이 희)
- 활용어 戲劇(희극), 戲弄(희롱), 戲笑(희소), 戲畵(희화), 戲曲(희곡)
- 유의자 遊(놀 유), 弄(놀 롱)
- HSK어휘 戏 xì/hū, 游戏 yóuxì, 戏剧 xìjù

❶ 다음 한자에 맞는 훈음을 쓰세요.

(1) 旱 (　　　　　)   (2) 含 (　　　　　)

(3) 港 (　　　　　)   (4) 享 (　　　　　)

(5) 獻 (　　　　　)   (6) 穴 (　　　　　)

(7) 衡 (　　　　　)   (8) 互 (　　　　　)

(9) 浩 (　　　　　)   (10) 昏 (　　　　　)

(11) 禍 (　　　　　)   (12) 換 (　　　　　)

(13) 悔 (　　　　　)   (14) 劃 (　　　　　)

(15) 曉 (　　　　　)   (16) 毁 (　　　　　)

❷ 다음 한자어에 맞는 독음을 쓰세요.

(1) 對抗 (　　　　　)   (2) 問項 (　　　　　)

(3) 該當 (　　　　　)   (4) 核心 (　　　　　)

(5) 改憲 (　　　　　)   (6) 險難 (　　　　　)

(7) 稀薄 (　　　　　)   (8) 戲劇 (　　　　　)

(9) 螢光 (　　　　　)   (10) 秋毫 (　　　　　)

(11) 魂靈 (　　　　　)   (12) 確認 (　　　　　)

(13) 收穫 (　　　　　)   (14) 發揮 (　　　　　)

(15) 絃樂器 (　　　　　)   (16) 懸垂幕 (　　　　　)

3 다음 한자의 간체자를 [보기]에서 골라 쓰세요.

[보기]	护	还	响	显

(1) 響 (   )   (2) 顯 (   )

(3) 護 (   )   (4) 還 (   )

4 다음 한자의 유의자를 [보기]에서 골라 쓰세요.

[보기]	分	提	街	黑

(1) 割 (   )   (2) 巷 (   )

(3) 玄 (   )   (4) 携 (   )

5 다음 한자의 반의자를 [보기]에서 골라 쓰세요.

[보기]	健	縮	縱	好

(1) 嫌 (   )   (2) 擴 (   )

(3) 橫 (   )   (4) 毀 (   )

6 다음 뜻을 가진 사자성어를 [보기]에서 골라 쓰세요.

[보기]	吉凶禍福	互角之勢	相互扶助	弘益人間

(1) 널리 인간을 이롭게 한다는 뜻으로, 단군의 건국 이념.

  ✍ _____

(2) 서로의 뿔을 겨루는 듯, 역량이 서로 비슷비슷한 위세를 이르는 말.

  ✍ _____

복습하기 01	복습하기 02	복습하기 03
❶ (1) 아름다울 가	❶ (1) 바칠 공	❶ (1) 도끼, 무게 단위 근
(2) 물리칠 각	(2) 꿸 관	(2) 삼갈 근
(3) 굳셀 강	(3) 대롱, 주관할 관	(3) 거문고 금
(4) 깊 개	(4) 집, 객사 관	(4) 즐길, 옳게 여길 긍
(5) 막을 거	(5) 걸 괘	(5) 어찌 기 / 화락할 개(愷)
(6) 근거, 의거할 거	(6) 덩어리, 덩이 괴	(6) 속일 기
(7) 뛰어날 걸	(7) 부끄러울 괴	(7) 경기 기
(8) 어깨 견	(8) 들(성 밖) 교	(8) 대답할, 허락할 낙
(9) 이끌, 끌 견	(9) 진실로 구	(9) 번뇌할, 괴로워할 뇌
(10) 이별할 결	(10) 함께 구	(10) 진흙 니
(11) 겸할 겸	(11) 바퀴자국 궤	(11) 아침 단
(12) 이랑, 잠깐 경	(12) 귀신 귀	(12) 밟을 답
(13) 기울 경	(13) 얽힐 규	(13) 당나라 당
(14) 맬 계	(14) 부르짖을 규	(14) 띠 대
(15) 열 계	(15) 버섯, 세균 균	(15) 진흙, 칠할 도
(16) 북 고	(16) 이길 극	(16) 돋울 도
❷ (1) 휴가	❷ (1) 초고	❷ (1) 극성
(2) 냉각	(2) 공경	(2) 근육
(3) 각료	(3) 공포	(3) 금수
(4) 창간	(4) 권총	(4) 기피
(5) 고엽	(5) 왕관	(5) 건답
(6) 감상	(6) 관용	(6) 허기
(7) 강령	(7) 습관	(7) 기증
(8) 개입	(8) 열광	(8) 기수
(9) 개탄	(9) 기교	(9) 긴축
(10) 거절	(10) 비교	(10) 노예
(11) 거리	(11) 증권	(11) 뇌염
(12) 격리	(12) 구상	(12) 홍차
(13) 사격	(13) 구충	(13) 단기
(14) 겸손	(14) 궁전	(14) 부담
(15) 농기계	(15) 구치소	(15) 기우제
(16) 간담회	(16) 독과점	(16) 당뇨병
❸ (1) 阁 (2) 千 (3) 简 (4) 盖	❸ (1) 顾 (2) 夸 (3) 矿 (4) 龟	❸ (1) 仅 (2) 弃 (3) 宁 (4) 台
❹ (1) 謠 (2) 屋 (3) 値 (4) 健	❹ (1) 泣 (2) 獻 (3) 奇 (4) 曲	❹ (1) 圖 (2) 綱 (3) 械 (4) 忍
❺ (1) 繁 (2) 弱 (3) 拙 (4) 傲	❺ (1) 防 (2) 需 (3) 多 (4) 猛	❺ (1) 飽 (2) 郞 (3) 濃 (4) 獨
❻ (1) 刻骨難忘	❻ (1) 經國濟世	❻ (1) 錦上添花
(2) 刻舟求劍	(2) 矯角殺牛	(2) 前人未踏

복습하기 04	복습하기 05	복습하기 06

복습하기 04

❶
(1) 길 도
(2) 질그릇 도
(3) 뛸 도
(4) 벼 도
(5) 돼지 돈
(6) 얼 동
(7) 구리 동
(8) 오를 등
(9) 어지러울 란
(10) 사랑채, 복도 랑
(11) 들보 량
(12) 살펴 알, 믿을 량
(13) 불쌍히 여길 련
(14) 연이을 련
(15) 그리워할 련
(16) 고개 령

❷
(1) 도산
(2) 염려
(3) 도청
(4) 부도
(5) 소독
(6) 독촉
(7) 돈독
(8) 돌연
(9) 균열
(10) 주둔
(11) 공란
(12) 약탈
(13) 양곡
(14) 원자로
(15) 북두칠성
(16) 도원결의

❸ (1) 乱 (2) 兰 (3) 丽 (4) 厉

❹ (1) 冷 (2) 賊 (3) 監 (4) 氾

❺ (1) 敏 (2) 落 (3) 斷 (4) 優

❻ (1) 紅爐點雪
(2) 指鹿爲馬

복습하기 05

❶
(1) 희롱할 롱
(2) 여러 루
(3) 다락 루
(4) 높을 륭
(5) 언덕 릉
(6) 이웃 린
(7) 장막 막
(8) 넓을 막
(9) 거만할, 게으를 만
(10) 망령될 망
(11) 아득할 망 / 황홀할 황
(12) 중매 매
(13) 맏 맹
(14) 솜, 이어질 면
(15) 무릅쓸 모
(16) 모을 모

❷
(1) 뇌관
(2) 명심
(3) 누계
(4) 누출
(5) 연륜
(6) 솔선
(7) 이륙
(8) 이력
(9) 관리
(10) 임상
(11) 만행
(12) 매복
(13) 문맥
(14) 맹수
(15) 명상
(16) 무뢰한

❸ (1) 龙 (2) 泪 (3) 里 (4) 灭

❹ (1) 倖 (2) 終 (3) 統 (4) 研

❺ (1) 勤 (2) 集 (3) 存 (4) 敬

❻ (1) 累卵之危
(2) 快刀亂麻

복습하기 06

❶
(1) 꾀 모
(2) 사당 묘
(3) 무역할, 바꿀 무
(4) 눈썹 미
(5) 미혹할 미
(6) 작을 미
(7) 꿀 밀
(8) 칠 박
(9) 넓을 박
(10) 돌이킬 반
(11) 배반할 반
(12) 방해할 방
(13) 북돋을 배
(14) 맏 백
(15) 푸를 벽
(16) 말씀, 말 잘할 변

❷
(1) 용모
(2) 화목
(3) 계몽
(4) 종묘
(5) 성묘
(6) 농무
(7) 묵인
(8) 연민
(9) 협박
(10) 만반
(11) 번복
(12) 규범
(13) 배격
(14) 번뇌
(15) 방명록
(16) 이방인

❸ (1) 梦 (2) 发 (3) 仿 (4) 边

❹ (1) 配 (2) 側 (3) 盛 (4) 別

❺ (1) 出 (2) 緩 (3) 厚 (4) 獨

❻ (1) 發憤忘食
(2) 勿失好機

복습하기 07

①
(1) 족보, 악보 보
(2) 봉할 봉
(3) 봉우리 봉
(4) 벌 봉
(5) 마을, 관청 부
(6) 부세(구실) 부
(7) 어지러울 분
(8) 무덤 분
(9) 왕비 비
(10) 살찔 비
(11) 비석 비
(12) 맡을, 주관할 사
(13) 닮을 사
(14) 속일 사
(15) 말(말씀) 사
(16) 줄(주다) 사

②
(1) 보편
(2) 부착
(3) 부임
(4) 부합
(5) 부식
(6) 분말
(7) 분개
(8) 분투
(9) 체불
(10) 붕괴
(11) 비평
(12) 비천
(13) 빈번
(14) 초빙
(15) 사악
(16) 경사

③ (1) 幷 (2) 補 (3) 鳳 (4) 奮

④ (1) 更 (2) 聘 (3) 寄 (4) 走

⑤ (1) 背 (2) 單 (3) 勝 (4) 主

⑥ (1) 東奔西走
(2) 沙上樓閣

복습하기 08

①
(1) 초하루 삭
(2) 치마 상
(3) 찾을 색 / 동아줄 삭
(4) 여러 서
(5) 펼, 편안할 서
(6) 마을 서
(7) 베풀 선
(8) 봉선, 선(참선), 고요할 선
(9) 건널 섭
(10) 다스릴, 당길 섭
(11) 나물 소
(12) 무리(붙을) 속 / 이을 촉
(13) 욀(외다) 송
(14) 쇠사슬, 자물쇠 쇄
(15) 드리울, 늘어질 수
(16) 찾을 수

②
(1) 사전
(2) 상서
(3) 요새
(4) 선서
(5) 서거
(6) 단서
(7) 분석
(8) 해석
(9) 상세
(10) 선회
(11) 소집
(12) 연소
(13) 소란
(14) 소송
(15) 특수
(16) 송덕비

③ (1) 嘗 (2) 蘇 (3) 帥 (4) 雙

④ (1) 林 (2) 形 (3) 報 (4) 敍

⑤ (1) 加 (2) 略 (3) 急 (4) 親

⑥ (1) 塞翁之馬
(2) 桑田碧海

복습하기 09

①
(1) 드디어, 이룰 수
(2) 누구, 어느 숙
(3) 돌, 순행할 순
(4) 따라 죽을 순
(5) 엄습할 습
(6) 화살 시
(7) 모실 시
(8) 새벽 신
(9) 살필 심
(10) 큰 산 악
(11) 언덕 안
(12) 누를 압
(13) 가운데 앙
(14) 물가 애
(15) 액(재앙) 액
(16) 이마 액

②
(1) 수면
(2) 알현
(3) 수송
(4) 엄숙
(5) 숙련
(6) 순환
(7) 재앙
(8) 서술
(9) 승무
(10) 막심
(11) 치아
(12) 맹아
(13) 홍안
(14) 필수품
(15) 순발력
(16) 부동액

③ (1) 獸 (2) 亞 (3) 壓 (4) 躍

④ (1) 從 (2) 淸 (3) 謹 (4) 裝

⑤ (1) 乾 (2) 降 (3) 飽 (4) 屈

⑥ (1) 脣亡齒寒
(2) 曲學阿世

복습하기 10	복습하기 11	복습하기 12
❶ (1) 거느릴 어	**❶** (1) 운 운	**❶** (1) 손바닥 장
(2) 나 여	(2) 맡길 위	(2) 감출 장
(3) 번역할 역	(3) 그윽할 유	(3) 재상 재
(4) 잔치 연	(4) 멀 유	(4) 마를(마름질할) 재
(5) 납 연	(5) 생각할 유	(5) 물방울 적
(6) 펼 연	(6) 나을(낫다) 유	(6) 도둑 적
(7) 제비 연	(7) 벼리 유	(7) 피리 적
(8) 헤엄칠 영	(8) 윤달 윤	(8) 고요할 적
(9) 비칠, 비출 영	(9) 마땅할 의	(9) 딸(따다) 적
(10) 기릴 예	(10) 날개 익	(10) 전각, 큰 집 전
(11) 즐길 오	(11) 품삯 임	(11) 나비 접
(12) 슬플 오	(12) 찌를 자 / 찌를 척 / 수라 라	(12) 조정 정
(13) 두려워할 외	(13) 모양 자	(13) 정자 정
(14) 욕될 욕	(14) 술 부을 작	(14) 가지런할 정
(15) 깃 우	(15) 어른 장	(15) 조세, 구실 조
(16) 짝 우	(16) 베풀 장	(16) 비칠 조
❷ (1) 문양	**❷** (1) 우세	**❷** (1) 매장
(2) 여론	(2) 후원	(2) 장벽
(3) 검역	(3) 위배	(3) 내장
(4) 식욕	(4) 위안	(4) 철저
(5) 연안	(5) 소위	(5) 공적
(6) 인연	(6) 부유	(6) 저항
(7) 등용	(7) 유인	(7) 서적
(8) 염전	(8) 이윤	(8) 절도
(9) 영향	(9) 은폐	(9) 점령
(10) 유예	(10) 의심	(10) 조류
(11) 감옥	(11) 혼인	(11) 정벌
(12) 포옹	(12) 일탈	(12) 교정
(13) 요란	(13) 자료	(13) 국제
(14) 간이역	(14) 잔인	(14) 제휴
(15) 염색체	(15) 자의적	(15) 방파제
(16) 요절복통	(16) 자외선	(16) 점진적
❸ (1) 忆 (2) 咏 (3) 鸣 (4) 邮	**❸** (1) 卫 (2) 仪 (3) 杂 (4) 庄	**❸** (1) 妆 (2) 吊 (3) 条 (4) 迹
❹ (1) 壓 (2) 使 (3) 遲 (4) 燒	**❹** (1) 超 (2) 包 (3) 結 (4) 惑	**❹** (1) 飾 (2) 勵 (3) 壁 (4) 抗
❺ (1) 硬 (2) 鈍 (3) 急 (4) 近	**❺** (1) 劣 (2) 眞 (3) 經 (4) 沈	**❺** (1) 慶 (2) 濕 (3) 優 (4) 橫
❻ (1) 天壤之差	**❻** (1) 以夷制夷	**❻** (1) 千載一遇
(2) 緣木求魚	(2) 深山幽谷	(2) 九折羊腸

복습하기 13	복습하기 14

복습하기 13

❶
(1) 아뢸 주
(2) 불릴 주
(3) 물가 주
(4) 준걸 준
(5) 못 지
(6) 보배 진
(7) 떨칠 진
(8) 조카 질
(9) 병 질
(10) 잡을 착
(11) 도울 찬
(12) 참혹할 참
(13) 부끄러울 참
(14) 화창할, 펼 창
(15) 채색, 무늬 채
(16) 천할 천

❷
(1) 좌석
(2) 주유
(3) 준법
(4) 개척
(5) 과즙
(6) 통증
(7) 창백
(8) 내진
(9) 칭찬
(10) 진압
(11) 질서
(12) 징집
(13) 착각
(14) 배수진
(15) 수증기
(16) 백중숙계

❸ (1) 志 (2) 迟 (3) 仓 (4) 践

❹ (1) 玉 (2) 船 (3) 呈 (4) 組

❺ (1) 愛 (2) 急 (3) 和 (4) 貴

❻ (1) 守株待兔
(2) 萬頃蒼波

복습하기 14

❶
(1) 천거할 천
(2) 갈릴, 갈마들 체
(3) 바꿀 체
(4) 닮을 초
(5) 주춧돌 초
(6) 촛불 촉
(7) 재촉할 최
(8) 쫓을 축
(9) 쌓을 축
(10) 줄일 축
(11) 냄새 취 / 맡을 후
(12) 곁 측
(13) 부끄러울 치
(14) 옻 칠
(15) 베개 침
(16) 잘(잠자다) 침

❷
(1) 관철
(2) 첨예
(3) 지체
(4) 체포
(5) 초록
(6) 초월
(7) 접촉
(8) 총명
(9) 추상
(10) 목축
(11) 축배
(12) 도취
(13) 취향
(14) 취침
(15) 호칭
(16) 타협

❸ (1) 迁 (2) 厅 (3) 丑 (4) 冲

❹ (1) 潛 (2) 幼 (3) 價 (4) 集

❺ (1) 冥 (2) 削 (3) 美 (4) 浮

❻ (1) 改過遷善
(2) 畫蛇添足

복습하기 15	복습하기 16

복습하기 15

❶
- (1) 떨어질 타 / 무너질휴
- (2) 탄알, 튕길 탄
- (3) 탐낼 탐
- (4) 끓을 탕
- (5) 못 택
- (6) 토할 토
- (7) 갈래 파
- (8) 뿌릴 파
- (9) 판목, 널(널빤지) 판
- (10) 치우칠 편
- (11) 폐단, 해질 폐
- (12) 세포 포
- (13) 잡을 포
- (14) 배부를 포
- (15) 입을, 이불 피
- (16) 멜, 연꽃 하

❷
- (1) 세탁
- (2) 강탈
- (3) 첨탑
- (4) 위태
- (5) 상태
- (6) 채택
- (7) 기피
- (8) 파업
- (9) 만평
- (10) 은폐
- (11) 화폭
- (12) 폭탄
- (13) 상표
- (14) 파수병
- (15) 학익진
- (16) 한증막

❸ (1) 浊 (2) 叹 (3) 斗 (4) 毕

❹ (1) 委 (2) 生 (3) 徹 (4) 普

❺ (1) 清 (2) 勤 (3) 存 (4) 停

❻ (1) 韋編三絶
(2) 免營三窟

복습하기 16

❶
- (1) 가물 한
- (2) 머금을 함
- (3) 항구 항
- (4) 누릴 향
- (5) 드릴 헌
- (6) 구멍 혈
- (7) 저울대 형
- (8) 서로 호
- (9) 넓을 호
- (10) 어두울 혼
- (11) 재앙 화
- (12) 바꿀 환
- (13) 뉘우칠 회
- (14) 그을(긋다) 획
- (15) 새벽 효
- (16) 헐(헐다) 훼

❷
- (1) 대항
- (2) 문항
- (3) 해당
- (4) 핵심
- (5) 개헌
- (6) 험난
- (7) 희박
- (8) 희극
- (9) 형광
- (10) 추호
- (11) 혼령
- (12) 확인
- (13) 수확
- (14) 발휘
- (15) 현악기
- (16) 현수막

❸ (1) 响 (2) 显 (3) 护 (4) 还

❹ (1) 分 (2) 街 (3) 黑 (4) 提

❺ (1) 好 (2) 縮 (3) 縱 (4) 健

❻ (1) 弘益人間
(2) 互角之勢

HNK

汉字能力考试

3급

HNK 3급

부록

※ 상위등급 한자는 하위등급 한자를 모두 포함합니다.
※ '(   )'는 한자의 뜻을 이해하기 쉽도록 풀어 쓴 표현입니다.
※ 배정 간체자는 중국에서 공표한 「간화자 총표」를 기준으로 선정하였습니다.
　 단, 한국과 중국의 표기 방식이 다른 한자는 효율적인 중국어 학습을 위하여 병기하였습니다.

급수	한자	간체자	훈음	급수	한자	간체자	훈음
6급	家		집 가	3급	簡	简	대쪽, 간략할 간
6급	歌		노래 가	5급	感		느낄 감
5급	加		더할 가	4II급	減	减	덜 감
5급	可		옳을 가	4II급	甘		달 감
4II급	價	价	값 가	4II급	監	监	볼 감
4급	假		거짓, 빌릴 가	3II급	敢		감히 감
4급	街		거리 가	3급	鑑	鉴	거울 감
3급	佳		아름다울 가	4급	甲		껍질, 첫째 천간 갑
3급	架		시렁 가	7급	江		강 강
3급	暇		틈, 겨를 가	5II급	强	强	강할 강
5II급	各		각각 각	4급	降		내릴 강 / 항복할 항
5급	角	角	뿔 각	4급	康		편안할 강
3II급	脚		다리 각	4급	講	讲	익힐, 욀 강
3II급	覺	觉	깨달을 각	3II급	鋼	钢	강철 강
3급	却		물리칠 각	3급	剛	刚	굳셀 강
3급	刻		새길 각	3급	綱	纲	벼리 강
3급	閣	阁	집 각	5II급	開	开	열 개
6급	間	间	사이 간	4II급	個	个	낱 개
4II급	看		볼 간	4II급	改		고칠 개
3급	刊		새길 간	3II급	皆		다 개
3급	肝		간 간	3급	介		낄 개
3급	姦	奸	간음할 간	3급	蓋	盖	덮을 개
3급	幹	干	줄기 간	3급	慨	慨	슬퍼할 개
3급	懇	恳	간절할 간	3급	槪	概	대개 개

급수	한자	간체자	훈음
5급	客		손 객
6급	車	车	수레 거, 차
5II급	去		갈 거
4II급	巨		클(크다) 거
4II급	擧	举	들(들다) 거
4급	居		살 거
3급	拒		막을 거
3급	距		상거할, 떨어질 거
3급	據	据	근거, 의거할 거
4II급	件		사건 건
4II급	健		굳셀, 튼튼할 건
4II급	建		세울 건
4급	干		방패 간, 마를 간[건]
3II급	乾	干	하늘 건 / 마를 건[간]
6급	巾		수건 건
3급	乞		빌 걸
3급	傑	杰	뛰어날 걸
4급	儉	俭	검소할 검
4급	檢	检	검사할 검
3급	劍	剑	칼 검
5급	格		격식(틀) 격
3급	隔	隔	사이 뜰 격
3급	激		격할 격
3급	擊	击	칠 격
7급	犬		개 견
5II급	見	见	볼 견
3II급	堅	坚	굳을 견

급수	한자	간체자	훈음
3급	肩	肩	어깨 견
3급	牽	牵	이끌, 끌 견
3급	遣	遣	보낼 견
3급	絹	绢	비단 견
5급	決	决	결정할 결
5급	結	结	맺을 결
4급	潔	洁	깨끗할 결
3급	訣	诀	이별할 결
3급	缺		이지러질 결
3급	兼	兼	겸할 겸
3급	謙	谦	겸손할 겸
5II급	京		서울 경
5급	敬	敬	공경할 경
5급	輕	轻	가벼울 경
4II급	景		볕, 경치 경
4II급	競	竞	다툴 경
4급	更		고칠 경, 다시 갱
4급	境		지경 경
4급	庚		일곱째 천간 경
4급	慶	庆	경사 경
4급	經	经	지날, 날실, 경서 경
4급	耕		밭갈 경
4급	警	警	경계할 경
3II급	鏡	镜	거울 경
3II급	驚	惊	놀랄 경
3급	徑	径	지름길 경
3급	竟		마침내 경

급수	한자	간체자	훈음
3급	頃	顷	이랑, 잠깐 경
3급	卿	卿	벼슬 경
3급	硬		굳을 경
3급	傾	倾	기울 경
5II급	計	计	셀 계
5급	界		지경(경계) 계
4II급	季		철, 계절 계
4급	戒		경계할 계
4급	溪		시내 계
4급	癸		열째 천간 계
4급	繼	继	이을 계
3II급	系		맬, 계통 계
3II급	係	系	맬, 관계 계
3II급	階	阶	섬돌 계
3II급	鷄	鸡	닭 계
3급	繫	系	맬 계
3급	契		맺을 계/부족 이름 글/사람 이름 설
3급	桂		계수나무 계
3급	啓	启	열 계
3급	械		기계 계
6급	古		예 고
5II급	高		높을 고
5급	告		알릴 고
5급	考		생각할 고
5급	苦	苦	괴로울 고
4II급	固		굳을고
4II급	故		연고(까닭) 고
4급	庫	库	곳집 고

급수	한자	간체자	훈음
3II급	孤		외로울 고
3급	姑		시어미 고
3급	枯		마를 고
3급	鼓		북 고
3급	稿		원고/볏짚 고
3급	顧	顾	돌아볼 고
5급	曲		굽을 곡
4급	谷		골(골짜기) 곡
3II급	穀	谷	곡식 곡
3급	哭		울 곡
3II급	困		곤할 곤
3II급	坤		땅 곤
4II급	骨	骨	뼈 골
7급	工		장인, 만들 공
5II급	共		함께 공
5II급	功		공(공로) 공
5급	公		공평할 공
6급	空		빌(비다) 공
3급	孔		구멍 공
3급	攻		칠 공
3급	供		이바지할 공
3급	恭		공손할 공
3급	貢	贡	바칠 공
3급	恐		두려울 공
5II급	科		과목 과
5급	果		열매 과
5급	過	过	지날, 허물 과
4II급	課	课	공부할, 매길 과

급수	한자	간체자	훈음
3급	誇	夸	자랑할 과
3급	寡		적을 과
3급	郭		둘레 곽
4II급	觀	观	볼 관
4II급	關	关	관계할, 빗장 관
4급	官		벼슬 관
3급	冠		갓 관
3급	貫	贯	꿸 관
3급	寬	宽	너그러울 관
3급	管		대롱, 주관할 관
3급	慣	惯	버릇 관
3급	館	馆	집, 객사 관
5II급	光		빛 광
4II급	廣	广	넓을 광
3급	狂		미칠 광
3급	鑛	矿	쇳돌 광
3급	掛	挂	걸 괘
3급	怪		괴이할, 괴상할 괴
3급	塊	块	덩어리, 덩이 괴
3급	愧	愧	부끄러울 괴
3급	壞	坏	무너질 괴
6급	敎	教	가르칠 교
6급	校		학교 교
5II급	交		사귈 교
4II급	橋	桥	다리 교
3급	巧		공교할 교
3급	郊		들(성 밖) 교
3급	較	较	견줄 교

급수	한자	간체자	훈음
3급	矯	矫	바로잡을 교
8급	九		아홉 구
8급	口		입 구
5II급	區	区	나눌 구
5급	球		공 구
4II급	久		오랠 구
4II급	具		갖출 구
4II급	救		도울 구
4II급	求		구할 구
4II급	舊	旧	예 구
4급	句		글귀 구
4급	究		궁구할 구
3급	丘		언덕 구
3급	苟	苟	진실로 구
3급	拘		잡을 구
3급	狗		개 구
3급	俱		함께 구
3급	構	构	얽을 구
3급	懼	惧	두려워할 구
3급	驅	驱	몰(몰다), 구
3급	龜	龟	거북 귀 / 갈라질 균 / 땅 이름 구
6급	國	国	나라 국
4II급	局		판(바둑·장기) 국
3급	菊	菊	국화 국
6급	軍	军	군사 군
5급	郡		고을 군
4II급	君		임금 군
4급	群		무리 군

급수	한자	간체자	훈음
3급	屈		굽힐 굴
4II급	弓		활 궁
3II급	窮	穷	다할 궁
3급	宮	宫	집 궁
4급	權	权	권세 권
3II급	卷	卷	책 권
3II급	勸	劝	권할 권
3급	券	券	문서 권
3급	拳	拳	주먹 권
3급	厥		그 궐
3급	軌	轨	바퀴자국 궤
5급	貴	贵	귀할 귀
4급	歸	归	돌아갈 귀
3급	鬼	鬼	귀신 귀
4II급	規	规	법 규
3급	糾	纠	얽힐 규
3급	叫		부르짖을 규
4급	均		고를, 평평할 균
3급	菌	菌	버섯 균 / 세균 균
4II급	極	极	다할 극
3급	克		이길 극
3급	劇	剧	심할 극
5II급	近	近	가까울 근
5급	根		뿌리 근
3II급	勤		부지런할 근
3급	斤		도끼 근, 무게 단위 근
3급	筋		힘줄 근
3급	僅	仅	겨우 근

급수	한자	간체자	훈음
3급	謹	谨	삼갈 근
6급	今		이제 금
4급	禁		금할 금
3급	禽	禽	새 금
3급	琴		거문고 금
3급	錦	锦	비단 금
5II급	急		급할 급
5급	級	级	등급 급
4II급	及		미칠 급
4II급	給	给	줄(주다) 급
3급	肯		즐길, 옳게 여길 긍
7급	己		몸(자기) 기
6급	氣	气	기운 기
6급	記	记	기록할 기
5II급	旗		기(깃발) 기
4II급	器		그릇 기
4II급	基		터 기
4II급	技		재주 기
4II급	期		기약할 기
4II급	汽		물 끓는 김 기
4급	其		그 기
4급	起		일어날 기
3II급	旣	既	이미 기
3II급	幾	几	몇 기
3급	企		꾀할 기
3급	忌		꺼릴 기
3급	奇		기이할 기
3급	祈	祈	빌 기

급수	한자	간체자	훈음
3급	紀	纪	벼리 기
3급	豈	岂	어찌 기/화락할 개(愷)
3급	飢	饥	주릴 기
3급	寄		부칠 기
3급	棄	弃	버릴 기
3급	欺		속일 기
3급	畿		경기 기
3급	機	机	틀, 기계 기
3급	騎	骑	말 탈 기
3급	緊	紧	긴할 긴
5급	吉		길할, 좋을 길
8급	金		쇠 금 / 성 김
3급	那		어찌 나
3급	諾	诺	대답할, 허락할 낙
4급	暖		따뜻할 난
4급	難	难	어려울 난
8급	南		남녘 남
8급	男		사내 남
4급	納	纳	들일 납
3급	娘		아가씨 낭
7급	內	内	안 내
4급	乃		이에, 곧 내
3급	奶		젖, 유모 내
3급	奈		어찌 내
3급	耐		견딜 내
8급	女		여자 녀
7급	年		해 년
4II급	念		생각 념

급수	한자	간체자	훈음
3급	寧	宁	편안할 녕, 차라리 녕
3급	奴		종 노
4급	努		힘쓸 노
4급	怒		성낼 노
6급	農	农	농사 농
3급	惱	恼	번뇌할, 괴로워할 뇌
3급	腦	脑	골, 뇌 뇌
5급	能		능할 능
6급	你		너 니
3급	泥		진흙 니
7급	多		많을 다
3급	茶	茶	차 다[차]
5II급	短		짧을 단
4II급	丹		붉을 단
4II급	團	团	모일, 둥글 단
4급	單	单	홑 단
4급	壇	坛	단, 제단 단
4급	斷	断	끊을 단
4급	端		바를, 끝 단
3II급	但		다만 단
3II급	段		층계, 구분 단
3급	旦		아침 단
3급	檀		박달나무 단
4급	達	达	통달할 달
4II급	談	谈	말씀 담
3급	淡		맑을 담
3급	擔	担	멜 담
6급	答		대답 답

273

급수	한자	간체자	훈음
3급	畓		논 답
3급	踏		밟을 답
5II급	當	当	마땅할 당
5급	堂		집 당
3급	唐		당나라 당
3급	糖		엿 당 / 사탕 탕
3급	黨	党	무리 당
8급	大		큰 대
6급	代		대신할 대
5II급	對	对	대답할 대
5급	待		기다릴 대
4급	隊	队	무리 대
3급	帶	带	띠 대
3급	貸	贷	빌릴 대
3급	臺	台	대, 돈대 대
5급	德		덕 덕
5II급	刀		칼 도
5II급	圖	图	그림 도
5급	度		법도 도
4II급	到		이를 도
4II급	島	岛	섬 도
6급	道	道	길 도
4II급	都	都	도읍(도시) 도
4급	徒		무리 도
3II급	導	导	이끌 도
3급	塗	涂	진흙, 칠할 도
3급	挑		돋울 도
3급	逃	逃	도망할 도

급수	한자	간체자	훈음
3급	倒		넘어질 도
3급	途	途	길 도
3급	桃		복숭아 도
3급	陶		질그릇 도
3급	盜	盗	도둑, 훔칠 도
3급	渡		건널 도
3급	跳		뛸 도
3급	稻		벼 도
5II급	讀	读	읽을 독
4II급	獨	独	홀로 독
3급	毒	毒	독 독
3급	督		감독할 독
3급	篤	笃	도타울 독
3급	豚		돼지 돈
3급	敦		도타울 돈
3급	突		갑자기 돌
8급	東	东	동녘 동
6급	同		한가지 동
5II급	冬		겨울 동
5급	動	动	움직일 동
5급	童		아이 동
6급	洞		골 동
3급	凍	冻	얼 동
3급	銅	铜	구리 동
5II급	頭	头	머리 두
4II급	豆		콩 두
3급	斗		말 두
3급	屯		진 칠 둔/어려울 준

급수	한자	간체자	훈음
3급	鈍	钝	둔할, 무딜 둔
4급	得		얻을 득
6급	登		오를 등
5II급	等		무리 등
4급	燈	灯	등잔 등
3급	騰	腾	오를 등
3II급	羅	罗	벌일 라
5급	落	落	떨어질 락
3급	絡	络	이을, 얽을 락
3II급	卵		알 란
3급	亂	乱	어지러울 란
3급	蘭	兰	난초 란
3급	欄	栏	난간 란
3II급	覽	览	볼(보다) 람
3급	濫	滥	넘칠 람
4II급	朗	朗	밝을 랑
3II급	浪		물결 랑
3II급	郞	郎	사내 랑
3급	廊	廊	사랑채, 복도 랑
6급	來	来	올 래
4II급	冷	冷	찰(차다) 랭
3급	掠		노략질할 략
4급	略		간략할 략
5급	良		어질, 좋을 량
4II급	兩	两	두(둘) 량
4II급	量		헤아릴 량
3II급	涼	凉	서늘할 량
3급	梁		들보 량

급수	한자	간체자	훈음
3급	諒	谅	살펴 알, 믿을 량
3급	糧	粮	양식 량
4II급	旅		나그네 려
3급	慮	虑	생각할 려
3급	勵	励	힘쓸 려
3급	麗	丽	고울 려
7급	力		힘 력
5급	歷	历	지낼 력
3급	曆	历	책력 력
4II급	練	练	익힐 련
4급	連	连	잇닿을 련
3급	蓮	莲	연꽃 련
3급	憐	怜	불쌍히 여길 련
3급	聯	联	연이을 련
3급	鍊	炼	불릴 련
3급	戀	恋	그리워할 련
4급	列		벌일 렬
4급	烈		매울, 세찰 렬
3급	劣		못할 렬
3급	裂		찢을 렬
3급	廉	廉	청렴할 렴
3급	獵	猎	사냥 렵
4II급	令	令	명령할 령
4II급	領	领	옷깃, 거느릴 령
3급	零	零	떨어질 령
3급	嶺	岭	고개 령
3급	靈	灵	신령 령
5II급	禮	礼	예도 례

급수	한자	간체자	훈음
5급	例		본보기(법식) 례
3급	隸	隶	종 례
6급	老		늙을 로
5급	勞	劳	일할 로
5급	路		길 로
3II급	露		이슬 로
3급	爐	炉	화로 로
5급	綠	绿	푸를 록
4급	錄	录	기록할 록
3급	鹿		사슴 록
3급	祿	禄	녹 록
4급	論	论	논할 론
3급	弄		희롱할 롱
3급	雷		우레 뢰
3급	賴	赖	의뢰할 뢰
4II급	料		헤아릴 료
3급	了		마칠 료 /헤아릴 료
3급	龍	龙	용 룡
3급	累		여러(묶을), 포갤 루/ 지칠 루
3급	淚	泪	눈물 루
3급	屢	屡	여러 루
3급	漏		샐 루
3급	樓	楼	다락 루
5급	流		흐를 류
4II급	類	类	무리 류
3II급	柳		버들 류
3II급	留		머무를 류
4II급	陸	陆	뭍(땅) 륙

급수	한자	간체자	훈음
8급	六		여섯 륙
4급	倫	伦	인륜 륜
3급	輪	轮	바퀴 륜
4II급	律		법률 률
3급	栗		밤, 밤나무 률
3급	率		거느릴 솔 / 비율 률
3급	隆		높을 륭
6급	里		마을 리
5II급	利		이로울 리
5II급	理		다스릴 리
5급	李		오얏(자두) 리
3급	陵		언덕 릉
3급	離	离	떠날 리
3급	裏	里	속 리
3급	梨		배나무 리
3급	履		밟을 리
3급	吏		벼슬아치, 관리 리
7급	林		수풀(숲) 림
3급	隣	邻	이웃 린
7급	立		설(서다) 립
7급	馬	马	말 마
6급	嗎	吗	어조사 마
5급	媽	妈	엄마 마
3급	臨	临	임할 림
3급	麻	麻	삼 마
4급	莫	莫	없을 막
3급	磨	磨	갈(갈다) 마
3급	幕	幕	장막 막

급수	한자	간체자	훈음
6급	萬	万	일만 만
4급	滿	满	찰(가득 차다) 만
3II급	晚		늦을 만
3급	漠	漠	넓을 막
3급	慢		거만할, 게으를 만
3급	漫		흩어질 만
6급	末		끝 말
5급	亡		망할 망
4II급	望		바랄 망
4급	忘		잊을 망
3II급	忙		바쁠 망
3급	蠻	蛮	오랑캐 만
3급	妄		망령될 망
3급	罔		없을, 그물 망
6급	每		매양(늘) 매
5급	買	买	살(사다) 매
5급	賣	卖	팔(팔다) 매
4II급	妹		손아래 누이 매
3급	茫	茫	아득할 망/황홀할 황
3급	埋		묻을 매
3급	梅		매화 매
3II급	麥	麦	보리 맥
3급	媒		중매 매
3급	脈	脉	줄기 맥
3급	盲		소경, 눈 멀 맹
3급	孟		맏 맹
3급	猛		사나울 맹
6급	面		낯, 얼굴 면

급수	한자	간체자	훈음
3II급	免		면할 면
3II급	勉		힘쓸 면
3II급	眠		잠잘 면
3급	盟		맹세 맹
3급	綿	绵	솜, 이어질 면
7급	名		이름 명
5II급	命		목숨 명
5II급	明		밝을 명
3II급	鳴	鸣	울(울다) 명
3급	滅	灭	멸할, 꺼질 멸
3급	冥		어두울 명
8급	母		어머니 모
5II급	毛		털 모
3II급	暮	暮	저물 모
3급	銘	铭	새길 명
3급	侮		업신여길 모
3급	冒		무릅쓸 모
3급	某		아무 모
3급	募	募	모을 모
3급	慕	慕	그리워할, 그릴 모
3급	模	模	본뜰, 거푸집(틀) 모
3급	貌		모양 모
8급	木		나무 목
7급	目		눈 목
4II급	沐		목욕할 목
4급	牧		칠 목
3급	謀	谋	꾀 모
3급	睦		화목할 목

급수	한자	간체자	훈음
3급	沒	没	빠질 몰
3급	夢	梦	꿈 몽
4급	卯		토끼(넷째 지지) 묘
4급	妙		묘할 묘
3급	蒙	蒙	어두울 몽
3급	苗	苗	모 묘
3급	墓	墓	무덤 묘
5II급	無	无	없을 무
4II급	武		굳셀 무
4급	務	务	힘쓸 무
4급	戊		다섯째 천간 무
3II급	茂	茂	무성할 무
3II급	舞		춤출 무
3급	廟	庙	사당 묘
3급	貿	贸	무역할, 바꿀 무
3II급	墨		먹 묵
3급	霧	雾	안개 무
8급	門	门	문 문
6급	們	们	들(무리) 문
6급	問	问	물을 문
6급	文		글월 문
5II급	聞	闻	들을 문
3급	默		잠잠할 묵
6급	物		물건 물
3II급	勿		말(말다) 물
5II급	米		쌀 미
5급	美		아름다울 미
4II급	味		맛 미

급수	한자	간체자	훈음
4II급	尾		꼬리 미
4II급	未		아닐 미
3급	紋	纹	무늬 문
3급	眉		눈썹 미
3급	迷	迷	미혹할 미
6급	民		백성 민
3급	微		작을 미
3급	敏		민첩할 민
3급	憫	悯	민망할 민
4급	密		빽빽할 밀
5급	朴		순박할 박
3급	蜜		꿀 밀
3급	泊		배 댈, 늪(호수) 박
3급	拍		칠 박
3급	迫	迫	핍박할, 닥칠 박
3급	博		넓을 박
5II급	半	半	절반 반
5II급	班		나눌 반
5급	反		돌이킬 반
4급	飯	饭	밥 반
3급	薄	薄	엷을 박
3급	伴	伴	짝 반
3급	返	返	돌이킬 반
3급	叛	叛	배반할 반
3급	般		가지, 일반 반
5급	發	发	필 발
3급	盤	盘	소반 반
3급	拔	拔	뽑을 발

급수	한자	간체자	훈음
6급	方		모 방
5II급	放		놓을 방
4급	房	房	방 방
4급	訪	访	찾을 방
4급	防		막을 방
3급	髮	发	터럭 발
3급	芳	芳	꽃다울 방
3급	妨		방해할 방
3급	邦		나라 방
3급	倣	仿	본뜰 방
4II급	倍		곱(갑절) 배
4II급	拜		절(절하다) 배
4급	背		등 배
3II급	杯		잔 배
3II급	配		짝, 나눌 배
3급	傍		곁 방
3급	培		북돋을 배
3급	排		밀칠 배
8급	百		일백 백
7급	白		흰 백
3급	輩	辈	무리 배
5II급	番		차례 번
3급	伯		맏 백
3급	煩	烦	번거로울, 괴로워할 번
3급	繁		번성할(많을) 번
4II급	伐		칠 벌
4급	罰	罚	벌할 벌
4II급	凡		무릇 범

급수	한자	간체자	훈음
3II급	犯		범할 범
3급	飜	翻	번역할 번
5급	法		법 법
3급	範	范	법, 본보기 범
3급	碧		푸를 벽
4II급	變	变	변할 변
3급	壁		벽(담) 벽
3급	辨		분별할 변
3급	邊	边	가 변
5II급	別	别	다를 별
5급	兵		군사, 병사 병
5급	病		병 병
4급	丙		셋째 천간 병
3급	辯	辩	말씀, 말 잘할 변
3급	屏	屏	병풍 병
5II급	步		걸음 보
4II급	報	报	갚을, 알릴 보
4급	保		지킬 보
4급	寶	宝	보배 보
3급	竝	并	나란히, 아우를 병
3급	普		넓을 보
3급	補	补	기울(깁다) 보
5급	服		옷, 다스릴 복
5급	福	福	복 복
4급	伏		엎드릴 복
4급	復	复	돌아올 복
3급	譜	谱	족보, 악보 보
3급	腹		배 복

급수	한자	간체자	훈음
3급	覆	覆	다시, 뒤집힐, 덮을 복[부]
6급	本		근본 본
5급	奉		받들 봉
3II급	逢	逢	만날 봉
3급	複	复	겹칠 복
3급	封		봉할 봉
3급	峯	峰	봉우리 봉
3급	俸		녹 봉
3급	蜂		벌 봉
8급	父		아버지 부
6급	夫		사내, 남편 부
5II급	部		떼, 거느릴 부
4II급	婦	妇	아내(지어미) 부
4II급	富		부자 부
4급	否		아닐 부
3II급	扶		도울 부
3II급	浮		뜰(뜨다) 부
3II급	副		버금, 다음 부
3급	鳳	凤	봉새 봉
3급	付		줄, 부칠 부
3급	府		마을, 관청 부
3급	附		붙을 부
3급	負	负	질(지다) 부
3급	赴		다다를 부
3급	符		부호 부
3급	腐		썩을 부
3급	賦	赋	부세(구실) 부
8급	北		북녘 북 / 달아날 배

급수	한자	간체자	훈음
6급	分		나눌 분
3급	簿		문서 부
3급	奔		달릴 분
3급	粉		가루 분
3급	紛	纷	어지러울 분
3급	憤	愤	분할 분
3급	墳	坟	무덤 분
6급	不		아니 불[부]
4급	佛		부처 불
3급	奮	奋	떨칠 분
3II급	朋		벗 붕
3급	拂		털(털다), 떨칠 불
4II급	備	备	갖출 비
4II급	比		견줄 비
4II급	費	费	쓸 비
4II급	非		아닐 비
4II급	鼻		코 비
4급	悲		슬플 비
4급	飛	飞	날(날다) 비
3II급	秘	秘	숨길 비
3급	崩		무너질 붕
3급	妃		왕비 비
3급	批		비평할, 칠 비
3급	肥		살찔 비
3급	卑		낮을 비
3급	婢		여자종 비
4II급	貧	贫	가난할 빈
3급	碑		비석 비

급수	한자	간체자	훈음
3급	賓	宾	손(손님) 빈
5급	氷	冰	얼음 빙
3급	頻	频	자주 빈
8급	四		넉(넷) 사
6급	事		일 사
6급	士		선비 사
5II급	死		죽을 사
5II급	社	社	모일 사
5급	仕		벼슬, 섬길 사
5급	使		하여금, 부릴 사
5급	史		역사, 사기 사
5급	思		생각 사
4II급	寫	写	베낄 사
4II급	師	师	스승 사
4II급	査		조사할 사
4II급	謝	谢	사례할 사
4급	寺		절 사
4급	巳		뱀(여섯째 지지) 사
4급	絲	丝	실 사
4급	舍		집 사
3II급	私		사사(개인) 사
3II급	射		쏠(쏘다) 사
3급	聘		부를 빙
3급	司		맡을, 주관할 사
3급	似		닮을 사
3급	沙		모래 사
3급	邪		간사할 사/어조사 야
3급	祀	祀	제사 사

급수	한자	간체자	훈음
3급	捨	舍	버릴 사
3급	蛇		뱀 사
3급	斜		비낄 사
3급	詐	诈	속일 사
3급	詞	词	말(말씀) 사
3급	斯		이 사
3급	賜	赐	줄(주다) 사
3급	辭	辞	말씀 사
3급	削	削	깎을 삭
8급	山		산(뫼, 메) 산
5급	算		셈 산
4II급	産	产	낳을 산
4급	散		흩어질 산
4급	殺	杀	죽일 살 / 감할 쇄
8급	三		석(셋) 삼
3급	朔		초하루 삭
8급	上		위 상
5급	相		서로 상
4II급	商		장사 상
4II급	常		항상 상
4II급	賞	赏	상줄 상
4급	狀	状	모양 상 / 문서 장
4급	床		평상 상
4급	想		생각 상
3II급	尚	尚	오히려, 높을 상
3II급	喪	丧	잃을 상, 죽을 상
3II급	象		코끼리, 본뜰 상
3II급	傷	伤	다칠, 상할 상

급수	한자	간체자	훈음
3II급	霜		서리 상
3급	森		수풀, 빽빽할 삼
3급	桑		뽕나무 상
3급	祥	祥	상서로울 상
3급	詳	详	자세할 상
3급	裳		치마 상
3급	嘗	尝	맛볼, 시험할 상
3급	像		모양, 닮을 상
3급	償	偿	갚을 상
6급	色		빛 색
3급	雙	双	두(둘) 쌍
7급	生		날 생
8급	西		서녘 서
5II급	書	书	글 서
4II급	序		차례 서
3II급	暑		더울 서
3급	塞		막힐 색 / 변방 새
3급	索		찾을 색 / 동아줄 삭
3급	誓		맹세할 서
3급	逝	逝	갈(가다) 서
3급	恕		용서할 서
3급	徐		천천할 서
3급	庶		여러 서
3급	舒		펼, 편안할 서
7급	夕		저녁 석
7급	石		돌 석
5급	席		자리 석
3II급	昔		예(옛날) 석

급수	한자	간체자	훈음
3II급	惜		아낄 석
3급	署	署	마을 서
3급	緖	绪	실마리 서
7급	先		먼저 선
5II급	線	线	줄(line) 선
4II급	仙		신선 선
4II급	善		착할, 잘할 선
4II급	船		배(boat) 선
4II급	選	选	가릴 선
4II급	鮮	鲜	고울 선
3급	析		쪼갤 석
3급	釋	释	풀(풀다) 석
3급	宣		베풀 선
5급	雪		눈 설
4II급	舌		혀 설
4II급	說	说	말씀 설
3II급	設	设	베풀 설
3급	旋		돌(돌다) 선
3급	禪	禅	봉선 선 / 선(참선), 고요할 선
7급	姓		성씨 성
5II급	性		성품 성
5II급	成		이룰 성
5급	省		살필 성 / 줄일 생
4II급	城		재(성) 성
4II급	星		별 성
4II급	盛		성할 성
4II급	聖	圣	성스러울 성
4II급	誠	诚	정성 성

급수	한자	간체자	훈음
4급	聲	声	소리 성
6급	世		세상 세
5급	洗		씻을 세
4II급	勢	势	권세 세
4II급	歲	岁	해 세
4급	稅		세금 세
4급	細	细	가늘 세
8급	小		작을 소
7급	少		적을 소
6급	所		곳, 바 소
5급	消	消	사라질 소
4급	掃	扫	쓸(쓸다) 소
4급	笑		웃음 소
4급	素		흴, 본디 소
3급	涉		건널 섭
3급	攝	摄	다스릴, 당길 섭
3급	召		부를 소
3급	昭		밝을 소
3급	疏		소통할, 트일 소
3급	蔬	蔬	나물 소
3급	訴	诉	호소할, 하소연할 소
3급	燒	烧	불사를 소
5급	速	速	빠를 속
4II급	束		묶을 속
4급	俗		풍속 속
4급	續	续	이을 속
3급	蘇	苏	되살아날 소
3급	騷	骚	떠들 소

급수	한자	간체자	훈음
5급	孫	孙	손자 손
3II급	損	损	덜(덜다) 손
3급	粟		조 속
4II급	送	送	보낼 송
4급	松		소나무 송
3급	屬	属	무리(붙을) 속 / 이을 촉
3급	訟	讼	송사할 송
3급	頌	颂	기릴(칭송할) 송
3급	誦	诵	욀(외다) 송
3급	刷		인쇄할, 솔질할 쇄
3급	鎖	锁	쇠사슬, 자물쇠 쇄
8급	水		물 수
7급	手		손 수
5II급	首		머리 수
5급	數	数	셈 수
5급	樹	树	나무 수
4II급	守		지킬 수
4급	修		닦을 수
4급	受		받을 수
4급	愁		근심 수
4급	授		줄(주다) 수
4급	收		거둘 수
3II급	秀		빼어날 수
3II급	須	须	모름지기 수
3II급	壽	寿	목숨 수
3II급	誰	谁	누구 수
3II급	雖	虽	비록 수
3급	衰		쇠할 쇠 / 도롱이 사 / 상복 최

급수	한자	간체자	훈음
3급	垂		드리울, 늘어질 수
3급	搜		찾을 수
3급	囚		가둘 수
3급	帥	帅	장수 수/거느릴 솔
3급	殊		다를 수
3급	遂	遂	드디어, 이룰 수
3급	睡		졸음 수
3급	需		쓰일 수
3급	隨	随	따를 수
3급	輸	输	보낼, 나를 수
5급	宿		잠잘 숙
3II급	叔		아재비(아저씨) 숙
3II급	淑		맑을 숙
3급	獸	兽	짐승 수
3급	孰		누구, 어느 숙
3급	肅	肃	엄숙할 숙
5급	順	顺	순할 순
4급	純	纯	순수할 순
3급	熟		익을 숙
3급	旬		열흘 순
3급	巡	巡	돌, 순행할 순
3급	殉		따라 죽을 순
3급	脣	唇	입술 순
3급	循		돌(빙빙 돌다) 순
5급	術	术	재주 술
4급	戌		개(열한째 지지) 술
3급	瞬		깜작일 순
3II급	崇		높을 숭

급수	한자	간체자	훈음
5급	習	习	익힐 습
4급	拾		주울 습
3급	述	述	펼, 지을 술
3급	濕	湿	젖을 습
5급	勝	胜	이길 승
4급	承		이을 승
3II급	乘		탈(타다) 승
3급	襲	袭	엄습할 습
3급	昇	升	오를 승
6급	市		저자(시장) 시
6급	時	时	때 시
5II급	示		보일 시
5II급	詩	诗	글 시
5급	始		처음, 비로소 시
4II급	是		옳을 시
4II급	視	视	볼 시
4II급	試	试	시험 시
3II급	施		베풀 시
3급	僧	僧	중 승
3급	矢		화살 시
6급	植	植	심을 식
6급	食		먹을, 밥 식
5급	式		법 식
4급	息		쉴, 숨쉴 식
4급	識	识	알(알다) 식
3II급	息		숨 쉴 식
3급	侍		모실 시
5II급	信		믿을 신

급수	한자	간체자	훈음
5II급	新		새로울 신
5II급	神	神	귀신, 신비할 신
5II급	身		몸 신
5급	臣		신하 신
4II급	辛		매울 신
4급	辰		다섯째 지지, 별 진 / 때 신
4급	申		펼 신 / 원숭이(아홉째 지지) 신
3급	飾	饰	꾸밀 식
3급	伸		펼 신
3급	晨		새벽 신
6급	室		집 실
5급	失		잃을 실
5급	實	实	열매 실
7급	心		마음 심
3II급	深		깊을 심
3급	愼	慎	삼갈 신
3급	甚		심할 심
3급	尋	寻	찾을 심
8급	十		열 십
3급	審	审	살필 심
4II급	氏		성씨 씨
5급	兒	儿	아이 아
3급	牙		어금니 아
3급	芽	芽	싹 아
3급	亞	亚	버금 아
3급	阿		언덕 아 / 호칭 아
3급	雅		맑을 아

급수	한자	간체자	훈음
3급	餓	饿	주릴 아
4II급	惡	恶	나쁠 악 / 미워할 오
3급	岳		큰 산 악
6급	安		편안할 안
4II급	案		책상, 생각 안
4II급	眼		눈(eye) 안
3II급	顔	颜	얼굴 안
3급	岸		언덕 안
3급	雁		기러기 안
3급	謁	谒	뵐, 아뢸 알
4II급	暗		어두울 암
3II급	巖	岩	바위 암
3급	壓	压	누를 압
3급	押		누를 압
3II급	仰		우러를 앙
3급	央		가운데 앙
3급	殃		재앙 앙
5급	愛	爱	사랑 애
3II급	哀		슬플 애
3급	涯		물가 애
3급	厄		액(재앙) 액
3급	液		진 액
3급	額	额	이마 액
5II급	夜		밤 야
5급	野		들 야
3II급	也		어조사 야
3급	耶		어조사 야
5II급	弱	弱	약할 약

급수	한자	간체자	훈음
5급	藥	药	약 약
4II급	約	约	맺을 약
4II급	若	若	만약 약 / 반야 야
3급	躍	跃	뛸 약
7급	羊		양 양
5급	洋		큰 바다 양
5급	陽	阳	볕 양
4II급	養	养	기를 양
3II급	揚	扬	날릴, 오를 양
3II급	讓	让	사양할 양
3급	楊	杨	버들 양
3급	樣	样	모양 양
3급	壤		흙덩이 양
7급	魚	鱼	고기 어
6급	語	语	말씀 어
5급	漁	渔	고기 잡을 어
3II급	於	于	어조사 어
3급	御		거느릴 어
5급	億	亿	억 억
3II급	憶	忆	생각할 억
3급	抑		누를 억
3급	彦	彦	선비 언
5II급	言		말씀 언
3급	焉		어찌 언
3II급	嚴	严	엄할 엄
5급	業	业	일, 업 업
5급	如		같을 여

급수	한자	간체자	훈음
4급	與	与	더불, 줄 여
4급	餘	余(馀)	남을 여
3II급	汝		너 여
3II급	余		나 여
3급	予		나 여
3급	輿	舆	수레 여
4급	逆		거스를 역
3II급	亦		또 역
3II급	域		지경 역
3II급	易		바꿀 역 / 쉬울 이
3급	役		부릴 역
3급	疫		전염병 역
3급	譯	译	번역할 역
3급	驛	驿	역 역
5급	然		그러할 연
4급	煙	烟	연기 연
4급	硏	研	갈(갈다) 연
3II급	硯	砚	벼루 연
3급	延		늘일 연
3급	沿		물 따라갈 연
3급	宴		잔치 연
3급	軟	软	연할 연
3급	鉛	铅	납 연
3급	演		펼 연
3급	燃		탈 연
3급	緣	缘	인연 연
3급	燕		제비 연

급수	한자	간체자	훈음
4II급	熱	热	더울 열
3II급	悅		기쁠 열
3급	閱	阅	볼 열
3II급	炎		불꽃, 불탈 염
3급	染		물들 염
3급	鹽	盐	소금 염
4II급	葉	叶	잎 엽
5II급	永		길(길다) 영
5II급	英	英	꽃부리, 뛰어날 영
4급	榮	荣	영화 영
4급	營	营	경영할 영
3II급	迎		맞을 영
3급	泳		헤엄칠 영
3급	映		비칠, 비출 영
3급	詠	咏	읊을 영
3급	影		그림자 영
3급	銳	锐	날카로울 예
3급	豫		미리 예
3급	譽	誉	기릴 예
4급	藝	艺	재주 예
8급	五		다섯 오
6급	午		낮 오
3II급	吾		나 오
3II급	悟		깨달을 오
3II급	烏	乌	까마귀 오
3급	汚	污	더러울 오
3급	娛	娱	즐길 오

급수	한자	간체자	훈음
3급	嗚	呜	슬플 오
3급	傲		거만할 오
4급	誤	误	그르칠 오
7급	玉		구슬 옥
4II급	屋		집 옥
3급	獄	狱	옥(감옥) 옥
5급	溫	温	따뜻할 온
3급	擁	拥	낄, 안을 옹
3급	翁	翁	늙은이 옹
3II급	瓦		기와 와
3II급	臥	卧	누울 와
4II급	完		완전할 완
3급	緩	缓	느릴 완
3II급	曰		말할, 가로 왈
8급	王		임금 왕
4II급	往		갈 왕
7급	外		바깥 외
3급	畏		두려워할 외
5II급	樂	乐	즐길 락 / 노래 악 / 좋아할 요
5급	要		구할 요
4급	曜		빛날 요
4급	謠	谣	노래 요
3급	搖	摇	흔들 요
3급	遙	遥	멀 요
3급	腰		허리 요
4II급	浴		목욕할 욕
3II급	欲		하고자할 욕

급수	한자	간체자	훈음
3급	辱		욕될 욕
3급	慾	欲	욕심 욕
5II급	用		쓸 용
5급	勇		날랠 용
4급	容		얼굴 용
3급	庸		떳떳할 용
7급	右		오른 우
7급	牛		소 우
5II급	又		또 우
5II급	友		벗 우
4II급	雨		비 우
4급	遇		만날 우
3II급	于		어조사 우
3II급	尤		더욱 우
3II급	宇		집 우
3II급	憂	忧	근심 우
3급	羽	羽	깃 우
3급	偶		짝 우
3급	愚		어리석을 우
3급	郵	邮	우편 우
3급	優	优	넉넉할 우
5II급	運	运	옮길 운
5급	雲	云	구름 운
3II급	云		이를, 말할 운
3급	韻	韵	운 운
4II급	雄		수컷, 씩씩할 웅
5II급	元		으뜸 원

급수	한자	간체자	훈음
5II급	原		언덕 원
5II급	遠	远	멀 원
5급	園	园	동산 원
5급	源		근원 원
5급	院		집 원
4II급	願	愿	원할 원
4급	員	员	인원 원
4급	圓	圆	둥글 원
3II급	怨		원망할 원
3급	援		도울 원
8급	月		달 월
3급	越		넘을 월
6급	位		자리 위
4II급	偉	伟	클, 훌륭할 위
4II급	爲	为	할(하다) 위
4급	危		위태할 위
3II급	威		위엄 위
3급	委		맡길 위
3급	胃		밥통(위장) 위
3급	圍	围	에워쌀 위
3급	違	违	어긋날 위
3급	僞	伪	거짓 위
3급	慰		위로할 위
3급	緯	纬	씨(씨줄) 위
3급	謂	谓	이를 위
3급	衛	卫	지킬 위
6급	有		있을 유

급수	한자	간체자	훈음
5급	油		기름 유
5급	由		말미암을 유
4급	乳		젖 유
4급	遺	遗	남길 유
4급	酉		닭(열째 지지) 유
3II급	幼		어릴 유
3II급	柔		부드러울 유
3II급	唯		오직 유
3II급	猶	犹	같을, 오히려 유
3II급	遊	游	놀(놀다) 유
3II급	儒		선비 유
3급	幽		그윽할 유
3급	悠		멀 유
3급	惟		생각할 유
3급	裕		넉넉할 유
3급	愈		나을(낫다) 유
3급	維	维	벼리 유
3급	誘	诱	꾈 유
6급	育		기를 육
5II급	肉		고기 육
3급	閏	闰	윤달 윤
3급	潤	润	불을, 젖을 윤
5II급	銀	银	은 은
4II급	恩		은혜 은
3급	隱	隐	숨길 은
5II급	音		소리 음
5급	飮	饮	마실 음

급수	한자	간체자	훈음
4급	陰	阴	그늘 음
3II급	吟		읊을 음
3급	淫		음란할 음
6급	邑		고을 읍
3II급	泣		울(울다) 읍
4급	應	应	응할 응
3급	凝		엉길 응
6급	衣		옷 의
5II급	意		뜻 의
5급	醫	医	의원 의
4II급	義	义	옳을 의
4급	依		의지할 의
3II급	議	议	의논할 의
3급	矣		어조사 의
3급	宜		마땅할 의
3급	疑		의심할 의
3급	儀	仪	거동 의
8급	二		두(둘) 이
7급	耳		귀 이
5급	以		써 이
4급	異	异	다를 이
4급	移		옮길 이
3II급	已		이미 이
3II급	而		말 이을 이
3급	夷		오랑캐 이
3급	翼	翼	날개 익
4급	益	益	더할 익

급수	한자	간체자	훈음
8급	人		사람 인
5급	因		인할, 까닭 인
4II급	仁		어질 인
4II급	引		끌(끌다) 인
4급	印		도장 인
4급	寅		범(셋째 지지) 인
4급	認	认	알(알다) 인
3II급	忍		참을 인
3급	姻		혼인 인
8급	一		한 일
8급	日		날, 해 일
3급	逸	逸	편안할, 달아날 일
5급	任		맡길 임
4급	壬		아홉째 천간 임
3급	賃	赁	품삯 임
7급	入		들 입
8급	子		아들 자
7급	自		스스로 자
6급	字		글자 자
5급	者	者	사람 자
4II급	姉	姊	손위 누이 자
3II급	慈		사랑 자
3급	刺		찌를 자/찌를 척/수라 라
3급	兹	兹	이 자
3급	姿		모양 자
3급	恣		방자할 자
3급	紫		자줏빛 자

급수	한자	간체자	훈음
3급	資	资	재물 자
5II급	作		지을 작
5급	昨		어제 작
3급	酌		술 부을 작
3급	爵	爵	벼슬, 술잔 작
3급	殘	残	남을, 잔인할 잔
3급	暫	暂	잠깐 잠
3급	潛	潜	잠길 잠
3급	雜	杂	섞일 잡
6급	場	场	마당 장
6급	長	长	길(길다), 어른 장
5급	章		글 장
4II급	將	将	장수, 장차 장
4급	壯	壮	장할, 씩씩할 장
3II급	腸	肠	창자 장
3급	丈		어른 장
3급	莊	庄	씩씩할, 풀 성할 장
3급	帳	帐	장막 장
3급	張	张	베풀 장
3급	掌		손바닥 장
3급	葬	葬	장사지낼 장
3급	粧	妆	단장할 장
3급	裝	装	꾸밀 장
3급	獎	奖	장려할 장
3급	障		막을 장
3급	藏	藏	감출 장
3급	臟	脏	오장 장

급수	한자	간체자	훈음
3급	墙	墙	담 장
5II급	才		재주 재
5급	再		두, 다시 재
5급	在		있을 재
5급	材		재목 재
4II급	財	财	재물 재
4II급	災	灾	재앙 재
3II급	哉		어조사 재
3II급	栽		심을 재
3급	宰		재상 재
3급	裁		마를(마름질할) 재
3급	載	载	실을(싣다) 재
4II급	爭	争	다툴 쟁
4II급	低	低	낮을 저
4II급	貯	贮	쌓을 저
3II급	著	著	드러날 저
3급	底	底	밑 저
3급	抵	抵	막을 저
5급	的		과녁 적
5급	赤		붉을 적
4II급	敵	敌	원수 적
4급	適	适	맞을 적
3II급	積	积	쌓을 적
3급	寂		고요할 적
3급	笛		피리 적
3급	跡	迹	발자취 적
3급	賊	贼	도둑 적

급수	한자	간체자	훈음
3급	滴		물방울 적
3급	摘		딸(따다) 적
3급	績	绩	길쌈 적
3급	蹟	迹	자취 적
3급	籍		문서 적
6급	全		온전할 전
6급	前		앞 전
5II급	田		밭 전
5급	典		법, 책 전
5급	展		펼 전
5급	戰	战	싸움 전
4II급	傳	传	전할 전
4급	專	专	오로지 전
6급	電	电	번개, 전기 전
3II급	錢	钱	돈 전
3II급	轉	转	구를 전
3급	殿		전각, 큰 집 전
4II급	節	节	마디 절
4급	切		끊을 절 / 모두 체
4급	絕	绝	끊을 절
3급	竊	窃	훔칠 절
3급	折		꺾을 절
4II급	店		가게 점
4급	點	点	점 점
3급	占		점칠, 차지할 점
3급	漸	渐	점점 점
3급	蝶		나비 접

급수	한자	간체자	훈음	급수	한자	간체자	훈음
4급	接		이을(잇다) 접	3II급	帝		임금 제
6급	正		바를 정	3II급	諸	诸	모두 제
5급	定		정할 정	3급	堤		둑 제
5급	庭		뜰 정	3급	提		끌(끌다) 제
4II급	丁		장정 정	3급	齊	齐	가지런할, 모두 제
4II급	停		머무를 정	3급	際	际	즈음, 사이 제
4II급	情	情	뜻 정	3급	濟	济	건널 제
4II급	政		정사(정치) 정	6급	祖	祖	조상 조
4II급	精	精	자세할 정	5II급	朝		아침 조
4급	井		우물 정	4II급	助		도울 조
3II급	貞	贞	곧을 정	4II급	操		잡을 조
3II급	淨	净	깨끗할 정	4II급	早		이를 조
3II급	頂	顶	정수리, 꼭대기 정	4II급	調	调	고를 조 / 조사할 조
3II급	靜	静	고요할 정	4II급	鳥	鸟	새 조
3급	廷		조정 정	4급	兆		조, 조짐 조
3급	征		칠(치다), 정	4급	造	造	지을(짓다) 조
3급	亭		정자 정	3급	弔	吊	조상할 조
3급	訂	订	바로잡을 정	3급	租		조세, 구실 조
3급	程		한도, 길 정	3급	條	条	가지 조
3급	整		가지런할 정	3급	組	组	짤 조
8급	弟		아우(동생) 제	3급	照		비칠 조
5급	第		차례 제	3급	潮		조수 조
5급	題	题	제목 제	3급	燥		마를 조
4II급	祭		제사 제	7급	足		발 족
4급	制		절제할, 마를 제	5급	族		겨레 족
4급	製	制	지을(짓다) 제	4II급	存		있을 존
4급	除		덜(덜다) 제	4급	尊	尊	높을 존

급수	한자	간체자	훈음
5급	卒		병사, 마칠 졸
3급	拙		서투를, 옹졸할 졸
4II급	種	种	씨 종
4II급	終	终	마칠 종
4급	宗		마루 종
3II급	從	从	좇을 종
3II급	鐘	钟	쇠북 종
3급	縱	纵	세로, 늘어질 종
7급	左		왼 좌
4II급	坐		앉을 좌
3급	佐		도울 좌
3급	座		자리 좌
4급	罪		허물 죄
7급	主		주인 주
6급	住		살(살다) 주
5II급	晝	昼	낮 주
5급	州		고을 주
5급	注		물댈, 부을 주
4II급	走		달릴 주
4II급	週	周	돌 주
3II급	宙		집 주
3II급	酒		술 주
4급	朱		붉을 주
3급	奏		아뢸 주
3급	珠		구슬 주
3급	鑄	铸	불릴 주
3급	舟		배 주

급수	한자	간체자	훈음
3급	周		두루 주
3급	洲		물가 주
3급	柱		기둥 주
3급	株		그루 주
5II급	竹		대 죽
3II급	準	准	준할, 법도 준
3급	俊		준걸 준
3급	遵	遵	좇을 준
8급	中		가운데 중
5II급	重		무거울 중
4급	衆	众	무리 중
3급	仲		버금 중
3II급	卽	即	곧 즉
3급	汁		즙 즙
4II급	增	增	더할 증
3II급	曾	曽	일찍 증
3II급	證	证	증거 증
3급	症		증세 증
3급	蒸	蒸	찔(찌다) 증
3급	憎	憎	미울 증
3급	贈	赠	줄(주다) 증
7급	地		땅 지
5급	止		그칠 지
5급	知		알(알다) 지
5급	紙	纸	종이 지
4II급	志		뜻 지
4II급	支		지탱할, 가를 지

급수	한자	간체자	훈음
4II급	至		이를 지
4급	之		갈, 어조사 지
4급	持		가질 지
4급	指		손가락, 가리킬 지
3II급	只		다만 지
3II급	枝		가지 지
3II급	智		슬기(지혜) 지
3급	池		못 지
3급	誌	志	기록할 지
3급	遲	迟	더딜 지
5II급	直	直	곧을 직
3급	織	织	짤(짜다) 직
4급	職	职	직분, 맡을 직
4II급	眞	真	참 진
4II급	進	进	나아갈 진
3II급	盡	尽	다할 진
3급	震		우레 진
3급	珍		보배 진
3급	振		떨칠 진
3급	陣	阵	진칠 진
3급	陳	陈	베풀, 묵을 진
3급	鎭	镇	진압할, 누를 진
4II급	質	质	바탕 질
3급	姪	侄	조카 질
3급	疾		병 질
3급	秩		차례 질
5급	集		모일 집

급수	한자	간체자	훈음
3II급	執	执	잡을 집
3급	徵	征	부를 징/음률 이름 치
3급	懲	惩	징계할 징
4II급	次		버금(둘째) 차
3II급	且		또 차
3II급	此		이(이곳) 차
3II급	借		빌릴 차
3급	差	差	다를, 어긋날 차
4급	着	着	붙을 착
3급	捉		잡을 착
3급	錯	错	어긋날 착
3급	贊	赞	도울 찬
3급	讚	赞	기릴, 칭찬할 찬
4급	察		살필 찰
5급	參	参	참여할 참
3급	慘	惨	참혹할 참
3급	慙	惭	부끄러울 참
5급	窓	窗	창문 창
4급	創	创	비롯할 창
4급	唱		부를 창
3II급	昌		창성할 창
3급	倉	仓	곳집 창
3급	蒼	苍	푸를 창
3급	暢	畅	화창할, 펼 창
3II급	採	采	캘(캐다) 채
3II급	菜	菜	나물 채
3급	彩		채색, 무늬 채

급수	한자	간체자	훈음
3급	債	债	빚 채
5급	責	责	꾸짖을 책
4II급	冊	册	책 책
3급	策		꾀 책
4II급	處	处	곳, 살(살다) 처
3II급	妻		아내 처
3II급	尺		자 척
3급	斥		물리칠 척
3급	拓		넓힐 척/박을 탁
3급	戚		친척, 겨레 척
8급	千		일천 천
7급	天		하늘 천
7급	川		내 천
3II급	泉		샘 천
3II급	淺	浅	얕을 천
3급	踐	践	밟을 천
3급	賤	贱	천할 천
3급	遷	迁	옮길 천
3급	薦	荐	천거할 천
4II급	鐵	铁	쇠 철
3급	哲		밝을 철
3급	徹	彻	통할 철
3급	尖		뾰족할 첨
3급	添		더할 첨
3급	妾		첩 첩
7급	靑	青	푸를 청
5급	淸	清	맑을 청

급수	한자	간체자	훈음
4급	聽	听	들을 청
4급	請	请	청할 청
3II급	晴		갤(개다) 청
3급	廳	厅	관청 청
5급	體	体	몸 체
3급	滯	滞	막힐 체
3급	逮	逮	잡을 체
3급	遞	递	갈릴, 갈마들 체
3급	替		바꿀 체
6급	草	草	풀 초
5급	初		처음 초
3II급	招		부를 초
3급	肖	肖	닮을 초
3급	抄		뽑을 초
3급	秒		분초 초
3급	超		뛰어넘을 초
3급	礎	础	주춧돌 초
3급	促		재촉할 촉
3급	燭	烛	촛불 촉
3급	觸	触	닿을 촉
7급	寸		마디 촌
5II급	村		마을 촌
3II급	總	总	다, 거느릴 총
3급	銃	铳	총 총
3급	聰	聪	귀 밝을 총
4II급	最		가장 최
3급	催		재촉할 최

급수	한자	간체자	훈음
5II급	秋		가을 추
3II급	追	追	쫓을, 따를 추
3II급	推		밀, 옮을 추[퇴]
3급	抽		뽑을 추
3급	醜	丑	추할 추
4II급	祝	祝	빌 축
4급	丑	丑	소(둘째 지지) 축
3급	畜		짐승 축/기를 축
3급	祝	祝	빌 축
3급	逐	逐	쫓을 축
3급	蓄	蓄	모을 축
3급	築	筑	쌓을 축
3급	縮	缩	줄일 축
5II급	春		봄 춘
7급	出		날 출
5급	充		채울 충
4II급	忠		충성 충
4II급	蟲	虫	벌레 충
3급	衝	冲	찌를 충
4급	取		가질 취
3II급	吹		불(불다) 취
3II급	就		이룰, 나아갈 취
3급	臭		냄새 취 / 맡을 후
3급	醉		취할 취
3급	趣		뜻, 달릴 취
3급	側	侧	곁 측
3급	測	测	헤아릴 측
3II급	層	层	층 층

급수	한자	간체자	훈음
4II급	致		이를 치
4II급	齒	齿	이(이빨) 치
4급	治		다스릴 치
3급	値	值	값 치
3급	恥	耻	부끄러울 치
3급	置	置	둘(두다) 치
3급	稚		어릴 치
4II급	則	则	법칙 칙
5II급	親	亲	친할, 어버이 친
8급	七		일곱 칠
3급	漆		옻 칠
4급	針	针	바늘 침
3급	沈		잠길 침 / 성씨 심
3급	枕		베개 침
3급	侵		침노할 침
3급	浸		담글, 잠길 침
3급	寢	寝	잘(잠자다) 침
3급	稱	称	일컬을 칭
4급	快		쾌할, 빠를 쾌
4II급	他		다를 타
4II급	打		칠 타
3급	它		그것, 다를 타
3급	妥		온당할 타
3급	墮	堕	떨어질 타 / 무너질휴
4II급	卓		높을 탁
3급	托		맡길 탁
3급	濁	浊	흐릴 탁
3급	濯	濯	씻을 탁

급수	한자	간체자	훈음
4급	炭		숯 탄
3급	誕	诞	낳을, 속일 탄
3급	彈	弹	탄알, 튕길 탄
3급	歎	叹	탄식할 탄
3급	奪	夺	빼앗을 탈
4급	脫	脱	벗을 탈
3급	貪	贪	탐낼 탐
4급	探		찾을 탐
3급	塔	塔	탑 탑
3급	湯	汤	끓을 탕
5II급	太		클 태
3II급	泰		클(크다), 넉넉할 태
3급	怠		게으름 태
3급	殆		거의, 위태할 태
3급	態	态	모습 태
4II급	宅		집 택[댁]
3급	澤	泽	못 택
3급	擇	择	가릴 택
8급	土		흙 토
4급	討	讨	칠 토
3급	吐		토할 토
3급	兔		토끼 토
5II급	通	通	통할 통
4II급	統	统	거느릴 통
3II급	痛		아플 통
4II급	退	退	물러날 퇴
3II급	投		던질 투
3급	透	透	사무칠, 통할 투

급수	한자	간체자	훈음
3급	鬪	斗	싸움 투
5급	特		특별할 특
5급	爸		아빠 파
4II급	波		물결 파
4급	破		깨뜨릴 파
3급	派		갈래 파
3급	把		잡을 파
3급	頗	颇	자못 파
3급	罷	罢	마칠 파
3급	播		뿌릴 파
3급	版		판목, 널(널빤지) 판
4급	判		판단할 판
4급	板		널빤지 판
8급	八		여덟 팔
5II급	貝	贝	조개 패
4II급	敗	败	패할(무너지다) 패
5II급	便		편할 편, 똥오줌 변
4II급	片		조각 편
3II급	篇		책 편
3급	遍	遍	두루 편
3급	編	编	엮을 편
3급	偏	偏	치우칠 편
6급	平	平	평평할 평
3급	評	评	평할 평
4급	閉	闭	닫을 폐
3급	肺		허파 폐
3급	廢	废	폐할, 버릴 폐
3급	蔽	蔽	덮을 폐

급수	한자	간체자	훈음
3급	弊	弊	폐단, 해질 폐
3급	幣	币	화폐 폐
4급	包		쌀(싸다) 포
4급	布		베, 펼 포
4급	暴		사나울 포[폭]
3II급	胞		세포 포
3급	胞		세포 포
3급	浦		개(물가) 포
3급	捕		잡을 포
3급	砲	炮	대포 포
3급	飽	饱	배부를 포
3급	幅		폭 폭 / 두건 복
3급	爆		터질 폭
5급	表		겉 표
4급	票		표, 쪽지 표
3급	漂		떠다닐 표
3급	標	标	표할 표
5급	品		물건 품
5II급	風	风	바람 풍
3II급	楓	枫	단풍 풍
3II급	豊	丰	풍년 풍
3II급	皮		가죽 피
3II급	彼		저(저곳) 피
3II급	疲		지칠 피
3급	被		입을, 이불 피
3급	避	避	피할 피
5급	必		반드시 필
4II급	筆	笔	붓 필

급수	한자	간체자	훈음
3II급	匹		짝 필
3급	畢	毕	마칠 필
8급	下		아래 하
5II급	夏		여름 하
5급	河		물, 강 이름 하
3II급	何		어찌 하
3II급	賀	贺	하례할 하
3급	荷	荷	멜, 연꽃 하
6급	學	学	배울 학
3급	鶴	鹤	학 학
6급	漢	汉	한수(China) 한
6급	韓	韩	한국(Korea) 한
5II급	限		한할 한
4II급	寒		찰(춥다) 한
3II급	恨		한 한
3II급	閑	闲	한가할 한
3급	汗		땀 한
3급	旱		가물 한
3급	割		벨, 나눌 할
3급	含		머금을 함
3급	咸		다 함
3급	陷	陷	빠질 함
6급	合		합할 합
3II급	恒		항상 항
3급	抗		겨룰 항
3급	巷		거리 항
3급	航		배 항
3급	港		항구 항

급수	한자	간체자	훈음
3급	項	项	목, 항목 항
6급	海		바다 해
4II급	害		해칠 해
4급	亥		돼지(열두 번째 지지) 해
4급	解	解	풀(풀다) 해
3급	奚		어찌 해
3급	該	该	갖출 해
3급	核		씨 핵
5II급	行		다닐 행
5급	幸		다행 행
6급	向		향할 향
4II급	香		향기 향
4급	鄕	乡	시골 향
3급	享		누릴 향
3급	響	响	울릴 향
4II급	許	许	허락할 허
4급	虛	虚	빌(비다) 허
3급	軒	轩	집 헌
3급	憲	宪	법 헌
3급	獻	献	드릴 헌
4급	驗	验	시험 험
3급	險	险	험할 험
3II급	革		가죽, 바꿀 혁
5급	現	现	나타날 현
4급	賢	贤	어질 현
3급	玄		검을 현
3급	絃	弦	줄(악기 줄), 현
3급	縣	县	고을 현

급수	한자	간체자	훈음
3급	懸	悬	매달 현
3급	顯	显	나타날 현
6급	頁	页	머리 혈
5II급	血		피 혈
3급	穴		구멍 혈
3급	嫌	嫌	싫어할 혐
4급	協	协	도울 협
3급	脅	胁	위협할 협
8급	兄		맏(형) 형
5II급	形		모양 형
3II급	刑		형벌 형
3급	衡		저울대 형
3급	亨		형통할 형
3급	螢	萤	반딧불이 형
4II급	惠		은혜 혜
3급	兮		어조사 혜
3급	慧		슬기로울 혜
6급	好		좋을 호
5급	號	号	부르짖을, 이름 호
4II급	戶	户	집, 지게문 호
4II급	湖		호수 호
4급	呼		부를, 숨 내쉴 호
3II급	乎		어조사 호
3II급	虎		범 호
3급	互		서로 호
3급	胡		오랑캐, 수염 호
3급	浩		넓을 호
3급	毫		터럭 호

급수	한자	간체자	훈음
3급	豪		호걸 호
3급	護	护	도울, 지킬 호
3급	或		혹 혹
3급	惑		미혹할 혹
3II급	婚		혼인할 혼
3II급	混		섞을 혼
3급	昏		어두울 혼
3급	魂		넋 혼
3급	忽		갑자기 홀
3II급	紅	红	붉을 홍
3급	弘		클, 넓힐 홍
3급	洪		넓을, 큰물 홍
3급	鴻	鸿	기러기 홍
8급	火		불 화
5II급	和		화목할 화
5II급	花	花	꽃 화
5II급	話	话	말씀(말하다) 화
5급	化		될(되다) 화
5급	畫	画	그림 화
4급	華	华	빛날 화
4급	貨	货	재화 화
3급	禾		벼 화
3급	禍	祸	재앙 화
3급	確	确	굳을 확
3급	擴	扩	넓힐 확
3급	穫	获	거둘 확
4II급	患		근심(걱정) 환
3II급	環	环	고리 환

급수	한자	간체자	훈음
3II급	歡	欢	기쁠 환
3급	丸		둥글 환
3급	換	换	바꿀 환
3급	還	还	돌아올 환
5II급	活		살(살다) 활
5II급	黃	黄	누를 황
3II급	皇		임금 황
3급	況	况	상황, 하물며 황
3급	荒	荒	거칠 황
5II급	會	会	모일 회
4II급	回		돌(돌다) 회
3급	灰		재 회
3급	悔		뉘우칠 회
3급	懷	怀	품을 회
3급	劃	划	그을(긋다) 획
3급	獲	获	얻을 획
3급	橫	横	가로 횡
6급	孝		효도 효
4급	效		본받을 효
3급	曉	晓	새벽 효
6급	後	后	뒤 후
3II급	厚		두터울 후
3급	侯		제후 후
4급	候		기후, 물을 후
5급	訓	训	가르칠 훈
3급	毀		헐(헐다) 훼
3급	揮	挥	휘두를 휘
3급	輝	辉	빛날 휘

급수	한자	간체자	훈음
6급	休		쉴(쉬다) 휴
3급	携		이끌 휴
5급	凶		흉할 흉
3II급	胸		가슴 흉
5급	黑		검을 흑
5급	很		매우 흔
4급	吸		마실, 숨 들이쉴 흡
4급	興	兴	일어날 흥
3II급	喜		기쁠 희
4급	希		바랄(바라다) 희
3급	稀		드물 희
3급	戲	戏	놀이 희
부수8급	丶		점 주
부수8급	丨		뚫을 곤
부수8급	乙		새, 굽을 을
부수8급	丿		삐침 별
부수8급	乀		파임 불
부수8급	亅		갈고리 궐
부수8급	亠		머리 부분 두
부수8급	儿		걷는 사람 인
부수8급	凵		입 벌릴 감
부수8급	冖		덮을 멱
부수7급	冂		멀 경
부수7급	几		안석 궤
부수7급	冫		얼음 빙
부수7급	勹		쌀(싸다) 포
부수7급	匕		비수 비
부수7급	卜		점 복

급수	한자	간체자	훈음
부수7급	匚		상자 방 *匸 감출 혜
부수7급	卩 巴		병부 절
부수7급	厂		언덕 엄
부수7급	厶		사사 사
부수6급	囗		에울 위
부수6급	夂		뒤져서 올 치 *夊 천천히 걸을 쇠
부수6급	宀		집 면
부수6급	幺		작을 요
부수6급	广		집 엄
부수6급	廴		길게 걸을 인
부수6급	廾		손 맞잡을 공
부수6급	弋		주살 익
부수6급	彑 彐		돼지머리 계
부수6급	彡		터럭 삼
부수6급	彳		조금 걸을 척
부수6급	戈		창 과
부수6급	攴 攵		칠 복
부수6급	欠		하품 흠
부수6급	歹		뼈 앙상할 알
부수6급	殳		칠, 몽둥이 수
부수6급	爪 爫		손톱 조
부수6급	辶		쉬엄쉬엄 갈 착
부수6급	爿		조각 장
부수6급	疒		병들어 기댈 녁

*匚(상자 방), 匸(감출 혜)는 모양이 비슷하여 중국어 부수에서는 구별하지 않는다.

*夂(뒤져서 올 치)와 夊(천천히 걸을 쇠)는 위치에 따라 그 쓰임을 구별할 수 있으나, 모양이 비슷하여 통용하여 쓴다.

유의자와 반의자

유의자			유의자		
歌(노래 가)	=	曲(굽을 곡)	具(갖출 구)	=	備(갖출 비)
歌(노래 가)	=	謠(노래 요)	群(무리 군)	=	黨(무리 당)
家(집 가)	=	屋(집 옥)	群(무리 군)	=	衆(무리 중)
價(값 가)	=	値(값 치)	窮(다할 궁)	=	極(다할 극)
覺(깨달을 각)	=	悟(깨달을 오)	規(법 규)	=	範(법 범)
監(볼 감)	=	視(볼 시)	極(다할 극)	=	盡(다할 진)
康(편안 강)	=	健(굳셀 건)	根(뿌리 근)	=	本(근본 본)
巨(클 거)	=	大(큰 대)	謹(삼갈 근)	=	愼(삼갈 신)
居(살 거)	=	住(살 주)	禽(새 금)	=	鳥(새 조)
健(굳셀 건)	=	康(평안 강)	給(줄 급)	=	與(줄 여)
建(세울 건)	=	立(설 립)	紀(벼리 기)	=	綱(벼리 강)
乾(머무를 건)	=	燥(마를 조)	記(기록할 기)	=	錄(기록할 록)
堅(굳을 견)	=	固(굳을 고)	技(재주 기)	=	術(재주 술)
牽(끌 견)	=	引(끌 인)	飢(주릴 기)	=	餓(주릴 아)
境(지경 경)	=	界(지경 계)	年(해 년)	=	歲(해 세)
傾(기울 경)	=	斜(비낄 사)	斷(끊을 단)	=	絶(끊을 절)
競(다툴 경)	=	爭(다툴 쟁)	談(말씀 담)	=	話(말씀 화)
計(셀 계)	=	算(셈 산)	到(이를 도)	=	達(통달할 달)
繼(이을 계)	=	續(이을 속)	徒(무리 도)	=	黨(무리 당)
繼(이을 계)	=	承(이을 승)	道(길 도)	=	路(길 로)
考 (생각할 고)	=	慮(생각할 려)	逃(도망할 도)	=	避(피할 피)
攻(칠 공)	=	擊(칠 격)	跳(뛸 도)	=	躍(뛸 약)
恭(공손할 공)	=	敬(공경할 경)	盜(도둑 도)	=	賊(도둑 적)
共(한가지 공)	=	同(한가지 동)	圖(그림 도)	=	畵(그림 화)
空(빌 공)	=	虛(빌 허)	敦(도타울 돈)	=	篤(도타울 독)
果(열매 과)	=	實(열매 실)	羅(벌릴 라)	=	列(벌릴 렬)
觀(볼 관)	=	覽(볼 람)	連(이을 련)	=	續(이을 속)
貫(꿸 관)	=	徹(통할 철)	練(익힐 련)	=	習(익힐 습)
橋(다리 교)	=	梁(돌다리 량)	隆(높을 륭)	=	盛(성할 성)
敎(가르칠 교)	=	訓(가르칠 훈)	末(끝 말)	=	端(끝 단)

유의자		
盟(맹세 맹)	=	誓(맹세할 서)
勉(힘쓸 면)	=	勵(힘쓸 려)
滅(멸할 멸)	=	亡(망할 망)
毛(터럭 모)	=	髮(터럭 발)
模(본뜰 모)	=	倣(본뜰 방)
茂(무성할 무)	=	盛(성할 성)
文(글월 문)	=	章(글 장)
返(돌아올 반)	=	還(돌아올 환)
配(짝 배)	=	偶(짝 우)
配(짝 배)	=	匹(짝 필)
法(법 법)	=	規(법 규)
法(법 법)	=	式(법 식)
報(갚을 보)	=	償(갚을 상)
保(지킬 보)	=	守(지킬 수)
扶(도울 부)	=	助(도울 조)
副(버금 부)	=	次(버금 차)
紛(어지러울 분)	=	亂(어지러울 란)
墳(무덤 분)	=	墓(무덤 묘)
分(나눌 분)	=	別(나눌 별)
奔(달릴 분)	=	走(달릴 주)
崩(무너질 붕)	=	壞(무너질 괴)
朋(벗 붕)	=	友(벗 우)
比(견줄 비)	=	較(견줄 교)
悲(슬플 비)	=	哀(슬플 애)
批(비평할 비)	=	評(비평할 평)
賓(손 빈)	=	客(손 객)
思(생각 사)	=	念(생각 념)
思(생각 사)	=	慮(생각할 려)
詐(속일 사)	=	欺(속일 기)
辭(말씀 사)	=	說(말씀 설)

유의자		
舍(집 사)	=	屋(집 옥)
想(생각 상)	=	念(생각 념)
喪(잃을 상)	=	失(잃을 실)
相(서로 상)	=	互(서로 호)
逝(갈 서)	=	去(갈 거)
選(가릴 선)	=	擇(가릴 택)
旋(돌 선)	=	回(돌아올 회)
省(살필 성)	=	察(살필 찰)
洗(씻을 세)	=	濯(씻을 탁)
首(머리 수)	=	頭(머리 두)
樹(나무 수)	=	木(나무 목)
輸(보낼 수)	=	送(보낼 송)
收(거둘 수)	=	穫(거둘 확)
授(줄 수)	=	與(줄 여)
守(지킬 수)	=	衛(지킬 위)
宿(잘 숙)	=	泊(머무를 박)
崇(높을 숭)	=	高(높을 고)
承(이을 승)	=	繼(이을 계)
施(베풀 시)	=	設(베풀 설)
試(시험 시)	=	驗(시험 험)
身(몸 신)	=	體(몸 체)
實(열매 실)	=	果(열매 과)
尋(찾을 심)	=	訪(찾을 방)
兒(아이 아)	=	童(아이 동)
安(편안 안)	=	康(편안 강)
顔(낯 안)	=	面(낯 면)
眼(눈 안)	=	目(눈 목)
養(기를 양)	=	育(기를 육)
言(말씀 언)	=	語(말씀 어)
硏(갈 연)	=	磨(갈 마)

유의자		
閱(볼 열)	=	覽(볼 람)
藝(재주 예)	=	術(재주 술)
傲(거만할 오)	=	慢(거만할 만)
溫(따뜻할 온)	=	暖(따뜻할 난)
憂(근심 우)	=	愁(근심 수)
憂(근심 우)	=	患(근심 환)
宇(집 우)	=	宙(집 주)
援(도울 원)	=	助(도울 조)
怨(원망할 원)	=	恨(한 한)
偉(클 위)	=	大(큰 대)
委(맡길 위)	=	任(맡길 임)
委(맡길 위)	=	托(맡길 탁)
幼(어릴 유)	=	稚(어릴 치)
恩(은혜 은)	=	惠(은혜 혜)
音(소리 음)	=	聲(소리 성)
吟(읊을 음)	=	詠(읊을 영)
宜(마땅 의)	=	當(마땅 당)
衣(옷 의)	=	服(옷 복)
意(뜻 의)	=	志(뜻 지)
認(알 인)	=	識(알 식)
認(알 인)	=	知(알 지)
仁(어질 인)	=	慈(사랑 자)
慈(사랑 자)	=	愛(사랑 애)
資(재물 자)	=	財(재물 재)
殘(남을 잔)	=	餘(남을 여)
帳(장막 장)	=	幕(장막 막)
將(장수 장)	=	帥(장수 수)
裝(꾸밀 장)	=	飾(꾸밀 식)
災(재앙 재)	=	殃(재앙 앙)
·財(재물 재)	=	貨(재물 화)

유의자		
戰(싸움 전)	=	鬪(싸움 투)
絕(끊을 절)	=	斷(끊을 단)
接(이을 접)	=	續(이을 속)
淨(깨끗할 정)	=	潔(깨끗할 결)
停(머무를 정)	=	留(머무를 류)
停(머무를 정)	=	止(그칠 지)
征(칠 정)	=	伐(칠 벌)
靜(고요할 정)	=	寂(고요할 적)
整(가지런할 정)	=	齊(가지런할 제)
祭(제사 제)	=	祀(제사 사)
製(지을 제)	=	作(지을 작)
製(지을 제)	=	造(지을 조)
組(짤 조)	=	織(짤 직)
尊(높을 존)	=	貴(귀할 귀)
終(마칠 종)	=	了(마칠 료)
座(좌리 좌)	=	席(자리 석)
住(살 주)	=	居(살 거)
珠(구슬 주)	=	玉(구슬 옥)
朱(붉을 주)	=	紅(붉을 홍)
中(가운데 중)	=	央(가운데 앙)
增(더할 증)	=	加(더할 가)
贈(줄 증)	=	與(줄 여)
知(알 지)	=	識(알 식)
智(지혜 지)	=	慧(슬기로울 혜)
珍(보배 진)	=	寶(보배 보)
進(나아갈 진)	=	就(나아갈 취)
疾(병 질)	=	病(병 병)
秩(차례 질)	=	序(차례 서)
差(다를 차)	=	異(다를 이)
倉(곳집 창)	=	庫(곳집 고)

유의자		
菜(나물 채)	=	蔬(나물 소)
策(꾀 책)	=	謀(꾀 모)
尺(자 척)	=	度(법도 도)
添(더할 첨)	=	加(더할 가)
聽(들을 청)	=	聞(들을 문)
替(바꿀 체)	=	換(바꿀 환)
招(부를 초)	=	聘(부를 빙)
催(재촉할 최)	=	促(재촉할 촉)
測(헤아릴 측)	=	量(헤아릴 량)
沈(잠길 침)	=	潛(잠길 잠)
打(칠 타)	=	擊(칠 격)
墮(떨어질 타)	=	落(떨어질 락)
探(찾을 탐)	=	訪(찾을 방)
探(찾을 탐)	=	索(찾을 색)
討(칠 토)	=	伐(칠 벌)
統(거느릴 통)	=	率(거느릴 솔)
特(특별할 특)	=	異(다를 이)
波(물결 파)	=	浪(물결 랑)
販(팔 판)	=	賣(팔 매)
便(편할 편)	=	安(편안 안)
捕(잡을 포)	=	捉(잡을 착)
皮(가죽 피)	=	革(가죽 혁)

유의자		
寒(찰 한)	=	冷(찰 랭)
陷(빠질 함)	=	沒(빠질 몰)
解(풀 해)	=	釋(풀 석)
許(허락할 허)	=	諾(허락할 낙)
憲(법 헌)	=	法(법 법)
顯(나타날 현)	=	著(나타날 저)
嫌(싫어할 혐)	=	惡(미워할 오)
毫(터럭 호)	=	毛(터럭 모)
婚(혼인할 혼)	=	姻(혼인 인)
鴻(기러기 홍)	=	雁(기러기 안)
確(굳을 확)	=	固(굳을 고)
歡(기쁠 환)	=	喜(기쁠 희)
皇(임금 황)	=	帝(임금 제)
會(모일 회)	=	社(모일 사)
獲(얻을 획)	=	得(얻을 득)
休(쉴 휴)	=	息(쉴 식)
凶(흉할 흉)	=	暴(사나울 포)
興(일 흥)	=	盛(성할 성)
希(바랄 희)	=	望(바랄 망)
喜(기쁠 희)	=	悅(기쁠 열)
昏(어두울 혼)	=	冥(어두울 명)
禍(재앙 화)	=	殃(재앙 앙)

반의자				반의자	
加(더할 가)	↔	減(덜 감)	禽(날짐승 금)	↔	獸(길짐승 수)
加(더할 가)	↔	除(덜 제)	及(미칠 급)	↔	落(떨어질 락)
甘(달 감)	↔	苦(쓸 고)	起(일어날 기)	↔	結(맺을 결)
江(강 강)	↔	山(뫼 산)	起(일어날 기)	↔	伏(엎드릴 복)
强(강할 강)	↔	弱(약할 약)	飢(주릴 기)	↔	飽(배부를 포)
剛(굳셀 강)	↔	柔(부드러울 유)	吉(길할 길)	↔	凶(흉할 흉)
開(열 개)	↔	閉(닫을 폐)	難(어려울 난)	↔	易(쉬울 이)
去(갈 거)	↔	來(올 래)	男(사내 남)	↔	女(계집 녀)
乾(하늘 건)	↔	坤(땅 곤)	南(남녘 남)	↔	北(북녘 북)
乾(마를 건)	↔	濕(젖을 습)	內(안 내)	↔	外(바깥 외)
經(지날, 날줄 경)	↔	緯(씨줄 위)	多(많을 다)	↔	寡(적을 과)
慶(경사 경)	↔	弔(조상할 조)	多(많을 다)	↔	少(적을 소)
輕(가벼울 경)	↔	重(무거울 중)	旦(아침 단)	↔	夕(저녁 석)
京(서울 경)	↔	鄕(시골 향)	斷(끊을 단)	↔	續(이을 속)
苦(쓸 고)	↔	樂(즐길 락)	當(마땅 당)	↔	落(떨어질 락)
姑(시어미 고)	↔	婦(며느리 부)	大(큰 대)	↔	小(작을 소)
高(높을 고)	↔	低(낮을 저)	都(도읍 도)	↔	農(농사 농)
曲(굽을 곡)	↔	直(곧을 직)	東(동녘 동)	↔	西(서녘 서)
攻(칠 공)	↔	防(막을 방)	動(움직일 동)	↔	止(그칠 지)
功(칠 공)	↔	守(지킬 수)	頭(머리 두)	↔	尾(꼬리 미)
公(공평할 공)	↔	私(사사 사)	得(얻을 득)	↔	失(잃을 실)
供(이바지할 공)	↔	需(쓰일 수)	登(오를 등)	↔	落(떨어질 락)
官(벼슬 관)	↔	民(백성 민)	來(올 래)	↔	往(갈 왕)
敎(가르칠 교)	↔	學(배울 학)	冷(찰 랭)	↔	熱(더울 열)
君(임금 군)	↔	民(백성 민)	勞(일할 로)	↔	使(부릴 사)
君(임금 군)	↔	臣(신하 신)	老(늙을 로)	↔	少(젊을 소)
貴(귀할 귀)	↔	賤(천할 천)	陸(뭍 륙)	↔	空(하늘 공)
勤(부지런할 근)	↔	慢(게으를 만)	陸(뭍 륙)	↔	海(바다 해)
勤(부지런할 근)	↔	怠(게으를 태)	離(떠날 리)	↔	合(합할 합)
今(이제 금)	↔	昔(예 석)	利(이할 리)	↔	害(해할 해)

반의자		
晩(늦을 만)	↔	早(이를 조)
賣(팔 매)	↔	買(살 매)
明(밝을 명)	↔	滅(꺼질 멸)
明(밝을 명)	↔	暗(어두울 암)
母(어미 모)	↔	子(아들 자)
問(물을 문)	↔	答(대답 답)
文(글월 문)	↔	武(호반 무)
物(물건 물)	↔	心(마음 심)
美(아름다울 미)	↔	醜(추할 추)
發(필 발)	↔	着(붙을 착)
方(모 방)	↔	圓(둥글 원)
煩(번거로울 번)	↔	簡(간략할 간)
腹(배 복)	↔	背(등 배)
本(근본 본)	↔	末(끝 말)
賦(구실 부)	↔	納(들일 납)
父(아비 부)	↔	母(어미 모)
夫(지아비 부)	↔	婦(아내 부)
夫(지아비 부)	↔	妻(아내 처)
浮(뜰 부)	↔	沈(잠길 침)
分(나눌 분)	↔	合(합할 합)
貧(가난할 빈)	↔	富(부자 부)
賓(손 빈)	↔	主(주인 주)
死(죽을 사)	↔	生(날 생)
死(죽을 사)	↔	活(살 활)
師(스승 사)	↔	弟(아우 제)
山(뫼 산)	↔	野(들 야)
山(뫼 산)	↔	川(내 천)
殺(죽일 살)	↔	活(살 활)
賞(상줄 상)	↔	罰(벌할 벌)
上(윗 상)	↔	下(아래 하)

반의자		
生(날 생)	↔	沒(빠질 몰)
生(날 생)	↔	死(죽을 사)
善(착할 선)	↔	惡(악할 악)
先(먼저 선)	↔	後(뒤 후)
盛(성할 성)	↔	衰(쇠할 쇠)
損(덜 손)	↔	益(더할 익)
送(보낼 송)	↔	受(받을 수)
送(보낼 송)	↔	迎(맞을 영)
收(거둘 수)	↔	給(줄 급)
需(쓰일 수)	↔	給(줄 급)
水(물 수)	↔	火(불 화)
首(머리 수)	↔	尾(꼬리 미)
受(받을 수)	↔	拂(떨칠 불)
受(받을 수)	↔	贈(줄 증)
授(줄 수)	↔	受(받을 수)
手(손 수)	↔	足(발 족)
叔(아재비 숙)	↔	姪(조카 질)
乘(탈 승)	↔	降(내릴 강)
乘(탈 승)	↔	除(덜 제)
昇(오를 승)	↔	降(내릴 강)
勝(이길 승)	↔	負(질 부)
勝(이길 승)	↔	敗(패할 패)
始(비로소 시)	↔	末(끝 말)
始(비로소 시)	↔	終(마칠 종)
是(옳을 시)	↔	非(아닐 비)
視(볼 시)	↔	聽(들을 청)
新(새 신)	↔	古(예 고)
新(새 신)	↔	舊(예 구)
伸(펼 신)	↔	縮(줄일 축)
心(마음 심)	↔	身(몸 신)

반의자		
深(깊을 심)	↔	淺(얕을 천)
安(편안 안)	↔	危(위태할 위)
哀(슬플 애)	↔	樂(즐길 락)
哀(슬플 애)	↔	歡(기쁠 환)
愛(사랑 애)	↔	憎(미울 증)
言(말씀 언)	↔	行(행할 행)
逆(거스를 역)	↔	順(순할 순)
炎(불꽃 염)	↔	涼(서늘할 량)
榮(영화 영)	↔	辱(욕될 욕)
銳(날카로울 예)	↔	鈍(둔할 둔)
玉(구슬 옥)	↔	石(돌 석)
溫(따뜻할 온)	↔	冷(찰 랭)
溫(따뜻할 온)	↔	涼(서늘할 량)
緩(느릴 완)	↔	急(급할 급)
往(갈 왕)	↔	來(올 래)
往(갈 왕)	↔	復(돌아올 복)
用(쓸 용)	↔	捨(버릴 사)
優(넉넉할 우)	↔	劣(못할 렬)
遠(멀 원)	↔	近(가까울 근)
有(있을 유)	↔	無(없을 무)
恩(은혜 은)	↔	怨(원망할 원)
隱(숨을 은)	↔	現(나타날 현)
陰(그늘 음)	↔	陽(볕 양)
異(다를 이)	↔	同(한가지 동)
因(인할 인)	↔	果(실과 과)
日(날 일)	↔	月(달 월)
任(맡길 임)	↔	免(면할 면)
入(들 입)	↔	落(떨어질 락)
子(아들 자)	↔	女(여자 녀)
姉(손윗누이 자)	↔	妹(누이 매)

반의자		
自(자신 자)	↔	他(다를 타)
昨(어제 작)	↔	今(이제 금)
長(긴 장)	↔	短(짧을 단)
將(장수 장)	↔	兵(병사 병)
田(밭 전)	↔	畓(논 답)
戰(싸울 전)	↔	和(화할 화)
前(앞 전)	↔	後(뒤 후)
正(바를 정)	↔	反(돌이킬 반)
淨(깨끗할 정)	↔	汚(더러울 오)
朝(아침 조)	↔	夕(저녁 석)
祖(할아비 조)	↔	孫(손자 손)
存(있을 존)	↔	亡(망할 망)
存(있을 존)	↔	滅(멸할 멸)
存(있을 존)	↔	沒(빠질 몰)
存(있을 존)	↔	廢(폐할 폐)
尊(높을 존)	↔	卑(낮을 비)
縱(세로 종)	↔	橫(가로 횡)
坐(앉을 좌)	↔	立(설 립)
左(왼 좌)	↔	右(오른 우)
罪(허물 죄)	↔	罰(벌할 벌)
主(주인 주)	↔	客(손 객)
晝(낮 주)	↔	夜(밤 야)
衆(무리 중)	↔	寡(적을 과)
增(더할 증)	↔	減(덜 감)
增(더할 증)	↔	削(깎을 삭)
遲(더딜 지)	↔	速(빠를 속)
智(지혜 지)	↔	愚(어리석을 우)
知(알 지)	↔	行(행할 행)
眞(참 진)	↔	假(거짓 가)
眞(참 진)	↔	僞(거짓 위)

반의자		
進(나아갈 진)	↔	退(물러날 퇴)
集(모을 집)	↔	散(흩을 산)
贊(도울 찬)	↔	反(돌이킬/ 돌아올 반)
天(하늘 천)	↔	人(사람 인)
天(하늘 천)	↔	地(땅 지)
鐵(쇠 철)	↔	石(돌 석)
添(더할 첨)	↔	減(덜 감)
添(더할 첨)	↔	削(깎을 삭)
淸(맑을 청)	↔	濁(흐릴 탁)
初(처음 초)	↔	終(마칠 종)
春(봄 춘)	↔	秋(가을 추)
出(날 출)	↔	納(들일 납)
出(날 출)	↔	沒(빠질 몰)
出(날 출)	↔	入(들 입)
忠(충성 충)	↔	逆(거스릴 역)
取(가질 취)	↔	捨(버릴 사)
治(다스릴 치)	↔	亂(어지러울 란)
投(던질 투)	↔	打(칠 타)
廢(폐할 폐)	↔	置(둘 치)
表(겉 표)	↔	裏(속 리)
品(물건 품)	↔	行(행할 행)
豐(풍년 풍)	↔	凶(흉할 흉)
皮(가죽 피)	↔	骨(뼈 골)

반의자		
彼(저 피)	↔	此(이 차)
學(배울 학)	↔	訓(가르칠 훈)
寒(찰 한)	↔	暖(따뜻할 난)
寒(찰 한)	↔	暑(더울 서)
寒(찰 한)	↔	溫(따뜻할 온)
閑(한가할 한)	↔	忙(바쁠 망)
海(바다 해)	↔	空(하늘 공)
向(향할 향)	↔	背(등 배)
虛(빌 허)	↔	實(열매 실)
賢(어질 현)	↔	愚(어리석을 우)
形(모양 형)	↔	影(그림자 영)
兄(형 형)	↔	弟(아우 제)
好(좋을 호)	↔	惡(미워할 오)
呼(부를 호)	↔	吸(마실 흡)
昏(어두울 혼)	↔	明(밝을 명)
禍(재앙 화)	↔	福(복 복)
厚(두터울 후)	↔	薄(엷을 박)
毁(헐 훼)	↔	譽(기릴 예)
黑(검을 흑)	↔	白(흰 백)
興(일 흥)	↔	亡(망할 망)
興(일 흥)	↔	敗(패할 패)
喜(기쁠 희)	↔	怒(성낼 노)
喜(기쁠 희)	↔	悲(슬플 비)

유의어			유의어		
價格(가격)	=	價額(가액)	九泉(구천)	=	黃泉(황천)
佳人(가인)	=	美人(미인)	窮氣(궁기)	=	窮色(궁색)
家長(가장)	=	戶主(호주)	權術(권술)	=	權數(권수)
家風(가풍)	=	門風(문풍)	歸鄕(귀향)	=	歸省(귀성)
簡冊(간책)	=	竹冊(죽책)	極樂(극락)	=	天國(천국)
甲富(갑부)	=	首富(수부)	極樂(극락)	=	樂園(낙원)
講士(강사)	=	演士(연사)	給料(급료)	=	給與(급여)
開國(개국)	=	建國(건국)	器量(기량)	=	才能(재능)
改良(개량)	=	改善(개선)	飢死(기사)	=	餓死(아사)
開始(개시)	=	始作(시작)	來歷(내력)	=	由來(유래)
客地(객지)	=	他鄕(타향)	來日(내일)	=	明日(명일)
更生(갱생)	=	再生(재생)	論議(논의)	=	議論(의논)
擧國(거국)	=	全國(전국)	農夫(농부)	=	田農(전농)
巨商(거상)	=	大商(대상)	農夫(농부)	=	田夫(전부)
去就(거취)	=	進退(진퇴)	能辯(능변)	=	達辯(달변)
居宅(거택)	=	住宅(주택)	多識(다식)	=	博識(박식)
傑作(걸작)	=	名作(명작)	答信(답신)	=	回信(회신)
儉約(검약)	=	節約(절약)	大河(대하)	=	長江(장강)
結果(결과)	=	結末(결말)	獨立(독립)	=	自立(자립)
缺點(결점)	=	短點(단점)	同窓(동창)	=	同門(동문)
警覺(경각)	=	警戒(경계)	同窓(동창)	=	同期(동기)
經驗(경험)	=	體驗(체험)	晩期(만기)	=	末尾(말미)
故國(고국)	=	母國(모국)	晩期(만기)	=	末期(말기)
故國(고국)	=	祖國(조국)	買收(매수)	=	買入(매입)
高官(고관)	=	顯職(현직)	名目(명목)	=	名色(명색)
公開(공개)	=	告示(고시)	問安(문안)	=	問候(문후)
公開(공개)	=	公表(공표)	密語(밀어)	=	密談(밀담)
過失(과실)	=	失手(실수)	方法(방법)	=	手段(수단)
過飮(과음)	=	長酒(장주)	背恩(배은)	=	亡德(망덕)
區分(구분)	=	分類(분류)	配布(배포)	=	配達(배달)

유의어		
百姓(백성)	=	民草(민초)
別天地(별천지)	=	理想鄕(이상향)
病席(병석)	=	病床(병상)
保護(보호)	=	保存(보존)
保護(보호)	=	保全(보전)
父母(부모)	=	兩親(양친)
不運(불운)	=	悲運(비운)
貧困(빈곤)	=	困窮(곤궁)
事實(사실)	=	眞實(진실)
思惟(사유)	=	思考(사고)
事由(사유)	=	要人(요인)
事由(사유)	=	原因(원인)
事由(사유)	=	理由(이유)
上古(상고)	=	太古(태고)
常用(상용)	=	通用(통용)
商品(상품)	=	物件(물건)
狀況(상황)	=	情勢(정세)
生長(생장)	=	生育(생육)
性格(성격)	=	氣質(기질)
洗面(세면)	=	洗手(세수)
世上(세상)	=	天下(천하)
歲月(세월)	=	日月(일월)
所得(소득)	=	收益(수익)
昭詳(소상)	=	詳細(상세)
率直(솔직)	=	正直(정직)
送信(송신)	=	發信(발신)
首領(수령)	=	頭目(두목)
水魚(수어)	=	知己(지기)
水魚(수어)	=	知音(지음)
水魚(수어)	=	心友(심우)

유의어		
收支(수지)	=	入出(입출)
宿命(숙명)	=	運命(운명)
宿命(숙명)	=	天命(천명)
是非(시비)	=	黑白(흑백)
視野(시야)	=	視界(시계)
始祖(시조)	=	鼻祖(비조)
始終(시종)	=	本末(본말)
新年(신년)	=	歲初(세초)
新年(신년)	=	年頭(연두)
失業(실업)	=	失職(실직)
殃禍(앙화)	=	災殃(재앙)
養育(양육)	=	保育(보육)
養育(양육)	=	育成(육성)
餘生(여생)	=	殘命(잔명)
女性(여성)	=	女人(여인)
女性(여성)	=	女子(여자)
力士(역사)	=	壯士(장사)
年歲(연세)	=	春秋(춘추)
念願(염원)	=	所望(소망)
永久(영구)	=	永遠(영원)
榮轉(영전)	=	登進(등진)
豫納(예납)	=	先納(선납)
誤解(오해)	=	曲解(곡해)
留級(유급)	=	落第(낙제)
恩師(은사)	=	教師(교사)
恩師(은사)	=	師父(사부)
恩師(은사)	=	先生(선생)
認可(인가)	=	許可(허가)
一品(일품)	=	絶品(절품)
一毫(일호)	=	秋毫(추호)

유의어		
自己(자기)	=	自身(자신)
自然(자연)	=	江山(강산)
自然(자연)	=	山川(산천)
自然(자연)	=	山水(산수)
自然(자연)	=	水石(수석)
子弟(자제)	=	子女(자녀)
壯年(장년)	=	盛年(성년)
將來(장래)	=	未來(미래)
爭論(쟁론)	=	爭議(쟁의)
戰術(전술)	=	兵法(병법)
轉職(전직)	=	移職(이직)
定婚(정혼)	=	約婚(약혼)
制憲(제헌)	=	立憲(입헌)
尊體(존체)	=	玉體(옥체)
盡力(진력)	=	極力(극력)
蒼空(창공)	=	碧空(벽공)
天地(천지)	=	乾坤(건곤)
招待(초대)	=	招請(초청)
寸土(촌토)	=	尺土(척토)
最上(최상)	=	極上(극상)
取得(취득)	=	習得(습득)
親密(친밀)	=	親近(친근)
親筆(친필)	=	自筆(자필)
稱讚(칭찬)	=	稱訟(칭송)
稱讚(칭찬)	=	賞譽(상예)
快調(쾌조)	=	好調(호조)
他國(타국)	=	外國(외국)
他國(타국)	=	異國(이국)
他國(타국)	=	他邦(타방)
度地(탁지)	=	測地(측지)
探訪(탐방)	=	訪問(방문)

유의어		
討論(토론)	=	論議(논의)
討論(토론)	=	議論(의논)
痛感(통감)	=	切感(절감)
通例(통례)	=	常例(상례)
痛歎(통탄)	=	悲歎(비탄)
特別(특별)	=	各別(각별)
特有(특유)	=	固有(고유)
敗沒(패몰)	=	敗喪(패상)
敗沒(패몰)	=	敗亡(패망)
便安(편안)	=	安樂(안락)
平常(평상)	=	平素(평소)
平生(평생)	=	一生(일생)
暴落(폭락)	=	急落(급락)
品行(품행)	=	素行(소행)
學內(학내)	=	校內(교내)
合計(합계)	=	合算(합산)
合法(합법)	=	適法(적법)
解答(해답)	=	正答(정답)
解約(해약)	=	解止(해지)
海外(해외)	=	異域(이역)
海外(해외)	=	方外(방외)
血戰(혈전)	=	血鬪(혈투)
護國(호국)	=	衛國(위국)
確實(확실)	=	明白(명백)
活用(활용)	=	利用(이용)
皇帝(황제)	=	君主(군주)
皇帝(황제)	=	天子(천자)
回路(회로)	=	歸路(귀로)
效力(효력)	=	效驗(효험)
訓戒(훈계)	=	勸戒(권계)
希望(희망)	=	所願(소원)

반의어		
可決(가결)	↔	否決(부결)
架空(가공)	↔	實在(실재)
加熱(가열)	↔	冷却(냉각)
加入(가입)	↔	脫退(탈퇴)
加重(가중)	↔	輕減(경감)
却下(각하)	↔	受理(수리)
干涉(간섭)	↔	放任(방임)
減少(감소)	↔	增加(증가)
感情(감정)	↔	理性(이성)
剛健(강건)	↔	柔弱(유약)
強硬(강경)	↔	柔和(유화)
開業(개업)	↔	閉業(폐업)
開放(개방)	↔	閉鎖(폐쇄)
個別(개별)	↔	全體(전체)
客觀(객관)	↔	主觀(주관)
客體(객체)	↔	主體(주체)
去年(거년)	↔	來年(내년)
巨大(거대)	↔	微小(미소)
巨富(거부)	↔	極貧(극빈)
拒絶(거절)	↔	承諾(승낙)
建設(건설)	↔	破壞(파괴)
乾燥(건조)	↔	濕潤(습윤)
傑作(걸작)	↔	拙作(졸작)
儉約(검약)	↔	浪費(낭비)
結果(결과)	↔	動機(동기)
結果(결과)	↔	原因(원인)
輕減(경감)	↔	加重(가중)
經度(경도)	↔	緯度(위도)
輕率(경솔)	↔	愼重(신중)
輕視(경시)	↔	重視(중시)
高雅(고아)	↔	卑俗(비속)

반의어		
高雅(고아)	↔	低俗(저속)
固定(고정)	↔	流動(유동)
高調(고조)	↔	低調(저조)
困難(곤란)	↔	容易(용이)
供給(공급)	↔	需要(수요)
空想(공상)	↔	現實(현실)
過去(과거)	↔	未來(미래)
光明(광명)	↔	暗黑(암흑)
求心(구심)	↔	遠心(원심)
國內(국내)	↔	海外(해외)
君子(군자)	↔	小人(소인)
屈服(굴복)	↔	抵抗(저항)
權利(권리)	↔	義務(의무)
僅少(근소)	↔	過多(과다)
急性(급성)	↔	慢性(만성)
急行(급행)	↔	緩行(완행)
肯定(긍정)	↔	否定(부정)
旣決(기결)	↔	未決(미결)
奇拔(기발)	↔	平凡(평범)
奇數(기수)	↔	偶數(우수)
飢餓(기아)	↔	飽食(포식)
吉兆(길조)	↔	凶兆(흉조)
加害者(가해자)	↔	被害者(피해자)
具體的(구체적)	↔	抽象的(추상적)
落款(낙관)	↔	悲觀(비관)
落第(낙제)	↔	及第(급제)
暖流(난류)	↔	寒流(한류)
濫讀(남독)	↔	精讀(정독)
濫用(남용)	↔	節約(절약)
男子(남자)	↔	女子(여자)
南海(남해)	↔	北海(북해)

반의어		
朗讀(낭독)	↔	黙讀(묵독)
內面(내면)	↔	外面(외면)
來生(내생)	↔	前生(전생)
內容(내용)	↔	形式(형식)
內包(내포)	↔	外延(외연)
老鍊(노련)	↔	未熟(미숙)
能動(능동)	↔	被動(피동)
內在律(내재율)	↔	外在律(외재율)
多食(다식)	↔	小食(소식)
多元(다원)	↔	一元(일원)
單純(단순)	↔	複雜(복잡)
單式(단식)	↔	複式(복식)
短縮(단축)	↔	延長(연장)
對內(대내)	↔	對外(대외)
大門(대문)	↔	小門(소문)
大乘(대승)	↔	小乘(소승)
大人(대인)	↔	小人(소인)
對酌(대작)	↔	獨酌(독작)
大丈夫(대장부)	↔	拙丈夫(졸장부)
對話(대화)	↔	獨白(독백)
都心(도심)	↔	郊外(교외)
獨創(독창)	↔	模倣(모방)
動機(동기)	↔	結果(결과)
東西(동서)	↔	南北(남북)
同義語(동의어)	↔	反意語(반의어)
東風(동풍)	↔	西風(서풍)
東海(동해)	↔	西海(서해)
鈍濁(둔탁)	↔	銳利(예리)
登場(등장)	↔	退場(퇴장)
連敗(연패)	↔	連勝(연승)
立體(입체)	↔	平面(평면)

반의어		
莫強(막강)	↔	柔弱(유약)
漠然(막연)	↔	確然(확연)
忘却(망각)	↔	記憶(기억)
滅亡(멸망)	↔	隆興(융흥)
名譽(명예)	↔	恥辱(치욕)
母國(모국)	↔	外國(외국)
母音(모음)	↔	子音(자음)
冒頭(모두)	↔	末尾(말미)
無能(무능)	↔	有能(유능)
無形(무형)	↔	有形(유형)
文語(문어)	↔	口語(구어)
文化(문화)	↔	自然(자연)
物質(물질)	↔	精神(정신)
微官(미관)	↔	顯官(현관)
未備(미비)	↔	完備(완비)
未熟(미숙)	↔	成熟(성숙)
未熟(미숙)	↔	老鍊(노련)
敏感(민감)	↔	鈍感(둔감)
敏速(민속)	↔	遲鈍(지둔)
密集(밀집)	↔	散在(산재)
門外漢(문외한)	↔	專門家(전문가)
反目(반목)	↔	和睦(화목)
反抗(반항)	↔	服從(복종)
放心(방심)	↔	操心(조심)
背恩(배은)	↔	報恩(보은)
白髮(백발)	↔	紅顏(홍안)
百方(백방)	↔	一方(일방)
白色(백색)	↔	黑色(흑색)
凡人(범인)	↔	超人(초인)
別居(별거)	↔	同居(동거)
別名(별명)	↔	本名(본명)

반의어		
保守(보수)	↔	改革(개혁)
保守(보수)	↔	革新(혁신)
保守(보수)	↔	進步(진보)
普遍(보편)	↔	特殊(특수)
複雜(복잡)	↔	單純(단순)
複雜(복잡)	↔	簡單(간단)
本業(본업)	↔	副業(부업)
富貴(부귀)	↔	貧賤(빈천)
父母(부모)	↔	子女(자녀)
不實(부실)	↔	充實(충실)
富裕(부유)	↔	貧困(빈곤)
否認(부인)	↔	是認(시인)
父子(부자)	↔	父女(부녀)
否定(부정)	↔	肯定(긍정)
分離(분리)	↔	結合(결합)
分析(분석)	↔	綜合(종합)
分爭(분쟁)	↔	和解(화해)
不運(불운)	↔	幸運(행운)
秘密(비밀)	↔	公開(공개)
非番(비번)	↔	當番(당번)
非凡(비범)	↔	平凡(평범)
悲哀(비애)	↔	歡喜(환희)
卑賤(비천)	↔	高貴(고귀)
背日性(배일성)	↔	向日性(향일성)
不法化(불법화)	↔	合法化(합법화)
私利(사리)	↔	公利(공리)
私利(사리)	↔	公益(공익)
死後(사후)	↔	生前(생전)
削減(삭감)	↔	添加(첨가)
散文(산문)	↔	韻文(운문)
相對的(상대적)	↔	絶對的(절대적)

반의어		
上昇(상승)	↔	下落(하락)
喪失(상실)	↔	獲得(획득)
詳述(상술)	↔	略述(약술)
上行(상행)	↔	下行(하행)
生食(생식)	↔	火食(화식)
生化(생화)	↔	造化(조화)
善意(선의)	↔	惡意(악의)
先天(선천)	↔	後天(후천)
成功(성공)	↔	失敗(실패)
成熟(성숙)	↔	未熟(미숙)
洗練(세련)	↔	稚拙(치졸)
消極(소극)	↔	積極(적극)
所得(소득)	↔	損失(손실)
消費(소비)	↔	生産(생산)
疏遠(소원)	↔	親近(친근)
損失(손실)	↔	所得(소득)
損失(손실)	↔	利得(이득)
水力(수력)	↔	火力(화력)
守勢(수세)	↔	攻勢(공세)
收入(수입)	↔	支出(지출)
瞬間(순간)	↔	永遠(영원)
順行(순행)	↔	逆行(역행)
承諾(승낙)	↔	拒絶(거절)
承諾(승낙)	↔	拒否(거부)
勝利(승리)	↔	敗北(패배)
實像(실상)	↔	假像(가상)
失意(실의)	↔	得意(득의)
實際(실제)	↔	虛構(허구)
安全(안전)	↔	危險(위험)
安全(안전)	↔	不安(불안)
暗示(암시)	↔	明示(명시)

반의어		
陽氣(양기)	↔	陰氣(음기)
逆境(역경)	↔	順境(순경)
年長(연장)	↔	年少(연소)
連敗(연패)	↔	連勝(연승)
榮轉(영전)	↔	左遷(좌천)
靈魂(영혼)	↔	肉體(육체)
溫暖(온난)	↔	寒冷(한랭)
容易(용이)	↔	難解(난해)
優性(우성)	↔	劣性(열성)
偶然(우연)	↔	必然(필연)
原因(원인)	↔	結果(결과)
恩惠(은혜)	↔	怨恨(원한)
理性(이성)	↔	感性(감성)
理性(이성)	↔	感情(감정)
義務(의무)	↔	權利(권리)
依他(의타)	↔	自立(자립)
異端(이단)	↔	正統(정통)
人爲(인위)	↔	自然(자연)
任意(임의)	↔	強制(강제)
立體(입체)	↔	平面(평면)
唯物論(유물론)	↔	唯心論(유심론)
自動(자동)	↔	手動(수동)
自動(자동)	↔	他動(타동)
自律(자율)	↔	他律(타율)
自意(자의)	↔	他意(타의)
子正(자정)	↔	正午(정오)
暫時(잠시)	↔	永久(영구)
暫時(잠시)	↔	恒常(항상)
長篇(장편)	↔	短篇(단편)
低俗(저속)	↔	高尙(고상)
敵對(적대)	↔	友好(우호)

반의어		
前半(전반)	↔	後半(후반)
前進(전진)	↔	後進(후진)
絕對(절대)	↔	相對(상대)
點燈(점등)	↔	消燈(소등)
漸進(점진)	↔	急進(급진)
靜肅(정숙)	↔	騷亂(소란)
正午(정오)	↔	子正(자정)
正統(정통)	↔	異端(이단)
定着(정착)	↔	漂流(표류)
弔客(조객)	↔	賀客(하객)
存續(존속)	↔	廢止(폐지)
增進(증진)	↔	減退(감퇴)
左右(좌우)	↔	上下(상하)
晝間(주간)	↔	夜間(야간)
主觀(주관)	↔	客觀(객관)
直系(직계)	↔	傍系(방계)
直線(직선)	↔	曲線(곡선)
直接(직접)	↔	間接(간접)
直行(직행)	↔	曲行(곡행)
進步(진보)	↔	保守(보수)
進步(진보)	↔	退步(퇴보)
眞實(진실)	↔	虛僞(허위)
質問(질문)	↔	對答(대답)
質疑(질의)	↔	答辯(답변)
質疑(질의)	↔	應答(응답)
質疑(질의)	↔	應對(응대)
集中(집중)	↔	分散(분산)
差別(차별)	↔	平等(평등)
着席(착석)	↔	起立(기립)
創造(창조)	↔	模倣(모방)
淺學(천학)	↔	博學(박학)

반의어		
添加(첨가)	↔	削除(삭제)
寸刻(촌각)	↔	永久(영구)
寸刻(촌각)	↔	永遠(영원)
總角(총각)	↔	處女(처녀)
縮小(축소)	↔	擴大(확대)
出仕(출사)	↔	落鄕(낙향)
出席(출석)	↔	缺席(결석)
快樂(쾌락)	↔	苦痛(고통)
快勝(쾌승)	↔	慘敗(참패)
脫色(탈색)	↔	染色(염색)
退化(퇴화)	↔	進化(진화)
破壞(파괴)	↔	建設(건설)
敗北(패배)	↔	勝利(승리)

반의어		
平和(평화)	↔	戰爭(전쟁)
布衣(포의)	↔	錦衣(금의)
合法(합법)	↔	違法(위법)
合法(합법)	↔	不法(불법)
幸福(행복)	↔	不幸(불행)
嫌惡(혐오)	↔	愛好(애호)
好材(호재)	↔	惡材(악재)
好轉(호전)	↔	逆轉(역전)
好況(호황)	↔	不況(불황)
擴大(확대)	↔	縮小(축소)
活用(활용)	↔	死藏(사장)
興奮(흥분)	↔	安靜(안정)
興奮(흥분)	↔	鎭靜(진정)

동음	한자	뜻
가계	家計	한 집안[家] 살림의 수입과 지출의 계산[計] 상태.
	家系	한 집안의[家] 계통이나[系] 혈통.
가치	價値	값[價=値].
	假齒	거짓된[假] 치아[齒]. 의치[義齒].
간과	看過	대강 보아[看] 넘김[過].
	干戈	방패와[干] 창[戈].
감독	監督	보살피고[監] 단속함[督].
	減毒	독을[毒] 덜어냄[減].
감사	感謝	고맙게 여겨[感] 사례함[謝].
	監査	감독하고[監] 검사함[査].
	監司	감시하는[監] 직책을 맡은 벼슬[司].
감상	鑑賞	예술 작품을 음미하여[鑑] 이해하고 즐김[賞].
	感傷	대상에서 마음이 아픈[傷] 느낌을[感] 받음.
	感想	마음에 느끼어[感] 일어나는 생각[想].
감수	監修	책을 편찬하고 수정하는[修] 일을 감독하는[監] 일.
	甘受	질책, 고통, 모욕 따위를 군말 없이 달게[甘] 받음[受].
개정	開廷	법정을[廷] 열어[開] 재판을 시작함.
	改定	한번 정했던 것을 고치어[改] 다시 정함[定].
개표	開票	투표함을 열어[開] 투표의[票] 결과를 점검하는 일.
	改票	차표나 입장권[票] 따위를 입구에서 개찰하는[改] 일.
거부	拒否	남의 제의나 요구 따위를 물리치고[拒] 동의하지 않음[否].
	巨富	대단히 많은[巨] 재산[富].
검사	檢事	범죄사건을[事] 수사하고 공소를 제기하는 등 검찰권을[檢] 행하는 사법관.
	檢査	살피어 검토하고[檢] 조사함[査].

동음	한자	뜻
경각	頃刻	아주 짧은[頃] 시간[刻].
	警覺	잘못을 하지 않도록 정신을 차리고 깨어 있음[警=覺].
경계	警戒	마음을 가다듬어 조심하고[警] 삼감[戒].
	境界	지역이 갈라지는[境] 한계[界].
경기	競技	일정한 규칙 아래 기량과[技] 기술을 겨룸[競].
	驚氣	놀란[驚] 기색[氣].
경대	鏡臺	거울을[鏡] 달아 세운 화장대[臺].
	敬待	공경하여[敬] 대접함[待].
경비	警備	경계하고[警] 대비함[備].
	經費	어떠한 일을 하는 데 드는[經] 비용[費].
경로	敬老	노인을[老] 공경함[敬].
	經路	지나는[經] 길[路].
경영	經營	기업이나 사업을 관리하고[經] 운영함[營].
	競泳	일정한 거리를 헤엄쳐[泳] 그 빠르기를 겨룸[競].
경호	警護	경계하고[警] 보호함[護].
	警號	경계를[警] 알리는 신호[號].
계도	系圖	계통을[系] 나타낸 도표[圖].
	啓導	남을 깨치어[啓] 이끌어[導] 줌.
계승	繼承	조상이나 선임자의 뒤를 이어[繼] 받음[承].
	階乘	열차나 배를 타고 가다가 내려서 다른 열차나 배로 옮겨[繼] 탐[乘].
계원	契員	계에[契] 든 사람[員].
	係員	계[係] 단위의 부서에서 일하는 사람[員].
고소	告訴	알려서[告] 하소연함[訴].
	高所	높은[高] 곳[所].
	苦笑	쓴[苦] 웃음[笑].

동음	한자	뜻
고수	鼓手	북을[鼓] 치는 사람[手].
	固守	굳게[固] 지킴[守].
	高手	바둑이나 장기 따위에서 수가[手] 높음[高].
공급	供給	물품 따위를 제공하여[供] 줌[給].
	功級	공적의[功] 등급[級].
공천	公薦	여러 사람이 합하여[公] 추천함[薦].
	供薦	신이나 부처에게 음식물 따위를 바쳐[供] 올리는[薦] 일.
공포	恐怖	무섭고[恐] 두려움[怖].
	公布	공개적으로[公] 널리 알림[布].
과거	過去	지나감[過=去]. 또는 그때. 지난번.
	科擧	관리를 뽑을[擧] 때 실시하던 시험[科].
관계	關係	서로 떨어져 있는 관문을[關] 이어[係] 연결시켜 줌.
	官契	관에서[官] 증명한 문서[契].
관대	寬大	마음이 너그럽고[寬] 도량이 큼[大].
	冠帶	갓과[冠] 띠[帶].
관용	寬容	남의 잘못을 너그럽게[寬] 받아들이거나 용서함[容].
	官用	정부기관이나 국립공공기관에서[官] 사용함[用].
	慣用	습관적으로[慣] 늘 씀[用].
교감	交感	서로[交] 접촉하여 따라 움직이는 느낌[感].
	校監	학교장을 도와서 학교를[校] 관리하거나 감독하는[監] 일을 수행하는 직책. 또는그런 사람.
교구	校具	학교에서[校] 쓰는 도구[具].
	敎具	가르칠[敎] 때 쓰는 도구[具].
	敎區	종교의[敎] 전파, 신자의 지도 따위를 위하여 편의상 나누어 놓은 구역[區].

동음	한자	뜻
군청	郡廳	군의[郡] 행정 사무를 맡아보는 기관[廳].
	群靑	고운 광택이 나는 짙은[群] 남색의[靑] 물감.
금고	金庫	돈이나 귀중품 따위를 안전하게 보관하는데 쓰이는, 쇠로[金] 만든 상자[庫].
	今古	지금과[今] 옛날[古].
기상	起床	잠자리에서[床] 일어남[起].
	氣象	대기[氣] 중에서 일어나는 물리적인 현상[象].
	氣像	기개나[氣] 마음씨가 겉으로 드러난 현상[像].
기술	技術	사물을 잘 다룰 수 있는 재주나[技] 방법[術].
	奇術	기묘한[奇] 재주[術].
	旣述	이미[旣] 서술함[述].
	記述	사물의 내용을 기록하여[記] 서술함[述].
기업	企業	영리를 꾀하는[企] 목적으로 하는 영업이나 사업[業].
	起業	새로운 사업을[業] 일으킴[起].
기원	起源	사물이 생기기 시작한[起] 근원[源].
	祈願	소원이[願] 이루어지기를 빎[祈].
	紀元	새로운 출발의 실마리의[紀] 으뜸[元]. 연대를 계산하는 데에 기준이 되는 해.
기일	忌日	꺼려야[忌] 할 일이 많은 제삿날[日].
	期日	기약한[期] 날짜[日].
내각	內閣	국가의 행정권을[內] 담당하는 최고 합의 기관[閣].
	內角	서로 만나는 두 직선의 안쪽의[內] 각[角].
내수	內需	국내에서의[內] 수요[需].
	內水	한 나라 영토 안의[內] 바다를 제외한 하천[水].
	耐水	물이[水] 묻어도 젖거나 배지 않음[耐].

동음	한자	뜻
내진	耐震	지진을[震] 견디어[耐] 냄.
	來診	의사가 환자의 집에 와서[來] 진료함[診].
녹음	錄音	소리를[音] 재생할 수 있도록 기계로 기록하는[錄] 일.
	綠陰	푸른[綠] 잎이 우거진 나무의 그늘[陰].
녹화	錄畫	재생을 목적으로 영상카메라로 찍은 화상을[畫] 필름 따위에 기록함[錄].
	綠化	나무를 심어 산이나 들을 푸르게[綠] 함[化].
단서	端緒	끄트머리나[端] 실마리[緒].
	但書	본문 다음에 덧붙여 본문의 내용에 대한 조건이나 예외 등을 밝혀 적을 글[書]. 대게 '단[但]' 또는 '다만'이라는 말을 먼저 씀.
단속	團束	둥글게[團] 묶음[束]. 주의를 기울여 다잡거나 보살핌.
	斷續	끊었다[斷] 이었다[續] 함.
대사	大事	큰[大] 일[事].
	大師	고승을 스승으로[師] 높이어[大] 일컫는 말.
	臺詞	배우가 무대[臺] 위에서 하는 말[詞].
독자	獨子	다른 자식이 없이 단 하나뿐인[獨] 아들[子].
	獨自	자기[自] 혼자[獨]. 남에게 기대지 않고 스스로.
	讀者	책, 신문, 잡지 따위의 글을 읽는[讀] 사람[者].
동상	銅像	구리로[銅] 만든 사람이나 동물의 형상[像].
	銅賞	상의[賞] 등급을 매길 때 금, 은, 동[銅] 중 3등상.
망상	妄想	허망한[妄] 생각[想].
	網狀	그물처럼[網] 생긴 모양[狀].
매장	埋藏	묻어서[埋] 감춤[藏].
	賣場	물건을 파는[賣] 곳[場].
무산	霧散	안개가[霧] 걷히듯 흩어져[散] 사라짐.
	無産	재산이[産] 없음[無].

동음	한자	뜻
미수	未收	돈이나 물건 따위를 아직[未] 다 거두어들이지[收] 못함.
	未遂	뜻한 바를 아직 이루지[遂] 못함[未].
	米壽	'米'자를 풀면 '八+八'이 되는 데서 여든여덟 살'을[壽] 달리 이르는 말.
박사	博士	널리[博] 아는 사람[士].
	薄謝	사례로[謝] 주는, 얼마 안 되는[薄] 돈이나 물품.
배우	配偶	부부가 될 짝[配=偶].
	俳優	익살을 잘 부리는 광대와[俳] 연극을 잘하는 광대[優].
배치	排置	일정한 차례나 간격에 따라 벌여[排] 놓음[置].
	配置	사람이나 물자 따위를 일정한 자리에 알맞게 나누어[配] 둠[置].
법정	法廷	법관이[法] 재판을 행하는 장소[廷].
	法定	법으로[法] 규정함[定].
보석	保釋	보증을[保] 받고 풀어줌[釋].
	寶石	보배로[寶] 쓰이는 광석[石].
본관	本貫	본래의[本] 관향[貫].
	本館	별관이나 분관에 대하여 중심이[本] 되는 건물[館].
불상	佛相	부처의[佛] 모습을 표현한 조각이나 그림[像].
	不祥	상서롭지[祥] 못함[不].
부설	附設	부속시켜[附] 설치함[設].
	浮說	떠도는[浮] 말[說].
비명	碑銘	비석에[碑] 새긴[銘] 글.
	悲鳴	슬픈[悲] 울음소리[鳴].
비법	祕法	비밀스러운[祕] 방법[法].
	非法	법도가[法] 아님[非].

동음	한자	뜻
사기	詐欺	못된 목적으로 남을 속임[詐=欺].
	邪氣	간사한[邪] 기운[氣].
	士氣	싸우려 하는 병사들의[士] 씩씩한 기개[氣].
	沙器	백토로[沙] 구워 만든 그릇[器].
사전	辭典	어떤 범위 안에서 쓰이는 말을[辭] 모아서 일정한 순서로 배열하여 싣고 그 각각의 발음, 의미, 어원, 용법 따위를 해설한 책[典].
	事前	일이[事] 일어나기 전[前].
	私電	개인의 사사로운[私] 전보[電].
상거	相距	서로[相] 떨어져[距] 있음.
	常居	늘[常] 거처하는[居] 곳.
상장	賞狀	상을[賞] 주는 뜻을 표하여 주는 증서[狀].
	喪葬	장사[葬] 지내는 일간 삼년상을[喪] 치르는 일.
상품	商品	사고파는[商] 물품[品].
	賞品	상으로[賞] 주는 물품[品].
상호	相互	서로[相] 함께[互].
	商號	상인이[商] 영업 활동을 할 때에 자기를 표시하기 위하여 쓰는 이름[號].
	相好	서로[相] 좋아함[好].
상황	狀況	어떤 일의 그때의 모습이나[狀] 형편[況].
	常況	보통[常] 때의 형편[況].
선고	宣告	중대한 사실을 선언하여[宣] 알림[告].
	先姑	돌아가신[先] 시어머니[故].
	船庫	작은 배를[船] 넣어두는 곳집[庫].
선발	選拔	많은 가운데서 추려[選] 뽑음[拔].
	先發	남보다 먼저[先] 나서거나 떠남[發].
세포	細胞	모양이 작은[細] 태보[胞] 같다고 하여 붙여진 명칭.
	稅布	조세로[稅] 바치던 피륙[布].

동음	한자	뜻
수영	水泳	스포츠나 놀이로서 물속을[水] 헤엄치는[泳] 일.
	樹影	나무의[樹] 그림자[影].
수표	手票	손바닥[手] 만한 크기의 종이쪽지[票].
	水標	돈이나 물건 따위를 대차하거나 기탁할 때 주고받는[手] 증서[標].
시청	市廳	시의[市] 행정 사무를 맡아보는 관청[廳].
	視聽	눈으로 보고[視] 귀로 들음[聽].
	試聽	새로운 곡이나 녹음한 내용 따위를 시험[試] 삼아 들어[聽] 봄.
신축	新築	새로[新] 건축함[築].
	伸縮	늘고[伸] 줆[縮].
심사	審査	자세히 살피고[審] 조사하여[査] 가려내서나 정함.
	深思	깊이[深] 생각함[思].
	心思	마음속의[心] 생각[思].
예방	豫防	질병이나 재해 따위가 일어나기 전에 미리[豫] 대처하여 막는[防] 일.
	禮訪	예를[禮] 갖추는 의미로 인사차 방문함[訪].
운영	運營	운용하여[運] 경영함[營].
	雲影	구름의[雲] 그림자[影].
임시	臨時	일정한 때에[時] 다다름[臨]. 필요에 따른 일시적인 때.
	臨視	현장에 직접 가서[臨] 시찰함[視].
자원	資源	자산이[資] 될 수 있는 원천[源].
	字源	글자의[字] 근원[源].
	自願	스스로[自] 원함[願].
재고	再考	한 번 정한 일을 다시[再] 한번 생각함[考].
	在庫	창고에[庫] 쌓여 있음[在].
전구	電球	공[球] 모양의 둥근 전등[電].
	全具	빠짐없이 완전히[全] 갖춤[具].
	全句	온전한[全] 글귀[句].

동음	한자	뜻
접수	接收	권력으로써 다른 사람의 소유물을 일방적으로[接] 수용함[收].
	接受	관청 및 회사 따위에서 서류를 받아들이는[接受] 일.
정당	政黨	정치적인 주의나 주장이 같은 사람들이 정권을 잡고 정치적[政] 이상을 실현하기 위하여 조직한 무리[黨].
	正堂	바르고[正] 마땅함[當].
정서	情緒	사람의 마음에 일어나는 여러 가지 감정의[情] 실마리[緒].
	正書	글씨를 흘려 쓰지 아니하고 또박또박 바르게[正] 씀[書].
제사	祭祀	신령이나 죽은 사람의 넋에게 정성을 다하여 제물을[祭] 바쳐 추모하고 복을 비는 의식[祀].
	祭司	제사를[祭] 주관하는[司] 사람.
제재	制裁	일정한 규칙이나 관습의 위반에 대하여 제한하거나[制] 금지함[裁]. 또는 그런 조치.
	製材	베어내 재목을[材] 만듦[製].
	題材	예술 작품이나 학술 연구 따위의 주제가[題] 되는 재료[材].
조세	租稅	국가 또는 지방 공공 단체가 필요한 경비로 사용하기 위하여 국민이나 주민에게 강세로 부과하여[租] 받아들이는 금전[稅].
	潮勢	밀물과 썰물이 밀려가고 밀려오는 물의[潮] 형세[勢].
주선	周旋	일이 잘 되도록 여러모로 두루[周] 돌보며[旋] 힘씀.
	舟船	배[舟=船].
주식	主食	밥이나 빵과 같이 끼니에 주로[主] 먹는 음식[食].
	柱式	주식회사의[株式] 자본을 구성하는 단위.
	酒食	술과[酒] 음식[食].
지구	地區	지역을[地] 일정하게 나눈 구역[區].
	地球	땅으로[地] 이루어진 크나큰 공[球].
	持久	어떤 상태를 오래[久] 버티어[持] 견딤.
지급	至急	매우[至] 급함[急].
	支給	돈 따위를 지출하여[支] 내어줌[給].

동음	한자	뜻
진술	眞術	참된[眞] 기술[術].
	陳述	자세히 벌여[陳] 말함[述].
창제	創製	전에 없었던 것을 처음[創] 만듦[製].
	唱題	제목을[題] 부름[唱].
파견	派遣	특별한 임무를 주어 임시로 보냄[派=遣].
	破見	올바른 견해를[見] 깨뜨리고[破] 잘못된 견해에 빠지며, 옳지 못한 견해를 고집하여 바른 이치에 어긋나는 일.
평가	評價	물건의 가치를[價] 평정함[評].
	平價	싸지도 않고 비싸지도 않은 보통의[平] 값[價].
포구	浦口	배가 드나드는 개의[浦] 어귀[口].
	捕球	공을[球] 잡음[捕].
포장	包裝	물건을 싸서[包] 꾸림[藏].
	布帳	베나[布] 무명 따위로 만든 휘장[帳].
표결	表決	회의에서 어떤 안건에 대하여 가부 의사를 표시하여[表] 결정함[決].
	票決	투표를[票] 하여 결정함[決].
학원	學院	배우는[學] 집[院].
	學員	공부하는[學] 인원[員].
현황	現況	현재의[現] 상황[況].
	玄黃	검은[玄] 하늘빛과 누런[黃] 땅 빛.
호기	好期	좋은[好] 시기[期].
	好機	무슨 일을 하는데 좋은[好] 기회[機].
	好奇	새롭고 기이한[奇] 것을 좋아함[好].
	豪氣	호방한[豪] 기운[氣].

한자	독음	뜻
街談巷說	가담항설	거리나 항간에 떠도는 소문.
佳人薄命	가인박명	미인은 불행하거나 병약하여 요절하는 일이 많음.
刻骨難忘	각골난망	남에게 입은 은혜가 뼈에 새길 만큼 커서 잊히지 아니함.
刻骨銘心	각골명심	어떤 일을 뼈에 새길 정도로 마음속 깊이 새겨 두고 잊지 아니함.
刻骨痛恨	각골통한	뼈에 사무칠 만큼 원통하고 한스러움.
刻舟求劍	각주구검	융통성 없이 현실에 맞지 않는 낡은 생각을 고집하는 어리석음을 이르는 말.
蓋世之才	개세지재	세상을 뒤덮을 만큼 뛰어난 재주.
兼人之勇	겸인지용	혼자서 능히 몇 사람을 당해 낼 만한 용기.
輕擧妄動	경거망동	경솔하여 생각 없이 망령되게 행동함.
經國濟世	경국제세	나라를 잘 다스려 세상을 구제함.
孤軍奮鬪	고군분투	따로 떨어져 도움을 받지 못하게 된 군사가 많은 수의 적군과 용감하게 잘 싸움.
高臺廣室	고대광실	매우 크고 좋은 집.
孤立無援	고립무원	고립되어 구원을 받을 데가 없음.
姑息之計	고식지계	우선 당장 편한 것만을 택하는 꾀나 방법.
苦肉之策	고육지책	자기 몸을 상해 가면서까지 꾸며 내는 계책이라는 뜻으로, 어려운 상태를 벗어나기 위해 어쩔 수 없이 꾸며 내는 계책을 이르는 말.
空中樓閣	공중누각	공중에 떠 있는 누각이라는 뜻으로, 아무런 근거나 토대가 없는 사물이나 생각을 비유적으로 이르는 말.
矯角殺牛	교각살우	소의 뿔을 바로잡으려다가 소를 죽인다는 뜻으로, 잘못된 점을 고치려다가 그 방법이나 정도가 지나쳐 오히려 일을 그르침을 이르는 말.
巧言令色	교언영색	아첨하는 말과 알랑거리는 태도.
九折羊腸	구절양장	아홉 번 꼬부라진 양의 창자라는 뜻으로, 꼬불꼬불하며 험한 산길을 이르는 말.
舊態依然	구태의연	조금도 변하거나 발전한 데 없이 예전 모습 그대로임.
群雄割據	군웅할거	여러 영웅이 각기 한 지방씩 차지하고 위세를 부림.
窮餘之策	궁여지책	궁한 나머지 생각다 못하여 짜낸 계책.
權謀術數	권모술수	목적 달성을 위하여 수단과 방법을 가리지 아니하는 온갖 모략이나 술책.

한자	독음	뜻
克己復禮	극기복례	자기의 욕심을 누르고 예의범절을 따름.
金科玉條	금과옥조	금이나 옥처럼 귀중히 여겨 꼭 지켜야 할 법칙이나 규정.
金蘭之交	금란지교	친구 사이의 매우 두터운 정을 이르는 말.
錦上添花	금상첨화	비단 위에 꽃을 더한다는 뜻으로, 좋은 일 위에 또 좋은 일이 더하여짐을 비유하는 말.
金石盟約	금석맹약	쇠나 돌처럼 굳고 변함없는 약속.
金城湯池	금성탕지	쇠로 만든 성과 그 둘레에 파 놓은 뜨거운 물로 가득 찬 못이라는 뜻으로, 방어 시설이 잘되어 있는 성을 이르는 말.
奇想天外	기상천외	착상이나 생각 따위가 쉽게 짐작할 수 없을 정도로 기발하고 엉뚱함.
氣盡脈盡	기진맥진	기운이 다하고 맥이 다 빠져 스스로 가누지 못할 지경이 됨.
吉凶禍福	길흉화복	길흉과 화복이라는 뜻으로, 즉 사람의 운수를 이름.
難攻不落	난공불락	공격하기가 어려워 쉽사리 함락되지 아니함.
亂臣賊子	난신적자	나라를 어지럽히는 불충한 무리.
綠陰芳草	녹음방초	푸르게 우거진 나무와 향기로운 풀이라는 뜻으로, 여름철의 자연경관을 이르는 말.
累卵之危	누란지위	층층이 쌓아 놓은 알의 위태로움이라는 뜻으로, 몹시 아슬아슬한 위기를 비유하는 말.
斷機之戒	단기지계	학문을 중도에서 그만두면 짜던 베의 날을 끊는 것처럼 아무 쓸모 없음을 경계한 말.
同病相憐	동병상련	같은 병을 앓는 사람끼리 서로 가엾게 여긴다는 뜻으로, 어려운 처지에 있는 사람끼리 서로 가엾게 여김을 이르는 말.
東奔西走	동분서주	동쪽으로 뛰고 서쪽으로 뛴다는 뜻으로, 사방으로 이리저리 몹시 바쁘게 돌아다님을 이르는 말.
同床異夢	동상이몽	같은 자리에 자면서 다른 꿈을 꾼다는 뜻으로, 겉으로는 같이 행동하면서도 속으로는 각각 딴생각을 하고 있음을 이르는 말.
斗酒不辭	두주불사	말술도 사양하지 않는다는 뜻으로, 술을 매우 잘 마심을 이르는 말.
登高自卑	등고자비	높은 곳에 오르려면 낮은 곳에서부터 오른다는 뜻으로, 일을 순서대로 해야 함을 이르는 말.
萬事亨通	만사형통	모든 것이 뜻대로 잘됨.
萬事休矣	만사휴의	모든 것이 헛수고로 돌아감을 이르는 말.
晩時之歎	만시지탄	시기에 늦어 기회를 놓쳤음을 안타까워하는 탄식.
梅蘭菊竹	매란국죽	매화 · 난초 · 국화 · 대나무, 즉 사군자를 말함.

한자	독음	뜻
麥秀之歎	맥수지탄	보리 이삭만 무성하게 자란 것을 탄식한다는 뜻으로, 고국의 멸망을 한탄함을 이르는 말.
孟母斷機	맹모단기	맹자가 학업을 중단하고 돌아왔을 때에, 그 어머니가 짜던 베를 잘라서 학문을 중도에 그만둔 것을 훈계한 일을 이르는 말.
面從腹背	면종복배	겉으로는 복종하는 체하면서 내심으로는 배반함.
明哲保身	명철보신	총명하고 사리에 밝아 일을 잘 처리하여 자기 몸을 보존함.
勿失好機	물실호기	좋은 기회를 놓치지 아니함.
美辭麗句	미사여구	아름다운 말로 듣기 좋게 꾸민 글귀.
薄利多賣	박리다매	이익을 적게 보고 많이 파는 것.
博學多識	박학다식	학식이 넓고 아는 것이 많음.
發憤忘食	발분망식	끼니까지도 잊을 정도로 어떤 일에 열중하여 노력함.
背水之陣	배수지진	강이나 바다를 등지고 치는 진.
百計無策	백계무책	어려운 일을 당하여 온갖 계교를 다 써도 해결할 방도를 찾지 못함.
百折不屈	백절불굴	어떠한 난관에도 결코 굽히지 않음.
夫爲婦綱	부위부강	삼강의 하나. 아내는 남편을 섬기는 것이 근본임을 이름.
不可抗力	불가항력	사람의 힘으로는 저항할 수 없는 힘.
不恥下問	불치하문	손아랫사람이나 지위나 학식이 자기만 못한 사람에게 모르는 것을 묻는 일을 부끄러워하지 아니함.
事大交鄰	사대교린	큰 나라는 섬기고 이웃 나라와는 사귐.
斯文亂賊	사문난적	성리학에서, 교리를 어지럽히고 사상에 어긋나는 언행을 하는 사람을 이르는 말.
四分五裂	사분오열	여러 갈래로 갈기갈기 찢어짐.
沙上樓閣	사상누각	모래 위에 세운 누각이라는 뜻으로, 기초가 튼튼하지 못하여 오래 견디지 못할 일이나 물건을 이르는 말.
四柱八字	사주팔자	사주의 간지가 되는 여덟 글자. 타고난 운수.
三綱五倫	삼강오륜	유교의 도덕에서 기본이 되는 세 가지의 강령과 지켜야 할 다섯 가지의 도리.
三旬九食	삼순구식	삼십 일 동안 아홉 끼니밖에 먹지 못한다는 뜻으로, 몹시 가난함을 이르는 말.
仙姿玉質	선자옥질	신선의 자태에 옥의 바탕이라는 뜻으로, 몸과 마음이 매우 아름다운 사람을 이르는 말.

한자	독음	뜻
小貪大失	소탐대실	작은 것을 탐하다가 큰 것을 잃음.
束手無策	속수무책	손을 묶은 것처럼 어찌할 도리가 없어 꼼짝 못 함.
手不釋卷	수불석권	손에서 책을 놓지 아니하고 늘 글을 읽음.
修身齊家	수신제가	몸과 마음을 닦아 수양하고 집안을 다스림.
壽則多辱	수즉다욕	오래 살수록 그만큼 욕됨이 많음을 이르는 말.
始終一貫	시종일관	일 따위를 처음부터 끝까지 한결같이 함.
心機一轉	심기일전	어떤 동기가 있어 이제까지 가졌던 마음가짐을 버리고 완전히 달라짐.
深思熟考	심사숙고	깊이 잘 생각함.
兩者擇一	양자택일	둘 중에서 하나를 고름.
如履薄氷	여리박빙	살얼음을 밟는 것과 같다는 뜻으로, 아슬아슬하고 위험한 일을 비유하는 말.
餘裕滿滿	여유만만	여유가 가득함.
炎涼世態	염량세태	뜨거웠다가 차가워지는 세태라는 뜻으로, 권세가 있을 때에는 아첨하여 좇고 권세가 떨어지면 푸대접하는 세속의 형편.
榮枯盛衰	영고성쇠	인생이나 사물의 번성함과 쇠락함이 서로 바뀜.
烏飛梨落	오비이락	까마귀 날자 배 떨어진다는 뜻으로, 아무 관계도 없이 한 일이 공교롭게도 때가 같아 억울하게 의심을 받거나 난처한 위치에 서게 됨을 이르는 말.
吳越同舟	오월동주	서로 적의를 품은 사람들이 한자리에 있게 된 경우나 서로 협력하여야 하는 상황을 비유적으로 이르는 말.
優柔不斷	우유부단	어물어물 망설이기만 하고 결단성이 없음.
危機一髮	위기일발	여유가 조금도 없이 몹시 절박한 순간.
韋編三絕	위편삼절	공자가 책을 하도 많이 읽어서 그것을 엮어 놓은 끈이 세 번이나 끊어졌단 데에서 비롯된 말.
流芳百世	유방백세	꽃다운 이름이 후세에 길이 전함.
悠悠自適	유유자적	속세를 떠나 아무 속박 없이 조용하고 편안하게 삶.
隱忍自重	은인자중	마음속에 감추어 참고 견디면서 몸가짐을 신중하게 행동함.
吟風弄月	음풍농월	맑은 바람과 밝은 달을 대상으로 시를 짓고 흥취를 자아내어 즐겁게 놂.
一刻千金	일각천금	아무리 짧은 시간이라도 천금과 같이 귀중함을 이르는 말.

한자	독음	뜻
一魚濁水	일어탁수	한 마리의 물고기가 물을 흐린다는 뜻으로, 한 사람의 잘못으로 여러 사람이 피해를 입게 됨을 이르는 말.
一以貫之	일이관지	하나의 방법이나 태도로써 처음부터 끝까지 한결같음.
一場春夢	일장춘몽	한바탕의 봄꿈이라는 뜻으로, 헛된 영화나 덧없는 일을 비유적으로 이르는 말.
一筆揮之	일필휘지	글씨를 단숨에 죽 내리 씀.
臨機應變	임기응변	그때그때 처한 사태에 맞추어 즉각 그 자리에서 결정하거나 처리함.
自激之心	자격지심	자기가 한 일에 대하여 스스로 미흡하게 여기는 마음.
自畫自讚	자화자찬	자기가 그린 그림을 스스로 칭찬한다는 뜻으로, 자기가 한 일을 스스로 자랑함을 이르는 말.
張三李四	장삼이사	장씨의 셋째 아들과 이씨의 넷째 아들이라는 뜻으로, 이름이나 신분이 특별하지 아니한 평범한 사람들을 이르는 말.
前途有望	전도유망	앞으로 잘될 희망이 있음.
轉禍爲福	전화위복	재앙과 화난이 바뀌어 오히려 복이 됨.
酒池肉林	주지육림	술로 연못을 이루고 고기로 숲을 이룬다는 뜻으로, 호사스러운 술잔치를 이르는 말.
支離滅裂	지리멸렬	이리저리 흩어지고 찢기어 갈피를 잡을 수 없음.
進退維谷	진퇴유곡	이러지도 저러지도 못하고 꼼짝할 수 없는 궁지.
天壤之差	천양지차	하늘과 땅 사이와 같이 엄청난 차이.
千差萬別	천차만별	여러 가지 사물이 모두 차이가 있고 구별이 있음.
靑出於藍	청출어람	쪽에서 뽑아낸 푸른 물감이 쪽보다 더 푸르다는 뜻으로, 제자나 후배가 스승이나 선배보다 나음을 비유적으로 이르는 말.
初志一貫	초지일관	처음에 세운 뜻을 끝까지 밀고 나감.
醉生夢死	취생몽사	술에 취하여 자는 동안에 꾸는 꿈 속에 살고 죽는다는 뜻으로, 한평생을 아무 하는 일 없이 흐리멍덩하게 살아감을 비유적으로 이르는 말.
快刀亂麻	쾌도난마	잘 드는 칼로 마구 헝클어진 삼 가닥을 자른다는 뜻으로, 어지럽게 뒤얽힌 사물을 강력한 힘으로 명쾌하게 처리함을 이르는 말.
貪官汚吏	탐관오리	백성의 재물을 탐내어 빼앗는, 행실이 깨끗하지 못한 관리.
抱腹絶倒	포복절도	배를 안고 넘어진다는 뜻. 몹시 우스워서 배를 안고 몸을 가누지 못할 만큼 웃음.
風樹之歎	풍수지탄	효도를 다하지 못한 채 어버이를 여읜 자식의 슬픔을 이르는 말.

한자	독음	뜻
下石上臺	하석상대	아랫돌 빼서 윗돌 괴고 윗돌 빼서 아랫돌 괸다는 뜻으로, 임시변통으로 이리저리 둘러맞춤을 이르는 말.
咸興差使	함흥차사	심부름을 가서 오지 아니하거나 늦게 온 사람을 이르는 말.
虛張聲勢	허장성세	실속은 없으면서 큰소리치거나 허세를 부림.
懸河之辯	현하지변	물이 거침없이 흐르듯 잘하는 말.
弘益人間	홍익인간	널리 인간을 이롭게 함.
興亡盛衰	흥망성쇠	흥하고 망함과 성하고 쇠함.

한국어		중국어	
한자	뜻	간체자	발음
簡略	간략	简单	[jiǎn dān]
刊行	간행	发行	[fā xíng]
脚光	각광	注目	[zhù mù]
渴求	갈구	祈求	[qí qiú]
強勸	강권	硬要	[yìng yào]
強要	강요	勉强	[miǎn qiǎng]
果敢	과감	大胆	[dà dǎn]
寬大	관대	宽容	[kuān róng]
建設	건설	修建	[xiū jiàn]
頃刻	경각	旦夕	[dàn xī]
敬畏	경외	敬惧	[jìng jù]
結婚式	결혼식	婚礼	[hūn lǐ]
堅固	견고	结实	[jiē shi]
苦杯	고배	吃苦头	[chī kǔ tou]
教化	교화	纠正	[jiū zhèng]
顧慮	고려	考虑	[kǎo lǜ]
孤獨	고독	孤单	[gū dān]
拘束	구속	拘留	[jū liú]
救濟	구제	救援	[jiù yuán]
窮理	궁리	思考	[sī kǎo]
勸告	권고	建议	[jiàn yì]
既存	기존	既有	[jì yǒu]
基準	기준	标准	[biāo zhǔn]
羅列	나열	陈列	[chén liè]
難易度	난이도	难度	[nán dù]
納涼	납량	乘凉	[chéng liáng]

한국어		중국어	
한자	뜻	간체자	발음
但只	단지	只是	[zhǐ shì]
斷乎	단호	果断	[guǒ duàn]
斷腸	단장	伤心	[shāng xīn]
段階	단계	阶段	[jiē duàn]
導入	도입	引进	[yǐn jìn]
同年輩	동년배	同龄人	[tóng líng rén]
凍結	동결	封锁	[fēng suǒ]
網羅	망라	包括	[bāo kuò]
模範	모범	榜样	[bǎng yàng]
募集	모집	招聘	[zhāo pìn]
夢想	몽상	妄想	[wàng xiǎng]
勿論	물론	当然	[dāng rán]
美人	미인	佳人/红颜	[jiā rén] [hóng yán]
賣盡	매진	卖完	[mài wán]
盟誓	맹세	誓约	[shì yuē]
拍手	박수	鼓掌	[gǔ zhǎng]
保育院	보육원	托儿所	[tuō ér suǒ]
本錢	본전	成本	[chéng běn]
扶養	부양	养活	[yǎng huo]
不得已	부득이	无可奈何	[wú kě nài hé]
分別	분별	区别	[qū bié]
伯父	백부	伯伯	[bó bo]
粉糾	분규	纷争	[fēn zhēng]
不潔	불결	不干净	[bù gān jìng]
比較	비교	对比	[duì bǐ]
配匹	배필	配偶	[pèi ǒu]

한국어		중국어	
한자	뜻	간체자	발음
相互	상호	互相	[hù xiāng]
傷處	상처	伤口	[shāng kǒu]
喪失	상실	失去	[shī qù]
相逢	상봉	相见	[xiāng jiàn]
逝去	서거	逝世/去世	[shì shì] [qù shì]
成就	성취	实现	[shí xiàn]
設計	설계	计划	[jì huà]
深刻	심각	严重	[yán zhòng]
手段	수단	手腕	[shǒu wàn]
水準	수준	水平	[shuǐ píng]
水能	수능	高考	[gāo kǎo]
壽命	수명	生命	[shēng mìng]
秀作	수작	杰作	[jié zuò]
崇古	숭고	高尚	[gāo shàng]
損傷	손상	伤害	[shāng hài]
損益	손익	得失	[dé shī]
實施	실시	施行	[shī xíng]
安靜	안정	平静	[píng jìng]
案內	안내	引导	[yǐn dǎo]
案內員	안내원	导游	[dǎo yóu]
暗誦	암송	背诵	[bèi sòng]
謁見	알현	参见	[cān jiàn]
聯絡	연락	联系	[lián xì]
沿道	연도	路边	[lù biān]
延滯	연체	拖延	[tuō yán]
汚名	오명	臭名	[chòu míng]
臥病	와병	生病	[shēng bìng]

한국어		중국어	
한자	뜻	간체자	발음
外遊	외유	旅游	[lǚ yóu]
慾心	욕심	贪心	[tān xīn]
哀歡	애환	悲欢	[bēi huān]
愛慕	애모	倾慕	[qīng mù]
哀惜	애석	惋惜	[wǎn xī]
離別	이별	告别	[gào bié]
引揚	인양	打捞	[dǎ lāo]
賃金	임금	君主	[jūn zhǔ]
迎接	응접	接待	[jiē dài]
吟味	음미	品尝	[pǐn cháng]
於先	우선	首先	[shǒu xiān]
優秀	우수	杰出	[jié chū]
幼兒	유아	婴儿	[yīng ér]
幼稚院	유치원	幼儿园	[yòu ér yuán]
怨望	원망	埋怨	[mán yuàn]
原價	원가	成本	[chéng běn]
源泉	원천	来源	[lái yuán]
議論	의논	讨论	[tǎo lùn]
自酌	자작	自饮	[zì yǐn]
座右銘	좌우명	手则	[shǒu zé]
頂上	정상	山顶	[shān dǐng]
訂正	정정	修正	[xiū zhèng]
占有	점유	占领	[zhàn lǐng]
早晚間	조만간	迟早	[chí zǎo]
拙劣	졸렬	苟且	[gǒu qiě]
俊傑	준걸	豪杰	[háo jié]
中堅	중견	骨干	[gǔ gàn]

한국어		중국어	
한자	뜻	간체자	발음
地域	지역	地区	[dì qū]
只今	지금	现在/目前	[xiàn zài] [mù qián]
遲滯	지체	迟滞/延迟	[chí zhì] [yán chí]
止揚	지양	抑制	[yì zhì]
懲誡	징계	处罚	[chǔ fá]
差異	차이	差别	[chā bié]
添加	첨가	附加	[fù jiā]
招來	초래	导致	[dǎo zhì]
招請/招待	초청/초대	邀请	[yāo qǐng]
追放	추방	驱逐	[qū zhú]
推進	추진	促进	[cù jìn]
出勤	출근	上班	[shàng bān]
吹入	취입	录音	[lù yīn]
醉客	취객	醉汉	[zuì hàn]
體系	체계	系统	[xì tǒng]
齒痛	치통	牙疼	[yá téng]
稱贊	칭찬	赞扬	[zàn yáng]
搭乘	탑승	乘坐	[chéng zuò]
搭乘客	탑승객	乘客	[chéng kè]
通譯	통역	翻译	[fān yì]
鬪爭	투쟁	争斗	[zhēng dòu]
怠慢	태만	傲慢	[ào màn]
退勤	퇴근	下班	[xià bān]
派遣	파견	派送	[pài sòng]
便乘	편승	借机	[jiè jī]
包含	포함	包括	[bāo kuò]
曝炎	폭염	炎热	[yán rè]

한국어		중국어	
한자	뜻	간체자	발음
暴露	폭로	揭露	[jiē lù]
風霜	풍상	甘苦/艰苦	[gān kǔ] [jiān kǔ]
漂流	표류	徘徊	[pái huái]
疲困	피곤	疲劳	[pí láo]
何必	하필	偏偏	[piān piān]
賀客	하객	宾客	[bīn kè]
閑談	한담	闲谈/聊天	[xián tán] [liáo tiān]
港口	항구	口岸	[kǒu'àn]
享有	향유	享受	[xiǎng shòu]
擴大	확대	扩充	[kuò chōng]
還收	환수	回收	[huí shōu]
荒蕪地	황무지	荒地	[huāng dì]
確實	확실	正确	[zhèng què]
險難	험난	艰难	[jiān nán]
眩惑	현혹	迷惑	[mí'huo]
革新	혁신	改革	[gǎi gé]
脅迫	협박	威胁	[wēi xié]
核心	핵심	要害	[yào hài]
混同	혼동	混淆	[hùn xiáo]
厚德	후덕	忠厚	[zhōng hòu]
休暇	휴가	休假/放假	[xiūjià] [fàngjià]
攜帶	휴대	随身	[suí shēn]
戲弄	희롱	捉弄	[zhuō nòng]
稀少	희소	少有	[shǎo yǒu]
回想	회상	回顾	[huí gù]

한국어		중국어	
한자	독음	간체자	발음
甘言利說	감언이설	花言巧语	[huā yán qiǎo yǔ]
各樣各色	각양각색	各种各样	[gè zhǒng gè yàng]
管鮑之交	관포지교	吻颈之交	[wěn jǐng zhī jiāo]
見物生心	견물생심	见财起心	[jiàn cái qǐ xīn]
繭雪之功	견설지공	茧雪夜读	[jiǎn xuě yè dú]
結草報恩	결초보은	刻骨難忘	[kè gǔ nán wàng]
改過遷善	개과천선	改恶为善	[gǎi è wéi shàn]
高試落榜	고시낙방	名落孙山	[míng luò Sūn Shān]
金枝玉葉	금지옥엽	掌上明珠	[zhǎng shàng míng zhū]
今時初聞	금시초문	闻所未闻	[wén suǒ wèi wén]
錦衣還鄉	금의환향	衣锦还乡	[yī jǐn huán xiāng]
起死回生	기사회생	咸鱼翻身	[xián yú fān shēn]
氣高萬丈	기고만장	气势汹汹	[qì shì xiōng xiōng]
奇想天外	기상천외	异想天开	[yì xiǎng tiān kāi]
鷄卵有骨	계란유골	话中带刺	[huà zhōng dài cì]
難兄難弟	난형난제	龍虎相搏	[lóng hǔ xiāng bó]
囊中取物	낭중취물	老鹰戏小鸡	[lǎo yīng xì xiǎo jī]
南柯一夢	남가일몽	一场春梦	[yì cháng chūn mèng]
勞心焦思	노심초사	费尽心思	[fèi jìn xīn sī]
累卵之危	누란지위	危在旦夕	[wēi zài dàn xī]
單刀直入	단도직입	开门见山	[kāi mén jiàn shān]
道聽塗說	도청도설	小道消息	[xiǎo dào xiāo xī]
獨不將軍	독불장군	光杆司令	[guānggǎn sīlìng]

한국어		중국어	
한자	독음	간체자	발음
東問西答	동문서답	文不对题	[wén bú duì tí]
杜門不出	두문불출	闭门不出	[bì mén bù chū]
馬耳東風	마이동풍	耳旁风	[ěr páng fēng]
莫上莫下	막상막하	不分上下	[bù fēn shàngxià]
亡牛补牢	망우보뢰	亡羊补牢	[wáng yáng bǔ láo]
萬事亨通	만사형통	万事如意	[wàn shì rú yì]
滿場一致	만장일치	全场一致	[quán chǎng yí zhì]
名實相符	명실상부	名副其实	[míng fù qí shí]
背恩忘德	배은망덕	恩将仇报	[ēn jiāng chóu bào]
白骨難忘	백골난망	刻骨铭心	[kè gǔ míng xīn]
父傳子傳	부전자전	父子相传	[fù zǐ xiāng chuán]
夫唱婦隨	부창부수	夫妻和睦	[fū qī hé mù]
四方八方	사방팔방	四面八方	[sì miàn bā fāng]
山戰水戰	산전수전	千难万险	[qiān nán wàn xiǎn]
殺身成仁	살신성인	舍身忘死	[shě shēn wàng sǐ]
桑田碧海	상전벽해	沧海桑田	[cāng hǎi sāng tián]
塞翁之馬	새옹지마	塞翁失马	[sài wēng shī mǎ]
所願成就	소원성취	如愿以偿	[rú yuàn yǐ cháng]
率先垂範	솔선수범	以身作则	[yǐ shēn zuò zé]
束手無策	속수무책	无能为力	[wú néng wéi lì]
水魚之交	수어지교	鱼水之交	[yú shuǐ zhī jiāo]
始終如一	시종여일	自始至终	[zì shǐ zhì zhōng]
完全無缺	완전무결	十全十美	[shí quán shí měi]

한국어		중국어	
한자	독음	간체자	발음
養虎遺患	양호유환	恩将仇报	[ēn jiāng chóu bào]
漁父之利	어부지리	渔翁之利	[yú wēng zhī lì]
易地思之	역지사지	换位思考	[huàn wèi sī kǎo]
五里霧中	오리무중	蒙在鼓里	[méng zài gǔ'lǐ]
龍頭蛇尾	용두사미	虎头蛇尾	[hǔ tóu shé wěi]
唯一無二	유일무이	独一无二	[dú yī wú èr]
類類相從	유유상종	同类相从	[tóng lèi xiāng cóng]
悠悠不斷	유유부단	犹豫不决	[yóu yù bù jué]
以心傳心	이심전심	心心相印	[xīn xīn xiāng yìn]
人事不省	인사불성	不省人事	[bù xǐng rén shì]
臨機應變	임기응변	随机应变	[suí jī yìng biàn]
日就月將	일취월장	日新月异	[rì xīn yuè yì]
一心一意	일심일의	全心全意	[quán xīn quán yì]
一目瞭然	일목요연	井井有条	[jǐng jǐng yǒu tiáo]
一石二鳥	일석이조	一举两得	[yì jǔ liǎng dé]
一脈相通	일맥상통	一气贯注	[yí qì guàn zhù]
自手成家	자수성가	白手起家	[bái shǒu qǐ jiā]
自初至終	자초지종	自始至终	[zì shǐ zhì zhōng]
自業自得	자업자득	自作自受	[zì zuò zì shòu]
作心三日	작심삼일	三天打鱼两天晒网	[Sān tiān dǎ yú liǎng tiān shài wǎng]
坐不安席	좌불안석	坐立不安	[zuò lì bù ān]
賊反荷杖	적반하장	贼喊捉贼	[zéi hǎn zhuō zéi]
轉禍爲福	전화위복	遇难成祥	[yù nàn chéng xiáng]
朝三暮四	조삼모사	朝令暮改	[zhāo lìng mù gǎi]

한국어		중국어	
한자	독음	간체자	발음
竹馬故友	죽마고우	青梅竹马	[qīng méi zhú mǎ]
進退維谷	진퇴유곡	进退两难	[jìn tuì liǎng nán]
茶飯事	차반사	家常便饭	[jiā cháng biàn fàn]
天生配匹	천생배필	天生一对	[tiān shēng yí duì]
天高馬肥	천고마비	天高气爽	[tiān gāo qì shuǎng]
徹頭徹尾	철두철미	从头到尾	[cóng tóu dào wěi]
兔死狗烹	토사구팽	过河拆桥	[guò hé chāi qiáo]
破竹之勢	파죽지세	长驱直入	[cháng qū zhí rù]
八方美人	팔방미인	八面光	[bā miàn guāng]
彼此一般	피차일반	彼此彼此	[bǐ cǐ bǐ cǐ]
敗家亡身	패가망신	家破人亡	[jiā pò rén wáng]
鶴首苦待	학수고대	望眼欲穿	[wàng yǎn yù chuān]
割賦購買	할부구매	分期付款	[fēn qī fù kuǎn]
換骨奪胎	환골탈태	焕然一新	[huàn rán yì xīn]
賢母良妻	현모양처	贤妻良母	[xián qī liáng mǔ]
糊口之策	호구지책	糊口之计	[hú kǒu zhī jì]

한국어	중국어	발음
가상세계	虚拟世界	[Xū nǐ shì jiè]
경기부진	经济萧条	[Jīng jì xiāo tiáo]
경제협력개발기구(OECD)	经济合作发展组织	[Jīng jì hé zuò fā zhǎn zǔ zhī]
국제연합 식량농업기구	联合国粮农组织	[Lián hé guó Liáng nóng zǔ zhī]
국제민간항공기구(ICAO)	国际民航组织	[Guó jì mín háng zǔ zhī]
국제연합 사무총장	联合国秘书长	[Lián hé guó mì shū zhǎng]
국제연합(UN)	联合国	[Lián hé guó]
국제통화기금(IMF)	国际货币基金组织	[Guó jì huò bì zī jīn zǔ zhī]
국제원자력기구(IAEA)	国际原子能机构	[Guó jì yuán zǐ néng jī gòu]
국제올림픽위원회(IOC)	国际奥委会	[Guó jì Ào wěi huì]
미국항공우주국(NASA)	美国太空总署	[Měi guó Tài kōng zǒng shǔ]
뉴욕타임즈	纽约时报	[Niǔ yuē shí bào]
뉴스위크	新闻周刊	[Xīn wén zhōu kān]
동남아시아국가연합(ASEAN)	东盟(东南亚国家联盟)	[Dōng méng (Dōng nán yà Guó jiā Lián méng)]
독립국가연합	独联体(独立国家联合体)	[Dú lián tǐ (Dú lì guó jiā lián hé tǐ)]
로이터통신	路透社	[Lù tòu shè]
무역흑자	贸易顺差	[Mào yì shùn chā]
무역적자	贸易逆差	[Mào yì nì chā]
밀레니엄버그	千年虫	[Qiān nián chóng]
반덤핑관세	反倾销关税	[Fǎn qīng xiāo guān shuìx]
북대서양조약기구(NATO)	北约(北大西洋公约组织)	[Běi yuē (Běi dà xī yáng gōng yuē zǔ zhī)]
스톡옵션제	股票选择权	[Gǔ piào xuǎn zé quán]
소프트웨어산업	软件工业	[Ruǎn jiàn gōng yè]
세계보건기구(WHO)	世卫组织	[Shì wèi zǔ zhī]

한국어	중국어	발음
세계무역기구(WTO)	世贸组织	[Shì mào Zǔ zhī]
CNN(Cable News Network)	美国有线电视新闻网	[Měiguó Yǒuxiàn Diànshì Xīnwénwǎng]
아나키즘(anarchism)	无政府主义	[Wú zhèng fǔ zhǔ yì]
연말보너스	年终奖金	[Nián zhōng jiǎng jīn]
국제연합 교육과학문화기구 (UNESCO)	联合国教科文组织	[Lián hé guó Jiào kē wén zǔ zhī]
유엔 헌장	联合国宪章	[Lián hé guó Xiàn zhāng]
입학정원	招生名额	[Zhāo shēng míng' é]
월스트리트저널	华尔街日报	[Huá' ěr jiē rì bào]
미국 연합통신(AP)	美联社	[Měi lián shè]
자본주의	资本主义	[Zī běn zhǔ yì]
정보통신산업	信息产业	[Xìn xī chǎn yè]
재단법인	财团法人	[Cái tuán fǎ rén]
카오스(chaos)	混乱	[Hùn luàn]
타임스 지(The Times)	时代	[Shí dài]
탄도요격미사일	反弹道导弹	[Fǎn dàn dào dǎo dàn]
파이낸셜타임즈	金融时报	[Jīn róng shí bào]

한국어	중국어	발음
구찌(Gucci)	古奇	[gǔ qí]
노키아(Nokia)	諾基亞	[nuò jī yà]
네트워크(network)	网络	[wǎng luò]
데이터베이스(database)	资料库	[zī liào kù]
데드볼(dead-ball)	触身球	[chù shēn qiú]
레이다(ladar)	雷达	[léi dá]
빌 게이츠(Bill Gates)	比尔盖次	[bǐ ěr gài cì]
쇼파(sofa)	沙发	[shā fā]
샌프란시스코(San Francisco)	弗朗西斯科	[fú lǎng xī sī kē]
아이언맨(Iren Man)	钢铁侠	[gāng tiě xiá]
어벤저스(Avengers)	复仇者联盟	[fù chóu zhě Lián méng]
인터넷(internet)	互联网	[hù lián wǎng]
인터넷정보혁명(internet information revolution)	网络资讯革命	[wǎng luò zī xùn gé mìng]
인텔(Intel)	英特儿	[Yīng tèr]
이케아(Ikea)	宜家	[Yí jiā]
유머(humor)	幽默	[yōu mò]
컴팩(Compaq)	康柏	[Kāng bǎi]
컴퓨터(computer)	电脑	[diàn nǎo]
프린터(printer)	打印机	[dǎ yìn jī]
프랑크푸르트(Frankfurt)	法兰克福	[Fǎ lán kè fú]
핫머니(hot money)	游资	[yóu zī]
핸드폰(cell phone)	手机	[shǒu jī]
희랍(Greece)	希腊	[Xī là]

HNK 3급

모의고사
1~3회

HNK
汉字能力考试

중국교육부 국가한판

汉字能力考试

3급

注意(수험생 유의사항)

1. 총 문항 수는 150문항(선택형 30, 단답형 120)이며, 시험 시간은 90분입니다.

2. 답은 답안지에 검정색 펜을 사용하여 또박또박 쓰세요.

3. 시험지에 수험번호와 성명을 쓰고 답안지와 함께 제출합니다.

4. 끝나는 신호가 있으면 필기도구를 내려놓고 감독관의 지시를 따르세요.

수험번호 　　　　　 － 　　　　　

　　　　 － 　　　　　

성명 　　　　　

주관: (사)한중문자교류협회
国家汉办 汉考国际

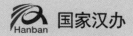
国家汉办

선택형 [1~30]

※ 다음 물음에 맞는 답의 번호를 답안지의 해당 답란에 표시하시오.

[1~5]
한자의 뜻이 바르게 연결된 것을 고르시오.

〈예시〉
· 余 나 여, 남을 여(餘)의 간체자
→ 나 / 남다
· 发 필 발(發), 터럭 발(髮)의 간체자
→ 피다 / 터럭

1 谷 ( )
① 씻다 : 곡식 ② 씻다 : 골짜기
③ 곡식 : 골짜기 ④ 골짜기 : 마르다

2 游 ( )
① 헤엄치다 : 놀다 ② 놀다 : 싸우다
③ 놀다 : 만들다 ④ 진흙 : 도랑

3 几 ( )
① 몇 : 기계 ② 책상 : 기계
③ 몇 : 안석 ④ 안석 : 방패

4 广 ( )
① 언덕 : 넓다 ② 집 : 넓다
③ 짓다 : 집 ④ 헛간 : 넓다

5 欲 ( )
① 욕되다: 욕심
② 겹치다: 돌아오다
③ 마을 : 속
④ 욕심 : 하고자 하다

[6~10]
다음 한자어의 반의어(상대어)를 고르시오.

6 模倣 ( )
① 獨唱 ② 獨創 ③ 獨窓 ④ 獨逸

7 拙劣 ( )
① 未熟 ② 嚴格 ③ 圓熟 ④ 鍊磨

8 騰貴 ( )
① 下降 ② 暴騰 ③ 引上 ④ 急騰

9 統合 ( )
① 都合 ② 分離 ③ 凝集 ④ 具體

10 門外漢 ( )
① 當選人 ② 微視的
③ 可燃性 ④ 專門家

[11~15]
다음 한자어의 유의어(동의어)를 고르시오.

11 根幹 ( )
① 期初 ② 奇草 ③ 基礎 ④ 起草

12 壓卷 ( )
① 白米 ② 白眉 ③ 百味 ④ 首尾

13 尋常 ( )
① 獨特 ② 經常 ③ 非常 ④ 平凡

14 興亡 ( )
① 盛衰 ② 繁盛 ③ 繁榮 ④ 突變

15 設計圖 ( )
① 經驗談 ② 私有地
③ 靑寫眞 ④ 親睦會

[16–20]
다음 제시된 한자어는 한국과 중국에서 사용되는 단어의 뜻은 같지만 표현이 다른 어휘이다. 연결이 바르지 않은 것을 고르시오.

〈예시〉
飛行機^韓 = 飞机^中

---

16 ( )

① 郵遞局 = 邮局   ② 稅關 = 海关
③ 競賣 = 拍卖   ④ 戲弄 = 游戏

17 ( )

① 念慮 = 小心
② 容恕 = 原谅
③ 始作 = 开始
④ 發見 = 发现

18 ( )

① 部品 = 零件
② 淸掃機 = 吸尘器
③ 寫眞 = 名片
④ 洗濯機 = 洗衣机

19 ( )

① 放送 = 电脑
② 新聞 = 报纸
③ 水準 = 水平
④ 輸出 = 出口

20 ( )

① 感氣 = 感冒
② 辯護士 = 护士
③ 名節 = 节日
④ 男便 = 丈夫

[21~25]
다음 뜻을 가진 한자어를 고르시오.

21 적군의 상황이나 적진의 지형 따위를 몰래 살핌. ( )

① 斥候   ② 排斥   ③ 斥和   ④ 徵候

22 어떤 일을 맡아 할 수 있는 사람을 그 자리에 쓰도록 책임지고 소개하거나 내세움. ( )

① 公薦   ② 落薦   ③ 薦擧   ④ 他薦

23 어떤 일에 직접 관계하지 않고 곁에서 구경하듯 지켜만 봄. ( )

① 觀覽   ② 觀照   ③ 槪觀   ④ 傍觀

24 남의 지배를 받거나 행동에 있어 남의 간섭에 매임. ( )

① 權輿   ② 隸屬   ③ 奴隸   ④ 賤隸

25 마음속에 품고 있는 생각이나 감정 따위를 다 드러내어 말함. ( )

① 吐露   ② 露骨   ③ 暴露   ④ 發露

[26~30]
다음 밑줄 친 한자어의 쓰임으로 옳지 않은 것을 고르시오.

26 ( )
① 그는 재덕을 <u>兼備</u>한 선비였으며 그의 제자 중에도 뛰어난 사람이 많다.
② 에너지를 <u>浪費</u>하지 말고 절약하자.
③ 세계 문화의 중심이 동방으로 옮겨질 것이라는 <u>例言</u>이 무성하다.
④ 청와대의 고위층을 <u>詐稱</u>하는 사기 행각들이 자주 일어나고 있다.

27 ( )
① 공연비의 대폭적인 <u>削減</u>으로 공연의 규모가 축소되었다.
② 그들의 <u>隱密</u>한 계획은 오래지 않아 발각되고 말았다.
③ 도서 대출 <u>滿了</u>일이 오늘이니 꼭 반납해야 한다.
④ 현대인의 영양 과잉 <u>攝取</u>는 비만으로 연결 된다.

28 ( )
① 모든 관중이 선수들에게 열렬한 <u>聲援</u>을 보냈다.
② 신부님에게 고해하면서 <u>悔恨</u>의 눈물을 흘렸다.
③ 이 글은 논리적 일관성이 <u>缺如</u>되어 있다.
④ 생물 시간에 현미경을 통해서 식물의 <u>機工</u>을 관찰하였다.

29 ( )
① 이 소설은 인간의 <u>潛再</u> 욕망을 그린 것이다.
② 독사에 물릴 경우 <u>毒氣</u>가 순식간에 몸에 퍼져 목숨을 잃게 된다.
③ 이 사건을 여당이 분열하게 된 <u>端初</u>로 풀이하는 견해가 있다.
④ 그들은 누나, 동생 하는 <u>親密</u>한 사이다.

30 ( )
① 부동산 <u>投機</u>는 우리 사회 최대의 병적 요소입니다.
② 그 꼬마는 아이답지 않게 아주 <u>孟浪</u>하다.
③ 두 민족 간의 <u>粉爭</u>은 종교의 차이에서 비롯되었다.
④ 이 환자는 결석으로 인한 요로 <u>閉塞</u>으로 콩팥이 붓는 병에 걸렸다.

단답형 [31~180]

※ 다음 물음에 맞는 답을 답안지의 해당 답란
에 쓰시오.

[31~60]
한자의 훈과 음을 쓰시오. (31~40번은 간체자 표기임)

예시 : 漢 (한수 한)

31 矫 (　　)　　32 惧 (　　)

33 猎 (　　)　　34 尝 (　　)

35 宾 (　　)　　36 须 (　　)

37 杨 (　　)　　38 卧 (　　)

39 墙 (　　)　　40 递 (　　)

41 誕 (　　)　　42 燭 (　　)

43 幣 (　　)　　44 淚 (　　)

45 縣 (　　)　　46 咸 (　　)

47 匹 (　　)　　48 替 (　　)

49 只 (　　)　　50 吾 (　　)

51 鹿 (　　)　　52 晨 (　　)

53 昔 (　　)　　54 卜 (　　)

55 舟 (　　)　　56 某 (　　)

57 邦 (　　)　　58 辨 (　　)

59 那 (　　)　　60 豈 (　　)

[61~75]
다음 번체자를 간체자로 쓰시오.

예시: 漢 (汉)

61 曉 (　　)　　62 誇 (　　)

63 劍 (　　)　　64 聯 (　　)

65 腦 (　　)　　66 蘭 (　　)

67 爐 (　　)　　68 裏 (　　)

69 滅 (　　)　　70 盤 (　　)

71 鳳 (　　)　　72 詞 (　　)

73 帥 (　　)　　74 衝 (　　)

75 蘇 (　　)

[76~90]
다음 간체자를 번체자로 쓰시오.

예시: 汉 (漢)

76 赁 (　　)　　77 岩 (　　)

78 忆 (　　)　　79 忧 (　　)

80 脏 (　　)　　81 载 (　　)

82 齐 (　　)　　83 错 (　　)

84 仓 (　　)　　85 浅 (　　)

86 耻 (　　)　　87 夺 (　　)

88 胁 (　　)　　89 划 (　　)

90 乡 (　　)

[91~120]
한자어의 독음을 쓰시오. (91~105번은 간체자 표기임)

예시 : 漢字 (한자)

91 骚乱 (　　)	92 谨慎 (　　)
93 押韵 (　　)	94 跃进 (　　)
95 翻译 (　　)	96 循环 (　　)
97 迟延 (　　)	98 校阅 (　　)
99 拥护 (　　)	90 遥远 (　　)
101 违宪 (　　)	102 虚伪 (　　)
103 参酌 (　　)	104 窃听 (　　)
105 补佐 (　　)	106 尖銳 (　　)
107 乾坤 (　　)	108 頻度 (　　)
109 携帶 (　　)	110 殉葬 (　　)
111 養豚 (　　)	112 睡眠 (　　)
113 畏敬 (　　)	114 傲慢 (　　)
115 蝶泳 (　　)	116 橫厄 (　　)
117 謁見 (　　)	118 雁行 (　　)
119 標識 (　　)	120 鑑識 (　　)

[121~125]
밑줄 친 한자어의 독음을 쓰시오.

예시 : **漢字**를 익힐 때는 여러 가지의 훈 과 음에 유의해야 합니다. (한자)

121 전쟁의 <u>慘狀</u>은 차마 눈을 뜨고 볼 수 가 없을 정도였다. (　　　)

122 원대한 <u>抱負</u>를 세우는 것보다 이를 실 행에 옮기는 것이 더 중요하다. (　　　)

123 정권에 대한 뿌리 깊은 불신이 우리 사회를 급속히 <u>墮落</u>시키고 있습니다. (　　　)

124 그 회사는 새로운 제품의 탄생을 알리 는 <u>販促</u> 행사를 대대적으로 벌였다. (　　　)

125 요즈음 허황된 소문의 <u>傳播</u>가 급속히 늘어난 것은 불안한 사회 분위기 때문 이다. (　　　)

[126~130]
다음 (　　) 안에 한자를 넣어 제시된 뜻에 맞 는 사자성어를 완성하시오. (번체자 표기만 정답으로 인정함)

126 착한 일을 권장하고 악한 일을 징계 함.　　　　　　勸(　)懲(　)

127 있는지 없는지 흐리멍덩한 모양, 흐지 부지한 모양.　　　(　)耶(　)耶

128 오래 살고 복을 누리며 건강하고 평안 함.　　　　　　壽福(　)(　)

129 닭의 무리 가운데에서 한 마리의 학이 란 뜻으로, 많은 사람 가운데서 뛰어난 인물을 이르는 말.　　群(　)一(　)

130 어떤 일에 대하여 옳거니 옳지 아니하 거니 하고 말함.　　　曰(　)曰(　)

[131~135]
다음 제시된 뜻에 맞는 동음이의어(同音異義語)를 번체자로 쓰시오.

〈예시〉漢子 - (漢字)
　　　중국에서 만들어 오늘날에도 쓰고 있는 문자.

131 滿盤 - (　　　　)

마련할 수 있는 모든 것.

132 不正 - (　　　　)

깨끗하지 못함. 또는 더러운 것.

133 影向 - (　　　　)

어떤 사물의 효과나 작용이 다른 것에 미치는 일.

134 切釘 - (　　　　)

사물의 진행이나 발전이 최고의 경지에 달한 상태.

135 碎身 - (　　　　)

나쁜 폐단이나 묵은 것을 버리고 새롭게 함.

[136~140]
밑줄 친 한자어를 번체자로 쓰시오.

예시 : 한자를 쓸 때는 순서에 유의해야
　　　합니다.　　　　　　　(漢字)

136 정보 사회에서 발생하는 새로운 범죄를 다룰 수 있는 **조항**을 시급히 마련해야 한다.　　　　　　　(　　　　)

137 호수에 질소나 인의 과영양이 되면 수초나 조류 등이 증가하여 물이 탁해지고 **적조** 현상이 나타난다.

(　　　　)

138 다음 시간에는 간단한 **필답**시험이 있으니 필기도구를 준비하십시오.

(　　　　)

139 청나라는 러시아의 **중재**로 영국과 베이징 조약을 맺었다.　　　(　　　　)

140 여러 **독지가**께서 어린이들을 위하여 이 시설물들을 협찬하였습니다.

(　　　　)

[141~143]
다음 국제시사용어에 해당되는 중국어 표현을
〈보기〉에서 찾아, 기호로 쓰시오

<보기>

(가) 合国粮农组织

(나) 经济合作与发展组织

(다) 亚欧首脑会议

(라) 联合国教科文组织

(마) 世界贸易组织

141 아시아유럽정상회의(ASEM)

( )

142 국제연합교육과학문화기구(UNESCO)

( )

143 경제협력개발기구(OECD)

( )

[144~145]
다음 외래어에 해당되는 중국어 표현을 〈보기〉
에서 찾아 쓰시오.

<보기>

电子邮件　升级　脱网　在线　网页

144 오프라인(of-line) ( )

145 업그레이드(upgrade) ( )

[146~150]
다음 밑줄 친 부분에 들어갈 중국어 표현을 〈보기〉
에서 찾아 쓰시오.

<보기>

| 医师 | 几点 | 机场 | 特征 |
| 基因 | 天气 | 老师 | 律师 |

146 _____ 决定每个生物的特征。

(유전자는 모든 생물의 특징을 결정한
다.)

147 你 _____ 起床?

(몇 시에 일어납니까?)

148. 他妹妹是 _____ 。

(그의 여동생은 선생님이다.)

149 今天 _____ 怎么样?

(오늘 날씨는 어떻습니까?)

150 到仁川 _____ 怎么走?

(인천 공항으로 가려면 어떻게 가야 합니
까?)

汉字能力考试

중국교육부 국가한판

汉字能力考试

3급

注意(수험생 유의사항)

1. 총 문항 수는 150문항(선택형 30, 단답형 120)이며, 시험 시간은 90분입니다.

2. 답은 답안지에 검정색 펜을 사용하여 또박또박 쓰세요.

3. 시험지에 수험번호와 성명을 쓰고 답안지와 함께 제출합니다.

4. 끝나는 신호가 있으면 필기도구를 내려놓고 감독관의 지시를 따르세요.

수험번호

성명

주관: (사)한중문자교류협회
国家汉办 汉考国际

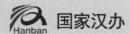
国家汉办

선택형 [1~30]

※ 다음 물음에 맞는 답의 번호를 답안지의 해당 답란에 표시하시오.

[1~5]
한자의 뜻이 바르게 연결된 것을 고르시오.

〈예시〉
· 余 나 여, 남을 여(餘)의 간체자
  → 나 / 남다
· 发 필 발(發), 터럭 발(髮)의 간체자
  → 피다 / 터럭

1 云   (   )
  ① 곡식 : 먹다   ② 피다 : 쏘다
  ③ 구름 : 말하다   ④ 방패 : 줄기

2 贊   (   )
  ① 잇다 : 매다   ② 얻다 : 보내다
  ③ 돕다 : 기리다   ④ 거두다 : 얻다

3 只   (   )
  ① 외짝 : 다만   ② 곡식 : 골짜기
  ③ 싸움 : 곡식   ④ 기록하다 : 뜻

4 谷   (   )
  ① 속 : 마을   ② 곡식 : 골짜기
  ③ 마르다 : 구름   ④ 뒤 : 왕후

5 历   (   )
  ① 책력 : 지내다   ② 얻다 : 떠나다
  ③ 거두다 : 얻다   ④ 쏘다 : 힘쓰다

[6~10]
다음 한자어의 반의어(상대어)를 고르시오.

6 干涉   (   )
  ① 放任 ② 架空 ③ 漠然 ④ 和解

7 安靜   (   )
  ① 遠隔 ② 黙讀 ③ 創出 ④ 興奮

8 緊迫   (   )
  ① 隆盛 ② 洗練 ③ 緩慢 ④ 急激

9 經常   (   )
  ① 潛在 ② 沈降 ③ 臨時 ④ 精算

10 愼重   (   )
  ① 詳述 ② 僅少 ③ 歲暮 ④ 輕率

[11~15]
다음 한자어의 유의어(동의어)를 고르시오.

11 競爭   (   )
  ① 貢獻 ② 角逐 ③ 寄與 ④ 替番

12 妥協   (   )
  ① 妙策 ② 抑制 ③ 交涉 ④ 宿患

13 龜鑑   (   )
  ① 黙認 ② 薄情 ③ 沒頭 ④ 模範

14 濫用   (   )
  ① 誤用 ② 使用 ③ 應用 ④ 常用

15 隔離   (   )
  ① 隔意 ② 分離 ③ 隔差 ④ 間隔

[16–20]
다음 제시된 한자어는 한국과 중국에서 사용되는 단어의 뜻은 같지만 표현이 다른 어휘이다. 연결이 바르지 않은 것을 고르시오.

〈예시〉
飛行機(韓) = 飞机(中)

16　　　　　　　　　　　　（　　　）
① 汽車 = 火车　　② 水準 = 水平
③ 遲刻 = 迟到　　④ 試驗 = 作业

17　　　　　　　　　　　　（　　　）
① 倒産 = 倒闭　　② 輸入 = 入口
③ 都賣 = 批发　　④ 免許 = 执照

18　　　　　　　　　　　　（　　　）
① 同僚 = 同事　　② 萬若 = 如果
③ 離別 = 分手　　④ 沙果 = 水果

19　　　　　　　　　　　　（　　　）
① 始作 = 终结　　② 歸家 = 回家
③ 虛風 = 吹牛　　④ 容恕 = 原谅

20　　　　　　　　　　　　（　　　）
① 嫌惡 = 讨厌　　② 入院 = 报名
③ 言語 = 语言　　④ 紹介 = 介绍

[21〜25]
다음 뜻을 가진 한자어를 고르시오.

21　단체나 조직체의 구성원을 불러서 모음.　　　　　　　　（　　　）
① 應召　② 召命　③ 召集　④ 訴訟

22　일이 되어 온 과정이나 경로.　（　　　）
① 經緯　② 眞僞　③ 虛僞　④ 由緒

23　자기의 것으로 소유하여 누림.（　　　）
① 占有　② 含有　③ 享有　④ 含油

24　어느 한 곳에 집중되어 쌓여 있음.
　　　　　　　　　　　　（　　　）
① 凝視　② 沈滯　③ 凝滯　④ 凝縮

25　주의나 흥미를 일으켜 꾀어냄.（　　　）
① 牽引　② 引伸　③ 引揚　④ 誘引

[26~30]
다음 밑줄 친 한자어의 쓰임으로 옳지 않은 것을 고르시오.

26   (   )

① 환경 친화적인 제품이 소비자들에게 **脚光**을 받고 있다.

② 계속 떨어지기만 하던 **主價**가 오름세로 돌아섰다.

③ 그는 존경의 대상을 넘어서 **畏敬**의 인물로 평가되어 왔다.

④ 그는 시험 전날이면 긴장한 나머지 잠을 설치는 **過敏** 증상을 보인다.

27   (   )

① 핵폐기물이 환경을 **威脅**하고 있다.

② 한국 전통 가옥의 **軌迹**을 보여 주는 전시회가 열리고 있다.

③ 그는 사고 후 대인 공포증으로 사람들을 **忌避**한다.

④ 여름 예방 주사를 맞으면 뇌염을 **免役**하여 건강하게 여름을 보낼 수 있다.

28   (   )

① 연구개발에 대한 확고한 투자가 세계무대로 도약하는 **核心** 요인이다.

② 부모는 자식들의 **模倣**의 대상이 된다.

③ 형의 엉뚱하고도 **怪異**한 행동은 항상 식구들을 놀라게 했다.

④ 학부모들이 교육 개혁을 요구하는 **施威**를 벌였다.

29   (   )

① 그는 언행이 **庸劣**하여 사람들로부터 많은 비난을 받는다.

② 그들은 남북 관계에 대하여 **疑懼**심을 품고 있다.

③ 그 은행은 중소기업을 대상으로 금리 **偶對** 서비스를 실시하고 있다.

④ 건강 **維持**의 지름길은 꾸준한 운동밖에 없다.

30   (   )

① 요즘은 SNS나 텔레비전을 통한 **遊說**가 지지율에 상당한 영향을 미친다.

② 자연 **環境**은 후세에게 물려줄 인류의 재산이다.

③ 때때로 명작을 다시금 **吟美**하는 것도 즐거운 일이다.

④ 불신이란 **傳染**되는 것이라서 국민 전체를 약화시킬 수가 있다.

단답형 [31~180]

※ 다음 물음에 맞는 답을 답안지의 해당 답란에 쓰시오.

[31~60]
한자의 훈과 음을 쓰시오. (31~40번은 간체자 표기임)

예시 : 漢 (한수 한)

31 币 (　　)　　32 浊 (　　)

33 县 (　　)　　34 萤 (　　)

35 迟 (　　)　　36 闰 (　　)

37 拥 (　　)　　38 唇 (　　)

39 鸣 (　　)　　40 虽 (　　)

41 尋 (　　)　　42 竝 (　　)

43 壽 (　　)　　44 壞 (　　)

45 靈 (　　)　　46 肯 (　　)

47 忙 (　　)　　48 那 (　　)

49 屯 (　　)　　50 苟 (　　)

51 戊 (　　)　　52 邦 (　　)

53 蜜 (　　)　　54 杯 (　　)

55 郊 (　　)　　56 似 (　　)

57 斯 (　　)　　58 岳 (　　)

59 宰 (　　)　　60 玆 (　　)

[61~75]
다음 번체자를 간체자로 쓰시오.

예시: 漢 (汉)

61 幹 (　　)　　62 臺 (　　)

63 紛 (　　)　　64 蒼 (　　)

65 響 (　　)　　66 慾 (　　)

67 帥 (　　)　　68 衝 (　　)

69 畢 (　　)　　70 湯 (　　)

71 樓 (　　)　　72 戀 (　　)

73 濕 (　　)　　74 昇 (　　)

75 補 (　　)

[76~90]
다음 간체자를 번체자로 쓰시오.

예시 : 汉 (漢)

76 阁 (　　)　　77 赋 (　　)

78 励 (　　)　　79 灭 (　　)

80 诀 (　　)　　81 亚 (　　)

82 偿 (　　)　　83 触 (　　)

84 辈 (　　)　　85 饭 (　　)

86 炉 (　　)　　87 贡 (　　)

88 妆 (　　)　　89 础 (　　)

90 耻 (　　)

[91~120]
한자어의 독음을 쓰시오. (91~105번은 간체자 표기임)

예시 : 漢字 (한자)

91 和畅 ( ) 　　92 缓急 ( )

93 完遂 ( ) 　　94 遥远 ( )

95 动摇 ( ) 　　96 饱满 ( )

97 饥饿 ( ) 　　98 罢免 ( )

99 违反 ( ) 　　100 屏风 ( )

101 临迫 ( ) 　　102 联盟 ( )

103 罔测 ( ) 　　104 窃盗 ( )

105 跳跃 ( ) 　　106 埋葬 ( )

107 姉妹 ( ) 　　108 赴任 ( )

109 怠慢 ( ) 　　110 漫談 ( )

111 庸拙 ( ) 　　112 幕僚 ( )

113 崩御 ( ) 　　114 隣接 ( )

115 偏差 ( ) 　　116 招聘 ( )

117 梨花 ( ) 　　118 腦殺 ( )

119 稅率 ( ) 　　120 引率 ( )

[121~125]
밑줄 친 한자어의 독음을 쓰시오.

예시 : <u>漢字</u>를 익힐 때는 여러 가지의 훈 과 음에 유의해야 합니다. (한자)

121 청와대의 고위층을 <u>詐稱</u>하거나 친분을 빙자한 사기 행각들이 자주 일어나고 있다. (   )

122 미래의 전망을 다룬 문헌에서 인구 문제와 환경 문제가 가장 <u>頻繁</u>히 거론된다. (   )

123 전쟁 당시의 <u>悲慘</u>한 모습을 찍은 사진은 전쟁의 비극성을 상기시켜 주었다. (   )

124 조선 시대에 역대 임금을 모신 <u>宗廟</u>는 1996년에 유네스코 세계 문화유산으로 지정되었다. (   )

125 농민들은 종자에 문제가 있다고 보고 종묘 회사에 <u>抗議</u>의 서한을 보냈다. (   )

[126~130]
다음 (   ) 안에 한자를 넣어 제시된 뜻에 맞는 사자성어를 완성하시오. (번체자 표기만 정답으로 인정함)

126 입에는 꿀이 있고 뱃속에는 칼을 품고 있다는 뜻으로, 말로는 친한 체하나 속으로는 미워하거나 해칠 생각이 있음을 비유적으로 이르는 말.

口蜜(   )(   )

127 소의 뿔을 바로잡으려다가 소를 죽인다는 뜻으로, 결점이나 흠을 고치려다가 그 정도가 지나쳐 오히려 일을 그르치는 것을 비유적으로 이르는 말.

矯(   )(   )牛

128 비단 위에 꽃을 더한다는 뜻으로, 좋은 일 위에 더 좋은 일이 더하여짐을 비유적으로 이르는 말. (   )上添(   )

129 홀로 푸르고 푸름. 남들이 모두 절개를 버린 속에서 홀로 절개를 굳세게 지키고 있음을 비유적으로 일컫는 말.

獨也(　)(　)

130 높은 곳에 오르기 위해서 낮은 곳에서부터 시작한다는 뜻으로, 모든 일은 순서대로 하여야 함을 이르는 말.

登高(　)(　)

[131～135]
다음 제시된 뜻에 맞는 동음이의어(同音異義語)를 번체자로 쓰시오.

〈예시〉 漢子 – (漢字)
　　　중국에서 만들어 오늘날에도 쓰고 있는 문자.

131 窮色 – (　　　　)

매우 가난함.

132 色人 – (　　　　)

어떤 것을 뒤져서 찾아내거나 필요한 정보를 밝힘.

133 秋山 – (　　　　)

짐작으로 미루어 계산함.

134 師旅 – (　　　　)

여러 가지로 주의 깊게 생각함.

135 聘點 – (　　　　)

1기압 하에서 공기로 포화된 물과 얼음이 평형 상태에 있을 때의 온도.

[136～140]
밑줄 친 한자어를 번체자로 쓰시오.

예시 : <u>한자</u>를 쓸 때는 순서에 유의해야 합니다.　　　　　(漢字)

136 공연비의 대폭적인 <u>삭감</u>으로 공연의 규모가 축소되었다.　　　(　　　　)

137 기름 한 방울 나지 않는 나라에 살면서 그렇게 에너지를 <u>낭비</u>하면 되겠는가?　　　　　(　　　　)

138 그는 재덕을 <u>겸비</u>한 선비였으며 그의 제자 중에도 뛰어난 사람이 많다.
　　　　　(　　　　)

139 교육의 개혁을 요구하는 학부모들의 시위를 계기로 사회에 커다란 <u>파문</u>이 일고 있다.　　　(　　　　)

140 세계 문화의 중심이 동방으로 옮겨질 것이라는 예언이 <u>무성</u>하다. (　　　　)

[141~143]
다음 국제시사용어에 해당되는 중국어 표현을
〈보기〉에서 찾아, 기호로 쓰시오

〈보기〉
(가) 不扩散核武器条约
(나) 非政府机构
(다) 原子核分裂
(라) 核裂变能量
(마) 亚欧首脑会议

141 원자핵분열
( )

142 핵분열에너지
( )

143 NGO(비정부국제조직)
( )

[144~145]
다음 외래어에 해당되는 중국어 표현을 〈보기〉
에서 찾아 쓰시오.

〈보기〉
下载　视窗　上载　电脑　网页

144 컴퓨터(computer) ( )

145 다운로드(download) ( )

[146~150]
다음 밑줄 친 부분에 들어갈 중국어 표현을 〈보기〉
에서 찾아 쓰시오.

〈보기〉			
是	喜欢	爱好	有
祝	上班	祖	加班

146 我_____听音乐。
(저는 음악 듣기를 **좋아합니다**.)

147 _____你生日快樂!
(생일 **축하합니다**!)

148. 我_____韩语书。
(나는 한국어책이 **있습니다**.)

149 我的_____是看电影。
(제 **취미**는 영화감상입니다.)

150 他们一般上午9点_____,
下午6点下班。
(그들은 보통 오전 9시에 **출근하고**, 오후
6시에 퇴근합니다.)

중국교육부 국가한판

汉字能力考试

3급

注意(수험생 유의사항)

1. 총 문항 수는 150문항(선택형 30, 단답형 120)이며, 시험 시간은 90분입니다.

2. 답은 답안지에 검정색 펜을 사용하여 또박또박 쓰세요.

3. 시험지에 수험번호와 성명을 쓰고 답안지와 함께 제출합니다.

4. 끝나는 신호가 있으면 필기도구를 내려놓고 감독관의 지시를 따르세요.

수험번호 ☐☐☐☐ – ☐☐☐☐
– ☐☐ – ☐☐☐☐

성명 ☐☐☐☐☐☐☐

주관: (사)한중문자교류협회
国家汉办 汉考国际

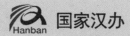

선택형 [1~30]

※ 다음 물음에 맞는 답의 번호를 답안지의
   해당 답란에 표시하시오.

[1~5]
한자의 뜻이 바르게 연결된 것을 고르시오.

〈예시〉
· 余 나 여, 남을 여(餘)의 간체자
  → 나 / 남다
· 发 필 발(發), 터럭 발(髮)의 간체자
  → 피다 / 터럭

1 系   (   )
   ① 매다 : 이어매다 ② 곡식 : 골짜기
   ③ 방패 : 줄기   ④ 거두다 : 얻다

2 复   (   )
   ① 터럭 : 쏘다   ② 회복하다 : 겹치다
   ③ 구름 : 말하다   ④ 돕다 : 기리다

3 斗   (   )
   ① 나 : 남다
   ② 속 : 마을
   ③ 말(용량의 단위) : 싸움
   ④ 책력 : 지내다

4 周   (   )
   ① 절제하다 : 짓다 ② 두루 : 돌다
   ③ 마르다 : 방패   ④ 기록하다 : 뜻

5 获   (   )
   ① 뒤 : 왕후
   ② 추하다 : 소
   ③ 욕심 : 하고자 하다
   ④ 거두다 : 얻다

[6~10]
다음 한자어의 반의어(상대어)를 고르시오.

6 暴露   (   )
   ① 偏頗 ② 輕薄 ③ 隱蔽 ④ 創造

7 棄却   (   )
   ① 承認 ② 妥當 ③ 逝去 ④ 緩慢

8 鎭靜   (   )
   ① 收拾 ② 興奮 ③ 安靜 ④ 平靜

9 抽象   (   )
   ① 特殊 ② 漸進 ③ 騷亂 ④ 具體

10 濫用   (   )
   ① 節約 ② 浪費 ③ 慘敗 ④ 快勝

[11~15]
다음 한자어의 유의어(동의어)를 고르시오.

11 抱負   (   )
   ① 隸屬 ② 角逐 ③ 龜鑑 ④ 雄志

12 零落   (   )
   ① 許諾 ② 衰落 ③ 墮落 ④ 拒絕

13 坐視   (   )
   ① 樂觀 ② 悲觀 ③ 傍觀 ④ 觀測

14 左遷   (   )
   ① 薦擧 ② 降等 ③ 榮轉 ④ 推薦

15 伏龍   (   )
   ① 臥龍 ② 恐龍 ③ 飛龍 ④ 靑龍

[16-20]
다음 제시된 한자어는 한국과 중국에서 사용
되는 단어의 뜻은 같지만 표현이 다른 어휘이
다. 연결이 바르지 않은 것을 고르시오.

〈예시〉
飛行機^韓 = 飞机^中

16   (   )
① 旅券 = 护照   ② 漆板 = 黑板
③ 社長 = 总统   ④ 試驗 = 考试

17   (   )
① 力道 = 举重   ② 監督 = 导演
③ 趣味 = 爱好   ④ 出勤 = 下班

18   (   )
① 免許 = 执照   ② 感氣 = 生气
③ 登錄 = 注册   ④ 入院 = 住院

19   (   )
① 會社 = 公司   ② 歸國 = 回国
③ 申請 = 报名   ④ 輸出 = 进口

20   (   )
① 野菜 = 水果   ② 入國 = 入境
③ 稅關 = 海关   ④ 禮儀 = 礼貌

[21~25]
다음 뜻을 가진 한자어를 고르시오.

21 행동을 함께하기 위하여 서로 붙들어
도와줌.   (   )
① 寄贈   ② 提携   ③ 救護   ④ 提供

22 책이나 문서 따위를 쭉 훑어서 읽음.
                                        (   )
① 閱覽   ② 觀覽   ③ 閱讀   ④ 博覽

23 많은 책을 널리 읽거나 여기저기 찾아
다니며 경험함.   (   )
① 攝取   ② 交涉   ③ 密獵   ④ 涉獵

24 조약, 법령, 약속 따위를 무효로 함.
                                        (   )
① 逃避   ② 廢棄   ③ 回避   ④ 誘致

25 잘못이나 옳지 못한 일을 잡아내어 따
지고 나무람.   (   )
① 掛念   ② 糾彈   ③ 恣意   ④ 漫評

[26~30]
다음 밑줄 친 한자어의 쓰임으로 옳지 않은 것을 고르시오.

26 ( )
① 假飾된 친구의 행동에 화가 났다.
② 부모는 자식들의 模防의 대상이 된다.
③ 조선 시대 역대 임금을 모신 宗廟는 1996년에 유네스코 세계문화유산으로 지정되었다.
④ 학생 선발기준은 각 대학의 裁量이다.

27 ( )
① 세상의 수많은 誘惑을 받을 때마다 그는 아버지의 가르침을 떠올렸다.
② 그는 여행 중에 겪었던 재미있는 逸話를 들려주었다.
③ 형의 엉뚱하고도 怪異한 행동은 항상 식구들을 놀라게 했다.
④ 온라인 게임은 알코올이나 마약과 같은 심각한 중독에 卑見될 수 있는 "전자 중독"으로 묘사되기도 한다.

28 ( )
① 꼬일 대로 꼬여 버린 상황을 타개할 妙策을 찾아야 한다.
② 사람들이 肥滿에 대해 관심을 가지려면 어떻게 해야 할까?
③ 항공우주국은 30년 만에 처음으로 수성 探使를 계획 중이라고 발표했다.
④ 며칠 전부터 골목 입구에서 殊常한 사람이 우리를 감시하고 있다.

29 ( )
① 그녀는 다수의 수상 經力이 있는 뛰어난 음악가다.
② 그는 사고 후 대인 공포증으로 사람들을 忌避한다.
③ 旣得權 세력은 정부의 개혁 정책에 크게 반발했다.
④ 수마까지 겹쳐 민생이 塗炭에 빠졌다.

30 ( )
① 양편의 입장이 너무 確固해서 타협점을 찾을 수가 없다.
② 그 분은 愚鈍한 것 같지만 눈치가 빠르고 재빠르다.
③ 뇌에 혈액 順換이 원활하지 않으면 의식을 잃을 수도 있다.
④ 급작스러운 변화에도 能熟하게 대처할 수 있는 그의 연륜이 부러웠다.

단답형 [31~180]

※ 다음 물음에 맞는 답을 답안지의 해당 답란에 쓰시오.

[31~60]
한자의 훈과 음을 쓰시오. (31~40번은 간체자 표기임)

예시 : 漢 (한수 한)

31	畅( )	32	饱( )
33	罢( )	34	订( )
35	盘( )	36	轮( )
37	违( )	38	审( )
39	诵( )	40	坟( )
41	雾( )	42	块( )
43	谅( )	44	泪( )
45	蛮( )	46	皆( )
47	叫( )	48	乃( )
49	稻( )	50	冥( )
51	伴( )	52	朋( )
53	庶( )	54	粟( )
55	愈( )	56	而( )
57	哉( )	58	佐( )
59	且( )	60	幅( )

[61~75]
다음 번체자를 간체자로 쓰시오.

예시: 漢 (汉)

61	踐( )	62	鑄( )
63	豈( )	64	輝( )
65	繫( )	66	詐( )
67	憫( )	68	徑( )
69	臺( )	70	倫( )
71	騎( )	72	臨( )
73	濕( )	74	曆( )
75	廟( )		

[76~90]
다음 간체자를 번체자로 쓰시오.

예시: 汉 (漢)

76	饰( )	77	栏( )
78	补( )	79	丧( )
80	誉( )	81	烧( )
82	颜( )	83	拥( )
84	盐( )	85	让( )
86	庄( )	87	麦( )
88	岭( )	89	执( )
90	币( )		

[91~120]
한자어의 독음을 쓰시오. (91~105번은 간체자 표기임)

> 예시 : 漢字 (한자)

91	该博 ( )	92	跃进 ( )
93	邻接 ( )	94	娱乐 ( )
95	舆论 ( )	96	饥饿 ( )
97	掠夺 ( )	98	解释 ( )
99	踏袭 ( )	100	仅仅 ( )
101	经纬 ( )	102	应募 ( )
103	泣诉 ( )	104	宜当 ( )
105	龟裂 ( )	106	枯渴 ( )
107	首肯 ( )	108	巡察 ( )
109	欺罔 ( )	110	敍述 ( )
111	敦篤 ( )	112	怠慢 ( )
113	招聘 ( )	114	鈍濁 ( )
115	愼重 ( )	116	濫獲 ( )
117	索道 ( )	118	搜索 ( )
119	窮塞 ( )	120	要塞 ( )

[121~125]
밑줄 친 한자어의 독음을 쓰시오.

> 예시 : **漢字**를 익힐 때는 여러 가지의 훈
> 과 음에 유의해야 합니다. (한자)

121 건강 維持의 지름길은 꾸준한 운동밖
에 없다. ( )

122 초여름 예방 주사는 뇌염을 免疫하여
건강하게 여름을 보낼 수 있도록 해
준다. ( )

123 방송의 저질화에 대한 우려와 嫌惡의
감정이 점차 확산되어 가고 있다.
( )

124 그는 시험 전날이면 긴장한 나머지 잠
을 설치고 화장실을 들락거리는 등 과
민 症狀들을 보이곤 한다. ( )

125 요즘은 SNS나 텔레비전을 통한 遊說
가 지지율에 상당한 영향을 미친다.
( )

[126~130]
**다음 ( ) 안에 한자를 넣어 제시된 뜻에 맞
는 사자성어를 완성하시오.** (번체자 표기만 정답으로
인정함)

126 정도가 지나침은 미치지 못한 것과 같
음. 過( )不( )

127 아무런 주관이 없이 남의 의견을 맹목
적으로 좇아 함께 어울림.
( )和( )同

128 마음속에 감추어 참고 견디면서 몸가
짐을 신중하게 행동함. ( )( )自重

129 사람이 살아가면서 느끼는 네 가지 감
정. 곧 기쁨과 노여움과 슬픔과 즐거
움을 이르는 말. ( )怒( )樂

130 세로와 가로로 다함이 없다는 뜻으로,
자유자재로 거침없이 행동함.
( )( )無盡

[131~135]
다음 제시된 뜻에 맞는 동음이의어(同音異義語)를 번체자로 쓰시오.

〈예시〉 漢子 – (漢字)
중국에서 만들어 오늘날에도 쓰고 있는 문자.

131 感想 – (   )
예술 작품을 음미하여 이해하고 즐김.

132 府沈 – (   )
물 위에 떠올랐다 물속에 잠겼다 함. 세력 따위가 성하고 쇠함을 비유함.

133 題材 – (   )
일정한 규칙이나 관습의 위반에 대하여 제한하거나 금지함.

134 路骨 – (   )
숨김없이 모두 있는 그대로 드러냄.

135 暴登 – (   )
물건의 값이나 주가 따위가 갑자기 큰 폭으로 오름.

[136~140]
밑줄 친 한자어를 번체자로 쓰시오.

예시 : 한자를 쓸 때는 순서에 유의해야 합니다.   (漢字)

136 그 은행은 중소기업을 대상으로 금리 우대 서비스를 실시하고 있다.
(   )

137 환경 친화적인 제품이 소비자들에게 각광을 받고 있다.   (   )

138 식물의 뿌리는 땅으로부터 수분을 흡수하고 세포의 특수한 층이 수분을 잎과 다른 부분으로 끌어올린다.
(   )

139 불신이란 전염되는 것이라서 국민 전체를 약화시킬 수가 있다.   (   )

140 요즘에는 퓨전 푸드라고 해서 한국 요리와 서양 요리의 접목이 시도되고 있다.   (   )

[141~143]
다음 국제시사용어에 해당되는 중국어 표현을 〈보기〉에서 찾아, 기호로 쓰시오

〈보기〉

(가) 世界卫生组织
(나) 国际货币基金组织
(다) 国际足联
(라) 联合国儿童基金
(마) 联合国粮农组织

141 국제통화기금(IMF)
(   )

142 세계보건기구(WHO)
(   )

143 국제축구연맹(FIFA)
(   )

[144~145]
다음 외래어에 해당되는 중국어 표현을 〈보기〉에서 찾아 쓰시오.

〈보기〉

网络   图标   笔记本   视窗   电邮

144 아이콘(icon)   (   )

145 네트워크(network)   (   )

[146~150]
다음 밑줄 친 부분에 들어갈 중국어 표현을 〈보기〉에서 찾아 쓰시오.

〈보기〉

地铁   汽车   有   多少钱
火车   今天   是   明天

146 三个苹果_____?
(사과 세 개에 **얼마에요?**)

147 我_____学生。
(나는 학생**이다**.)

148. 他_____不去。
(그는 **오늘** 안 가요.)

149 大家会乘坐汽车、_____、
飞机去旅游。
(여러분은 자동차, **기차** 또는 비행기를 타고 여행할 수 있습니다.)

150 在_____上，禁止抽烟。
(**지하철**에서는 담배를 피울 수 없다.)

3급 모의고사 1회 정답

선택형 (1~30)

번호	정답	번호	정답	번호	정답	번호	정답
1	③	9	②	17	①	25	①
2	①	10	④	18	③	26	③
3	③	11	③	19	①	27	①
4	②	12	②	20	②	28	④
5	④	13	④	21	①	29	①
6	②	14	①	22	③	30	③
7	③	15	③	23	④		
8	①	16	④	24	②		

단답형 (31~100)

번호	정답	번호	정답	번호	정답	번호	정답	번호	정답
31	바로잡을 교	55	배 주	79	憂	103	참작	127	有, 無
32	두려워할 구	56	아무 모	80	臟	104	절청	128	康, 寧
33	사냥 렵	57	나라 방	81	載	105	보좌	129	鷄, 鶴
34	맛볼, 시험할 상	58	분별할 변	82	齊	106	첨예	130	可, 否
35	손(손님) 빈	59	어찌 나	83	錯	107	건곤	131	萬般
36	모름지기 수	60	어찌 기	84	倉	108	빈도	132	不淨
37	버들 양	61	曉	85	淺	109	휴대	133	影響
38	누울 와	62	夸	86	恥	110	순장	134	絶頂
39	담 장	63	剑	87	奪	111	양돈	135	刷新
40	갈릴, 갈마들 체	64	联	88	脅	112	수면	136	條項
41	낳을(태어날), 속일 탄	65	脑	89	劃	113	외경	137	赤潮
42	촛불 촉	66	兰	90	鄕	114	오만	138	筆答
43	화폐 폐	67	炉	91	소란	115	접영	139	仲裁
44	눈물 루	68	里	92	근신	116	횡액	140	篤志家
45	고을 현	69	灭	93	압운	117	알현	141	(다)
46	다 함	70	盘	94	약진	118	안항	142	(라)
47	짝 필	71	凤	95	번역	119	표지	143	(나)
48	바꿀 체	72	词	96	순환	120	감식	144	脱网
49	다만 지	73	帅	97	지연	121	참상	145	升级
50	나 오	74	冲	98	교열	122	포부	146	基因
51	사슴 록	75	苏	99	옹호	123	타락	147	几点
52	새벽 신	76	赁	100	요원	124	판촉	148	老师
53	예(옛날) 석	77	巖	101	위헌	125	전파	149	天气
54	점 복	78	憶	102	허위	126	善, 惡	150	机场

3급 모의고사 2회 정답

선택형 (1~30)

번호	정답	번호	정답	번호	정답	번호	정답
1	③	9	③	17	②	25	④
2	③	10	④	18	④	26	②
3	①	11	②	19	①	27	④
4	②	12	③	20	②	28	④
5	①	13	④	21	③	29	③
6	①	14	①	22	①	30	③
7	④	15	②	23	③		
8	③	16	④	24	④		

단답형 (31~100)

번호	정답	번호	정답	번호	정답	번호	정답	번호	정답
31	화폐 폐	55	들(성 밖) 교	79	滅	103	망측	127	角, 殺
32	흐릴 탁	56	닮을 사	80	訣	104	절도	128	錦, 花
33	고을 현	57	이 사	81	亞	105	도약	129	靑, 靑
34	반딧불이 형	58	큰 산 악	82	償	106	매장	130	自, 卑
35	더딜 지	59	재상 재	83	觸	107	자매	131	窮塞
36	윤달 윤	60	이 자	84	輩	108	부임	132	索引
37	낄, 안을 옹	61	干	85	飯	109	태만	133	推算
38	입술 순	62	台	86	爐	110	만담	134	思慮
39	슬플 오	63	紛	87	貢	111	용졸	135	氷點
40	비록 수	64	苍	88	粧	112	막료	136	削減
41	찾을 심	65	响	89	礎	113	붕어	137	浪費
42	나란히, 아우를 병	66	欲	90	恥	114	인접	138	兼備
43	목숨 수	67	帅	91	화창	115	편차	139	波文
44	무너질 괴	68	冲	92	완급	116	초빙	140	茂盛
45	신령 령	69	毕	93	완수	117	이화	141	(다)
46	즐길(옳다고 여기다) 긍	70	汤	94	요원	118	뇌쇄	142	(라)
47	바쁠 망	71	楼	95	동요	119	세율	143	(나)
48	어찌 나	72	恋	96	포만	120	인솔	144	电脑
49	진칠 둔	73	湿	97	기아	121	사칭	145	下载
50	진실로 구	74	升	98	파면	122	빈번	146	喜欢
51	다섯째 천간 무	75	补	99	위반	123	비참	147	祝
52	나라 방	76	阁	100	병풍	124	종묘	148	有
53	꿀 밀	77	賦	101	임박	125	항의	149	爱好
54	잔 배	78	勵	102	연맹	126	腹, 劍	150	上班

3급 모의고사 3회 정답

선택형 (1~30)

번호	정답	번호	정답	번호	정답	번호	정답	번호	정답
1	①	9	④	17	④	25	②
2	②	10	①	18	②	26	②
3	③	11	④	19	④	27	④
4	②	12	②	20	①	28	③
5	④	13	③	21	②	29	①
6	③	14	②	22	③	30	③
7	①	15	①	23	④		
8	②	16	③	24	②		

단답형 (31~100)

번호	정답	번호	정답	번호	정답	번호	정답	번호	정답
31	화창할, 펼 창	55	나을(낫다) 유	79	喪	103	읍소	127	附, 雷
32	배부를 포	56	말 이을 이	80	譽	104	의당	128	隱, 忍
33	마칠 파	57	어조사 재	81	燒	105	균열	129	喜, 哀
34	바로잡을 정	58	도울 좌	82	顔	106	고갈	130	縱, 橫
35	소반 반	59	또 차	83	擁	107	수긍	131	鑑賞
36	바퀴 륜	60	폭 폭	84	鹽	108	순찰	132	浮沈
37	어긋날 위	61	践	85	讓	109	기망	133	制裁
38	찾을 심	62	铸	86	莊	110	서술	134	露骨
39	욀(외다) 송	63	岂	87	麥	111	돈독	135	暴騰
40	무덤 분	64	辉	88	嶺	112	태만	136	實施
41	안개 무	65	系	89	執	113	초빙	137	脚光
42	흙덩이 괴	66	诈	90	幣	114	둔탁	138	細胞
43	살펴 알 량	67	悯	91	해박	115	신중	139	傳染
44	눈물 루	68	径	92	약진	116	남획	140	試圖
45	오랑캐 만	69	台	93	인접	117	삭도	141	(나)
46	다 개	70	伦	94	오락	118	수색	142	(가)
47	부르짖을 규	71	骑	95	여론	119	궁색	143	(다)
48	이에 내	72	临	96	기아	120	요새	144	图标
49	벼 도	73	湿	97	약탈	121	유지	145	网络
50	어두울 명	74	历	98	해석	122	면역	146	多少钱
51	짝 반	75	庙	99	답습	123	혐오	147	是
52	벗 붕	76	飾	100	근근	124	증상	148	今天
53	여러 서	77	欄	101	경위	125	유세	149	火车
54	조 속	78	補	102	응모	126	猶, 及	150	地铁

HNK 한자능력시험 답안지

선택형 (1~30)

1	①	②	③	④
2	①	②	③	④
3	①	②	③	④
4	①	②	③	④
5	①	②	③	④
6	①	②	③	④
7	①	②	③	④
8	①	②	③	④
9	①	②	③	④
10	①	②	③	④
11	①	②	③	④
12	①	②	③	④
13	①	②	③	④
14	①	②	③	④
15	①	②	③	④
16	①	②	③	④
17	①	②	③	④
18	①	②	③	④
19	①	②	③	④
20	①	②	③	④
21	①	②	③	④
22	①	②	③	④
23	①	②	③	④
24	①	②	③	④
25	①	②	③	④
26	①	②	③	④
27	①	②	③	④
28	①	②	③	④
29	①	②	③	④
30	①	②	③	④

단답형 (31~60)

번호		번호	
31	○	46	○
32	○	47	○
33	○	48	○
34	○	49	○
35	○	50	○
36	○	51	○
37	○	52	○
38	○	53	○
39	○	54	○
40	○	55	○
41	○	56	○
42	○	57	○
43	○	58	○
44	○	59	○
45	○	60	○

▲ 61번부터는 뒷면에 답안을 작성합니다.

61	○	76	○	91	○	106	○	121	○	136	○
62	○	77	○	92	○	107	○	122	○	137	○
63	○	78	○	93	○	108	○	123	○	138	○
64	○	79	○	94	○	109	○	124	○	139	○
65	○	80	○	95	○	110	○	125	○	140	○
66	○	81	○	96	○	111	○	126	○	141	○
67	○	82	○	97	○	112	○	127	○	142	○
68	○	83	○	98	○	113	○	128	○	143	○
69	○	84	○	99	○	114	○	129	○	144	○
70	○	85	○	100	○	115	○	130	○	145	○
71	○	86	○	101	○	116	○	131	○	146	○
72	○	87	○	102	○	117	○	132	○	147	○
73	○	88	○	103	○	118	○	133	○	148	○
74	○	89	○	104	○	119	○	134	○	149	○
75	○	90	○	105	○	120	○	135	○	150	○

国家汉办 (Hanban)

HNK 한자능력시험 답안지

응시급수	1급	2급	3급	3II급	4급	4II급	5급	5II급	6급	7급	8급
	○	○	○	○	○	○	○	○	○	○	○

성 명

유의사항

1. 모든 표기 및 답안 작성은 지워지지 않는 검정색 필기구를 사용해야 합니다.
2. 바르지 못한 표기를 하였거나 불필요한 표기를 하였을 경우 불이익을 받을 수 있습니다.
3. 표기가 잘못되었을 경우는 수정테이프로 깨끗이 지운 후 다시 칠하거나 쓰십시오.
4. 수험번호를 바르게 쓰고 해당 'O' 안에 표기합니다.
5. 응시급수, 수험번호 및 선택형 답안의 'O' 안의 표기는 컴퓨터용 펜을 사용하여
   〈보기〉와 같이 칠해야 합니다.
   〈보기〉 ● ⓵ ⓥ Ⓧ ⊘ ✕ × × ×

선택형 (1~30)

	①	②	③	④
1	①	②	③	④
2	①	②	③	④
3	①	②	③	④
4	①	②	③	④
5	①	②	③	④
6	①	②	③	④
7	①	②	③	④
8	①	②	③	④
9	①	②	③	④
10	①	②	③	④
11	①	②	③	④
12	①	②	③	④
13	①	②	③	④
14	①	②	③	④
15	①	②	③	④
16	①	②	③	④
17	①	②	③	④
18	①	②	③	④
19	①	②	③	④
20	①	②	③	④
21	①	②	③	④
22	①	②	③	④
23	①	②	③	④
24	①	②	③	④
25	①	②	③	④
26	①	②	③	④
27	①	②	③	④
28	①	②	③	④
29	①	②	③	④
30	①	②	③	④

단답형 (31~60)

31		46	○
32		47	○
33		48	○
34		49	○
35		50	○
36		51	○
37		52	○
38		53	○
39		54	○
40		55	○
41		56	○
42		57	○
43		58	○
44		59	○
45		60	○

(46~60 각 ○)

▲ 61번부터는 뒷면에 답안을 작성합니다.

감독위원 확인란
(※ 수험생은 표기하지 말 것)

결시자 표기	결시자의 수험번호를 쓰고 아래에 표기	○
감독위원 서명	성명, 수험번호 표기가 정확한지 확인 후 서명 또는 날인	

수험번호

| ⓪ ① ② ③ ④ ⑤ ⑥ ⑦ ⑧ ⑨ |
| ⓪ ① ② ③ ④ ⑤ ⑥ ⑦ ⑧ ⑨ |
| Ⓐ Ⓑ |
| ⓪ ① ② ③ ④ ⑤ ⑥ ⑦ ⑧ ⑨ |

득점 문항 수

채점위원

재심

조심

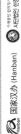

国家汉办 (Hanban)   주식회사 한국어문능력개발원
사단법인 한중문화교류협회

단답형 (61~150)

国家汉办 (Hanban)

61	62	63	64	65	66	67	68	69	70	71	72	73	74	75
O	O	O	O	O	O	O	O	O	O	O	O	O	O	O

76	77	78	79	80	81	82	83	84	85	86	87	88	89	90
O	O	O	O	O	O	O	O	O	O	O	O	O	O	O

91	92	93	94	95	96	97	98	99	100	101	102	103	104	105
O	O	O	O	O	O	O	O	O	O	O	O	O	O	O

106	107	108	109	110	111	112	113	114	115	116	117	118	119	120
O	O	O	O	O	O	O	O	O	O	O	O	O	O	O

121	122	123	124	125	126	127	128	129	130	131	132	133	134	135
O	O	O	O	O	O	O	O	O	O	O	O	O	O	O

136	137	138	139	140	141	142	143	144	145	146	147	148	149	150
O	O	O	O	O	O	O	O	O	O	O	O	O	O	O

HNK 한자능력시험 답안지

응시급수

1급	2급	3급	4급	4II급	5급	5II급	6급	6II급	7급	8급
○	○	○	○	○	○	○	○	○	○	○

성 명

유의사항

1. 모든 표기 및 답안 작성은 지워지지 않는 검정색 필기구를 사용해야 합니다.
2. 바르지 못한 표기를 하였거나 불필요한 표기를 하였을 경우 불이익을 받을 수 있습니다.
3. 표기가 잘못되었을 경우는 수정테이프로 깨끗이 지운 후 다시 칠하거나 쓰십시오.
4. 수험번호를 바르게 쓰고 해당 'O' 안에 표기하여야 합니다.
5. 응시급수, 수험번호 및 선택형 답안의 'O' 안의 표기는 컴퓨터용 펜을 사용하여
(보기)와 같이 칠해야 합니다.
(보기) ● ◐ ⊗ × ×

선택형 (1~30)

1	①	②	③	④
2	①	②	③	④
3	①	②	③	④
4	①	②	③	④
5	①	②	③	④
6	①	②	③	④
7	①	②	③	④
8	①	②	③	④
9	①	②	③	④
10	①	②	③	④
11	①	②	③	④
12	①	②	③	④
13	①	②	③	④
14	①	②	③	④
15	①	②	③	④
16	①	②	③	④
17	①	②	③	④
18	①	②	③	④
19	①	②	③	④
20	①	②	③	④
21	①	②	③	④
22	①	②	③	④
23	①	②	③	④
24	①	②	③	④
25	①	②	③	④
26	①	②	③	④
27	①	②	③	④
28	①	②	③	④
29	①	②	③	④
30	①	②	③	④

단답형 (31~60)

번호	답	번호	답
31		46	○
32		47	○
33		48	○
34		49	○
35		50	○
36		51	○
37	○	52	○
38	○	53	○
39	○	54	○
40	○	55	○
41	○	56	○
42	○	57	○
43	○	58	○
44	○	59	○
45	○	60	○

감독위원 확인란 (※수험생은 표기(하)지 말 것)

결시자 표기	결시자의 수험번호 쓰고 아래에 표기 ○
감독위원 서명	성명, 수험번호 표기가 정확한지 확인 후 서명 또는 날인

수험번호

(A) (B) ① ② ③ ④ ⑤ ⑥ ⑦ ⑧ ⑨ ⑩
0 1 2 3 4 5 6 7 8 9

득점 문항수

채점위원

재심

조심

단답형 (61~150)

61	76	91	106	121	136
O	O	O	O	O	O
62	77	92	107	122	137
O	O	O	O	O	O
63	78	93	108	123	138
O	O	O	O	O	O
64	79	94	109	124	139
O	O	O	O	O	O
65	80	95	110	125	140
O	O	O	O	O	O
66	81	96	111	126	141
O	O	O	O	O	O
67	82	97	112	127	142
O	O	O	O	O	O
68	83	98	113	128	143
O	O	O	O	O	O
69	84	99	114	129	144
O	O	O	O	O	O
70	85	100	115	130	145
O	O	O	O	O	O
71	86	101	116	131	146
O	O	O	O	O	O
72	87	102	117	132	147
O	O	O	O	O	O
73	88	103	118	133	148
O	O	O	O	O	O
74	89	104	119	134	149
O	O	O	O	O	O
75	90	105	120	135	150
O	O	O	O	O	O

HNK 한자능력시험 답안지

선택형 (1~30)

	①	②	③	④
1	①	②	③	④
2	①	②	③	④
3	①	②	③	④
4	①	②	③	④
5	①	②	③	④
6	①	②	③	④
7	①	②	③	④
8	①	②	③	④
9	①	②	③	④
10	①	②	③	④
11	①	②	③	④
12	①	②	③	④
13	①	②	③	④
14	①	②	③	④
15	①	②	③	④
16	①	②	③	④
17	①	②	③	④
18	①	②	③	④
19	①	②	③	④
20	①	②	③	④
21	①	②	③	④
22	①	②	③	④
23	①	②	③	④
24	①	②	③	④
25	①	②	③	④
26	①	②	③	④
27	①	②	③	④
28	①	②	③	④
29	①	②	③	④
30	①	②	③	④

단답형 (31~60)

31		○	46	○
32		○	47	○
33		○	48	○
34		○	49	○
35		○	50	○
36		○	51	○
37		○	52	○
38		○	53	○
39		○	54	○
40		○	55	○
41		○	56	○
42		○	57	○
43		○	58	○
44		○	59	○
45		○	60	○

▲ 61번부터는 뒷면에 답안을 작성합니다.

특점 문항수

단답형 (61~150)

61	62	63	64	65	66	67	68	69	70	71	72	73	74	75
O	O	O	O	O	O	O	O	O	O	O	O	O	O	O
76	77	78	79	80	81	82	83	84	85	86	87	88	89	90
O	O	O	O	O	O	O	O	O	O	O	O	O	O	O
91	92	93	94	95	96	97	98	99	100	101	102	103	104	105
O	O	O	O	O	O	O	O	O	O	O	O	O	O	O
106	107	108	109	110	111	112	113	114	115	116	117	118	119	120
O	O	O	O	O	O	O	O	O	O	O	O	O	O	O
121	122	123	124	125	126	127	128	129	130	131	132	133	134	135
O	O	O	O	O	O	O	O	O	O	O	O	O	O	O
136	137	138	139	140	141	142	143	144	145	146	147	148	149	150
O	O	O	O	O	O	O	O	O	O	O	O	O	O	O